상담가, 심리치료사, 교사, 예술치료사를 위한

15주 훈련 통합예술심리치료 슈퍼비전 가이드북

이 성 현 저

교육과학사

〈일러두기〉

이 책의 참고문헌 중 단행본은 본문 내에, 학술지 및 학위논문은 책 뒷부분에 표시되어 있음을 밝힙니다.

또한 부록은 책의 앞뒤로 수록되어 있습니다.

통합예술심리치료는

창조적 일상을 통한 매일매일의 승리를 지향한다.

나는 모든 이들이 트로피를 들고 자신의 삶을 살아가길 바란다.

- 통합예술심리치료(IAPT) 5단계(트로피 5단계)의 지향점. 이 성 현

독자 여러분께

〈통합예술심리치료 슈퍼비전 가이드북〉은, 예술치료와 심리치료가 통합된 통합예술심리치료의 전체적 맥락을 이해하고 실행하는 데 도움이 되고자 만들어졌습니다. 본래 예술치료는 그 유사한 분야로 단일예술치료, 창조적(창의적) 예술치료, 통합치료, 표현치료, 예술심리치료, 표현예술치료, 융합예술치료 등을 통해 발전되어 왔으며, 심리치료는 정신역동, 게슈탈트, 행동수정, 인간중심, 성장모델, 인지행동, 인지정서행동, 해결중심, 실존 및 현실치료, 통합심리학 등의 심리학적 이론을 기반으로 한 전통적인 언어 중심의 상담에 예술매체를 활용해 접근하는 중재가 발전되어 왔습니다. 따라서 예술치료와 심리치료 모두 내담자의 심리 및 행동변화를 도모하기 위해 예술매체가 활용되는 심리적 개입이라는 점에서 동일한 지향점을 갖습니다. 그러나 현재 이들은 그 정통성과 깊이에도 불구하고 각 학파나 분파 별로 독립된 형태로 산재하는 경향이 있으며 각 용어 등의 개별성으로 인하여 관련 현장에서는 이들을 한 자리에서 이해하고자 하는 욕구가 점차 높아지고 있습니다.

'통합'이라는 속성 자체가 여러 가지 분야와 철학이 융합되는 사회 · 문화적 현상으로, 통합예술심리치료와 어느 한 부분이라도 관련되는 분야의 종사자 또는 예비 입문자들은 저마다 그 학문적 출발점이 상이합니다. 이들 모두는 각자 처음에 상담가, 심리치료사, 교사, 예술치료사 등의 각 분야로부터 출발해 현재에 이르렀을 것이며 결국 큰 틀 안에서 위 언급된 분야의 전문가들은 어떠한 형태로든 연결되어 있을 가능성이 높습니다. 특히 '통합+예술+심리+치료'라는 여러 학제적 요소를 아울러야 하는 분야의 특성상 개인의 지식이나 체화 정도는 다를 수밖에 없습니다. 예를 들어 심리전문가이지만 예술매체에서는 초보일 수 있고, 교육전문가이지만 상담에서는 초보일 수 있으며, 단일예술전문가이지만 통합적 적용에서는 초보일 수 있습니다. 때문에, 유사하면서도 다양한 관점에서 서로를 이해하는 것은 도움이 될 것이며, 이 책의 내용을 통해 통합예술심리치료에서 내가 이미 알고 있는 지식들과 다른 생경한 요소들을 어떻게 엮어나갈 것인지 스스로 마인드맵화할 수 있겠습니다. 따라서 이 책은 통합예술심리치료와 유사한 관련 타 분야를 수평, 수직적으로 아우른다는 점에서 〈메타입문서〉 라는 새로운 개념으로써 소개하고자 합니다.

돌아보면 제가 초기입문자 혹은 유사분야로의 중도입문자이던 시절에 누군가가 이 책과 같은 관점으로 전체적인 그림을 저에게 설명해주기를 바랐던 것 같습니다. 물론 저자인 본인 또한 이 모든 분야에 정통하였다고 말하기 어려우나 적극적으로 여러 학계와 분야를 교류하며 소통하던 중에 수집된 자료들, 임상 현장에서 경험적으로 체득한 것들, 그리고 최근 연구들을 토대로 한 새로운 통합적 제안 등을 이 책을 통해 함께 나누고자 합니다. 따라서 이 책에는 통합예술심리치료사, 교사, 연구자, 교수자, 강연자, 사업기획자로서 십수 년을 지내오며, 현재는 정신과 의료현장 및 연구소에서 일반 및 정신적 어려움을 호소하는 이들과 매일 임상작업을 하고 있는 저의 농축된 경험이 가공되어 담겨있습니다. 제가 그간 수학한 미술, 연극, 모래놀이 등의 표현예술치료와 음악치료, 감각통합 작업치료, 심상치료 및 정신분석, 가족치료, 통합예술치료 등에서 경험한 것들로부터의 개념들을 통합적 관점에서 재정립해 설명하였습니다. 특별히 독자 여러분께 밝히기를 이 책은 기법전달 중심의 책이 아님을 전제하시라는 점과, 예술매체 및 심리적 개입을 활용해 대상자와 상호작용하기 위하여 체득해야 할 지향점 중심으로 각 개념들 및 흐름을 이해하시면 더욱 좋겠다는 바람을 전합니다.

이 책에서 궁극적, 그리고 핵심적으로 제시하는 개념은 두 가지입니다. 한 가지는 저의 최신 연구를 통해 발표한 뇌, 마음, 정신, 관계 간 통합적 신경작용의 예술심리치료 과정 도표 및 표현예술치료와 통합예술치료의 융합연구를 근거로 만들어진 통합예술심리치료 전 과정을 '(1) 감각 단계 - (2) 감정 · 생각 단계 - (3) 관계 · 역할 · 행동 단계 - (4) 시도 · 적응 단계 - (5) 갱신 · 지지 · 확인 단계' 등 **〈통합예술심리치료 5단계〉**에 입각해 설명하였다는 점입니다. 또 한 가지는 위 '통합예술심리치료 5단계'를 통해 실현하고자 하는 개념을 범주적으로 항목화하여 **〈통합예술심리치료 슈퍼비전 평가표〉**로 제시하고, 이 평가표를 통해 배우려는 자와 배움을 주려는 자 간의 원활한 소통을 돕고자 하는 기준을 제시하였다는 점입니다. 따라서 이 두 가지를 먼저 책의 서두에 부록으로 언급하였고, 이에 도달하기 위한 과정을 이하 15개의 챕터로 나누어 최대한 친절히 설명하고자 했습니다. 특히 15개의 챕터로 나눈 것은, 대학 등의 학위과정에서도 사용이 용이하도록 한 것입니다. 혹 독자 여러분 중 자신이 자신 있는 챕터는 과감히 건너뛰고 독서하여도 좋겠습니다.

또한 이 책이 예술치료와 심리치료를 통합하고자 하는 목적과 더불어 '슈퍼비전'이라는 콘셉트를 갖게 된 이유는 다음과 같습니다. 치료 · 상담 분야는 기술만이 아닌 가치관, 세계관 등의 철학을 기본바탕으로 하며 다름 아닌 치료 · 상담자가 그 매개자이므로, 학제와 학제를 다루기 시작하고 활동기법들을 체득하기 시작하는 바로 그때부터(시작부터) 슈퍼비전을 염두에 둔 사고활동 및 훈련이 이루어져야 한다고 생각했습니다. 일반적으로 치료 · 상담 분야는 교육기관에서 교육과 실습이 함께 이루어지고, 실습과정에 슈퍼비전이 포함되어 있습니다만, 상대적으로 중도입문한 분야에서는 이전에 수학한 분야와의 융합보다는 새로운 그 분야 중심으로 슈퍼비전을 제공하게 되므로 결국 이 모든 것이 융합적으로 체화되는 것은 아무래도 개인의 역량에 의해 결정되는 부분에 대한 그동안의 아쉬움이 있었습니다. 다시 말해 따로따로 익힌 뒤 알아서 합쳐야 하는 구조에서, 처음부터 통합적인 안목 위에서 익히는 것이 좋겠다는 발상, 그리고 이를 위한 지도자와 수련자 간 통합적 의사소통 도구가 필요하겠다는 발상을 갖게 된 것입니다. 바로 이 점이, 제가 이 책을 '슈퍼비전' 콘셉트로 저술하게 된 이유입니다.

이러한 '슈퍼비전'은 활동의 목표를 효과적으로 달성하기 위해 행해지는 지도과정으로, 슈퍼비전의 전통적인 방식은 전문가에게 슈퍼비전을 받는 것입니다. 이는 주로 도제식 슈퍼비전으로 발전되어 왔으며, 그 방식은 내담자, 치료자, 슈퍼바이저가 한 자리에 있는 형태의 직접 슈퍼비전(실시간)이 가장 권장됩니다. 그러나 여러 현실적 어려움 등으로 대안적 형태의 슈퍼비전, 즉 실제 임상세션 내용을 녹취 및 녹화한 자료 또는 일지기록 등을 통해 추후에 슈퍼바이저에게 슈퍼비전을 받거나 또는 실시간으로 슈퍼비전을 받되 실제 내담자가 아닌 모의 세션 등의 형태로 진행되는 간접 슈퍼비전 등의 형태가 많이 활용되고 있습니다. 또한 직접 슈퍼비전과 간접 슈퍼비전의 사전준비 일환으로 평소 치료자 스스로의 성장 및 역량을 관리할 수 있는 체크리스트를 통한 셀프 슈퍼비전의 형태도 많이 시도되는 추세입니다. 저는 위 세 가지 형태의 슈퍼비전 중에서도 특히 직접 및 간접 슈퍼비전을 십수 년에 걸쳐 300회 이상 받아왔습니다(연평균 30회). 그러한 다양한 슈퍼비전 경험들은 통합예술심리치료사의 발달과정을 체득할 수 있도록 해주었습니다. 이와 더불어 관련 연구결과 등이 함께 반영된 이 책은, 통합예술심리치료사와 어떠한 형태로든 크거나 작게 관련된 직무의 분들에게 직접 슈퍼비전, 간접 슈퍼비전, 그리고 셀프 슈퍼비전 모든 형태에 있어

구조화된 슈퍼비전 평가표를 제시함으로 도움이 될 수 있도록 작성되었습니다.

자신이 현재 어느 직역에 있든지, 또는 학생이든지 15개로 구성된 각 챕터를 한 주일씩 밀도 있게 따라가 보세요. 아무쪼록 이 책이 통합예술심리치료와 관련한 여러분의 지경을 넓히고 각자의 위치에서 체계화해 적용할 수 있는 출발점이 될 수 있기를 바랍니다. 이를 통해 개인 내적으로는 통합예술심리치료 영역 안에서 다양한 지식을 통합하도록 돕고, 개인 외적으로는 서로의 영역을 이해하기 위한 발판이 되기를 바라는 마음입니다.

저자 이성현 드림

추천사

세상을 살아가며, 우리는 외부의 많은 영향을 받으며 살아가고 있습니다. 그렇게 열심히 살아가다 보면 마음의 소리를 놓치는 경우가 있습니다. 훌륭한 심리치료는 길을 잃은 마음이 제자리로 돌아오도록 도와줍니다. 심리치료 과정에서 생각과 감정을 알아차리는 것이 중요하며, 몸과 마음이 통합되는 것도 중요합니다. 그 과정을 통해 성장이 일어나며, 진정한 변화가 일어날 수 있습니다.

예술치료는 이성적인 맥락에서뿐만 아니라 감성적인 맥락까지 통합하는 효과가 있습니다. 이성과 감성의 영역을 넘나들며 내담자의 마음의 통합을 돕기 위해서, 심리치료의 과정과 예술치료의 과정을 통합해서 이해하고 적용하는 방법을 연마하는 것은 가치롭습니다. 많은 연구자들의 노력으로 뇌 과학이 발달하고, 마음을 이해하는 수준이 깊어지며, 감정과 이성의 통합, 몸과 마음의 통합, 나와 너의 통합 등은 마음을 발달시키는 중요한 요소로 여겨지고 있습니다. 〈통합예술심리치료 슈퍼비전 가이드북〉은 이러한 통합적 신경작용의 관점에서 치료단계의 통합적 이해를 제안하며, 통합예술심리치료가 단단한 기반 위에서 진행되도록 도움을 줄 것입니다.

저자 이성현은 "통합예술심리치료자들은 예술치료나 심리치료 중 먼저 한 영역에 전문가일 수 있지만, 다른 영역에서는 아직 초보일 수 있기에 다양한 관점에서 서로를 이해하는 것이 도움이 되며, 타 분야 간 수평 및 수직적으로 아우르며 전체적인 지도를 보여주려 한다"라고 말합니다. 저자가 이 책을 통해 나누려는 것에 매우 동감합니다. 제가 정신과 의사로서, 인지행동 치료자로서, 표현예술 치료자로서 통합예술심리치료자로 성장해 나갈 때 다양한 학제 간의 관점을 용광로에서 녹아들게 하는 과정이 쉽지 않았습니다. 실제 현장에서 각각의 관점이 조화를 이루어나가기 위해서는 임기응변적인 혼합이 아니라 체계적 흐름을 따라가야 내담자의 효과적인 변화를 이끌 수 있습니다. 저자는 다년간 연구를 거듭하며 예술치료와 심리치료를 통합하여, 국립정신건강센터의 다학제 치료시스템에서 치료자로서 교육자로서 통합예술심리치료를 구축하고 실천하고 있고, 국가 재난상황의 트라우마 생존자들에게 현실적으로 적용하고 있습니다.

이 책은 다양한 심리치료와 예술치료의 통합을 보여주면서 세션 진행의 흐름에 맞는 〈부록 10: 융합단계표〉를 제시하고 있습니다. 다양한 예술치료의 전통으로부터, 저자가 제안하는 〈통합예술심리치료 5단계(트로피 5단계)〉를 주축으로 심리치료와 예술치료를 씨줄과 날줄을 엮듯이 통합한 저자의 노력으로 인해서, 각 치료단계에 적합한 치료자의 역할을 이해하고 훈련할 수 있으며, 임상에서 통합된 치료 회기를 구성하는데 길잡이가 될 것입니다. 더 나아가 다매체예술치료를 활용한 다양한 변주를 시도할 수 있을 것입니다. 또한 〈슈퍼비전 평가표〉는 배우는 이에게는 핵심내용을 파악해 나가는 길잡이가 될 것이고, 지도자인 슈퍼바이저에게는 지도감독 시 놓치지 말아야 할 방향을 일러줄 수 있을 것입니다.

우리 심리치료자들은 내담자들을 위한 선한 의도로 심리치료를 행하려 합니다. 내담자가 자신의 본모습을 찾아가는 과정을 조력하며 그 변화를 함께 목격하기에, 심리치료에 동참하는 순간은 숭고한 시간이라 생각합니다. 〈통합예술심리치료 슈퍼비전 가이드북〉은 방대한 심리치료의 지혜를 통합하는 책입니다. 자신의 본 모습을 찾아가는 길을 안내할 때, 길 찾기를 도와주는 빵 조각의 역할을 할 것입니다.

이승민 정신건강의학과의원 원장, 한국임상예술학회 교육수련이사,
Somatic Experiencing Practitioner, Tamalpa Practitioner 이 승 민

이 책을 추천하며...

가끔씩 책의 추천사를 의뢰하는 사람들이 있다. 이러이러한 책이니 좀 좋게 써달라는 얘기다.

물론 나의 추천사가 판매 부수엔 큰 영향을 미치진 않겠지만 사회적 관계 때문에, 개인적 친분 때문에 그래도 열심히 써주게 된다. 이번 의뢰도 처음엔 그러하게 받아들였다. 하지만 저자가 보내 준 원고를 읽어나가는 동안 어느 순간 스스로 반성하고 있는 내 자신을 발견하게 되었다. 정말 많은 고민과 연구와 노력과 의지와 애정이 원고에 가득 담겨있음을 인정하지 않을 수 없기 때문이었다. 게다가 전문성까지. 이것은 통합예술치료 교수라는 직함으로 살아오던 내 자신이 했어야 하는 일이었다.

어쨌든 반성은 나중에 하도록 하고 다시 추천사를 이어간다면, 저자의 집요함을 칭찬하고 싶다. 원래 그런 사람이다. 음악 및 연극 등 예술 분야를 전공하고 예술치료에 대한 관심으로 먼저 표현예술치료를, 그 후 음악치료 전공까지 나아간 사람이다. 이 정도만 해도 충분히 이 분야에서 전문가 소리를 듣고 살 수 있었는데 한술 더 떠서 통합예술치료까지 전공하겠다고 찾아온 사람이니까. 언젠가 왜 그랬냐고 물어본 적이 있다. 그랬더니 덤덤하게 돌아오는 답이 궁금하면 반드시 알아야 한다나? 연구자라면 너무나도 당연한 말인데 그 말이 왜 그렇게 내 마음을 울렸던지.. 그렇다. 저자는 집요함에 더해 기본을 갖춘 그런 사람이다.

이쯤 되면 눈치챘겠지만, 이 책엔 그런 집요함이 곳곳에 묻어있다. 다시 말해 〈기본에 충실한 집요한 사람이 쓴 실용서〉란 얘기다. 서점에 가면 온통 실용이라는 단어를 내세운 지침서들로 가득하다. 예술치료 분야도 예외는 아니다. 그만큼 많은 사람들이 실용에 목말라 있다. 하지만 반대로 말하면 현장에서 바로 활용할 수 있는, 딱 마음에 드는, 간지러운 부분을 시원하게 긁어주는, 지침서가 부족하다는 뜻이기도 하다. 이 책은 바로 그런 부족함에 대한 갈증을 메꾸어준다.

그럼 이 책을 누가 읽으면 좋을까? 마음 같아서는 심리치료 분야에 있는 모든 사람들이 읽었으면 좋겠지만 그래도 꼭 필요한 사람들을 꼽아 보자면 이 책의 제목에도 언급된 것처럼 상담가, 심리치료사, 예술치료사, 교사 등 임상가들이다. 서로 다양한 분야에서 활동하는 이들이 통합, 예술, 심리, 치료로 이루어진 큰 우산 아래에서 서로의 장점을 이해하고 통합하여 성장하기를 바라는 저자의 마음을 알기 때문이다.

심리치료 분야는 반드시 슈퍼비전이 필요하다. 치료과정에서 치료사들은 다양한 문제들을 겪게 되는데 이를 방치하면 반드시 더 큰 문제로 되돌아오기 때문이다. 이때, 슈퍼바이저를 찾아가 상담도 받고, 문제해결에 대한 의견도 듣게 된다. 하지만 경우에 따라서 슈퍼바이저를 찾아가는 것이 어렵거나, 또는 실제로 슈퍼비전이 이루어지더라도 필요한 항목별로 고른 문제해결이 어렵기도 하다. 그래서 저자는 통합예술심리치료 슈퍼비전 항목들을 제시함으로써 슈퍼비전의 실제, 그리고 슈퍼비전 준비 등과 관련된 문제를 해결 및 대비하고자 했다. 기본에 꽉 찬 저자의 이러한 도전과 시도가 담긴 실용적 제안들이 꼭 의미 있는 결실로 이어지길 바란다.

동덕여자대학교 통합예술치료학과 교수 배 상 국

감사의 글

태양은 수없이 뜨고 지는 것을 반복하는 특징을 갖습니다.
그러면서도 주변의 자연, 그리고 우리 사람들과 어우러져 자신의 본분을 완성합니다.
이 원고를 만드는 동안,
'통합'이라는 큰 사명과 명분 아래에서
저의 내적, 외적으로 끊임없이 뜨고 지는 과정을 반복하였습니다.
태양이 저물어 있다고 하여 일을 하지 않는 것이 아닌 것처럼,
'통합' 또한 직접적으로 드러내며 교류하는 시기가 있고,
또 전체 중 특별히 어느 부분을 밝히기에 집중하는 시기도 있고,
잘 합쳐지기를 소망하며 잠잠히 드러나지 않는 시기도 있는 것 같습니다.
떠오르는 새벽 동을 맞이하며, 그리고 자연의 섭리를 묵상하며
제 곁에는 태양이, 제 안에는 태양과 같은 모습이 늘 있어주었음을 새삼 느낍니다.
과거에도 지금도 그리고 다가올 미래에도
여러 모양으로 늘 자신의 할 일을 해주는 이 태양처럼
저 또한 통합예술심리치료사로서 그렇게 살아가고자 하는 마음입니다.
자연의 섭리와 같이 일어나는 사람의 마음과 그리고 예술,
또한 수없이 변화하는 환경과 그것을 감지하고 처리하는 인간의 본질
이 모든 것들이 통합예술심리치료를 존재하게 합니다.
그동안 통합예술심리치료의 통합을 위해 앞서 뛰어주셨던
다양한 학계의 모든 선배학자 그리고 임상관계자 분들께 존경을 드립니다.

이 책이 나오기까지 잘 버티어 준 제 자신과
언제나 힘을 불어넣어주는 사랑하는 가족들,
제가 통합예술심리치료사임을 확인케 해주는 내담자, 그리고 동료들,
또한 기꺼이 책의 감수를 봐주시고 추천을 아끼지 않으신 15인의 추천인 분들과
이 책이 세상에 나올 수 있도록 지지와 협력을 보내주신 교육과학사 관계자분들께
무한한 감사를 드립니다.
이 책이 또 다른 출발점, 그리고 다리가 되어
통합예술심리치료를 위한 많은 이들의 긍정적 만남을 촉진할 수 있기를,
그리고 저 또한 계속 발전해나갈 수 있기를 소망합니다.

2024년 새해 남산에서 일출을 보며

이성헌

목 차

부록 1 통합예술심리치료 슈퍼비전 평가표(이성현, 2024)

통합예술심리치료 슈퍼비전 평가표 (중간평가)				
슈퍼비전일시:	슈퍼바이지(학생)명:	슈퍼바이저(교수)명:		
구술 평가	**통합예술심리치료 관련 정의 및 개념들을 이해**하고 있는가? (통합예술치료, 통합심리치료, 통합의 개념, 다층적 구조, 발달단계, 멀티리터러시, 메타현상과 메타해석, 다감각적 접근 등)	10	7	4
	통합예술심리치료 관련 철학을 이해하고 있는가? (포스트모더니즘, 내담자의 자율선택권 등)	5	3	1
지필 평가	**상황별 적절한 일지작성**을 하는가? (교육적 치료·상담, 치유적 치료·상담 등)	10	7	4
	예술경험을 현상 및 질적으로 묘사하며 문서화할 수 있는가? (정성적 기술, 관찰, 맥락, 조작적 정의, 직접화법 등)	10	7	4
실기 평가	**다양한 예술매체의 활용 정도**는 어떠한가? (가짓수, 시너지적 활용 등)	10	7	4
	뇌 통합(통합적 신경작용)의 순서에 따라 프로그램을 구성하고 실행하는가? (총 회기: 감각 – 감정·생각 – 관계·역할·행동 – 시도·적응 – 갱신·지지·확인 / 회기 내: 도입(pre) – 본활동(main) – 나눔(post) 등)	10	7	4
	치료의 각 단계에 맞는 심리치료 이론을 적용하는가? (게슈탈트, 인간 중심, 성장모델, 행동, 인지정서행동, 절충·통합 등)	10	7	4
	세션의 전체적 시간 안배가 적절한가?	5	3	1
	언어적 중재는 적절한가? (질문, 반응, 단어선정, 말의 속도와 높낮이 등)	10	7	4
	비언어적 중재는 적절한가? (표정, 시선처리, 손짓, 몸의 각도 등)	10	7	4
	윤리적 태도를 준수하는가? (치료동맹, 사전고지, 위험인식, 중립, 복장, 어조, 자세, 내담자를 대하는 태도, 약속 등)	10	7	4
합계		점/100점		

통합예술심리치료 슈퍼비전 평가표 (기말평가)				
슈퍼비전일시:	슈퍼바이지(학생)명:	슈퍼바이저(교수)명:		
지필평가	**내담자 특성에 맞는 치료목표를 수립**할 수 있는가? (급성/만성/일반인 여부, 내담자의 치료의지 정도, 5가지 발달영역 및 인간의 기본욕구 등 고려)	10	7	4
	내담자의 진단명과 관련한 의학적 지식이 있는가? (DSM-5)	10	7	4
	내담자의 치료자원과 저항을 이해하는가?	10	7	4
	치료사로서 속한(할) 기관의 다양한 상황들을 이해하고 있는가? (조직도, 사례관리시스템, 다학제 디스커션, 경과 및 결과보고, 동료의 통합예술심리치료 이해 정도, 종결프로세스 등)	5	3	1
	보호자 및 가족치료·상담 상황에서 유의 및 적용할 점 등을 숙지하고 있는가? (독려할 점, 주의할 점, 유용한 기법 등)	5	3	1
실기평가	**진단적 활동(관찰평가)으로서 예술매체를 활용**할 수 있는가?	10	7	4
	다양한 예술매체의 활용 정도가 이전보다 발전되었는가? (가짓수, 시너지적 활용 등)	10	7	4
	세션 중 즉흥적 상황에 유연하고 창조적으로 대응하는가?	10	7	4
구술평가	세션 전, **세션 전체 과정을 시뮬레이션하고 예상되는 어려움에 대한 대비**를 하였는가?	10	7	4
	치료사로서, 자신의 강점과 보완할 점을 이해하고 있는가?	10	7	4
	평소 치료사로서 자기관리를 수행하고 있는가? (셀프슈퍼비전, 저널&로그북, 신체 및 심리적 관리, 자기계발, 자격 등)	10	7	4
합계		점/100점		

부록 2-1 통합예술심리치료(Integrative Arts Psychotherapy) IAPT 5단계 (=트로피 5단계(Trophy shape 5 Levels))(이성현, 2024)

부록 2-2 트로피(Trophy shape) 형상에 관한 이해:

트로피의 위부터 아래로 '좁아졌다 넓어졌다'를 반복하는 통합예술심리치료의 과정 및 현상을 형상화한 것

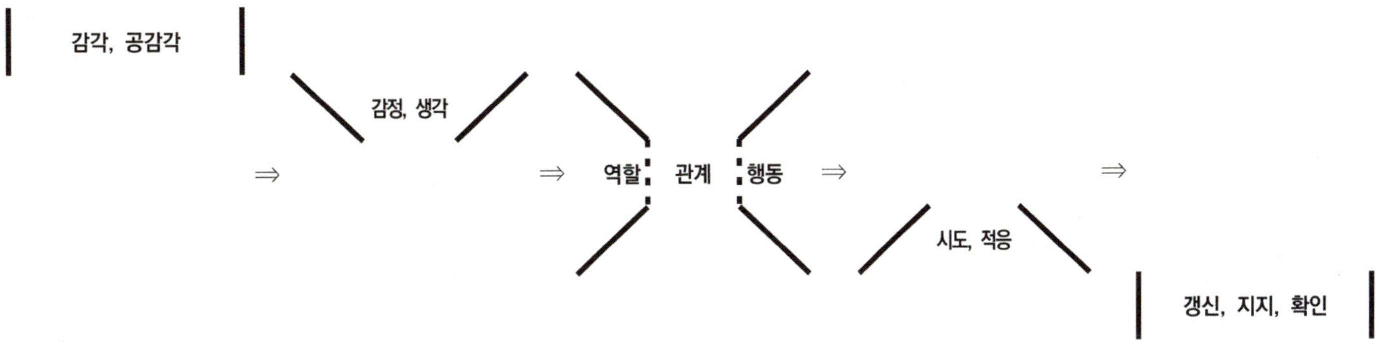

(1) 감각, 공감각 단계
: 감각이 유입되고
지각됨
(|　|)

(2) 감정, 생각 단계
: 초점화되며 모아짐
(\　/)

(3) 역할, 관계, 행동 단계
: 좁은 통로와 같이
집중적으로 압축된
핵심작업, 나의 외부를
인식 및 내부와 외부를
연결지음
(←|　|→)

(4) 시도, 적응 단계
: 시도 및 적응을 위해
점차 넓어지는 관점 및
변화를 수반하게 됨
(/　\)

(5) 갱신, 지지, 확인 단계
: 굳건한 자기기반을
확인하게 됨
(|　|)
★ 다시 (1)단계로 순환됨

1 다층적 구조 / 발달단계 / 멀티리터러시 / 다감각적 접근 / 메타현상과 메타해석 / 통합의 개념

다층적 구조

통합예술심리치료에서 다층적 구조라는 말은, 3층 케이크나 계단의 형상처럼 단순히 수직적 층이 여러 개라는 의미를 훨씬 넘어섭니다. 한 사람의 인생을 볼 때 평면적이지 않고 위아래, 옆, 그리고 대각선, 또 기본적으로 평면이 아닌 입체, 다차원의 모습인 것으로 생각하면 좋겠습니다. 그래서 어떤 사람의 어려움에 대해 접근을 할 때, 정확히 핀셋으로 그 부분만 짚어 이야기할 수 없습니다. 왜냐하면 사람은 살아온 과거(나이), 의미 있었던 사건들, 그리고 성격과 기질, 인간관계, 다른 여러 환경적 조건, 지향하는 바 등 다양한 요소들이 합쳐져 그 한 사람의 현재를 이루기 때문이지요. 그 복잡함을 다층적이라는 말로 이해할 수 있겠습니다. 따라서 심리치료와 예술치료를 통해 어떤 사람에 접근을 할 때에는 맥락적 접근이라는 것을 해야 합니다. 맥락은 그 전후사정을 포함하는 것입니다. 예를 들어 여러분이 점심을 안 먹어서 어떤 일이 일어나게 되었다고 합시다. 일어난 일, 즉 결과만 보는 것이 아니라 점심을 안 먹은 배경을 함께 살펴보고 그것이 그 사람에게 어떠한 의미가 있는 일인지를 함께 살펴보고, 그 사람은 어떤 사람이기에 그러한 선택을 했을까? 어떤 결과로 이어졌고 그 사람은 그것을 어떻게 받아들이고 반응하고 있는가를 입체적으로 살펴보는 것을 맥락적 접근이라고 합니다. 맥락을 알려면 앞서 말한 그 사람의 살아온 과거(나이), 의미 있었던 사건들, 그리고 성격과 기질, 인간관계, 다른 여러 환경적 조건 및 상황, 지향하는 바 등을 두루 포괄해 이해해야 합니다. 때문에 내적 욕구나 외부상황(요인), 예상되는 결과 등을 상담 및 치료장면에서 차츰차츰 다루어나가게 됩니다. 그렇게 되면, 어떨 때는 내적 욕구 탐색에 집중해보는 회기의 순간이 생기고, 어떨 때는 외부상황(요인), 어떨 때는 예상되는 결과 등과 관련한 회기의 순간들이 복합적으로 작용하고 이 과정이 반복되면서 어떤 다른 관점의 그 사람이 창조됩니다. 이것이 심리치료와 예술치료에서 말하는 다층적 구조, 그리고 맥락적 접근입니다. 즉, **인간이 다층적이기 때문에 인간을 다룰 때 다층적 구조 안에서 다루게 된다는 것**입니다. 한편 '발달트라우마(스몰트라우마)'라는 개념이 있는데요, 쉽게 예를 들어 트라우마는 심각한 외상사건으로 정확히 그 부분이 도드라져 보인다고 한다면, 발달트라우마는 자잘한 인생의 상처나 스트레스들이 딱히 그 부분만 도려낼 수 없이 뒤엉켜 딱히 분리할 수도 없는 상태로 그 사람의 성격과 섞여 있는 애매한 상태라고 이해할 수 있겠습니다. 어쩌면 이는 크게 위중해 보이지 않을 수도 있고, 그 사람은 나름대로 효과 있거나 혹은 없는 자신만의 고착된 방식들을 만들어 적응도 아닌 그렇다고 부적응도 아닌 그 어디쯤의 상태로 이 세상을 살아가고 있을 텐데, 그것이 때론 불편하기도 하지만 때론 괜찮다고 느끼기도 하게 되는 형태입니다. 이를 마치 수술해야 할 대상에 비유한다면, 이미 그 사람의 역사 속에서 그 사람 안의 일부가 된 채여서 표적이 명확하지 않아 수술이 어려워 다른 치료법들을 찾아야 하는 상태이거나 혹은 변화를 거부하고 있거나 혹은 스스로 아무 자각도 하지 못하고 있을 수도 있는 상태라고 말할 수 있겠습니다. 심리치료와 예술치료에서 만나게 되는 이들(내담자) 중 가장 많은 비중을 차지하는 부류가 바로 이러하다고 볼 수 있겠습니다. 따라서 **통합예술심리치료에서는 첫 접근도 다층적이어야 하고, 과정도 다층적이어야 하며, 적용도 다층적이어야** 합니다.

발달단계

발달단계는 인간이 전 생애에 걸쳐 발달을 해나가는 단계를 말합니다. 많은 영역에서 발달이 존재합니다. 신체발달, 정서발달, 언어발달, 지능 및 인지발달, 사회성발달, 성격발달, 선개념과 같은 도덕성 발달, 성적 발달, 창의성 발달, 세계관 발달, 영적 발달 등이 그러합니다. 유구한 심리이론 역사에 걸쳐 학자들은 이들 영역을 주로 연령에 따라 구분해놓았고, 학자들마다 구분기준이나 명칭을 조금씩 다르게 제시해놓았기도 합니다. 현대의 우리들은 그것을 기준으로 인간발달의 정도에 접근하고 판단할 수 있습니다. 가령, 진단평가를 통해 어떤 연령에서 어느 영역의 발달이 얼마 이하이면 문제가 있다고 판단하거나 혹은 병리적 진단이 내려지기도 합니다. 이는 DSM이라는 미국정신의학회(APA)의 진단분류체계를 따르고 있습니다. 특히 의학계와 임상심리 등 진단 및 약물처방, 그리고 장애등록이나 보험 등의 업무와 관련된 종사자들은 이 분류체계에 더욱 민감합니다.

하지만 여러분도 잘 알고 있듯이 이 **발달이라는 것은 정지된 상태가 아니라 흘러가는 개념**입니다. 마치 지금 이 순간에도 시간이 흘러가고 있는데, 의사소통을 위해 59분 59초와 0분 0초로 구획을 나누어 개념화하는 것처럼 말입니다. 즉, 발달단계의 구분은 인간의 특정 시기와 관련하여 평균 정도를 알아볼 수 있는 중요한 척도가 되는 것은 분명하지만, 특히나 통합예술심리치료 영역에서 비약물치료, 관점이나 행동, 마음의 변화를 이끌어내고자 하는 우리들은 사실 그 어떤 발달단계의 내담자를 만났거나 혹은 진단이 없는 경우라고 해도 접근해야 합니다. 때로 어떤 내담자는 진단과 잘 매칭되지 않는 상이한 행동이나 정서적 표현을 하는 경우도 많습니다. 이러한 경우를 발달단계에 따른 진단명이 아닌 아주 보편적인 관점에서 쉽게 예를 들어보겠습니다. 만일 친구의 혈액형이 A형이라고 해서 흔히 공유되는 인식에 의해 소심하거나 신중함을 기대했는데 예상외로 진취적이고 도전적인 모습을 보일 때가 있다면, 이 친구를 어떻게 보아야 할까요? 혈액형이 잘못되었다고 보아야 하거나 또는 A형이 A형답지 않다고 보아야 할까요? 답은, 애초에 어떻게 볼 필요가 없다는 것입니다. 기질적으로는 이러할 수 있지만, 상황적으로는 또 저러할 수도 있는 것입니다. 앞서 언급된 다층적 구조와 맥락적 접근을 기억하지요? 이 세상 그 누구도 단편적으로 분류될 수가 없습니다. 특히나 **인간은 사회·문화적인 맥락에 지대한 영향**을 받습니다. 진단은 바로 이러한 의미로 활용되어야 합니다. 혈액형이 A형이라는 것을 참고는 해야겠지만, 때로는 A형임을 알고 접근하는 것이 오히려 색안경을 쓰게 되기도 한다는 것을 명심해야 합니다. MBTI 유형도 마찬가지일 것입니다. 통합예술심리치료사는 자신의 내담자가 진단과 관련한 이야기를 먼저 하면, 알고자 하는 태도로 함께해야 하겠지만 그것만으로 내담자를 단정 짓지 않아야 합니다. 혹은 특정한 진단이 없이 삶에서 어떤 행동패턴이나 생각의 고리 때문에 어려워하는 내담자를 만났다면, **바로 그 부분에서부터 풀어나가려는 자세가 필요**합니다. **통합예술심리치료에서 지향하는 바는 내담자의 창조성을 발굴해내는 것**입니다. 내담자 또한 자신의 진단명에 매몰되어 다른 건전한 시도들을 회피하지 않도록 이끌어야 합니다. 그래서 통합예술심리치료에서는 초기면담이 매우 중요합니다(초기면담에 대해서는 9장에서 더욱 상세하게 다루어집니다).

1차적으로는 내담자의 기본 정보를 통해 신체발달, 정서발달, 언어발달, 지능 및 인지발달, 사회성 발달, 성격발달, 선개념과 같은 도덕성 발달, 성적 발달, 창의성 발달, 세계관 발달, 영적 발달 등의 상태와 그에 대한 자기보고를 파악합니다. 이 수많은 **발달의 영역을 보다 단순하게 범주화시키면 몸, 마음, 정신, 관계 4가지 카테고리에 포함시킬 수 있다는 것을 참고**하세요. 2차적으로는 내담자가 크게 영향 받은 일이나 처한 상황을 봅니다. 3차적으로는 그것들이 그 사람의 연령이나 사회·문화적 맥락과 관련하여 무언가 과도하거나 빈약하게 작동하고 있는 부분이 있는지를 파악하며, 내담자 스스로 어떤 부분에서 어려움이 있다고 느끼는지를 알아나갑니다. 결과론적으로 볼 때, 이렇게 알아낸 것들 중 일부는 발달단계 또는 진단명과 정확히 일치되는 경우도 있지만, 의외성을 가지고 있는 부분들 또한 많습니다. 단, 오해하지 말아야 할 것은, 현대의 진단체계가 정확하지 않다는 뜻이 아니라는 점입니다. 인간이 그만큼 복잡한 존재이며, 특히 무의식은 의식의 조종자라는 관점에서 볼 때 **특정한 행동패턴이나 생각의 고리는 이전 경험들과 관련하여 진단체계와는 별개로 생성될 수 있다는 점**을 반드시 명심해야 할 것입니다.

통합예술심리치료는 특정 발달의 영역을 고치거나 단순히 수치상으로 조정하는 개념이 아니라 내담자의 특정한 행동패턴이나 생각의 고리가 변화될 수 있도록 돕고, 그 변화된 의미와 관점을 인지뿐 아니라 감정 및 감각으로도 느낄 수 있도록 하는 과정입니다. 결국 **내담자의 어려움**은, 물론 특정한 발달의 영역이 넘치거나 모자라서 생기는 경우도 있지만, 그뿐 아니라 특정한 상황에 특정한 발달의 영역을 잘 배치하지 못해서 또는 특정한 발달의 영역에 과도하게 몰입하게 된 그 사람만의 사정(상황)이 있어서, 즉 **적용의 불균형에 의해 발생되는 부분이 훨씬 더 큼**을 기억해야 하겠습니다. 이를 일깨우고 수용하여 변화를 시도할 수 있도록 돕는 것이 통합예술심리치료의 목적입니다. 다시 한번 강조하지만, **발달단계에 따른 진단체계를 경시하라는 것이 아니라 그것에 대한 인지는 당연히 기본이며, 다만 우리들은 그 이면(너머)의 것들에도 관심을 기울여야 한다는 말로 이해**하면 좋겠습니다.

멀티리터러시

현대사회에는 리터러시(Literacy)라는 개념이 있습니다. 리터러시는 문해력이라고도 불리는데요, 문해력은 좁게는 텍스트를 읽고 상황을 파악하는 능력입니다. 좀 더 넓게는 텍스트, 즉 문자에 국한되지 않고 다양한 콘텐츠를 보고 이해할 수 있는 능력을 말합니다. 한마디로 **리터러시는 현대사회에서 삶을 살아가며 접하게 되는 각종 정보와 콘텐츠들을 보고 그 내용을 이해하는 것은 물론, 이를 토대로 콘텐츠들에 나타난 시류를 파악하고 자신의 위치나 세계관 등과 관련해 바라보거**

나 혹은 적용할 수 있는 능력이자 관점입니다. 예를 들어 자신이 속한 분야에서 어떤 공지사항을 접하게 되었다고 가정해봅시다. 좁은 개념의 리터러시는 이 공지사항의 텍스트를 통해 이행하여야 할 사항과 관련한 일시정보 및 행동반경의 제한점 등을 팩트 중심으로 알아내는 것입니다. 보다 넓게 리터러시를 적용하는 이들은, 이 공지사항이 어떠한 배경에서 올라오게 되었는지, 그리고 자신을 포함한 다른 이들은 어떻게 받아들이고 있는지, 공지사항의 전과 후는 어떻게 달라질 것인지, 여기에서 나의 기호(선호)와 도덕관념은 어떤 입장을 취하게 될지 등에 대해 포괄적으로 사고하게 됩니다. 다양한 콘텐츠들이 올라오는 포털사이트나 OTT(Over The Top) 서비스, 그리고 나에게 유용한 정보들을 접하기 위해 가입해 둔 각종 카페나 소셜미디어 창구, ChatGPT를 통한 검색, 그리고 관련 댓글 등을 대할 때에도 마찬가지입니다. 정보의 공신력 여부나 여론의 동향을 파악하기 이전에 누구라도 인터넷을 통해 검색부터 하고 그것들을 토대로 점차 자신의 관점에 맞게 추려 나가게 됩니다. 때문에 **리터러시에는 나와 사회를 관련지어 동시에 읽어내는 과정이 수반되어야** 합니다.

보다 세부적인 리터러시를 뜻하는 말들로, 미디어 리터러시, 디지털 리터러시, 리터러시 교육 등의 개념이 파생되어 있습니다. **통합예술심리치료는 궁극적으로 '나'를 찾게 하는 과정**이라 할 수 있는데, 이 과정에서 거울이론이나 마음이론 등 타인에 의한 자기조망이 상당 부분 기여합니다. 자신을 지각한다는 것은 실존하는 나를 파악하는 것이므로 '어디에 어떻게 실존하고 있느냐'가 나를 파악하는 데 있어 중요한 문제가 됩니다. 앞서 말했듯이 사람은 누구나 사회·문화적 맥락을 통해 자신을 평가하고 행복이나 안녕 등을 느끼게 되기 때문에 자신이 속한 사회·문화적 맥락을 읽어내는 것은 누구에게나 필요하고, 특히 **내담자를 대하는 우리들은 현 세대가 가지고 있는 사회·문화적 맥락 안에서 내담자의 내적 참조체제가 가지고 있는 사회·문화적 맥락과의 개연성이나 충돌하는 지점 등을 계속 주시하여야** 합니다. 결국 불편감은 나의 내적 참조체제와 사회·문화적 상황 간의 불균형으로부터 발생되기 때문입니다. 즉, **통합예술심리치료 안에서 우리들이 취해야 하는 리터러시의 영역은 사회·문화적 리터러시**라고 할 수 있으며, 사회·문화적인 것들은 미디어와 디지털 모두를 포함하여 구성되므로, 결국 **멀티리터러시의 관점**을 취해야 한다고 할 수 있겠습니다. 여기서 중요한 점은, 통합예술심리치료의 멀티리터러시는 사회·문화적 시류에 대해 단순히 소비자의 관점을 가지고 판단이나 비평을 하기 위한 목적이 아니라 **내담자의 삶의 전반적 맥락을 파악하고 새롭게 촉진하기 위해 취하는 '따뜻하고 관심 어린 시선'**이라는 점입니다.

다감각적 접근

예술매체가 심리치료와 상담의 중요한 키(key)가 되는 것은 왜일까요? 그것은 우리가 현대에 살고 있기 때문입니다. 이것이 무슨 말인지 조금 더 자세히 알아보겠습니다. 심리치료와 상담은 기본적으로 언어(구술) 활용에 의존하고 있는데, 이 언어라는 것은 의식세계에서 작동하며, 의식세계는 방어기제와 함께 작동됩니다. 즉, 언어를 주로 사용한다는 것은 의식적으로 자신이 드러내고 싶거나 혹은 감추고 싶은 것들을 잘 가려서 표현하게 될 수 있다는 의미입니다. 또는 상황에 따라 적합하다고 생각되는 표현양식에 따르게 되기도 합니다. 사회인일수록, 교양 있는 문화인일수록, 적나라하게 자신을 드러내는 일은 드뭅니다. 물론 이는 현대인의 중요한 적응적 양상입니다. 하지만 **대부분 삶에서의 불편감은 의식과 무의식 간의 충돌이나 불균형으로 인해 발생되며, 인식하지 못하고 있는 무의식이 의식을 지배하게 되면서 그 간극이 점차 커집니다. 어느 정도의 페르소나는 꼭 필요하지만, 페르소나가 너무 강해지는 순간 반대 개념인 그림자는 점차 깊게 드리워**집니다.

원시시대의 사람들은 표현이나 의사소통에 있어 언어사용보다는 몸짓언어, 소리의 느낌, 상징적인 표현방식들을 구사했습니다. 이것은 어떠한 상황에서 느껴지는 그대로를 상당히 '정서적'으로 반영한다는 특징이 있습니다. 예를 들어 누구나 잘 쓰는 말 중에 하나인 "괜찮아요"나 "그냥요"라는 말은 문자 그대로에서는 많은 정보를 알아내기 어려우며, 누군가 그 정도로만 말하는 데에는 그것이 최선이라서거나 혹은 더 솔직하게 표현하지 않기로 마음먹었을 때 적당한 표현을 고르다가 그렇게 되는 경우가 많습니다. 언어란 바로 이런 특징을 지닙니다. **언어란 굉장히 정확하기도 하지만 굉장히 은폐적이기도** 합니다. 따라서 **비언어적인 표현양식은 비록 문명적으로 정돈된 양식은 아니지만 오히려 정확한 그 사람의 상태를 더 잘 반영**하는 경우가 많으며, 이러한 표현들은 내부세계와 외부세계 사이의 간극이 적습니다. 이는 치료・상담자의 입장에서는 보다 통합적으로 내담자의 상태를 알아차릴 수 있도록 해 주며, 표현하는 내담자 또한 유려한 언어사용으로 가려지기 쉬운 내부세계와의 괴리를 좁힙니다. 치료 및 상담이 언어사용만으로 한정될 경우 상당히 진지해지는 경향이 있으며, 솔직히 말해보라는 인상을 받을수록 오히려 더 언어적으로 솔직해지기 어려운 모순적인 상황이 발생되기도 합니다.

따라서 **심리치료와 상담에서는 매체상담이라고 하여 매체를 활용해 내담자가 해당 매체에 투사해 자신을 드러낼 수 있도록** 합니다. 또한 **예술치료에서는 내담자가 예술매체에 자신의 상태를 투사할 수 있도록 하는 것은 물론, 예술적 경험 안에서 내담자가 창조성을 실현하도록 함으로써 새로운 자기가 조직될 수 있도록 촉진**합니다. 즉, **최근의 심리치료 경향은 심리치료와 상담, 그리고 예술치료의 모든 분야에서 예술매체가 활용되며, 이것이 내담자와 안내자 모두에게 안전감을 주고, 무엇보다 긴장을 풀어 즐겁고 편안하며 진솔할 수 있다는 장점**이 있습니다.

그렇다면 뇌는 이 감각을 어떻게 지각할까요? 뇌에 대한 여러 가지 진화적 발달 이론 중에 3개의 뇌라는 개념이 있습니다. 먼저 파충류의 뇌는 생존반응과 관련되어 감각적이고 반사적입니다. 이를 생존의 뇌라고 해보겠습니다. 포유류의 뇌는 파충류의 뇌를 포함하며 여기에 감정까지 느낄 수 있는 뇌 구조가 한 겹 더 싸여 있습니다. 이를 감정의 뇌라고 해보겠습니다. 마지막으로 영장류, 즉 인간의 뇌는 파충류의 뇌와 포유류의 뇌를 포함하며 여기에 논리적, 합리적, 이성적, 문제해결적, 분석적, 도덕적 등의 판단을 할 수 있는 뇌 구조가 한 겹 더 싸여 있습니다. 이를 생각의 뇌라고 해보겠습니다. (이 3개의 뇌 개념을 마치 각각 분리된 것처럼 이해할 경우 해석 및 적용에 왜곡이 있을 수 있으나, 반면 인간의 뇌가 외부자극에 반응하는 순서에 대한 초기 이해를 돕기 위하여 '생존-감정-생각' 순으로 연결된다는 것을 '3개의 뇌 모델'을 빌어 간단히 설명하는 것입니다. 추후에 6장에서 소개되는 [그림 1]을 보면 뇌의 통합적 신경작용이란 단순하게 3개의 뇌가 전부가 아니라는 점을 알 수 있을 것입니다.)

생존-감정-생각으로 갈수록 현명해 보이는 느낌은 있습니다. 맞습니다. 현대인은 잠시도 생각을 멈추지 않습니다. 하지만 그렇다고 해서 현대인에게 감정이나 생존반사적인 영역을 관장하는 뇌의 부분이 없는 것은 아닙니다. 문제는 생존반사적, 혹은 감정적으로 느낀 부분들이 생각과 제대로 통합되지 못한 채, 생각의 뇌의 명령에만 이끌려가게 되는 것이 문제입니다. 여러분이 지금 이 대목에서 오해하지 말아야 할 것은, 생존과 감정 중심으로 생각 없이 삶을 살라는 뜻이 아니라는 점입니다. 내담자의 어떤 행동에는 동기가 있으며, 이 동기는 예상보다 더 많은 부분 생존과 감정의 뇌가 보내는 사인들과 관련이 있습니다. 그리고 그것은 내담자 스스로 자각하지 못하고 있는 경우가 많습니다. 따라서 여러분이 만나는 **내담자가 현대인의 속성에 가까운 분일수록 여러분은 특히 초반 회기들에서 내담자가 자신의 감각과 감정과 접촉할 수 있도록 하는 작업에 공을 많이 들여야** 합니다. 이 과정이 단순히 말(언어)로만은 어려우며, **말은 지나친 인지활성화를 가중시켜 진정한 소통을 가로막게 된다**는 것을 기억하세요. 우리가 누군가와 친해질 때 먹으면서 친해지거나, 더 어려서는 신체활동을 함께하면서 친해졌던 것, 비나 눈을 함께 맞거나 풍경을 같이 보거나 반려동물을 함께 만지거나 음악을 함께 듣거나 또는 여러 자연환경들에 대한 감각을 공유하면서 친해질 수 있었던 일들을 상기한다면 **감각적인 접근이 얼마나 사람을 열어놓을 수 있는지**에 대해 좀 더 쉽게 이해되리라 생각합니다.

감각에는 여러분이 이미 알고 있는 것처럼 기본적으로 오감이 있습니다. 시각, 청각, 촉각, 후각, 미각 등이 바로 그것입니다. 함께 위 감각을 느끼기만 한다면 그것은 활동에 지나지 않으며, 그 자체로 치료적인 작업의 단계는 아닙니다. **통합예술심리치료에서는 감각을 일깨우는 데서 그치지 않고, 그것이 불러일으키는 생각이나 이전의 경험, 신체의 느낌 등의 정보를 추가적으로 언어화하는 과정을 가지며 이것이 바로 '감각을 활용한 무의식의 의식화'**입니다. 이는 안내자의 입장에서는 안전하고 편안한 방법으로 내담자를 인도하며, 비지시적으로 자각 및 통찰을 이끌어낼 수 있습니다. 한편 내담자의 입장에서는 비판단적 관점에서 있는 그대로의 자신을 느끼며 그 자체가 표현의 카타르시스가 되어 다음 이어질 다소 부담스러운 작업들, 가령 언어화, 자기인식, 불편한 감정과의 조우, 타인의 반응을 받아들이기, 인지와 결합되며 발생되는 내적 부조화와의 직면, 자기수용, 새로운 도전 등을 감당할 수 있도록 하는 든든한 초기자원이 되어줍니다.

감각을 한동안 비활성화한 채로 지내온 많은 내담자들은 이러한 감각 위주의 작업에 대해 오히려 부담감 또는 거부감을 내비칠 수 있으며 때로 유치하다는 의견을 제시하기도 합니다. 따라서 안내자는 인지나 언어적 접근 그리고 감각과 감정적 접근 양쪽을 모두 열어놓고 내담자가 크게 저항하거나 이탈하지 않을 수 있는 범위 안에서 흐르듯이 유연하게 대응하고 움직여야 합니다.

결국 **생각의 끝을 따라가 보면 감정이 있고, 감정은 감각과의 접촉을 통하여** 지각됩니다. **치료 및 상담 과정을 통해 불편한 감정이나 감각의 해소를 돕고, 특정 감정이 특정 경험과 연결되어 있는 내담자의 심리도식을 바꾸는 일이 바로 우리가 해야 할 일**입니다. 종결과 가까워지면, 새롭게 창조된 내담자의 의미와 생각을 다시 좋은 감각과 연결시키는 작업으로 마무리하게 됩니다. 따라서 **다감각적 접근은 치료 및 상담의 처음이자 끝이며, 다감각적 접근방식을 많이 보유하고 있다는 것은 통합예술심리치료사로서 길(way, method)을 많이 가지고 있다는 것**과 같습니다.

메타현상과 메타해석

여러분이 알고 있는 '메타'라는 의미는 무엇인가요? 여러분은 어떤 곳에 '메타'라는 단어를 접두어로 넣을 수 있다고 생각하나요? **메타는 초월이라는 뜻으로, 이는 통합과 유사한 속성**이 있습니다. '메타'라는 단어가 들어간 세 가지 단어의 예를 살펴보면서 메타의 의미를 파악해보겠습니다. 하나는 메타인지(meta-cognition)입니다. 그냥 인지는 알고(이해하고) 있는 것인 반면, 메타인지는 알고 있는 것으로부터 또 다른 무엇인가를 관찰하거나 발견하거나 생각하는 것을 말합니다. 이는 단순히 꼬리에 꼬리를 무는 생각과는 다른 개념입니다. 예를 들면 복숭아씨를 보고 인지는 복숭아의 씨라고 인식하지만, 메타인지가 발동되면 복숭아씨와 관련한 사고로 초월적으로 발전해나갑니다. 마치 연관검색어나 상징적 흐름, 배경, 이면에 대한 관심 등 해당 지식을 포함한 경험과 그것들에 대한 내적 조직, 조절 등으로 이해할 수 있겠습니다. 또 하나는 메타버스(meta-verse)입니다. 메타버스는 현실세계를 가상세계에서 구현하는 플랫폼입니다. 시공간적인 영역, 그리고 능력의 제한을 뛰어넘으며 역시 현실세계와 가상세계의 경계를 넘나든다는 초월적 특징을 지닙니다. 또 다른 하나는 메타분석연구(meta-analysis 또는 meta-synthesis)입니다. 여러 연구(논문)들을 아울러 다시 새로운 의미를 파악해내는 연구를 말합니다. 이는 개별연구들의 핵심을 정확히 파악하고 있으면서도 연구와 연구들 간의 연관성, 관련적 의미를 새롭게 도출하는 것으로 역시 초월적 속성을 가지고 있습니다. 어떤가요? 메타인지, 메타버스, 메타연구 모두 한 번쯤은 들어보았나요?

여러분이 관심을 가지고 있는 통합예술심리치료는 근본적으로는 사람에 대한 관심으로 시작됩니다. 또한 그 사람을 둘러싼 환경과 의미에 대한 파악이 함께 이루어지며, 최종적으로는 자신의 내적 세계와 외적 세계를 균형적으로 넘나들고 유지할 수 있도록 돕는 일입니다. 그런 의미에서 초월적인 접근임은 물론, **영역과 영역, 경계와 경계가 갖는 견고하고 고착된 발상들을 오가며 유연하게 한다는 점에**

서 **통합**이라고 할 수 있겠습니다. 그렇다면 우리들은 **내담자와 관련한 현상을 메타적 현상으로, 해석을 메타적 해석으로 접근해야** 할 것입니다. 사실 말이 어려울 뿐, 메타라는 말은 '**그 이면의 것들까지 보라**'는 쉬운 말로 이해하면 좋겠습니다. 이제 여러분은 이 장 전체에서 강조된 중요한 개념들 – 다층적 구조, 맥락적 접근, 몸-마음-정신-관계 간의 연계, 멀티리터러시, 행동-감정-생각 간의 연계, 메타현상과 메타해석 등 – 이 서로 상관성이 높은 개념임을 이해할 수 있을 것이며, 통합예술심리치료에서 이들 개념을 태도로서 장착하고 체화하려고 하는 것이 통합예술심리치료 영역의 전문가가 되고자 하는 첫걸음임을 인식했을 것입니다. **이러한 태도는 어쩌면 기술습득보다 훨씬 더 중요할 수 있다는 것**을 꼭 기억하세요.

통합의 개념

여기서 우리는 통합예술심리치료에서 말하는 '통합'이라는 말의 개념과 의미를 다른 유사한 용어들과 견주어 이해해볼 필요가 있습니다. 여러분은 평소에 어떨 때 통합이라는 말을 사용하나요? 일상생활에서는 혼용되어 사용될 수 있다 하더라도, 공공의 영역에서는 잘 분리될 필요가 있겠습니다. 보통 **통합과 혼용되어 사용되는 다른 단어들은 융합, 혼합, 통섭, 종합 등**입니다. 먼저 아래 표를 참고하세요.

〈표 1〉 통합의 개념 및 의미

일상에서 '통합'과 혼용되어 사용되는 단어들 – 사전적 의미				
통합 (integration)	융합 (fusion, hybrid, convergence)	혼합 (mix, blend)	통섭 (consilience)	종합 (overall)
둘 이상의 조직이나 기구 등을 하나로 모아 합침.	둘 이상의 사물을 서로 섞거나 조화시켜 하나로 합함.	뒤섞이어 한데 합함.	막힘이 없이 여러 사물에 두루 통함.	관련된 여러 가지 것들을 모아 합침.

치료 · 상담 · 심리 · 교육 등에서 '통합'과 혼용되어 사용되는 단어들 - 맥락적 의미				
통합 (integration)	융합 (convergence)	혼합 (mix, blend)	통섭 (consilience)	종합 (overall)
분화된 부분들이 하나의 기능적 전체로 연결되는 것. 개별성의 유지 및 균형이 핵심. 목적성. 예) 인간이 통합적으로 기능하게 되다.	혼합되어 새로운 것이 되는, 된 상태. 예) 동 · 서양의 문화가 융합되다. 다학제시스템은 다학제가 융합된 시스템이다.	주로 측량에서의 결합이나 화학적 섞임, 병렬적으로 함께 나열되는 상황 자체를 말함. 섞이다라는 표현과 맥락상 근접함. 예) 다양한 예술매체가 혼합적으로 사용되다.	서로를 연결 지으려는 태도 자체를 말함. 서로 다른 것들로부터의 새로운 창출. 예) 통합예술치료는 인접한 여러 분야 간을 통섭적으로 오가는 전제가 수반된다.	취합의 의미에 가까움. 묶음. 철함. 예) 과제를 종합해서 제출하다.

위의 표를 보면 우리가 하려는 통합예술심리치료는 단순히 누가 먼저 '통합'이라는 단어를 사용했기 때문에 '통합'이라는 논리가 아닙니다. **우리가 하고 있는(하려는) 행위의 맥락적인 의미가 융합/혼합/통섭/종합적이라기보다는 '통합적'이기 때문에 통합예술심리치료라고 말할 수 있는 것**입니다. 즉, 통합예술심리치료에서는 시대와 문화의 융합적 현상에 따라 다양한 예술매체와 심리이론이 혼합되어, 치료적 목적에 따라 인접 분야들에 대해 통섭적인 태도를 가지고, 단지 같이 섞기만 하는 것이 아니라 각 요소들 간의 상호작용을 독려하고 연결해나가면서 통합적으로 접근하며, 궁극적으로 인간의 마음과 몸, 정신, 관계 등을 통합해내는 과정이라고 하겠습니다.

위 과정들이 의식과 연계될 때, 그것들이 더 전략적이자 의도적으로 다뤄질 수 있고, 그 결과가 적응적으로 바뀔 수 있을 것입니다. 따라서 **통합은 '총체적인 과정'이며, 이러한 과정은 엄청난 수의 각기 다른 신경패턴들로부터 일어나는 뇌의 과정**이라고 할 수 있습니다(팡셉(Panksepp), 1998). 최근 시겔(Siegel, 2022)은 그의 저서 〈마음의 발달〉을 통해 정신치료와 심리치료에서 말하는 '통합'의 개념 7가지를 정리하였으며, 바렛(Barrett, 2020)은 통합의 과정에 있어 5C의 개념을 강조한 바 있습니다. 이들이 말하는 통합의 개념들을 종합해보면 통합의 정의, 과정, 요소, 성질, 전제, 발생, 산물 등으로 정리됩니다. 또한 뇌 신경과학에서 언급되는 이러한 통합의 현상학적 설명이 궁극적으로 통합예술심리치료에서 통합예술매체와 통합적인 심리치료적 접근 등을 사용해 이루어내려는 통합의 모습과 본질적으로 같음을 알 수 있습니다. 정신 및 심리치료와 통합예술치료 모두에서 추구하는 임상작업의 일반적 원칙은, 세심하고 공감적인 치료자가 내담자로 하여금 안전한 환경 속에서 조절되지 않는 정서를 정서적으로 견딜 수 있는 수준으로 재경험하도록 이끌어, 감당할 수 없는 외상적 느낌들이 내담자의 감정적 삶 속에서 조절되고 '통합'될 수 있도록 만드는 것입니다(르두(LeDoux), 2022). 균형 잡힌 통합에서는 기억의 감각적·운동적·감정적 측면이 말뜻적인 요소나 자서전적인 요소와 연결되며 새로운 의미가 형성됩니다(루크(Luke), 2022). 다소 어려운 개념일 수 있겠지만, **통합예술심리치료사로서 '통합'의 의미에 대해 깊이 사유해보는 것은 중요한 일**일 것입니다. 위 내용을 정리하여 표로 제시한 통합의 개념을 좀 더 살펴보면 더 깊은 이해가 될 수 있으리라 생각합니다.

〈표 2〉 정신치료 · 심리치료에서 '통합(integration)'의 개념

<table>
<tr><td>통합의 정의</td><td colspan="2">분화된 부분들이 하나의 기능적 전체로 연결되는 것</td></tr>
<tr><td rowspan="2">통합의 과정</td><td colspan="2">FACES: 유연한(Flexible), 적응 가능한(Adaptive),
일관된(Coherent), 활력 있는(Energized), 안정된(Stable)</td></tr>
<tr><td colspan="2">5C: 창의성(Creativity), 의사소통(Communication), 모방(Copying),
협력(Coherent), 압축(Compression)</td></tr>
<tr><td>통합의 요소</td><td colspan="2">뇌(신경)의 통합</td></tr>
<tr><td>통합의 성질</td><td colspan="2">동시성, 복잡성, 민감성, 경험성</td></tr>
<tr><td rowspan="2">통합의 전제</td><td>(-) 요소의 회복</td><td rowspan="2">신경가소성,
감정가소성</td></tr>
<tr><td>(+) 요소의 생성: 외부와의 상호작용을 통한 새로운
신경생리학적 처리경험</td></tr>
<tr><td>통합의 발생</td><td colspan="2">전환이나 상태교체의 순간, 사회 · 문화적 맥락상</td></tr>
<tr><td>통합의 산물</td><td colspan="2">변화된 감정으로서 나타남. 경직 및 혼돈이 낮아진 감정상태와 그로 인한
행동동기, 조절 가능한 상태</td></tr>
</table>

이 장의 요약 및 생각해볼 문제

- 심리치료와 예술치료에서 말하는 다층적 구조, 그리고 맥락적 접근이란 무엇인가?
- 통합예술심리치료에서 내담자에 대한 접근, 과정, 적용이 다층적 구조여야 하는 필요성은 무엇인가?
- 발달단계란 무엇이며, 어떠한 4가지 속성을 가지는가?
- 통합예술심리치료가 궁극적으로 '나'를 찾게 하는 과정임을 상기할 때, 통합예술심리치료 안에서 우리들이 취해야 하는 리터러시의 영역은 어떠한 영역인가?
- 통합예술심리치료사의 역량이라 할 수 있는 '멀티리터러시'에 대하여 자신의 말로 기술해보기
- 통합예술심리치료에서 비언어적인 접근이 중요한 이유는?
- 다양한 감각을 일깨우는 통합예술심리치료적 접근을 어떤 접근이라고 하는가?
- 통합예술심리치료사는 내담자를 대할 때 '그 이면의 것들'까지 관심 있게(초월적, 통합적, 총체적으로) 보아야 하는데, 이것은 현대적 많은 현상에 접두어로 활용되는 단어로, 어쩌면 기술적인 부분보다 중요할 수 있는 통합예술심리치료사의 이러한 접근을 어떤 접근이라고 하는가?
- '통합'과 유사한 단어들을 3~4개 나열해보고, 그것들과 통합예술심리치료에서 '통합'의 의미의 차이를 자신의 말로 기술해보기

참고문헌

김종성(2022). **예술세계에서 발견한 뇌의 신비: 뇌과학 여행, 브레인 인사이드**, 서울: 궁리.

김진엽(2020). **다원주의 미학: 자유로운 예술, 열린 비평**, 서울: 북코리아.

김찬호(2022). **모멸감**, 서울: 문학과지성사.

박승억(2022). **학문이 서로 돕는다는 것**, 서울: 성균관대학교출판부.

백상경제연구원(2020). **퇴근길 인문학 수업: 뉴노멀 편**, 서울: 한빛비즈.

서유리 역(2020). **당신의 어린시절이 울고 있다**[Dami Charf], 서울: 동양북스.

신명희, 서은희, 송수지, 김은경, 원영실, 노원경, 김정민, 강소연, 임호용(2022). **발달심리학**, 서울: 학지사.

윤혜선 역(2014). **통합예술치료**[Shaun McNiff], 서울: 이담북스.

융 저작 번역위원회 역(2004). **인간과 문화**(융 기본 저작집 9)[Carl G. Jung], 서울: 솔.

이모영 역(2008). **예술가가 되려면: 심리학의 눈으로 바라본 예술가 이야기**[Ellen J. Langer], 서울: 학지사.

이모영 역(2011). **치료미학**[Paolo J. Knill], 서울: 시그마프레스.

정영숙, 박영신, 정명숙, 안정신, 노수림 역(2023). **인간발달: 문화적 접근**[Jeffrey J. Arnett], 서울: 시그마프레스.

정옥분(2015). **전생애 인간발달의 이론**, 서울: 학지사.

정지인 역(2013). **무엇이 삶을 예술로 만드는가**[Frank Berzbach], 서울: 불광출판사.

조광제(2004). **몸의 세계, 세계의 몸: 메를로 퐁티의 『지각의 현상학』에 대한 강해**, 서울: 이학사.

조정옥(2019). **예술철학 · 예술치료**, 서울: 성균관대학교출판부.

진중권(2019). **감각의 역사**, 서울: 창비.

하태환 역(2008). **감각의 논리**[G. Deleuze], 서울: 민음사.

2 교육적 vs 치유적 치료 · 상담 / 일지작성

교육적 vs 치유적 치료 · 상담

교육의 정의는 지식이나 기술을 가르치는 것입니다. **심리치료와 상담의 공통적인 정의는 마음의 작용과 의식의 상태를 이용하여 취약한 부분을 치료하거나 논의하는 것**입니다. 이 정의들에서 교육과 심리치료 및 상담 간의 미묘한 차이가 느껴지나요? 교육은 비교적 상하구도에 따라 전달을, 심리치료와 상담에서는 비교적 수평구도에 따라 소통을 하게 됩니다. 이것의 배경은 무엇일까요? 행위를 받는 자의 욕구와 자발성에 달려 있습니다. 기본적으로 교육은 지식이나 기술을 습득하려는 욕구가 있는 채로 왔거나 혹은 교육이 의무일 때 발생되므로, 하달식 전달방식으로도 충분히 목표달성이 가능하게 됩니다. 하지만 심리치료와 상담은 내담자와 특별한 관계의 사람에 의해 비자발적으로 의뢰되는 경우가 많으며, 설령 자발적으로 왔다 하더라도 무의식적인 치료저항(치료저항에 대해서는 11장에서 더욱 상세하게 다루어집니다)이 수시로 발생되기 때문에 이를 뚫고 내담자의 변화를 이끌어내기 위해서는 공감과 경청을 기본으로 한 태도로 내담자의 상태를 살피고 보조하면서 진행하게 됩니다. 정리하면, 교육이 치료나 상담에 비해 일방적 전달식이고, 치료나 상담이 교육에 비해 내담자 맞춤 지향적이라는 것입니다. 하지만 공통점도 있습니다. 교육에서 만나든지 심리치료나 상담에서 만나든지 우리는 일반적으로 그 제공자를 '선생님'이라 부릅니다. 즉, **인도적 차원에서 역할한다는 것은 교육자와 치료·상담자가 동일할 것**입니다. 또한 부족한 부분을 찾아 메워주고 발전적인 방향으로 나아갈 수 있게 한다는 점에서도 동일합니다.

한편 여러분은 '맞춤형 교육'이라는 말을 들어보았을 것입니다. 교육이라고 해서 맞춰줄 필요가 없지는 않습니다. 위에서 언급한 교육과 치료·상담의 차이는 절대적인 것이 아닙니다. 경향성이 그러하다는 것입니다. 따라서 교육에서도 학생이 교육내용을 잘 흡수하기 어려운 상황에 있다면 그 부분에 대한 환경 또는 교수법 등을 맞춤형으로 조정할 수 있습니다. 그래서 1 : 1 교습의 상황에서는 교육자와 치료·상담자가 상당히 유사한 모습일 수 있습니다. 또한 용어를 볼 때 **치료·상담에서는 세션이라는 말을, 교육에서는 수업 또는 강의라는 말을 사용**한다는 점도 상식으로 알아두시기 바랍니다. 물론 치료·상담에서 집단의 형태가 있기도 함을 감안하더라도 일반적 학교 상황에서 교사 1인이 담당하는 학생의 숫자가 훨씬 더 많습니다. 교육이 하달식, 치료·상담이 상호소통식으로 주로 자리매김하고 있는 데에는 이와 같은 여건적 차이도 분명히 있습니다.

이렇게 교육과 치료·상담의 차이를 구분하여 알아보았는데요. 그렇다면 우리와 좀 더 관련이 있는 상황에 대하여 살펴보겠습니다. 여러분의 배경이 교육자 또는 치료자, 상담가인 상황에서 통합예술심리치료를 적용하고자 할 때 여러분의 입장은 교육시스템 안에서 교육적 치료·상담을 제공하게 되거나 또는 치료·상담 시스템 안에서 치료·상담을 제공하게 되거나 할 것입니다. 다시 말하면, **치료·상담이 학교장면에서 이루어지느냐 아니면 보건·의료장면에서 이루어지느냐**로 나누어볼 수 있는데요. 학교장면에서는 제한된 회기 안에서 치료·상담을 운영하여야 하는 경우가 대부분이므로 치료·상담 또한 커리큘럼화한 상태에서 최대한 핵심을 주고받으며 해결책을 모색하는 데 주력합니다. 기업이나 사업체 내의 상담도 학교장면과 유사합니다. 반면에 보건·의료장면에서는 우리가 전통적으로 치료·

상담에 대해 떠올리는 것과 같이 내담자의 상태에 따라 총 회기가 정해지거나 연장 여부가 논의되므로 보다 촘촘하게 이루어질 수 있으며 주호소문제와 관련된 배경을 보다 심도 있게 탐색하는 과정이 수반됩니다. 결론적으로 정리하면, **학교장면에서의 치료 · 상담은 상대적으로 문제해결 중심 지향적이고, 보건 · 의료장면에서의 치료 · 상담은 상대적으로 인간 중심 지향적**이라고 할 수 있겠습니다. **이러한 차이는 치료 · 상담계획을 수립하거나 치료 · 상담에서 적용하는 기법들 및 표현, 보고서 작성 등에 영향**을 미치게 됩니다. 여러분은 어디에서 치료 · 상담의 첫 유료회기를 시작하게 될까요? 또는 이미 시작하였나요? 여러분의 현재와 더 가까운 세팅은 어느 쪽인가요? 또 어떠한 계기로 치료 · 상담의 주요 근무처를 바꾸게 될까요? 혹은 두 쪽 다 아우르게 될 수도 있을 것입니다. 따라서 **교육적 치료 · 상담과 치유적 치료 · 상담 양쪽 모두에 탄력적으로 대응할 수 있다면 통합예술심리치료사로서의 지경을 넓히는 데 보다 도움**이 되겠습니다.

운영에 있어 약간의 형식과 목적 상 차이가 있을 수 있더라도 결국 인도적 역할이라는 관점에서 맥락이 유사한 교육현장과 의료현장에서의 통합예술심리치료 적용 및 실제는, 특히 정신건강과 관련하여 단일한 병원 안에 의료세팅과 교육세팅을 접목하여 운영하고 있는 국립정신건강센터의 모델을 통해 살펴볼 수 있으며, 이는 이 책 뒷부록에 소개한 이성현(2024)의 연구내용 및 결과를 참고할 수 있겠습니다. 더불어 6장에서 곧 언급될 내용인 '통합예술심리치료 5단계' 또한 국립정신건강센터의 통합예술심리치료 모델을 최신의 연구로서 정리한 것임을 밝혀둡니다.

일지작성

치료 · 상담에서는 매 회기마다 일지를 작성하게 됩니다. 일지를 작성하는 것은 업무의 기록을 남기는 것이자, 진행 경과를 알 수 있는 소중한 자료가 되는 과정입니다. 그렇다면 앞서 살펴본 교육적 치료・상담(학교장면)과 치유적 치료・상담(보건・의료장면)에서의 일지작성은 어떻게 달라야 할까요? **교육적 치료・상담의 일지**는 학생 생활기록부나 알림장 기록과 같이 제공한 지침이나 **성취 및 달성 정도를 중심**으로, **치유적 치료・상담의 일지**는 호소하는 어려움, 문제행동이나 또는 새롭게 도전한 생활양식들에 대한 **관찰경과를 중심**으로 기록한다고 생각하면 이해가 쉬울 것이라 생각합니다. 분량은 회기당 5~10줄 사이가 적당하겠습니다. **공통적으로 일시 및 회차정보와 활동요약, 특이점 등을 명시**하는 것은 동일합니다.

만일 비슷한 연령과 증상의 학생 또는 내담자가 학교장면과 보건・의료장면에서 치료・상담을 받는 중이라고 가정할 때의 각각의 일지양식(일지에 들어가야 할 항목 및 용어) 예시를 살펴보겠습니다.

〈표 3〉 교육적 vs 치유적 치료 · 상담의 회기별 일지 항목

구분	항목
교육적 치료 · 상담 (학교장면에서)	연월일. 오늘이 몇 차시인지. 진행시간 및 장소 교사명/학생명 수업 및 단원명 주요활동요약 성취 정도(이해 및 달성 정도를 중심으로 기술) 특이사항(직접화법, 외현화되는 행동, 사건사고 등을 중심으로)
치유적 치료 · 상담 (보건 · 의료장면에서)	연월일. 오늘이 몇 회기인지. 진행시간 및 장소 진행자(치료사)명/내담자명 주치의명/약물 또는 다른 치료 중인 사항들 치료목표 주요활동요약 경과기록(심리 및 변화되는 점들을 중심으로 기술) 특이사항(직접화법, 외현화되는 행동, 사건사고 등을 중심으로)

이 장의 요약 및 생각해볼 문제

- 교육적 치료 · 상담과 치유적 치료 · 상담의 공통점 및 차이점에 대하여 기술해보기
- 만일 비슷한 연령과 증상의 학생 또는 내담자가 학교장면과 보건 · 의료장면에서 치료 · 상담을 받는 중이라고 가정할 때의 각 일지양식(일지에 들어가야 할 항목 및 용어)은 어떻게 달라야 하겠는가? 동일한 대상에 대하여 각 2가지 가상의 샘플로 기록해보기

참고문헌

강현석, 유제순, 이자현, 김무정, 최영수, 이순옥 역(2011). **인간 과학의 혁명: 마음, 문화, 그리고 교육**[Jerome S. Bruner], 서울: 아카데미프레스.

곽영숙(2020). **임상에서 만나는 소아청소년**, 서울: 학지사.

권혜경(2022). **감정조절**, 서울: 을유문화사.

백경미 역(2008). **왜 학교는 예술이 필요한가**[Jessica H. Davis], 서울: 열린책들.

백령(2015). **통합예술교육이란 무엇인가?**(예술교육총서 04), 서울: 커뮤니케이션북스.

서영조 역(2017). **애착교실: 관계 중심 학급 경영의 첫걸음**[L. Cozolino], 서울: 해냄.

서울문화재단(2017). **수업이 예술을 만났어요**(예술교육총서 06), 서울: 커뮤니케이션북스.

서울문화재단 예술가교사(2016). **예술이 교실을 바꿔요**(예술교육총서 05), 서울: 커뮤니케이션북스.

유지훈, 이윤미, 이광용, 이현경(2024). **마음 성장 수업, 교육연극**, 서울: MiraeN

3 포스트모더니즘 / 내담자의 자율선택권

포스트모더니즘

포스트모더니즘은 현대에 통합예술심리치료를 공부하는 이들과 매우 관련이 깊은 문예사조입니다. 문예사조란, 문학과 예술이 지닌 공통적인 사상의 시대적 흐름을 말합니다. 예를 들어 낭만주의, 사실주의, 자연주의, 실존주의 등과 같은 사상의 흐름입니다. 문예사조는 고정된 개념이 아니며, 문학과 예술은 단순히 예술의 분야로서만이 아닌 정치 · 경제 · 사회의 모든 영역과 관련되며 시대상과 가치관을 토대로 형성된다는 점에서, 문예사조는 현시대를 반영하는 시대이념이라 하겠습니다. **심리치료를 필요로 하는 현대인들의 이슈는 자신을 둘러싼 사회와 관계의 영향 속에서 심리적 어려움이 발생되는 것이므로, 상담 · 치료자의 입장에서 시대상을 이해하는 것은 매우 중요**합니다.

문예사조의 흐름에서 1960년대에 태동하여 현대까지 아우르고 있는 것이 바로 포스트모더니즘입니다. 포스트모더니즘은 앞선 모더니즘의 특성 – 계몽주의, 이성주의, 객관주의 – 에 회의적인 입장으로 문제를 제기하면서 발현되었습니다. 모더니즘은 혁신적이고 합리적이었으나 역설적으로 보수적이었기 때문에, 다원화되는 시대적 양상을 담아내기 어려운 측면이 있었던 것입니다. 따라서 **포스트모더니즘**

은 상대적으로 개성, 자율성, 다양성(다원성), 대중성, 실험성, 해체성, 이탈성, 비동일성 등을 지향하는 특징이 있습니다. 지향한다고 해서 오해하지 말아야 할 것은, 포스트모더니즘이 엄격한 구조와 틀에 반기를 드는 성격이 있다고 해서 모든 것에 맹목적인 저항을 하지는 않는다는 점입니다. 앞의, 무엇무엇을 지향한다는 특징을 다른 말로, 무엇무엇까지 수용한다는 말로 바꾸어보아도 좋겠습니다.

포스트모더니즘은 이념에 실존을 꿰맞추는 것이 아니라 실존하는 것을 그대로 따라가며, 진리는 어떤 것 자체보다는 그것에 접근하는 인간의 관심과 이해의 산물이라는 가치와 사상에 기반합니다. 여러분이 포스트모더니즘에 찬동하느냐 찬동하지 않느냐와 관계없이 이미 누구라도 포스트모더니즘적인 시대 안에 살아가고 있다는 점을 인정할 수밖에 없을 것입니다. 바로 이 지점이 통합예술심리치료를 하는 우리들과 잘 부합됩니다. **포스트모더니즘이 갖는 예외 또는 의외에 대한 인정과 긍정적인 시각은 그 자체가 창조성**이며, 다가올 미래가 공식처럼 딱 떨어지지 않고 조화롭지 않은 것들과 함께 세상을 살아가는 가운데 수용성과 응용성, 유연함과 발상의 전환 등은 생존전략과도 맞닿아있기 때문입니다. 이는 우리가 **내담자를 있는 그대로 보고 그들이 지나온 인생과 실존적 존재에 대해 존중을 보내면서, 앞으로 맞이할 시간들을 좀 더 자연스럽게 받아들이고 그 너머에서 적응적 시도를 할 수 있도록 인도**합니다. 또한 포스트모더니즘적 사고방식은 실존주의, 인간 중심 철학 등과 더불어 과거와 현재, 그리고 미래를 융합할 수 있도록 다감각적으로, 그리고 멀티리터러시적으로 메타연결자가 되고자 하는 **통합예술심리치료의 기본 철학**이라고 할 수 있을 것이며, 이러한 시선을 내담자뿐 아니라 나 자신에게도 보낼 수 있어야 합니다. 다음 장들에서 다루게 될 다양한 예술매체와 다양한 심리이론의 융합적인 특징 또한 바로 이 포스트모더니즘에 기반하고 있다는 것을 기억하시기 바랍니다.

내담자의 자율선택권

100명의 내담자에 100명의 처방이 있다는 말이 있습니다. 아무리 DSM(Diagnostic and Statistical Manual of Mental Disorders: 정신장애의 진단 및 통계편람)을 통해 체계적 분류를 시도해도 내담자마다 다른 삶의 역사를 반영할 수는 없다는 말입니다. 포스트모더니즘 시대에서, 그리고 다양한 환경에 처한 내담자에게 몇 가지 질문과 대화만으로 획일적인 처방을 제시할 수는 없을 것입니다. 설령 그러한 처방이 있다고 해도 **심리치료란 '경험적으로 변화되는 과정'을 의미**하기 때문에 어떠한 경험을 제공할 것인지가 핵심이며, 내담자는 그 경험의 산물을 통찰하고 자기화시키는 것이지 일방적으로 내려진 처방을 가져가는 것이 아닙니다.

우리는 모두 내가 사회·문화적으로 어디에 속하는지를 알고자 각종 검색을 해 보기도 하면서 동질감과 연대감에 기댈 때가 있으면서도, 또 어떨 때는 남과 같다고 하면 싫어하거나 나만의 독자성을 갖기 위해 나에 대해 새로운 정의를 내리기도 합니다. 전자는 분류체계나 처방 등과 관련이 있고, 후자는 나의 존재가치나 삶의 의미 등과 관련이 있습니다. 전자와 후자 모두가 삶의 만족을 위해 필요합니다. 전자, 즉 **동질감과 연대감은 내가 남들과 비슷하거나 용인되는 범위 안에 있을 때 주어지는 감정으로 사회적인 것이며, 후자, 즉 독자성과 삶의 의미 등은 지극히 개인 및 주관적인 것으로 '특별한 나'를 지각할 때 획득**됩니다. 이와 비슷한 맥락으로 서울대학교 행복연구센터에서는 행복의 3가지 주요영역 및 이에 적합한 하위요소를 마음의 자세(즐거움, 기쁨, 감사), 삶의 모습(목표설정, 음미하는 삶, 몰입), 관계증진(돈독한 관계, 나눔과 베풂, 용서)로 선정한 바 있습니다. 이를 보면 누구나 개인적·주관적 행복의 개념에 더하여 사회적·관계적 행복의 개념이 전체 행복을 좌우하는 것임을 알 수 있습니다.

위와 같은 이야기들이 내담자의 자율선택권과 어떤 관련이 있을까요? 이를 위해서는 예술의 속성을 먼저 이해해야 합니다. 예술은 그 어떤 문명보다도 역사가 깊습니다. 인류는 예술 안에서 공동체를 인식했고, 예술을 통해 자기표현을 했으며, 예술을 통해 타인을 이해해왔습니다. 그 과정을 언어화 또는 문서화하는 것은 이차적인 문제가 되겠습니다. 이를 우리의 통합예술심리치료의 상황과 견주어 이해해보면, **집단 및 개별치료 세팅에서 예술행위를 공유한다는 것은 사회·문화적 범주에서 나를 인식하는 것**입니다. 그리고 **그 안에서 확장된 나만의 예술표현을 한다는 것은 나의 존재를 알리고 나의 상태를 자각하는 것**입니다. 또한 **타인의 예술표현과 경험, 감상 등을 대하는 것은 타인을 이해하고 타인에 비친 나를 인식하는 것**입니다. 이렇듯 **함께 하는 예술경험은 나와 타인, 그리고 내가 속한 사회와 연결고리**가 되어주며, 예술을 통했을 때 이러한 경험과 과정들이 피상적이거나 폭력적이지 않은 수준에서 질적으로 깊이 논의될 수 있습니다.

그렇다면 음악, 미술, 연극, 무용·동작 등 예술매체의 경우의 수를 다양하게 공존하도록 하고 내담자가 가장 친밀하게 느끼는 것을 직접 선택해서 경험하고 표현할 수 있도록 했을 때 치료적 접근이 용이한 것은 당연하겠지요? 상담·치료자의 주도로 어떤 매체 중심으로만 제시해 내담자가 이를 따라오도록 한다면 이는 **'선택권 - 자율성 - 자발성'**으로 이어지는 치료의 도입과 진행을 다소 어렵게 만들 것입니다. 더불어 **상담·치료의 초기에 선택권이 부여되면 다음 스텝에서 내담자가 다른 선택이나 상황 또는 경험이나 제안 등에 대해 보다 쉽게 수용적으로 열린 상태가 될 수 있으며, 상담·치료 행위에 대해 주체성을 갖도록 하는 상태**를 만들 수 있습니다. 즉, 내담자에게 치료매체를 선택할 수 있게 하는 것은 내담자를 위한 것임은 물론이며, 상담·치료자에게도 보다 원활한 진행을 할 수 있도록 하는 환경이 되어줍니다. 또한 그 선택이 **예술매체일 때 갖는 이점은, 특정 기억이나 감정과 관련한 내면세계에 자연스럽고 비저항적으로 도달할 수 있도록 도와준다는 것**입니다. 이처럼, 상담·치료과정에서 내담자에게 부여되는 **예술매체 선택권은 그 자체로 치료적인 도입의 의미**를 갖는다고 하겠습니다.

이 장의 요약 및 생각해볼 문제

- 통합예술심리치료의 기본철학으로서 포스트모더니즘의 가치를 자신의 말로 기술해보기
- '선택권 - 자율성 - 자발성'으로 이어지는 통합예술심리치료의 과정에서 내담자에게 무엇을 부여하여야 하는가?
- 통합예술심리치료에서 내담자가 특별히 예술매체 안에서 선택하도록 할 때의 이점은 무엇이라고 생각하는지 자신의 말로 기술해보기

참고문헌

강현석, 유제순, 이자현, 김무정, 최영수, 이순옥 역(2011). **인간 과학의 혁명: 마음, 문화, 그리고 교육**[Jerome S. Bruner], 서울: 아카데미프레스.

김윤경 역(2018). **철학은 어떻게 삶의 무기가 되는가**[야마구치 슈], 서울: 다산북스.

김하현 역(2020). **소크라테스 익스프레스**[Eris Weiner], 서울: 어크로스.

박승억(2022). **학문이 서로 돕는다는 것**, 서울: 성균관대학교출판부.

윤혜선 역(2014). **통합예술치료**[Shaun McNiff], 서울: 이담북스.

이모영 역(2011). **치료미학**[Paolo J. Knill], 서울: 시그마프레스.

정창영 역(2021). **켄 윌버의 통합비전**[Ken Wilber], 서울: 김영사.

4 통합예술치료 / 치료자가 융합적으로 접근 및 적용할 예술매체들 (무용 · 동작 / 미술 / 음악 / 영화 · 사진 / 문학 / 연극 / 모래놀이 / 명상 / 푸드 / 아로마)

통합예술치료

통합예술치료(Integrative Arts Therapy)란, 예술치료(Arts Therapy)에서 응용 · 발전된 개념입니다. 먼저 예술치료는, 훈련된 치료사에 의해 예술매체를 치료적인 목적하에 활용하여 내담자의 성장, 발전, 치유 등의 관리 및 문제의 예방에서 치료에 이르는 전방위적인 긍정적 변화를 도모하는 일입니다. 이때 'Art'는 미술 하나의 매체를 뜻하는 것이며, 'Arts'라고 해야 예술 전체를 통칭하는 의미가 되므로 한국식 표현을 영문화할 때에 유의하시기 바랍니다. 그렇다면 통합예술치료는 무엇일까요? **한 회기 내에서 두 가지 이상의 예술매체를 혼합해 사용하는 방식 또는 한 회기 내에서는 단일예술치료로 하되 총 회기 안에서는 다양한 단일예술치료로 혼합구성된 방식의 심리치료모델**을 말합니다. 통합예술치료에서 '통합' 단어의 유사한 영문식 표기들로는 Interative, Integrated, Integrating 등이 있습니다. 따라서 통합예술치료사는 다양한 예술매체의 특성에 대한 이해 및 그것들을 치료목적과 관련해 작업하는 기술을 체득하는 것과 풍부한 임상경험이 필요한 분야입니다.

통합예술치료와 인접한 분야로, 융합예술치료(Convergence Arts Therapy), 표현예술치료(Expressive/Interdisciplinary/Intermodal Arts Therapy), 창조적(창

의적) **예술치료**(Creative Arts Therapy), **통합적 예술치료**(Integrating/Integrated Arts Therapy), **통합치료**(Integrative Therapy), **표현치료**(Expressive Therapy) 등이 있습니다.

융합예술치료는 예방과 치료를 목적으로 하며, 다양한 예술이 갖는 미적・긍정적 기능을 상호보완적으로 융합한 대상자 맞춤형 치료입니다. 표현예술치료는 세부적으로 음악 중심 표현예술치료, 미술 중심 표현예술치료, 동작 중심 표현예술치료 등으로 나뉘며, 회기를 구성할 때 매체를 혼합할 수 있다는 점에서 통합예술치료와 유사합니다. '예술적 탐험을 통한 창조성'을 좀 더 독려하느냐 예술매체를 활용한 전인적인 통합을 좀 더 독려하느냐 등 내담자를 대할 때 진행과 관련한 경향성의 차이는 있지만, 일반적으로 통합예술치료와 표현예술치료는 다양한 예술매체를 치료적으로 활용한다는 점에서 큰 틀에서 동일한 범주로 인식되어 왔습니다. 창조적 예술치료는 단일예술치료에서 출발한 개념으로, 심리치료의 틀 안에서 목적에 따라 다양한 예술매체별로 그 적용범위를 나눈 것을 말합니다. 통합치료는 전인성과 관련된 여러 학문들과 심리치료이론들을 메타적으로 결합한 치료로, 인간존재에 대한 심리치료 작업과 예술 매체 및 기법들을 적용한 통합작업 양 측의 공동반응을 추구합니다. 이러한 개념은 인간존재와 관련한 반응들의 횡단 및 종단의 각 요소들을 아우르므로 나선형 발달구조를 취합니다. 통합치료는 그 뿌리가 게슈탈트 심리치료이론이기 때문에 알아차림을 기반으로 치료적 의미가 시작된다고 여겨 특히 신체중심 통합치료로 발전이 되었습니다. 표현치료 역시 후에 표현예술치료와 결합하며 발전된 ETC(Expressive Therapies Continuum) 모델을 보면, 인간을 '동적・감각적 수준 - 지각・정서적 수준 - 인지・상징적 수준 - 창의적 수준' 순서에 따라 자기(自己)를 찾도록 합니다. 이와 관련해 융은 훨씬 더 일찍부터 적극적 상상(Active Imagenation)이라는 개념을 통해 자기(自己)를 찾도록 하는 방식을 시도하였는데, 바로 예술매체가 이를 도와줄 수 있습니다. 일반적으로 심리학에서는 위 언급된 예술치료들을 통털어 '행위치료' 또는 '매체상담' 등으로 정의하고 있습니다.

예술치료에 통합적이라는 의미를 부여한 것은 1950년대 초부터 연극과 관련하여 음악, 의상, 무대그림, 각본 등의 다른 영역의 예술이 함께 이루어진 현상에서부터입니다. 이러한 의미부여는 1970년대 초 유럽에서 '창의적 매체를 통한 치료', '통합예술치료와 창의성 치료'라는 개념의 예술치료 형태로 창작되며 시작되었습니다. 이후 통합예술치료는 게슈탈트 치료와 창의성 장려를 위한 연구소(FPI; Fritz Pearls Institute)에서 출발하였습니다. 통합예술치료, 융합예술치료, 표현예술치료, 통합적 예술치료, 예술치료, 예술심리치료 등 이들 모두 시작된 학파 등에 따라 서로 다른 용어를 사용하고 있으나 다양한 예술매체를 활용한다는 점, 그리고 하나의 예술매체에서 다른 예술매체로 넘어가며 공감각적 반응 및 시너지를 유도한다는 점, 예술매체를 핵심적 툴(tool)로 활용하나 이는 본질적으로 심리치료를 위한 방식이라는 점 등에서 유사점을 갖습니다. 이러한 경향은 해외에서부터 태동하여 국내에서는 1900년대 말부터 더욱 생동하다가 2000년대에 들어서면서 학위과정에 의한 관련학과들의 풍부한 개설 및 학회 창설 등을 통해 본격화되었습니다. 김진숙에 의해 창시된 표현예술치료 및 표현예술심리치료, 정광조, 이근매, 최애나, 정광조, 선원필, 소희정 등에 의해 각 지역에서 창시된 예술치료, 김동민, 박은선, 최명선, 이모영, 김선희 등에 의해 각 지역에서 창시된 예술심리치료, 이에스더에 의해 창시된 융합예술치료, 홍유진에 의해 창시된 통합예술치료 및 'IT 매뉴얼'이라는 고유한 구조로 개발된 IT 기반 통합예술치료 등 2000년대 초반부터 2024년 현재에 이르기까지 통합예술치료 유사분야는 이와 같은 역사적 흐름이 있었으며 이들은 서로 관련학회를 통해 교류하거나 이들 학과의 통합 또는 학과명칭의 변형 등이 있어왔습니다. 이처럼 국내 통합예술치료 관련 분야는 저마다의 독자성을 가지면서도 큰 틀 안에서 핵심개념을 공유하며 수십 개에 달하는 학위과정 개설 및 관련 학회 창설과 예술치료 매뉴얼 등의 개발로 그 맥이 이어지고 있습니다.

이처럼 다양한 예술 매체를 활용하여 인간을 전인적 관점에서 회복시키려는 예술치료의 여러 움직임은 단일예술치료 및 창조적(창의적) 예술치료에서부터 출발하여 통합치료, 표현치료, 표현예술치료, 예술치료, 예술심리치료, 융합예술치료, 통합예술치료, 통합적 예술치료, IT 기반 통합예술치료 등으로 발전하여 왔고, 크게 나누어볼 때 예술 매체를 단일하게 적용하느냐 융합적으로 적용하느냐에 따라 단일예술치료와 통합예술치료로 나눠 그 개념을 이해할 수 있겠습니다. **이 책에서는 예술치료와 심리치료가 통합된 기존의 개념에 더불어 통합예술치료와 유사한 분야들을 아울러 통칭하는 용어로 새롭게 '통합예술심리치료'라는 포괄적 개념을 제안**합니다. 따라서 먼저 이 장에서 통합예술치료, 그리고 다음 장에서 통합심리치료를 다루고 그 뒤에 통합예술심리치료라는 개념으로 확장하여 설명하고자 합니다.

이러한 통합예술치료는 연구분야에서 **사회과학 또는 인문사회과학 범주**에 속하게 됩니다. 왜냐하면 앞의 장에서 설명하였듯 예술이 가지는 속성 자체가 개인내적이면서 사회적인 행위이므로, 예술을 활용해 치료적 접근을 한다는 것은 사회·문화적 맥락을 반영한 채로 이루어지는 것이기 때문입니다. 따라서 통합예술치료는 국내·외 100년이 넘는 역사를 지나며 다양한 학문적 분야를 통합한 기초 위에 세워졌습니다. **사회학, 예술학, 심리학, 철학, 인류학, 치료학, 의학, 교육학, 인문학 등이 결합된 응용사회과학의 산물이 통합예술치료**입니다.

〈표 4〉 예술치료의 통합적 발전 과정

1930s	1970s		2000s
창조적(창의적) 예술치료 Creative Arts Therapy	통합치료 Integrative Therapy	표현치료 Expressive Therapy	표현예술치료 Expressive/Interdisciplinary/ Intermodal Arts Therapy, 융합예술치료 Convergence Arts Therapy, 통합예술치료 및 IT 기반 통합예술치료 Integrative Arts Therapy, 그 외 통합적 예술치료 등 Integrated/Integrating Arts Therapy
단일예술치료	예술치료의 통합적 접근		표현, 융합 및 통합예술치료 등 예술심리치료 전반

치료자가 접근 및 적용할 예술매체들

그렇다면 이제 세부적인 예술매체들을 알아보도록 하겠습니다. 이 책에서 다룰 예술매체의 종류는 총 10가지로, 무용・동작 / 미술 / 음악 / 영화・사진 / 문학 / 연극 등 6가지의 전통적 예술매체와 모래놀이 / 명상 / 푸드 / 아로마 등 문화적 실용예술양식 4가지입니다.

근대에 헤겔(Hegel)은 전통적 예술을 건축, 미술(조각, 회화), 음악, 시문학으로 규정했습니다. 현대에 이르러 뒤샹(Duchamp)은 예술적 상상력을 동원할 수 있다면 예술로 볼 수 있다고 주장하며 실용적 예술양식의 출현을 말했습니다. 이러한 시류를 반영한 국내 문화예술교육사의 예술분야 인정범위를 보면 미술, 무용, 영화, 사진, 디자인, 음악, 연극, 국악, 만화, 애니메이션, 공예 등이며, 고등학교 예술교과목에 나타난 예술분야는 음악, 미술, 문예창작, 연극, 영화, 사진 등입니다. 앞서 통합예술치료와 표현예술치료 등의 개념에서 밝혔듯, **예술치료에서의 예술은 기능습득 또는 단순한 향유를 목적으로 하지 않으며, '내적 상태의 외적 표출'을 목적**으로 한다는 점입니다. 이는 표현주의 및 상징적 예술론과 그 맥을 같이 한다고 볼 수 있을 것입니다. 따라서 이 책에서는 오감 및 표현을 자극할 수 있다면 전통적 개념의 예술매체에서부터 문화적 실용예술양식에 이르기까지 예술치료에서 다룰 수 있는 예술매체로 모두 포함될 수 있다는 관점을 반영합니다. 이는 우리가 보다 더 일상적으로 예술치료를 대할 수 있게 되는 것과도 같습니다. 중요한 점은 전통적 또는 실용적 매체의 분류개념에 국한해 예술매체를 바라보기보다는 심리치료에 활용될 수 있는 예술적 툴(tool)이냐 하는 점일 것입니다. 즉, 매체를 통해 심리치료 및 상담을 한다는 관점에서라면 충분히 실용예술양식들도 예술매체로 활용될 수 있는 가치가 있을 것입니다. 저는 여러분이 매체전문가(혹자는 '기법부자'라고도 함)만 되기보다, **'심리전문가로서' 예술매체를 다루기**를 바랍니다. **그것이 통합예술심리치료의 참의미**입니다.

〈표 5〉에서는 먼저 여러분이 큰 그림을 그릴 수 있도록 예술매체당 하나의 표로 기법의 이름만을 먼저 정리하였습니다. 이성현(2023b; 2024)에 따르면, 통합예술치료 또는 통합예술심리치료의 전체 진행 안에서 각 단계는 (1) 먼저 감각을 통해 자신을 알아차리도록 하고 (2) 이것을 감정과 생각으로 연결시키는 작업을 합니다. (3) 그 안에서 발견된 자신의 대인관계 또는 사회적 역할이나 행동들을 돌아보고 새로운 시도들을 해보되 그 안에서 나를 잃지 않도록 지지와 격려 속에 진행됩니다. (4) 이를 통해 점차 새로운 자각이 일어나면 본격적으로 내담자가 속한 작은 사회(가정, 학교, 직장, 지역활동 등)에서 적용해볼 수 있도록 하고, (5) 마지막으로 지금까지의 경험과 관련한 소회와 다짐 속에 변화된 자신을 인식하면서 마무리되는 것이 통합예술치료 또는 통합예술심리치료의 전 과정입니다. (이 내용은 뒤의 통합심리치료와 심리이론을 정리한 부분에서 더 자세히 알 수 있습니다) 이를 보다 쉬운 표현으로 하면 (1) **감각단계** - (2) **감정 · 생각단계** - (3) **관계 · 역할 · 행동단계** - (4) **시도 · 적응단계** - (5) **갱신 · 지지 · 확인단계**라고 할 수 있겠습니다. 따라서 **치료 · 상담자는 예술매체를 심리이론과 관련지어 '목표'에 의해 다룰 수 있어야** 합니다. 그러려면 예술매체의 특성과 심리이론 모두에 지식이 있어야 하는 것은 물론입니다. 무엇을 먼저 중점적으로 습득해야 하는지에 대한 순서는 없습니다. 이 챕터는 통합예술치료와 관련된 부분이므로, 여기서는 예술매체의 각 종류 및 기법들과 이들이 가지는 단계별 치료적인 방향성을 아주 단순하게 먼저 정리할 것입니다.

먼저 총 10개로 구성된 예술매체별 표를 쭉 살펴보면서 일단은 모르는 기법이 많을지라도 (1)단계에서 (5)단계로 흐름에 따라 제시되는 예술매체의 활동양상이 달라지고 있다는 것을 느껴보십시오. 이렇게 크고 굵직한 그림이 그려졌으면, 그 다음에 제시되는 〈표 6〉~〈표 15〉에 걸친 보다 구체화된 설명을 참조하세요. **통합이란 언제나 큰 원에서부터 중심으로 들어오며 동시다발적인 습득이 필요**합니다. **단순하게 하나씩 알아갈 수가 없으며 언제나 무엇과 무엇을 함께 놓고 생각합니다.**

이 과정이 바로 통합의 어려움입니다. 이렇게 말하는 이유는, 여러분이 〈표 5〉를 처음 보면서 아리송하거나 애매하고 확실하게 알지 못하는 것 같은 느낌이 드는 것은 당연한 것이라는 말을 하기 위해서입니다. 또한 이 책은 기법의 이론 및 실제와 같은 기법중심의 책이 아니라 '슈퍼비전 지침서'라는 점을 다시 한번 상기하세요. 이 책을 통해 여러분이 확실히 습득하여야 할 것은 **특정 기법 중심으로 아는 것이 아니라 전체 치료단계의 흐름에 예술매체를 '매칭'할 수 있도록 하는 시각을 기르는 것**임을 꼭 기억하세요.

이것을 지도에 비유하면, 마치 처음에는 도시구역 정도만 표시된 전체지도를 보다가 점차 구와 동, 그리고 각 동의 구체적인 지형이나 기관 등에 관한 정보를 알아가고 있는 것이라고 생각하면 이해가 쉬울 것입니다. 이렇게 학습하는 것은 초반에는 어려워도 어느 순간 이해에 가속이 붙고 질적으로도 밀도가 높습니다. 하지만 처음부터 어느 동의 기관에 대해 매우 자세히 알아보는 것을 순차적으로 반복하는 식은, 지엽적으로는 뚜렷한 지식을 습득하는 느낌은 있으나 큰 그림과 관련한 통찰은 얻기 어렵습니다.

자, 이제 그럼 여러분은 어느 정도의 애매함과 잘 모르겠음을 견딜 마음의 준비가 되었나요? 〈표 5〉를 보면서 일단 모르겠는 것은 체크해두시고, 다시 그 다음, 그 다음 챕터들에서 연결고리가 나올 때에 적극적으로 앞 페이지를 넘겨가며 탐독하시길 바랍니다.

다음 페이지부터는 10가지 예술매체가 무용·동작, 미술, 음악, 영화·사진, 문학, 연극, 모래놀이, 명상, 푸드, 아로마 순으로 제시되며(〈표 5〉), 먼저 단계별 구분 및 제목 중심으로 각 40개씩 나타내었습니다. 보다 자세한 설명은 이후 챕터를 확인하세요.

〈표 5〉 통합예술심리치료 5단계에 기반한 10가지 예술매체별 활동(기법) 제목

매체	단계	활동(기법)
무용·동작	(1) 감각	브레인댄스*
		소시오매핑
		풍선아저씨 / 바람인형 되기
		발로만 동작 → 하체로만 동작
		지시문에 따라 걷기 / 시계에 서기*
		손으로만 동작 → 상체로만 동작
		털기와 발성동작
		주제에 자유동작 or 춤 / 야쿠르트병
	(2) 감정·생각	풍선 or 끈 던지기*
		상상동작 / 상상→연상동작
		블라인드 게임
		점·선·면 되기 → 감정연결동작
		무게감 느끼기*
		시간 느끼기
		공간 느끼기
		흐름 느끼기
	(3) 관계·역할·행동	인디언게임*
		트라우마경험 신체느낌 → 두루마리 색휴지
		go & stop 게임
		모방동작 (리더vs팔로워)
		벽에서 떨어지지 않고 동작*
		볼케이노
		그림자 따라가기
		거울대칭동작 / 동작조종 (말 or 돋보기)
	(4) 시도·적응	알에서 봉황 되기*
		끈 맞잡기 / 해파리천 동작
		열기자세(뒷꿈치+등 열기)
		연합동작
		손가락 맞대기*
		반대속성으로 동작
		변하는 삼각형
		이름에 동작
	(5) 갱신·지지·확인	계란프라이게임*
		촛불동작 or 바람과 나뭇잎
		컴퓨터키보드동작
		등 맞대기 / 서로 받아주기
		분리카메라*
		공간 파고들기
		무용공연 감상
		스카프 춤

매체	단계	활동(기법)
미술	(1) 감각	우드록퍼즐*
		데칼코마니
		볼케이노(베이킹소다+식초)
		믹스커피
		날씨이야기*
		연결그림 그리기 / 음악에 선 그리기
		오일물감/핑거페인팅/난화/낙서화
		수채화 / 파스텔화 / 목탄화
	(2) 감정·생각	감정온도계*
		북컬러링
		자유화 / 가족화 / 학교화
		사람도안종이
		자화상(그림 또는 공예)*
		감정책 만들기
		자유만다라
		손발이 하는 일
	(3) 관계·역할·행동	교대로 그리기*
		달팽이인간관계
		양초그림 그리기
		내 마음의 풍차
		만화 그리기*
		종이고리 만들기
		콜라주
		QR코드 만들기
	(4) 시도·적응	반쪽 그리기*
		종이피자 만들기
		찰흙콜라주 or 클레이케이크 / 플레이콘
		이모티콘(캐릭터) 만들기
		제목 붙이기*
		안 보고 그리기 or 거꾸로 그리기
		기찻길그래프
		제한된 재료로 자유만들기
	(5) 갱신·지지·확인	단단한 나 모빌 만들기*
		시화 그리기
		캘리그래피
		호수 위의 꽃접시
		석고작업*
		숫자 or 이름 변형화
		명화 or 화가 이야기
		인생무대 위의 유토

〈표 5〉 통합예술심리치료 5단계에 기반한 10가지 예술매체별 활동(기법) 제목

매체	단계	활동(기법)
음악	(1) 감각	악기선택*
		음-부-모-아-예
		기존 곡에 어울리는 악기 덧입히기
		자연의 소리내기
		음악감상*
		상상 속의 악기 or 악기 되어보기
		토닝
		음악심상
	(2) 감정·생각	음악감상*
		일상의 악기
		특정 글자만 부르기 or 음소거 부르기
		음악심상
		허밍하기*
		교대로 즉흥연주
		가사토의
		연결노래
	(3) 관계·역할·행동	악기의 성격 묘사하기*
		배경음악연주
		리듬게임
		색깔악보
		숫자악보*
		음악감상에서 한 악기만 따라가기
		음악선곡
		역할연주
	(4) 시도·적응	비트박스*
		릴레이 즉흥연주
		음악선곡
		창작음악극
		목소리로 화음 쌓기*
		드럼서클
		음악극
		편곡하기
	(5) 갱신·지지·확인	음악감상*
		음악의 엔딩 정하기
		랩 만들기
		송라이팅(가사 or 멜로디)
		즉흥연주*
		리듬패턴 만들기
		핸드벨연주
		음악심상

매체	단계	활동(기법)
영화·사진	(1) 감각	사진선택하기*
		사진감상하기
		사진토론하기
		제목 붙이기
		9분할 형용사기법*
		내 인생의 영화
		보고 싶지 않은 영화
		포토존
	(2) 감정·생각	여행사진*
		영화/드라마 속 인물 되기(동일시)
		드라마토론
		9분할 형용사기법
		드라마토론*
		사진선택하기
		뒷모습사진
		휴대폰사진 찾기
	(3) 관계·역할·행동	누가 찍어준 사진*
		프사이야기
		필름매트릭스
		드라마토론
		엑스레이*
		인물 간 연결고리
		갈등대처토론
		가족사진
	(4) 시도·적응	옛날사진*
		인물 간 연결고리
		갈등대처토론
		인증샷
		영화/드라마 뒷이야기*
		못난이사진
		영화/드라마 속 인물 되기(동일시)
		엔딩크레디트 만들기
	(5) 갱신·지지·확인	사진토론하기*
		셀카
		사진수정
		일상사진
		사진감상하기*
		사진철학 나눔
		필름매트릭스
		같은 풍경, 다른 프레임

〈표 5〉 통합예술심리치료 5단계에 기반한 10가지 예술매체별 활동(기법) 제목

매체	단계	활동(기법)
문학	(1) 감각	그림 연결해 이야기 만들기*
		대칭문장 만들기
		동화 만들기
		일상제목 만들기
		연상단어*
		광고카피 만들기
		무작위 릴레이이야기
		시낭송
	(2) 감정·생각	일기 쓰기*
		감정 읽기
		시 쓰기
		시 고르기
		문장 완성하기*
		동화 만들기
		편지 쓰기
		발단/전개/위기/절정/결말
	(3) 관계·역할·행동	베스트셀러*
		책에 얽힌 추억 / 다른 용도로 책 사용
		권장도서목록 만들어보기
		육하원칙 알아내기 / 요약하기
		책토론*
		읽씹의 의미
		단축키와 문서형식으로 내 삶 표현하기
		스테디셀러
	(4) 시도·적응	독서토론*
		스토리전개 바꾸기
		문장부호의 의미
		수필(에세이) 쓰기
		저널 쓰기*
		문장순서 바꾸기
		신화 속 인물로 일기 쓰기
		단어 골라내기 or 단어 바꾸기
	(5) 갱신·지지·확인	그런데요? or 당연하지! 규칙 문장완성*
		5문장으로 상황 만들기
		책인테리어
		3행시 짓기
		동화 만들기*
		댓글 달기 / 댓글토론
		프롤로그 / 에필로그 쓰기
		자유쓰기 / 소감문 쓰기

매체	단계	활동(기법)
연극	(1) 감각	나비효과*
		씨앗에서 나무 되기
		표정과 상황
		음벨레 연극놀이
		딕싯카드*
		조각상
		난파선
		움직이는 조각
	(2) 감정·생각	잉여현실*
		조각상
		입관체험
		움직이는 조각
		핫시팅*
		타블로
		거울기법
		역할극
	(3) 관계·역할·행동	빈 의자*
		롤프로파일
		감정단어카드
		6조각이야기
		오늘의 이모티콘*
		관찰기법
		가족의자
		역할 바꾸기
	(4) 시도·적응	나는 어떤 동물?*
		마술가게
		상황극
		조커기법
		가면 체험하기*
		행동콜라주
		일파만파
		영웅의 일생
	(5) 갱신·지지·확인	움직이는 조각*
		타블로
		본어게인(추적워크시트지)
		에너지샤워
		나를 대변하는 사물*
		용도변형, 역할변형
		낭독연극(성우 되기)
		빈 의자

〈표 5〉 통합예술심리치료 5단계에 기반한 10가지 예술매체별 활동(기법) 제목

매체	단계	활동(기법)
모래놀이	(1) 감각	모래 속 손인사*
		손 or 붓으로 모래 쓸기
		모래 뿌리기
		오로지 물만
		모래 속 구슬 찾기*
		모래와 친해지기
		모래 파기
		모래마사지하기
	(2) 감정·생각	모래 모으기*
		구조화 모래놀이
		무인도
		구조화 모래+피규어놀이
		물모래*
		반구조화 모래+피규어놀이
		구조화 모래+피규어놀이
		반구조화 모래+피규어놀이
	(3) 관계·역할·행동	모래 옮기기*
		물모래
		구조화 모래놀이
		비구조화 모래+피규어놀이
		모래의 온도*
		비구조화 모래+피규어놀이
		반구조화 모래+피규어놀이
		구조화 모래+피규어놀이
	(4) 시도·적응	물모래*
		비구조화 모래+피규어놀이
		반구조화 모래+피규어놀이
		구조화 모래놀이
		비구조화 모래+피규어놀이*
		두꺼비집
		구조화 모래+피규어놀이
		구조화 모래놀이
	(5) 갱신·지지·확인	모래에 손글씨 쓰기*
		구조화 모래놀이
		모래구역 나누기
		구조화 모래+피규어놀이
		모래성*
		비구조화 모래+피규어놀이
		물모래
		반구조화 모래+피규어놀이

매체	단계	활동(기법)
명상	(1) 감각	상상 비눗방울 놀이명상*
		바람개비 숨쉬기
		산명상
		먹기명상
		마음&몸 이야기 릴레이놀이*
		아로마명상
		호흡의 닻
		바디스캔
	(2) 감정·생각	호흡 알아차림(드리와 나리)*
		배쿠션
		호수명상
		감정 / 생각에 이름 붙이기
		요가명상*
		날씨명상
		수세기명상
		백색소음명상
	(3) 관계·역할·행동	선한 바람 불기*
		손가락올가미 풀기 놀이명상
		기타줄명상
		얼음 속 단추 구하기 명상
		사물명상*
		자비명상
		다섯 가지 "왜"
		구름 or 별 명상
	(4) 시도·적응	나비바디스캔*
		정좌(좌선)명상
		드림캐처명상
		asmr 놀이명상
		내 발에서 뿌리내리기 명상*
		걷기명상
		에너지볼 or 웜볼 바디스캔
		우주의 한 점 명상
	(5) 갱신·지지·확인	레몬 상상하기 놀이명상*
		스노볼명상
		만트라명상
		띵샤놀이명상
		싱잉볼명상*
		바람바디스캔
		젠탱글명상
		차명상

〈표 5〉 통합예술심리치료 5단계에 기반한 10가지 예술매체별 활동(기법) 제목

매체	단계	활동
푸드	(1) 감각	음료수 칵테일 만들기*
		알러지 이야기
		재료 뿌셔뿌셔
		티라미수 만들기
		피클 담기*
		매운맛 이야기
		에그스크럼블
		불어나는 재료
	(2) 감정·생각	잼 만들기*
		나만의 음식철학
		프렌치토스트
		단순노동
		냉장고 파먹기 작전*
		추억의 음식
		떡 만들기
		게살수프
	(3) 관계·역할·행동	세계의 음식문화*
		납작만두 만들기
		자신의 맛집소개
		5대영양소 한상
		퓨전요리 이야기*
		한때 먹었던 음식
		상상의 한상
		식습관토론
	(4) 시도·적응	퀵메뉴*
		계란찜
		냉장고 파먹기 작전
		묵 / 죽 만들기
		음식 심폐소생*
		무쌈말이
		소스 이야기
		우연찮게 성공한 요리
	(5) 갱신·지지·확인	나의 스테디셀러 음식*
		샌드위치 만들기
		떡볶이토론
		카나페 만들기
		컵케이크 or 핫케이크 만들기*
		음식물쓰레기 이야기
		떡국 만들기
		음식궁합

매체	단계	활동
아로마	(1) 감각	라임*
		오렌지+시나몬
		페퍼민트+스피아민트
		샌달우드
		라벤더+오렌지*
		페퍼민트
		사이프러스
		로즈우드
	(2) 감정·생각	라벤더*
		마조람
		오렌지
		시더우드
		커피원두*
		시나몬
		레몬+진저
		클로브
	(3) 관계·역할·행동	유칼립투스*
		오렌지+일랑일랑
		레몬그라스
		라벤더+티트리
		세이지*
		스피아민트
		시베리안퍼
		오렌지+페퍼민트
	(4) 시도·적응	로즈마리*
		생채소
		패촐리
		베르가못
		재스민 or 로즈*
		티트리
		자몽
		라벤더+마조람
	(5) 갱신·지지·확인	페퍼민트+유칼립투스*
		네롤리
		진저
		레몬
		제라늄*
		생허브
		일랑일랑
		로즈마리+페퍼민트

다음은 단계별로 보다 구체화된 설명의 매체설명표입니다. 실제 임상에서 활동과 지시를 어떻게 결합하면 치료적 목표에서 벗어나지 않을지에 대해 임상진행과 관련한 요점 또한 정리되어 있습니다. 특별히 각 매체를 활용하기 이전에 진단의 차원에서 시행하면 좋을 만한 활동명에는 *표시(각 단계의 a칸에 있는 활동)를 하였습니다. 첫 회기에 시행해도 좋은 활동이라는 의미입니다. 단, 이것은 임상심리과에서 진행되는 공인된 진단평가검사도구가 아닙니다. 여러분이 예술 매체 중 하나로 내담자와 처음 관계를 맺고자 할 때, 내담자의 매체에 대한 반응성을 알아보도록 하려는 것이 주요 목적입니다. **매체반응성이 잘 나타날수록 치료·상담자와의 라포형성이 수월하며, 내담자가 자신의 주호소문제 혹은 본인도 자각하지 못하는 무의식과 조우하게 될 가능성이 높아**집니다. 진행자인 여러분의 입장에서도 내담자에게 매체를 소개하고 내담자가 매체와 익숙해지도록 하는 것이 치료·상담의 원활한 진행을 위해 중요합니다. 따라서 여기에서 제시되는 진단평가란, 내담자 중심의 제공을 하려는 의도로, 경우에 따라서는 변형 및 응용될 수 있으며, 생략되고 1회기로 바로 진입할 수도 있습니다.

1) 무용·동작매체

무용·동작매체는 주로 동작 및 신체언어 또는 운동지각으로서 기능하며, 동작은 시간과 공간, 무게, 흐름 등과 관련된다는 점에서 시각, 청각, 촉각적 언어이기도 합니다. 몸을 사용한다는 점에서 **감각 또는 신체기능의 일깨움(자각)뿐 아니라, 몸과 관련한 기억(트라우마 등)의 새로운 정립, 나를 둘러싼 경계 및 관계와 관련한 재인식 등 심리적 요소 및 대인적 측면과 관련한 작업과도 연결**될 수 있습니다. 무용·동작의 요소들은 몸, 시간, 공간, 무게, 흐름, 에너지, 자각, 상징, 기억, 연상, 보디랭귀지 등입니다. 무용·동작 기법들로는 신체활동, 모방동작, 즉흥동작, 연합동작, 이미지의 동작화, 감정의 발산과 응축, 접촉과 관조, 양극성의 동작실행을 통한 균형, 근육긴장과 이완의 균형, 마음가짐의 동작화, 움직임 읽기, 비언어적인 상호작용체계 구축, 운동재활, 소매틱 등이 있습니다. 모든 예술매체와 관련한 공통적 임상기술로는 비언어활동으로부터 언어화로의 전환기술, 상담기술, 의미부여, 탐색과 통찰, 참여과정 돕기, 도구선정 및 제시, 도구배부의 순서, 분석 및 해석기술, 시간안배기술, 치료목적과 관련한 총체적인 프로그래밍기술 등이 있습니다.

〈표 6〉 통합예술심리치료 5단계에 기반한 무용 · 동작매체 기법설명

무용 · 동작매체			
적용단계	번호 및 기법명		적용 포인트
(1) 감각	(1)-①-a*	브레인댄스	호흡-촉감동작-중심에서 말단-머리에서 꼬리-상체에서 하체-좌우대칭-측면교차-평행감각 고려된 동작
	(1)-①-b	소시오매핑	자유롭게 걷다 3~4명씩 그루핑하고 그 자리에서 서로의 거주위치대로 위치 및 거리변경 후 나눔
	(1)-①-c	풍선아저씨 / 바람인형 되기	온몸이 빵빵해질 때까지 숨을 깊게 들이마시고 후 내뱉기. 내뱉을 때 바람인형처럼 몸을 털며 뱉기
	(1)-①-d	발로만 동작 → 하체로만 동작	두 명씩 짝지어 상대의 안부표현에 대해 발로만 동작표현하기. 교대로 수행 후 하체사용까지 확장
	(1)-②-a*	지시문에 따라 걷기 / 시계에 서기	하루 일과와 관련한 안내자의 멘트에 따라 변화를 주어 걷기. 바닥의 아날로그시계판 안에 서보기
	(1)-②-b	손으로만 동작 → 상체로만 동작	두 명씩 짝지어 상대의 안부표현에 대해 손으로만 동작표현하기. 교대로 수행 후 상체사용까지 확장
	(1)-②-c	털기와 발성동작	몸을 털기. 몸을 털며 자연스럽게 호흡과 함께 다양한 발성을 내뱉으며 이완하기
	(1)-②-d	주제에 자유동작 or 춤 / 야쿠르트병	제시되는 단어(동사 및 형용사)에 즉흥 동작 취하기. 가열변형된 야쿠르트병 시각제시물로 활용 가능

무용 · 동작매체			
적용단계	번호 및 기법명		적용 포인트
(2) 감정 · 생각	(2)-③-a*	풍선 or 끈 던지기	원으로 서서 현재 느껴지는 감정을 간단히 말하고 타인에게 던져 릴레이로 동작 및 집단텔레를 경험
	(2)-③-b	상상동작 / 상상 → 연상동작	'나는 무엇이 되었다'는 제시에 대하여 상상되는 것에 대해 동작 취하기. 연상동작단계로 응용하기
	(2)-③-c	블라인드 게임	두 명씩 짝지어 한 명은 눈을 감고 다른 한 명은 천천히 공간을 인도하기. 교대수행 후 관련감정 나누기
	(2)-③-d	점 · 선 · 면 되기 → 감정연결동작	제시되는 감정단어를 처음에는 점의 형태로만 동작수행하도록 함. 점차 선과 면의 형태로 확장응용
	(2)-④-a*	무게감 느끼기	제시되는 상황/단어/다른 예술매체 등에 대해 무게감을 느끼고 동작으로 표현하기
	(2)-④-b	시간 느끼기	제시되는 상황/단어/다른 예술매체 등에 대해 시간적 느낌을 느끼고 동작으로 표현하기
	(2)-④-c	공간 느끼기	제시되는 상황/단어/다른 예술매체 등에 대해 공간적 느낌을 느끼고 동작으로 표현하기
	(2)-④-d	흐름 느끼기	제시되는 상황/단어/다른 예술매체 등에 대해 흘러가는 느낌을 느끼고 동작으로 표현하기

무용 · 동작매체			
적용단계	번호 및 기법명		적용 포인트
(3) 관계 · 역할 · 행동	(3)-⑤-a*	인디언게임	원으로 서서 함께 주술적인 구음을 읊조리다가 술래는 숨은 추장 찾기. 인디언들은 추장의 동작을 시시각각 모방 중임
	(3)-⑤-b	두루마리 색 휴지	내 몸속 신체기관 중 적체된 감정이 있는 곳에서부터 두루마리 색 휴지가 풀려나온다는 동작심상체험
	(3)-⑤-c	go & stop	자유롭게 공간을 이동하다가 누군가 움직이면 따라 움직이고, 누군가 멈추면 따라 멈추는 게임하기
	(3)-⑤-d	모방동작 (리더 vs 팔로워)	두 명씩 짝지어 마주 보고 서서 팔로워는 리더의 동작을 모방하기. 교대수행 후 서로의 경험 나누기

무용 · 동작매체			
적용단계	번호 및 기법명		적용 포인트
	(3)-⑥-a*	벽에서 떨어지지 않고 동작	공간 안의 벽면을 제시함. 어떤 신체부위든 한 곳은 벽과 떨어지지 않게 하면서 자유동작 수행하기
	(3)-⑥-b	볼케이노	원으로 서서 술래는 원 안에 위치함. 함께 부글거리다 술래가 "파이어"라고 외치면 화산폭발 후 술래교체
	(3)-⑥-c	그림자 따라가기	그림자가 질 정도의 공간조명을 조절하거나 적절한 실외공간 찾기. 나 또는 타인의 그림자 따라가기
	(3)-⑥-d	거울대칭동작 / 동작조종 (말 or 돋보기)	두 명씩 짝지어 마주 보고 서서 리더는 팔로워의 동작을 조종함. 말/동작 혹은 돋보기의 거리조절 등으로 확대축소 가능

무용 · 동작매체			
적용단계	번호 및 기법명		적용 포인트
(4) 시도 · 적응	(4)-⑦-a*	알에서 봉황 되기	자유롭게 공간에 위치함. 처음엔 모두 알로 시작. 만나는 이와 가위바위보해 알 → 닭 → 봉황 승급 또는 역순으로 진행
	(4)-⑦-b	끈 맞잡기 / 해파리천 동작	원으로 서서 끈 또는 해파리천의 끝을 잡기. 한 사람이 움직이는 대로 모두 따라 하며 동작의 역동체험
	(4)-⑦-c	열기자세 (뒤꿈치+등 열기)	과한 몰입이나 경직 시 시행함. 어깨너비로 서서 뒤꿈치에 중심 두고 등 열고 앞을 보는 열기자세 취하기
	(4)-⑦-d	연합동작	순번 정함. 제시되는 단어에 즉흥적으로 연합동작 취하고 흩어지기를 반복. 123 다음 234 다음 345 등의 순서.
	(4)-⑧-a*	손가락 맞대기	두 명씩 서서 서로의 손가락 끝을 맞댄 것이 떨어지지 않도록 하면서 교대로 자유동작 수행하기
	(4)-⑧-b	반대속성으로 동작	두 명씩 서서 상대의 동작과 반대(대칭)속성을 가진 동작 수행하기를 반복함. 소리내기 첨가도 가능함
	(4)-⑧-c	변하는 삼각형	자유롭게 선 상태에서 마음속으로 두 명 선택. 자유롭게 움직이되 나와 그 두 명이 삼각형 모양이 될 수 있도록 지속적 조정
	(4)-⑧-d	이름에 동작	엉덩이로 이름 쓰기의 상징적 표현 버전. 내 이름이 불리는 동안 내 이름을 표현할 수 있는 동작수행. 나 인식

무용 · 동작매체			
적용단계	번호 및 기법명		적용 포인트
(5) 갱신 · 지지 · 확인	(5)-⑨-a*	계란프라이 게임	두 명이 두 손을 맞잡으면 흰자. 다른 한 명이 그 안으로 들어오면 노른자. 계속적으로 움직이며 새로운 계란프라이관계 형성하기
	(5)-⑨-b	촛불동작 or 바람과 나뭇잎	나는 촛불. 다른 이들은 바람과 나뭇잎. 촛불이 꺼지지 않도록 함. 세파에 촛불이 꺼지면 다시 켜기
	(5)-⑨-c	컴퓨터키보드동작	한 사람이 컴퓨터 키보드로 만들어내는 다양한 자판소리에 반응하여 모두가 자유롭고 즐거운 동작수행
	(5)-⑨-d	등 맞대기 / 서로 받아주기	한 사람이 눈을 감고 반듯이 뒤로 넘어질 때 다른 이들이 받아주면서 신뢰감 느끼기
	(5)-⑩-a*	분리 카메라	두루마리 색 휴지의 응용버전. 내 몸속 신체기관을 카메라로 찍는 상상. 적체된 감정이 있는 곳만 분리하며 정신이완
	(5)-⑩-b	공간 파고들기	두 명씩 짝지어 한 사람의 동작에 대해 다른 한 사람은 공간을 찾아 파고들며 새로운 동작으로 연결하기. 새로움 모색
	(5)-⑩-c	무용공연 감상	함께 무용공연을 감상하며, 표현과 발산, 무게감, 시간감, 공간감, 흐름 등과 관련한 소감 나누기
	(5)-⑩-d	스카프 춤	색색깔 스카프를 도구로 활용해 함께 자유춤추기. 춤 이후 각각 스카프와 함께 오브제가 되고 축복받기

2) 미술매체

미술매체는 주로 시각적 언어로서 기능하며, 때로 촉각적 언어이기도 합니다. 미술적 요소들은 <u>시각, 시지각, 선, 색, 점, 면, 형태, 공간, 텍스처, 힘</u> 등입니다. 미술기법들로는 그리기, 만들기, 꾸미기, 찍기, 찢기, 뭉치기, 협동작품, 퍼포먼스, 감상, 상상 등이 있습니다. 모든 예술매체와 관련한 공통적 임상기술로는 비언어활동으로부터 언어화로의 전환기술, 상담기술, 의미부여, 탐색과 통찰, 참여과정 돕기, 도구선정 및 제시, 도구배부의 순서, 분석 및 해석기술, 시간안배기술, 치료목적과 관련한 총체적인 프로그래밍기술 등이 있습니다.

〈표 7〉 통합예술심리치료 5단계에 기반한 미술매체 기법설명

미술매체			
적용단계	번호 및 기법명		적용 포인트
(1) 감각	(1)-①-a*	우드록퍼즐	직접 그린 그림의 우드록을 손으로 부러뜨려 퍼즐 조각을 내고 퍼즐을 직접 또는 상대가 맞추기
	(1)-①-b	데칼코마니	종이에 물감을 짠 후 종이를 접어 나온 문양과 관련된 대화 나누기
	(1)-①-c	볼케이노	'베이킹소다+식초'의 결합현상을 활용해 감각적 자극하기. 컬러가루를 추가해 분출하고픈 감정 알기
	(1)-①-d	믹스커피	믹스커피를 쏟아 가루 종류별로 분류하기. 분류(분리)가 잘 되지 않는 내면의 것들과 연결시키기
	(1)-②-a*	날씨이야기	다양한 그 날의 날씨를 오감으로 느끼고, 기억 속 특정 날씨와 관련되는 경험을 결합해 표현하기
	(1)-②-b	연결그림그리기/음악에 선 그리기	오로지 선만으로 형체를 완성하기. 상대와 교류 또는 제시되는 선종류에 맞게 활동하며 느낌 나누기
	(1)-②-c	오일물감/핑거페인팅/난화/낙서화	유동적 매체를 통한 즉흥적, 우연적인 결과에 자극되는 마음 나누기. 물감의 형태 변화시키기
	(1)-②-d	수채화 / 파스텔화 / 목탄화	자유추상화를 그리되, 도구의 질감과 지면, 수행자의 힘이 결합되어 만들어내는 촉감이 주는 느낌 느끼기

미술매체			
적용단계	번호 및 기법명		적용 포인트
(2) 감정 · 생각	(2)-③-a*	감정온도계	막대형 수은온도계 모양의 도안에 자신의 감정온도를 표시해보게 한 뒤 관련된 이야기 나누기
	(2)-③-b	북컬러링	다양한 도안에 자유롭게 또는 제한된 컬러로 색을 입혀본 뒤 떠오르는 감정을 표현해보기
	(2)-③-c	자유화 / 가족화 / 학교화	그림을 그리기 전과 후, 관련된 상황과 감정을 연결해 표현하도록 하기

미술매체			
적용단계	번호 및 기법명		적용 포인트
	(2)-③-d	사람도안종이	나 또는 나와 관련이 깊은 사람의 종이도안에 성격 또는 특징을 표현해보고 다른 사람과 교환해보기
	(2)-④-a*	자화상 (그림 또는 공예)	자화상 표현을 통해 떠오르는 다양한 감정에 대하여 이야기 나누기
	(2)-④-b	감정책 만들기	3페이지로 나누어 가장 많이 들은 말, 가장 많이 한 말, 가장 듣고 싶은 말을 표현하고 표정 붙이기
	(2)-④-c	자유만다라	충분히 이완작업 후, 내 마음에 가장 크게 자리한 현재 또는 과거의 감정이나 꿈꾼 것 표현해보기
	(2)-④-d	손발이 하는 일	손발을 본떠 그린 뒤, 손발은 나의 '히스토리'를 의미한다는 말과 함께 관련된 이야기 나누기

미술매체			
적용단계	번호 및 기법명		적용 포인트
(3) 관계 · 역할 · 행동	(3)-⑤-a*	교대로 그리기	내가 상대에게 원하거나 상대가 나에게 원하는 역할로서 교대로 그림 그린 뒤, 결과물 관련해 나누기
	(3)-⑤-b	달팽이인간관계	달팽이처럼 나선형의 도안에서 중심에 나를 두고, 다양한 반경과 위치에 있는 주변 인물을 떠올려보기
	(3)-⑤-c	양초그림 그리기	흰 도화지에 양초로 표현한 것을 다른 사람이 물감칠해 노출된 결과물에 대해 서로 이야기 나누기
	(3)-⑤-d	내 마음의 풍차	뒤집은 종이컵에 바람개비를 풍차 모양으로 끼운 뒤, 풍차가 작동하기 위해 필요한 것 이야기 나누기
	(3)-⑥-a*	만화 그리기	말풍선 없이 인물과 배경 묘사로만, 또는 말풍선만으로의 만화를 표현해보고 소감 나누기
	(3)-⑥-b	종이고리 만들기	서로 종이고리를 엮어 목걸이를 만드는 과정에서 희망사항 적기. 분담된 역할에 대해 이야기 나누기
	(3)-⑥-c	콜라주	내가 받고 싶은 것, 상대에게 주고 싶은 것 등을 콜라주하되, 현실적 또는 추상적인 것을 포함하기
	(3)-⑥-d	QR코드 만들기	나 또는 나와 관련이 깊은 상대에게 인정을 받거나 마음 문을 열 수 있는 QR코드를 만들어보기

미술매체			
적용단계	번호 및 기법명		적용 포인트
(4) 시도 · 적응	(4)-⑦-a*	반쪽 그리기	남은 반쪽을 채우기 위해 나는 어떤 선택을 하고 시도를 하는지에 초점을 맞춰 활동 수행하기
	(4)-⑦-b	종이피자 만들기	피자는 내가 원하거나 원하지 않는 토핑들의 혼합으로 구성된다는 점에 착안하여 밸런스피자 만들기
	(4)-⑦-c	찰흙콜라주 or 클레이케이크 / 플레이콘	만든 구조물을 변형시키거나 혹은 그대로 둔다면 그 이유가 무엇일지 이야기 나누기
	(4)-⑦-d	이모티콘(캐릭터) 만들기	카톡 이모티콘을 예로 들며 내 캐릭터를 만들어보고, 절친(부가)캐릭터 및 다양한 응용캐릭터 양산하기
	(4)-⑧-a*	제목 붙이기	형체, 그림, 행위 등에 대한 제목을 붙여보고 의미를 나눈 뒤, 다른 이의 제목과 합해 새 제목 만들기
	(4)-⑧-b	안 보고 그리기 or 거꾸로 그리기	제한된 지시에 따라 그림을 그리고, 과감성 및 조심성 등에 대해 이야기 나누기. 결과물에 대한 토론
	(4)-⑧-c	기찻길그래프	내 인생기차가 달려가는 기찻길의 모양, 길이와 너비, 방향, 신호등 등을 표현해보고 현실조망하기
	(4)-⑧-d	제한된 재료로 자유 만들기	생뚱맞은 재료들로도 무언가가 탄생할 수 있다는 발명가 또는 캠핑가가 되어 작업해보도록 하기

미술매체			
적용단계	번호 및 기법명		적용 포인트
(5) 갱신 · 지지 · 확인	(5)-⑨-a*	단단한 나 모빌 만들기	풍선에 종이철사를 지그재그로 둘러 형체 잡고 풍선을 터뜨려 모빌로 완성하기. 풍선의 역할 나누기
	(5)-⑨-b	시화 그리기	나를 대변하는 시 또는 직접 쓴 시에 시화 그리기
	(5)-⑨-c	캘리그래피	나를 격려하는 말이나 새로운 슬로건 등을 지은 뒤 캘리그래피로 완성하여 간직하기
	(5)-⑨-d	호수 위의 꽃접시	꽃잎 모양의 도안에 각 꽃잎마다 나의 장점 또는 결단의 말 등을 쓰고 접은 뒤 물접시 위에서 개화하기
	(5)-⑩-a*	석고작업	검정 비닐봉지 안에서 물과 석고가루를 섞으며 온도·강도 등의 변화를 느끼고, 의미 부여하기
	(5)-⑩-b	숫자변형화	나에게 의미 있거나 혹은 싫어했던 숫자를 채택해 숫자 모양에서 발전되는 다른 형태의 그림으로 재탄생

미술매체			
적용단계	번호 및 기법명		적용 포인트
	(5)-⑩-c	명화 or 화가 이야기	명화와 화가의 인생이 내게 주는 메시지를 가져와 이야기 나누고, 내 인생의 명화 한 점을 마음에 품기
	(5)-⑩-d	인생 무대 위의 유토	검정 무대모형을 제공하고, 유토로 나를 상징하는 형체를 만들어 무대 위에 놓기. 격려의 말하기

3) 음악매체

음악매체는 주로 청각적 언어로서 기능합니다. 음악적 요소들은 청각, 청지각, 음, 박자, 리듬, 템포, 음색, 음역, 화성, 목소리 등입니다. 음악기법들로는 노래부르기, 악기연주, 재창조연주, 즉흥연주, 교류적 즉흥연주, 송라이팅, 감상, 음악극, 지휘 등이 있습니다. 모든 예술매체와 관련한 공통적 임상기술로는 비언어활동으로부터 언어화로의 전환기술, 상담기술, 의미부여, 탐색과 통찰, 참여과정 돕기, 도구선정 및 제시, 도구배부의 순서, 분석 및 해석기술, 시간안배기술, 치료목적과 관련한 총체적인 프로그래밍기술 등이 있습니다.

〈표 8〉 통합예술심리치료 5단계에 기반한 음악매체 기법설명

음악매체			
적용단계	번호 및 기법명		적용 포인트
(1) 감각	(1)-①-a*	악기선택	다양한 악기들(소악기 포함) 중에서 가장 나를 대변할 수 있다고 생각되거나 기피되는 악기 선택
	(1)-①-b	음-부-모-아-예	제시되는 발음으로 허밍 발성하면서 명상적인 상태에서 나의 상태를 알아차리기. 신체기관 느끼기
	(1)-①-c	기존 곡에 어울리는 악기 덧입히기	어울리는 악기를 덧입히면서 새것과 기존의 것이 상호작용하는 것을 민감하게 느껴보고 이야기 나누기
	(1)-①-d	자연의 소리내기	자연의 것들이 나타내는 소리를 내 몸으로 재현해보기. 그것이 주는 의미 또는 에너지 탐색해보기

음악매체			
적용단계	번호 및 기법명		적용 포인트
	(1)-②-a*	음악감상	이완을 위한 음악 함께 감상하고 이야기 나누기
	(1)-②-b	상상 속의 악기 or 악기 되어보기	'내가 이 악기가 된다면?' 어떤 음악에 사용되고 싶은지 가장 잘 소리 나는 방법 찾기를 위한 감각집중
	(1)-②-c	토닝	호흡의 날숨에 자연스럽게 음을 실어 소리 내면서 실존하는 나를 소리로 느끼기. 함께 이완하기
	(1)-②-d	음악심상	제시되는 음악을 들으며 나의 어떤 감각들이 일깨워지는지 느끼고 이야기 나누기. 생각 깊게 하지 않기

음악매체			
적용단계	번호 및 기법명		적용 포인트
(2) 감정 · 생각	(2)-③-a*	음악감상	이완을 위한 음악 함께 감상하고 이야기 나누기. 떠오르는 감정이나 생각 표현해보기
	(2)-③-b	일상의 악기	일상의 소리들을 떠올려보고 그것이 음악이 될 수 있거나 혹은 음악이 될 수 없는 이유 나누어보기
	(2)-③-c	특정 글자 부르기 or 음소거 부르기	노랫말에서 특정 글자만 추려 부르거나 또는 특정 글자만 빼고 불러보면서 그 이유에 대해 나누어보기
	(2)-③-d	음악심상	제시되는 음악을 들으며 나의 현재 또는 과거의 감정과 연결되는 것이 있다면 탐색해보기
	(2)-④-a*	허밍하기	백색 소음 또는 자연의 소리를 배경음으로 하여 나의 허밍소리가 어우러질 때 느껴지는 감정 나누기
	(2)-④-b	교대로 즉흥연주	다양한 악기로 즉흥연주 한 것을 녹음해 들어보면서 그것이 내게 하려는 말을 언어로 문장화해보기
	(2)-④-c	가사토의	다양한 노랫말 중 몇 가지를 채택하여 떠오르는 느낌이나 감정에 대해 이야기 나누기
	(2)-④-d	연결노래	다양한 노랫말의 일부분끼리 서로 연결해 새로운 노래로 조합해보기. 작업이 주는 느낌 탐색해보기

음악매체			
적용단계	번호 및 기법명		적용 포인트
(3) 관계 · 역할 · 행동	(3)-⑤-a*	악기의 성격 묘사하기	악기들의 소리 및 외관과 관련된 성격을 부여해보고 악기를 의인화하여 그 히스토리를 생각해보기
	(3)-⑤-b	배경음악연주	내가 하려는 말 또는 나의 몸짓을 뒷받침해주었으면 하는 배경음악을 타인에게 부탁해 연주선물받기
	(3)-⑤-c	리듬게임	리듬패턴이 의미하는 약속의 말을 정하고, 무언으로 상대에게 리듬패턴을 표현해 부탁 및 요구하기
	(3)-⑤-d	색깔악보	색깔악보에 제시된 색깔의 부분에 연주하여 합주 완성하고 소감 나누기. 악보를 변형해보기
	(3)-⑥-a*	숫자악보	숫자악보에 제시된 숫자의 부분에 연주하여 합주 완성하고 소감 나누기. 악보를 변형해보기
	(3)-⑥-b	음악감상에서 한 악기만 따라가기	제시되는 음악에서 내 목소리를 대변하는 악기 위주로 따라가며 감상한 뒤, 다시 다른 관점으로 듣기
	(3)-⑥-c	음악선곡	여러 검색매체, 알고리즘 등을 활용하여 현재 나의 상황을 더 조화롭게 해줄 음악을 선곡해보기
	(3)-⑥-d	역할연주	단체연주에서 각 악기가 담당하는 역할의 의미를 해석해보고, 나 또한 그 역할에 맞게 연주해보기

음악매체			
적용단계	번호 및 기법명		적용 포인트
(4) 시도 · 적응	(4)-⑦-a*	비트박스	비트박스에 걸맞은 질감의 다양한 구음들을 하나씩 선택한 뒤, 서로 쌓아올려 하나의 패턴으로 완성하기
	(4)-⑦-b	릴레이 즉흥연주	단지 앞사람의 소리에 반응하여 내가 새로운 소리로 연결 연주한 뒤 전체과정을 녹음하고 토론하기
	(4)-⑦-c	음악선곡	최근 내가 새로운 시도들을 하고 있거나 앞두고 있는 것에 대해 격려 또는 위로받을 수 있는 선곡하기
	(4)-⑦-d	창작음악극	제시되는 시나리오에 어울리는 배경음악 및 효과음 연주를 정하여 함께 창작음악극 완성하기
	(4)-⑧-a*	목소리로 화음 쌓기	서로 들리지 않는 곳에서 각자 마음속에 품어온 음을 함께 소리 내보고, 미세하게 조정해 서로 협화하기

음악매체			
적용단계	번호 및 기법명		적용 포인트
	(4)-⑧-b	드럼서클	지휘자의 인도에 따라 합동 타악기연주가 이루어내는 사운드의 역동 경험해보기. 지휘자 되어보기
	(4)-⑧-c	음악극	특별한 메시지를 담고 있는 음악극에 서로 역할연주를 맡아 참여 및 공연하며 함께 음악극 완성하기
	(4)-⑧-d	편곡하기	제시되는 리듬패턴 및 속도변화 또는 화성의 변화에 미세하게 적응해보며 노래 및 연주 참여해보기

음악매체			
적용단계	번호 및 기법명		적용 포인트
(5) 갱신 · 지지 · 확인	(5)-⑨-a*	음악감상	제시되는 음악에서 앞으로 나아갈 내가 필요한 소리와 에너지를 찾아 이야기 나누기. 서로 격려의 말하기
	(5)-⑨-b	음악의 엔딩 정하기	음악을 중간 또는 종결 직전까지 들은 뒤, 내가 바라는 엔딩을 정해 노래 또는 연주를 덧붙여보기
	(5)-⑨-c	랩 만들기	다양한 음악경험에서 느낀 바를 문구로 만들고 리듬 패턴 위에 감각적으로 읽어 랩과제 수행하기
	(5)-⑨-d	송라이팅 (가사 or 멜로디)	무에서 유를 창조하면서 서로 협력해 새로운 가사 및 멜로디, 리듬 등을 구성하여 노래 창작하기
	(5)-⑩-a*	즉흥연주	제시되는 반주의 위에 자신이 선택하거나 또는 부여받은 악기로 어울리게 즉흥연주 해내기
	(5)-⑩-b	리듬패턴 만들기	이전에 경험했던 비트박스 또는 리듬패턴 만들기 활동을 같은 업그레이드하기. 가감 모두 사용하기
	(5)-⑩-c	핸드벨연주	핸드벨 연주를 통하여 음의 어울림, 순서 및 타이밍의 어울림 등 조화를 경험하고 이야기 나누기
	(5)-⑩-d	음악심상	제시되는 음악을 들으며 다양한 음악경험을 통해 내가 간직할 이미지나 에너지를 떠올리고 이야기 나누기

4) 영화 · 사진매체

영화 · 사진매체는 주로 시 · 청각적 언어로서 기능하며, **강력한 투사반응을 유도**할 수 있습니다. 영화 · 사진의 요소들은 시 · 청각, 시지각, 청지각, 인물, 사물, 배경, 이야기, 사건, 프레임, 구도, 조명 등입니다. 영화 · 사진 기법들로는 감상, 토론, 대입(이입), 변형, 제작 등이 있습니다. 모든 예술매체와 관련한 공통적 임상기술로는 비언어활동으로부터 언어화로의 전환기술, 상담기술, 의미부여, 탐색과 통찰, 참여과정 돕기, 도구선정 및 제시, 도구배부의 순서, 분석 및 해석기술, 시간안배기술, 치료목적과 관련한 총체적인 프로그래밍기술 등이 있습니다.

〈표 9〉 통합예술심리치료 5단계에 기반한 영화 · 사진매체 기법설명

영화 · 사진매체			
적용단계	번호 및 기법명		적용 포인트
(1) 감각	(1)-①-a*	사진 선택하기	제시된 다양한 사진들 중에서 특정 감각이 일깨워지는 사진 선택하고 이야기 나누기
	(1)-①-b	사진 감상하기	사진의 느낌이 주는 느낌을 온전히 느껴보기
	(1)-①-c	사진 토론하기	사진 속 전 · 후 상황을 예측해보고 그것이 어떠한 감각을 일깨우거나 혹은 잠재우는지 이야기 나누기
	(1)-①-d	제목 붙이기	제시되는 사진들에 감각단어를 넣은 제목 붙이기. 다른 이의 제목을 듣고 일깨워진 이가 다음 순서 되기
	(1)-②-a*	9분할 형용사기법	제시된 사진을 표현할 수 있는 형용사로 9칸을 채워보고 함께 이야기 나누기
	(1)-②-b	내 인생의 영화	내 인생에서 특별한 기억으로 남아있는 영화에 대해 이야기 나누기
	(1)-②-c	보고 싶지 않은 영화	유명하지만 보고 싶지 않은 영화에 대해 이야기 나누기
	(1)-②-d	포토존	'지금 이곳에서 내가 사진이 찍힌다면?' 나는 어떤 포토존을 선택할 것인지 함께 이야기 나누기

영화 · 사진매체			
적용단계	번호 및 기법명		적용 포인트
(2) 감정 · 생각	(2)-③-a*	여행사진	나 또는 타인의 여행사진을 통해 떠오르는 감정 또는 생각을 나누기
	(2)-③-b	영화/드라마 속 인물 되기(동일시)	제시되는 영화 또는 드라마 속 한 장면에서 나는 누구의 입장에 서게 되는지 이야기 나누기
	(2)-③-c	드라마토론	이슈가 되는 드라마에 대해 자유롭게 이야기 나누고, 서로 무엇 중심으로 이야기하는지 발견해보기
	(2)-③-d	9분할 형용사기법	제시되는 영화 또는 드라마 속 한 장면을 표현할 수 있는 형용사로 9칸을 채우고 함께 이야기 나누기
	(2)-④-a*	드라마토론	지난번 토론한 드라마와 관련하여 연결되거나 파생되는 감정으로 다시 한 번 이야기 나누기
	(2)-④-b	사진 선택하기	현재 내 감정 또는 생각을 가장 잘 반영할 수 있는 사진을 선택하거나 혹은 없다면 이유 말해보기
	(2)-④-c	뒷모습사진	다양한 뒷모습과 관련한 사진을 보고 떠오르는 감정 또는 생각을 나누기
	(2)-④-d	휴대폰사진 찾기	일정 기간 또는 장소와 관련한 내 휴대폰 속 사진 몇 개를 추려보고, 지금 그것을 보면 어떤지 나누기

영화 · 사진매체			
적용단계	번호 및 기법명		적용 포인트
(3) 관계 · 역할 · 행동	(3)-⑤-a*	누가 찍어준 사진	누가 찍어준 다양한 사진 속 나는 어떻게 보이는지 이야기 나누기
	(3)-⑤-b	프사이야기	내가 프사에 올리는 사진은 주로 어떠한 것인지, 다른 이들의 프사는 어떠한지 함께 이야기 나누기
	(3)-⑤-c	필름매트릭스	제시되는 드라마 또는 영화 속의 한 단락을 감상하고 인지적 이해와 감정적 공감으로 나눠 인물 바라보기
	(3)-⑤-d	드라마토론	제시되는 드라마 속 상황에 대해 (투사적) 대화 나누기

영화 · 사진매체			
적용단계	번호 및 기법명		적용 포인트
	(3)-⑥-a*	엑스레이	나 또는 타인의 사진 및 행동에 대해 엑스레이촬영을 했다면 무엇이 찍혔을지 이야기 나누기
	(3)-⑥-b	인물 간 연결고리	제시되는 드라마 또는 영화 속 등장인물들은 서로 어떤 연결고리 또는 영향력이 있는지 이야기 나누기
	(3)-⑥-c	갈등대처토론	제시되는 드라마 또는 영화 속 갈등상황에 '나라면' 어떻게 대처 또는 반응할 것인지 함께 이야기 나누기
	(3)-⑥-d	가족사진	자신의 가족사진 한 장을 추려보고, 그것이 내 삶과 생활에 갖는 다양한 의미탐색 및 이야기 나누기

영화 · 사진매체			
적용단계	번호 및 기법명		적용 포인트
(4) 시도 · 적응	(4)-⑦-a*	옛날사진	리즈 시절 또는 뿌듯함을 주거나, 나에게 쇄신의 필요성을 갖게 해주는 옛날사진 추려 발표해보기
	(4)-⑦-b	인물 간 연결고리	이전에 토론했던 작품에서 인물 간의 다른 연결고리 또는 의미가 발견되는지 찾고 이야기 나누기
	(4)-⑦-c	갈등대처토론	나의 갈등대처방식에 대해 1, 2, 3안으로 나누어 제시해보고, 다른 사람의 방식에서 좋은 것 취하기
	(4)-⑦-d	인증샷	'지금 이 순간' 나의 인증샷은? 무엇을 인증할 것인지? 누구에게 인증할 것인지?
	(4)-⑧-a*	영화/드라마 뒷이야기	잘 알려지지 않은 영화 또는 드라마 속 한 단락을 감상한 뒤 현실적인 수준에서 뒷이야기 만들어보기
	(4)-⑧-b	못난이사진	가장 못난 나의 사진을 드러낼 수 있다면 그 원동력은 무엇인지, 못난 부분을 승화할 수 있다면?
	(4)-⑧-c	영화/드라마 속 인물 되기(동일시)	제시되는 영화 또는 드라마 속 한 장면에서 과감하게 평소의 나와 다른 관점의 인물입장에 서보기
	(4)-⑧-d	엔딩크레디트 만들기	내 인생이 영화 또는 드라마라고 가정하고, 엔딩크레디트 만들어 발표하기

	영화 · 사진매체		
적용단계	번호 및 기법명		적용 포인트
(5) 갱신 · 지지 · 확인	(5)-⑨-a*	사진 토론하기	(열린 결말을 의도하는) 제시된 사진 속 상황에 대해 유추해보고 힘이 되는 포인트를 찾아보기
	(5)-⑨-b	셀카	그동안 함께 작업했던 공간의 여기저기를 자유롭게 돌며 셀카를 찍어 발표하고 이야기 나누기
	(5)-⑨-c	사진수정	마음에 들지 않는 사진을 딱 3군데만 수정해보기. 또는 수정하지 않겠다면 그 이유를 나누어보기
	(5)-⑨-d	일상사진	일상에서 내가 찍히고 싶은 사진이 있다면 무엇이며 이유는 무엇인지 이야기 나누기
	(5)-⑩-a*	사진 감상하기	그동안 함께 작업했던 구성원 및 공간과 관련된 사진 파노라마를 감상하며 격려의 메시지 나누기
	(5)-⑩-b	사진 철학 나눔	'나에게 새로운 사진 철학이 생겼다면?', '나에게 새로운 렌즈가 생겼다면?' 주제로 이야기 나누기
	(5)-⑩-c	필름매트릭스	제시되는 드라마 또는 영화 속의 한 단락을 감상하고 인지적 이해와 감정적 공감으로 나눠 인물 바라보기
	(5)-⑩-d	같은 풍경, 다른 프레임	구성원 모두가 같은 풍경을 촬영하되 각자의 다양한 프레임이 주는 결과물과 의미에 대해 이야기 나누기

5) 문학매체

문학매체는 주로 텍스트의 내면화, 내면의 텍스트화, 인지화 작업 등으로서 기능합니다. 모든 예술매체 중 가장 언어활용의 비중이 높으나 일상의 언어와는 달리 사유와 통찰을 유도하는 특징이 있습니다. 문학적 요소들은 생각, 주제, 소재, 이야기, 플롯(구조), 인물, 사물, 배경, 사건, 서사, 문체, 인칭, 시점, 상징, 결말 등입니다. 문학 기법들로는 읽기, 감상, 낭독, 말하기, 변형하기, 토론, 짓기(작문) 등이 있으며, 특히 짓기(작문)에 있어 시와 일기, 수필, 저널, 소설, 자서전, 동화, 카피문구, 감상문 등이 활용됩니다. 모든 예술매체와 관련한 공통적 임상기술로는 비언어활동으로부터 언어화로의 전환기술, 상담기술, 의미부여, 탐색과 통찰, 참여과정 돕기, 도구선정 및 제시, 도구배부의 순서, 분석 및 해석기술, 시간안배기술, 치료 목적과 관련한 총체적인 프로그래밍기술 등이 있습니다.

〈표 10〉 통합예술심리치료 5단계에 기반한 문학매체 기법설명

문학매체			
적용단계	번호 및 기법명		적용 포인트
(1) 감각	(1)-①-a*	그림 연결해 이야기 만들기	기존의 동화 속 삽화를 순서 없이 제시받거나 또는 무작위로 채집된 다양한 그림들을 연결해 이야기 만들기
	(1)-①-b	대칭문장 만들기	대칭의 다양한 의미 찾기(정반대/일부반대 등) 후 제시되는 문장과 대칭되는 문장 만들고 토론하기
	(1)-①-c	동화 만들기	자연 또는 감각을 일깨우는 사물을 소재로 한 동화를 만들기
	(1)-①-d	일상제목 만들기	자신의 근황을 표현하고 감각과 관련한 제목을 붙여보기
	(1)-②-a*	연상단어	서로의 근황을 잘 듣고 연관되는 단어로 릴레이나눔하기. 공통점 찾아보기
	(1)-②-b	광고카피 만들기	'내 오감이 본 세상'이라는 주제로 광고카피문구 만들어 발표하고 이야기 나누기
	(1)-②-c	무작위 릴레이이야기	무작위로 다음 순번을 지목하여 연결이야기 만들기. 또는 반대순서로 결말부터 앞이야기 만들기
	(1)-②-d	시낭송	다양한 시를, 시의 내용에 충실한 표현을 동원하여 낭송해보기

문학매체			
적용단계	번호 및 기법명		적용 포인트
(2) 감정 · 생각	(2)-③-a*	일기 쓰기	일정 기간 동안 작성한 일기에서 주된 나의 감정과 생각을 알아보기
	(2)-③-b	감정 읽기	사물을 보고 의인화하여 감정을 추론해보기. 함께 이야기 나누기
	(2)-③-c	시 쓰기	나의 감정과 정서, 느낌과 생각 등을 반영하여 시 쓰고 발표하기
	(2)-③-d	시 고르기	다양하게 제시되는 시 중에서 내 마음에 닿는 시를 선정하고 그 이유에 대해 나누어보기
	(2)-④-a*	문장 완성하기	앞 또는 뒷부분만 제시된 반쪽짜리 문장의 나머지 반을 완성하고 관련된 감정이나 생각 나누기
	(2)-④-b	동화 만들기	행인(모르는 사람)을 소재로 한 동화를 만들고 함께 이야기 나누기
	(2)-④-c	편지 쓰기	나에게 편지 쓰기. 과거-현재-미래 시점으로 응용 가능함.
	(2)-④-d	발단/전개/위기/절정/결말	사소한 또는 거창한 사건을 '발단/전개/위기/절정/결말'로 나누어보고 감정의 흐름 알아보기

문학매체			
적용단계	번호 및 기법명		적용 포인트
(3) 관계 · 역할 · 행동	(3)-⑤-a*	베스트셀러	나의 베스트셀러에 대해 발표하고, 이와 관련한 나의 관계 · 역할 · 행동에 대해 이야기 나누기
	(3)-⑤-b	책에 얽힌 추억 / 다른 용도로 책 사용	책에 얽힌 추억 또는 책과 관련한 특이한 경험에 대하여 말해보기. 그것이 내 삶에 미친 영향 나누기
	(3)-⑤-c	권장도서목록 만들어보기	또 다른 내가 있다면, 그에게 추천하고픈 도서목록은?
	(3)-⑤-d	육하원칙 알아내기 / 요약하기	제시된 상황(말 또는 텍스트 또는 영상 등)을 육하원칙으로 요약해내기
	(3)-⑥-a*	책토론	'책'이라는 사물 또는 '글' 매체에 토론하기. 무엇이 토론거리가 되거나 혹은 되지 않았는지 나누기

문학매체			
적용단계	번호 및 기법명		적용 포인트
	(3)-⑥-b	읽씹의 의미	카톡이나 메일, 문자 등 '읽씹'과 관련된 경험 나누기. '읽씹'은 일상에서 어떤 의미로 기능하는지?
	(3)-⑥-c	단축키와 문서형식으로 내 삶 표현하기	PC작업. 키워드 몇 개와 함께 제시되는 문서프로그램기능으로 나 또는 타인의 삶(일상)을 표현해보기
	(3)-⑥-d	스테디셀러	결국 내가 자주 손이 가거나 혹은 오래 곱씹게 되는 것은 무엇인가? 그것은 나에게 왜 스테디셀러인가?

문학매체			
적용단계	번호 및 기법명		적용 포인트
(4) 시도 · 적응	(4)-⑦-a*	독서토론	하나의 도서를 정해 미리 읽고 토론하기. 무엇이 토론거리가 되거나 혹은 되지 않았는지 나누기
	(4)-⑦-b	스토리전개 바꾸기	제시되는 이야기 또는 텍스트 속 스토리전개를 바꾸고 그것에 대해 함께 이야기 나누기
	(4)-⑦-c	문장부호의 의미	문장부호의 종류를 탐색하기. 현재 나의 일생에 필요한 문장부호를 배치해보고 함께 이야기 나누기
	(4)-⑦-d	수필(에세이) 쓰기	최근 내가 경험하고 있는 것, 새롭게 의미를 발견하고 있는 것, 시행착오 등을 주제로 수필 쓰기
	(4)-⑧-a*	저널 쓰기	'나'를 연구대상으로서 혹은 취재대상으로서 질문지 만들어보기. 이를 토대로 저널 쓰기 후 나누기
	(4)-⑧-b	문장순서 바꾸기	제시된 텍스트의 문장순서를 바꿀 때 어떤 일이 일어나는지 함께 이야기 나누기
	(4)-⑧-c	신화 속 인물로 일기 쓰기	신화 속 인물들에 대해 탐색하기. 나를 대변하는 혹은 내가 되고 싶은 신화 속 인물이 되어 일기 쓰기
	(4)-⑧-d	단어 골라내기 or 단어 바꾸기	제시된 텍스트에서 군더더기라고 생각되는 단어를 골라내거나 유사한 또는 더 적합한 표현으로 바꿔보기

문학매체			
적용단계	번호 및 기법명		적용 포인트
(5) 갱신 · 지지 · 확인	(5)-⑨-a*	그런데요? or 당연하지! 규칙의 문장 완성하기	"그런데요?"로 끝나는 규칙으로 나에게 글 써보기. "당연하지!"로 끝나는 규칙으로 나에게 글 써보기
	(5)-⑨-b	5문장으로 상황 만들기	제시된 복잡한 상황을 5문장으로 간추려보기. 무엇이 채택되고 무엇이 채택되지 않았는지 나누기
	(5)-⑨-c	책인테리어	제시된 혹은 구성원들의 다양한 책으로 공간 꾸며보기. 공간이 주는 특별한 느낌에 대해 나누어보기
	(5)-⑨-d	3행시 짓기	앞으로 살아갈 나에게 주는 3행시 지어 발표하기. 다른 사람에게 주는 3행시 선물해보기
	(5)-⑩-a*	동화 만들기	이제까지의 문학작업 중 인상 깊었던 순간 또는 인물 및 사물 등을 소재로 동화 만들어 발표하기
	(5)-⑩-b	댓글 달기 / 댓글토론	게시된 창작물(시, 저널 또는 동화)에 관람객들이 포스트잇에 댓글을 달고 함께 토론 및 나눔하기
	(5)-⑩-c	프롤로그 / 에필로그 쓰기	내 인생을 주제로 한 에세이 또는 소설이라고 가정하고, 그에 대한 프롤로그와 에필로그 작성하기
	(5)-⑩-d	자유쓰기 / 소감문 쓰기	문학작업의 경험들이 내게 주었던 것을 소재로 자유롭게 글쓰기하고 함께 이야기 나누기

6) 연극매체

연극매체는 주로 시ㆍ청각적 언어로서 기능하며, 행동화를 유도할 수 있습니다. 연극적 요소들은 이야기, 사건, 배우, 관객, 무대, 조명, 대사, 소품, 행위, 놀이 등입니다. 연극 기법들로는 감상, 토론, 인터뷰, 극화 및 연출, 연행하기, 즉흥극, 역할극, 역할놀이, 상황극, 토론극, 사회극, 심리극, 소시오메트리 중심의 웜업, 거울기법, 역할바꾸기, 잉여현실작업 등이 있습니다. 모든 예술매체와 관련한 공통적 임상기술로는 비언어활동으로부터 언어화로의 전환기술, 상담기술, 의미부여, 탐색과 통찰, 참여과정 돕기, 도구선정 및 제시, 도구배부의 순서, 분석 및 해석기술, 시간안배기술, 치료목적과 관련한 총체적인 프로그래밍기술 등이 있습니다.

〈표 11〉 통합예술심리치료 5단계에 기반한 연극매체 기법설명

연극매체			
적용단계	번호 및 기법명		적용 포인트
(1) 감각	(1)-①-a*	나비효과	나비가 되어 나비효과를 겪기까지. 나비의 작은 감각들, 움직임들, 감지되는 것들을 느껴보기
	(1)-①-b	씨앗에서 나무 되기	씨앗에서 나무가 되는 과정에는 무엇이 있을지 직접 몸으로 표현하고 느껴보기
	(1)-①-c	표정과 상황	제시된 다양한 표정을 따라 해보고 그에 따라 어떤 일들이 떠오르거나 일깨워지는지 이야기 나누기
	(1)-①-d	음벨레 연극놀이	두 명이 눈 감고 서서 돌아다니다가 가까워질수록 주변 집단원이 "음벨레"라는 말을 점점 크게 하여 알려주기
	(1)-②-a*	딕싯카드	다양한 상황이 그림으로 함축된 딕싯카드들 중 나를 대변하는 카드를 선택해 표현 보강해보기
	(1)-②-b	조각상	가족 · 친구 · 직장 등을 소재로 가장 인상적인 장면을 조각상(정지동작)으로 표현해보기
	(1)-②-c	난파선	난파선에 몸을 맡기고 풍파에 소중한 것들을 하나씩 잃을 수밖에 없는 연극체험해보고 소감 나누기
	(1)-②-d	움직이는 조각	조각상의 응용 버전. 마치 '움직이는 이모티콘'처럼 두 가지 동작의 반복으로 제시된 주제를 표현해보기

연극매체			
적용단계	번호 및 기법명		적용 포인트
(2) 감정 · 생각	(2)-③-a*	잉여현실	염원, 희망 등과 같이 아직은 나에게 주어지지 않는 잉여현실을 행위화해보고 관련된 감정 나누기
	(2)-③-b	조각상	나의 경험담이 가장 응축된 하나의 조각으로 표현해보고, 나와 집단원 모두 관련된 감정 나누기
	(2)-③-c	입관체험	제시되는 입관 또는 입관 직전의 상황설정에 따라 연행한 뒤 감정 또는 생각 나누기
	(2)-③-d	움직이는 조각	타인의 짧은 이야기에 대해 움직이는 조각으로 표현해주고 서로 공감적 나눔하기
	(2)-④-a*	핫시팅	조각상 또는 움직이는 조각 후 대신 주인공이 되어 핫시트에 앉아 관람객들의 질문 또는 표현을 받기
	(2)-④-b	타블로	제시된 상황을 여럿이 동시다발적 정지동작으로 표현하기. 자발성 또는 망설임, 관련 감정 등 나누기
	(2)-④-c	거울기법	나의 이야기를 다른 사람들이 연행하는 것을 보기. 보면서 느껴진 감정에 대해 나누기
	(2)-④-d	역할극	제시된 상황에서 부여받은 역할에 맞게 연행하고 연행경험과 관련한 감정 및 생각 등에 대해 나누기

연극매체			
적용단계	번호 및 기법명		적용 포인트
(3) 관계 · 역할 · 행동	(3)-⑤-a*	빈 의자	빈 의자에 나 또는 나와 관련된 대상이 앉아있다고 가정하고 하고 싶은 말, 못다 한 말들 표현해보기
	(3)-⑤-b	롤프로파일	내가 주로 관계 맺는 대상을 정하고, 그와 나 사이에 기대하는 행동들을 양쪽 다 기입하고 분석해보기
	(3)-⑤-c	감정단어카드	다양한 감정단어가 쓰인 카드들을 보고, 해당 감정이 유발되는 상황 속 나와 관련인물들을 탐색하기
	(3)-⑤-d	6조각이야기	만남의 탄생부터 우여곡절을 거쳐 결말에 이르기까지 6조각으로 나누어 이야기를 만들고 극화하기
	(3)-⑥-a*	오늘의 이모티콘	오늘의 '나'의 상태를 가장 잘 표현하는 이모티콘을 단톡방에 올리고, 관련된 상황에 대해 나누기

연극매체			
적용단계	번호 및 기법명		적용 포인트
	(3)-⑥-b	관찰기법	다른 이들의 연행 관찰하기. 관찰은 수동적 상태이거나 또는 조망 목적으로 기능함. 느낀 바 나누기
	(3)-⑥-c	가족의자	다양한 방향 및 형태로 놓인 빈 의자 여러 개에 자신의 가족이 앉은 의자와 관련한 이야기 나누기
	(3)-⑥-d	역할 바꾸기	내가 네가 되고, 네가 내가 되는 경험. 나의 입장을 말하고 나서 역할을 바꿔 다시 나에게 말하기

연극매체			
적용단계	번호 및 기법명		적용 포인트
(4) 시도 · 적응	(4)-⑦-a*	나는 어떤 동물?	동물로 태어난다면 어떤 동물이 되고 싶은지? (외모와 상관없음) 그 동물의 적응력이 내게 필요한 순간은?
	(4)-⑦-b	마술가게	내가 새로운 시도를 하기 위해 버리거나 획득해야 할 것(태도 중심)들을 마술가게 설정으로 연행하기
	(4)-⑦-c	상황극	제시된 상황에 즉흥적으로 대응하는 방식으로 연행하고 참여한 자와 관람한 자 모두 소감 나누기
	(4)-⑦-d	조커기법	멘토/권력자/주술사 등의 권한을 부여받는 설정으로 연행하기. 이 같은 설정은 트라우마 작업 전에 유효함
	(4)-⑧-a*	가면 체험하기	가면을 쓸 때와 쓰지 않을 때의 태도나 행동 등에 대해 조망해보기. 적절한 수준의 간극유지를 위한 토론하기
	(4)-⑧-b	행동콜라주	구성원 중 자신에게 귀감이 되는 특정한 태도나 행동을 따와서 자신의 것으로 적용해보기
	(4)-⑧-c	일파만파	현실 속 어려움 또는 시행착오 상황을 가져와 일파만파되지 않을 수 있는 포인트 및 타이밍을 포착해보기
	(4)-⑧-d	영웅의 일생	그 어떤 영웅이라도 어려움이 없는 이는 없음. 나는 현재 영웅의 어떤 여정에 있는지 이야기 만들고 극화하기

연극매체			
적용단계	번호 및 기법명		적용 포인트
(5) 갱신 · 지지 · 확인	(5)-⑨-a*	움직이는 조각	이전의 상황 또는 내 모습이 새롭게 느껴지는 부분을 나누고 이를 타인이 움직이는 조각으로 연행하는 것을 보기
	(5)-⑨-b	타블로	격려와 지지, 도전 등의 메시지가 담긴 지시문에 따라 집단원은 동시다발적 정지동작으로 표현하기
	(5)-⑨-c	본어게인 (추적워크시트지)	"이번 생엔 안돼요"가 아닌, "부분적으로 다시 태어나기" 설정 속에서 현실적인 변화 자각하기
	(5)-⑨-d	에너지샤워	나 또는 집단원들이 삶의 현장으로 나아가기 위해 필요한 에너지를 찾아 에너지샤워 리츄얼하기
	(5)-⑩-a*	나를 대변하는 사물	이제껏 함께한 공간에서 쭉 나를 지켜보던 사물이 있다면? 그 사물의 격려와 인정을 받고, 나를 대변할 새로운 사물 되기
	(5)-⑩-b	용도변형, 역할변형	내가 쓰던 말, 내가 주로 하던 행동, 내가 주로 짓는 표정 등에 새로운 기능을 부여 및 갱신하기
	(5)-⑩-c	낭독연극 (성우 되기)	구성원이 등장하는 창작동화 또는 릴레이텍스트를 만든 뒤 타인의 목소리를 통하여 새로운 나의 모습 선포받기
	(5)-⑩-d	빈 의자	빈 의자에 이전의 내가 앉아있다고 가정하고 현재의 나 또는 미래의 내가 해주고 싶은 말 하기

7) 모래놀이매체

모래놀이매체는 주로 시각 및 촉각적 언어로서 기능하며, 강력한 퇴행을 일으킬 수 있습니다. 모래놀이 요소들은 시각, 시지각, 촉각, 특히 모래상자 안에서 자연원소인 흙(모래), 물, 공기, 빛 등의 요소들, 그리고 모래상자 안에서 인물, 사물, 배경, 이야기, 사건, 프레임 등입니다. 모래놀이 기법들로는 구조화 모래놀이, 반구조화 모래놀이, 비구조화 모래놀이 등이 있으며, 각 모래놀이에서는 건식모래와 습식모래, 때로는 물만 사용되는 기법들이 있습니다. 피규어의 활용은 할 수도 있고 하지 않을 때도 있습니다. 구조화와 반구조화 또는 비구조화식의 모래놀이는 주제가 있는 활동인지 자유연상식의 활동인지, 또는 주제가 있더라도 치료・상담자가 제시하는 주제인지 내담자가 직접 정하는 주제인지 등의 여부에 따라 달라집니다. 예술매체로서의 모래놀이활동에서는 모래 또는 물과의 접촉, 그리고 피규어표현이 담아내는 느낌을 내담자가 오롯이 느낄 수 있는 환경을 제시하면서 내담자가 모래상자를 자신의 내부세계로 인식할 수 있도록 돕는 것이 가장 중요합니다. 또한 어떤 단계에서도 구조화와 반구조화 또는 비구조화식의 모래놀이를 균형적으로 혼합해 활용하면서 특정 방식에 고착되지 않을 수 있는 유연함을 부여해야 합니다. 이때 중요한 점은, 형식적으로는 각 단계에서 똑같이 모래놀이를 하는 것이지만, 내담자의 치료・상담공간 밖의 모든 일상과 연관된 느낌이 모래상자에 담길 수 있도록 주제선정 및 지시문과 관련하여 내담자의 해당 단계에 맞는 설정을 부여해야 한다는 점입니다. 이를 위해서는 매 회기 초반에 촉감과 호흡을 동시에 먼저 이완하면서 내담자의 적체된 감정을 천천히 배출시키고, 그때의 내담자 양상을 보면서 직관적으로 주제를 정할 수 있습니다. 예술매체와 관련한 공통적 임상기술로는 비언어활동으로부터 언어화로의 전환기술, 상담기술, 의미부여, 탐색과 통찰, 참여과정 돕기, 도구선정 및 제시, 도구배부의 순서, 분석 및 해석기술, 시간안배기술, 치료목적과 관련한 총체적인 프로그래밍기술 등이 있습니다. 특히 모래놀이에서는 상징적 해석기술이 수반될 수 있으나, 이는 분석심리학 이수과정을 수료했을 때 적용될 수 있으며, 치료・상담자에게 감지되는 상징성이 있더라도 직접적으로 내담자에게 이야기하지는 않도록 합니다. 또한 모래놀이활동 자체는 비언어적이고 정적인 특성을 갖지만, 내담자가 모래놀이 활동을 하면서 자연스럽게 표현하는 언어적 반응이 있다면 이를 막을 필요는 없습니다. 한편 이완과 접촉을 위한 모래놀이일 때는 일반적으로 명상가와 같이 차분하고 이완된 말투로 이끌어야 하지만, 내담자가 자신의 모래상자를 표현하고 그에 대해 이야기하는 시점에서는 그에 맞는 에너지로 대응해주는 기술 또한 필요하겠습니다.

〈표 12〉 통합예술심리치료 5단계에 기반한 모래놀이매체 기법설명

모래놀이매체			
적용단계	번호 및 기법명		적용 포인트
(1) 감각	(1)-①-a*	모래 속 손인사	모래와 접촉하며 모래 속 많은 모래알들 또는 모래 속 타인의 손가락과 인사 나누기
	(1)-①-b	손 or 붓으로 모래 쓸기	손바닥/손등 또는 넓고 부드러운 붓으로 천천히 모래를 쓸며 호흡과 함께 이완하기
	(1)-①-c	모래 뿌리기	모래가 튀어나가지 않을 높이에서 한 손을 높이 들어 모래상자 속 다른 한 손에 모래 솔솔 뿌리기
	(1)-①-d	오로지 물만	모래상자에서 모래를 퍼내고 물만 담아 물의 감촉을 느끼고 느껴지는 감각에 대해 이야기 나누기
	(1)-②-a*	모래 속 구슬 찾기	숨겨둔 모래 속 구슬을 찾으며 집중 및 촉각적으로 깨어나기. 내가 찾은 구슬에 감각의 이름 붙이기
	(1)-②-b	모래와 친해지기	모래와 다양한 방식의 움직임을 통해 접촉하고 관계 맺기. 가능하다면 발로 하는 것도 좋음
	(1)-②-c	모래 파기	편편한 또는 굴곡진 모래상자 속 모래에서 원하는 부분을 손으로 파기. 그것이 일깨우는 감각에 집중하기
	(1)-②-d	모래마사지하기	모래가 주는 느낌과 모래가 갖는 역할을 상기하며 모래 속에서 손을 둘러싸이기. 온열기구 활용 가능

모래놀이매체			
적용단계	번호 및 기법명		적용 포인트
(2) 감정 · 생각	(2)-③-a*	모래 모으기	모래상자 속 모래를 원하는 대로 또는 내 손이 이끄는 대로 모으거나 쌓아올려보기. 느낌 나누기
	(2)-③-b	구조화 모래놀이	마른 모래 또는 물모래로 다양한 형체를 만들고 작업과 관련해 떠오르는 감정 또는 생각 나누기
	(2)-③-c	무인도	모래상자 안에서 모래로 무인도처럼 형체를 만든 뒤 섬과 섬 밖 상황들 속 내가 되어보고 나누기
	(2)-③-d	구조화 모래 + 피규어놀이	마른 모래 및 물모래, 피규어를 활용하여 주제와 관련된 상황을 형상화하고 관련된 감정 나누기

모래놀이매체			
적용단계	번호 및 기법명		적용 포인트
	(2)-④-a*	물모래	물과 모래가 혼합되는 모래 상자 속 다양한 상황을 느끼고 접촉하면서 느껴지는 감정 나누어보기
	(2)-④-b	반구조화 모래 + 피규어놀이	주제를 직접 정하여 활동하고 감정 및 생각 나누어보기
	(2)-④-c	구조화 모래 + 피규어놀이	마른 모래 및 물모래, 피규어를 활용하여 주제와 관련된 상황을 형상화하고 관련된 감정 나누기
	(2)-④-d	반구조화 모래 + 피규어놀이	주제를 직접 정하여 활동하고 감정 및 생각 나누어보기

모래놀이매체			
적용단계	번호 및 기법명		적용 포인트
(3) 관계 · 역할 · 행동	(3)-⑤-a*	모래 옮기기	모래상자 속 모래를 모래상자의 다른 곳으로 공간을 서로 이동시키거나 또는 모래상자 밖으로 옮기기
	(3)-⑤-b	물모래	물과 모래가 혼합되는 모래 상자 속 다양한 상황을 느끼고 접촉하면서 느껴지는 감정 나누어보기
	(3)-⑤-c	구조화 모래놀이	마른 모래 및 물모래, 피규어를 활용하여 주제와 관련된 상황을 형상화하고 관련된 감정 나누기
	(3)-⑤-d	비구조화 모래 +피규어놀이	마른 모래 및 물모래, 피규어를 활용하여 떠오르는 상황을 형상화하고 관련된 감정 또는 생각 나누기
	(3)-⑥-a*	모래의 온도	모래의 온도 추측해보기. 내게 필요한 온도를 말해보기. 내가 원하는 온도가 될 수 있도록 도구 사용하기
	(3)-⑥-b	비구조화 모래 +피규어놀이	마른 모래 및 물모래, 피규어를 활용하여 떠오르는 상황을 형상화하고 관련된 감정 또는 생각 나누기
	(3)-⑥-c	반구조화 모래 +피규어놀이	주제를 직접 정하여 활동하고 감정 및 생각 나누어보기
	(3)-⑥-d	구조화 모래 + 피규어놀이	마른 모래 및 물모래, 피규어를 활용하여 주제와 관련된 상황을 형상화하고 관련된 감정 나누기

모래놀이매체			
적용단계	번호 및 기법명		적용 포인트
(4) 시도 · 적응	(4)-⑦-a*	물모래	물과 모래가 혼합되는 모래 상자 속 다양한 상황을 느끼고 접촉하면서 느껴지는 감정 나누어보기
	(4)-⑦-b	비구조화 모래 +피규어놀이	마른 모래 및 물모래, 피규어를 활용하여 떠오르는 상황을 형상화하고 관련된 감정 또는 생각 나누기
	(4)-⑦-c	반구조화 모래 +피규어놀이	주제를 직접 정하여 활동하고 감정 및 생각 나누어보기
	(4)-⑦-d	구조화 모래놀이	마른 모래 및 물모래, 피규어를 활용하여 주제와 관련된 상황을 형상화하고 관련된 감정 나누기
	(4)-⑧-a*	비구조화 모래 +피규어놀이	마른 모래 및 물모래, 피규어를 활용하여 떠오르는 상황을 형상화하고 관련된 감정 또는 생각 나누기
	(4)-⑧-b	두꺼비집	내 손을 덮는 모래의 촉감, 무게감 등을 느끼고 손을 뺐을 때 벌어지는 상황에 대해 연결작업해보기
	(4)-⑧-c	구조화 모래 + 피규어놀이	마른 모래 및 물모래, 피규어를 활용하여 주제와 관련된 상황을 형상화하고 관련된 감정 나누기
	(4)-⑧-d	구조화 모래놀이	마른 모래 또는 물모래로 다양한 형체를 만들고 작업과 관련해 떠오르는 감정 또는 생각 나누기

모래놀이매체			
적용단계	번호 및 기법명		적용 포인트
(5) 갱신 · 지지 · 확인	(5)-⑨-a*	모래에 손글씨 쓰기	나 또는 서로를 격려하는 문구를 모래 위에 새겨주고 함께 이야기 나누기
	(5)-⑨-b	구조화 모래놀이	마른 모래 또는 물모래로 다양한 형체를 만들고 작업과 관련해 떠오르는 감정 또는 생각 나누기
	(5)-⑨-c	모래구역 나누기	나에게 필요한 공간이나 의미를 담아 모래상자 속 모래의 구역을 나누어보고 이야기 나누기
	(5)-⑨-d	구조화 모래 + 피규어놀이	마른 모래 및 물모래, 피규어를 활용하여 주제와 관련된 상황을 형상화하고 관련된 감정 나누기
	(5)-⑩-a*	모래성	모래성을 만들고 그것이 나에게 어떠한 의미가 있는지 나누기

<table>
<tr><th colspan="4">모래놀이매체</th></tr>
<tr><th>적용단계</th><th colspan="2">번호 및 기법명</th><th>적용 포인트</th></tr>
<tr><td rowspan="3"></td><td>(5)-⑩-b</td><td>비구조화 모래
+피규어놀이</td><td>마른 모래 및 물모래, 피규어를 활용하여 떠오르는 상황을 형상화하고 관련된 감정 또는 생각 나누기</td></tr>
<tr><td>(5)-⑩-c</td><td>물모래</td><td>물과 모래가 혼합되는 모래 상자 속 다양한 상황을 느끼고 접촉하면서 느껴지는 감정 나누어보기</td></tr>
<tr><td>(5)-⑩-d</td><td>반구조화 모래
+피규어놀이</td><td>주제를 직접 정하여 활동하고 감정 및 생각 나누어 보기</td></tr>
</table>

8) 명상매체

명상매체는 자각과 인식의 도구로서 기능하며, 이를 '알아차림'이라고 합니다. 명상적 요소들은 오감(때로는 육감까지도), 호흡, 신체, 시간, 느림, 이완, 실존, 지금-여기, 명료함, 가벼움, 무(無)의 개념, 성찰, 자비, 수용, 놓아둠 등입니다. 명상의 기법들로는 집중명상, 통찰명상, 싱잉볼명상, 아로마명상, 뜨라따까명상, 마음챙김명상, 젠탱글명상 등이 있으며, 이 중 가장 대중화된 명상프로그램은 마음챙김명상으로, 마음챙김명상의 하위영역에는 호흡명상, 정좌명상, 걷기명상, 마음챙김요가, 먹기명상, 바디스캔, 자비명상, 만트라명상, 수세기명상, 산/호수명상, 차명상 등이 있습니다. 마음을 비우고 의식을 모을 수 있다면, 여러 가지 감각 또는 감각놀이적인 방법들이 명상에 응용될 수 있으며, 이와 관련해 명상에서의 예술개념은, 예술의 결과물 그 자체라기보다 예술작업 또는 예술적인 의도를 통해 '명상적인 상태'에 이르도록 하는 것입니다. 특히 오감이 활용된다는 점에서 명상은 예술과 관련이 깊다고 할 것입니다. 명상적인 행위들은 처음에는 다소 비일상적인 상태를 의도하는 것처럼 느껴질 수 있지만, 익숙해지면 환경과 자기 사이에서 균형을 잡고 안정적인 상태를 유지하는 데 도움이 됩니다. 모든 예술매체와 관련한 공통적 임상기술로는 비언어활동으로부터 언어화로의 전환기술, 상담기술, 의미부여, 탐색과 통찰, 참여과정 돕기, 도구선정 및 제시, 도구배부의 순서, 분석 및 해석기술, 시간안배기술, 치료목적과 관련한 총체적인 프로그래밍기술 등이 있습니다.

〈표 13〉 통합예술심리치료 5단계에 기반한 명상매체 기법설명

명상매체			
적용단계	번호 및 기법명		적용 포인트
(1) 감각	(1)-①-a*	상상 비눗방울 놀이명상	많은 비눗방울이 내 주변에 있다고 상상하며 그중 하나의 비눗방울을 보호하는 설정의 놀이명상으로 이완하기
	(1)-①-b	바람개비 숨쉬기	선풍기 강풍약풍놀이의 명상버전. 내 입에 바람개비를 물고 있다고 상상하며 빠르게 → 점점 느리게 날숨하기
	(1)-①-c	산명상	'나는 산이다'라는 설정으로 안내자의 멘트에 따라 산이 갖는 다양한 속성을 통해 이완하기
	(1)-①-d	먹기명상	건포도나 생채소조각 등을 아주 천천히 씹고 먹으며 내 몸의 속도 및 식재료의 감사에 대해 느끼고 감각이완하기
	(1)-②-a*	마음&몸 이야기 릴레이놀이	안내멘트에 따라 마음이 몸에게 원하는 일과 몸이 마음에게 원하는 일 등을 번갈아가며 이완하기
	(1)-②-b	아로마명상	방향(흡입) 또는 피부에 바르는 방식으로 아로마 향기를 느끼며 감각이완하기
	(1)-②-c	호흡의 닻	콧구멍뿐 아니라 수많은 땀구멍들에 초점을 맞추며 내 몸이 세상과 소통하는 닻으로서의 존재 느끼기
	(1)-②-d	바디스캔	눈을 감고 편안히 눕거나 또는 앉은 자세에서 안내멘트에 따라 일정한 방향으로 신체부위에 의식을 집중하며 신체이완하기

명상매체			
적용단계	번호 및 기법명		적용 포인트
(2) 감정 · 생각	(2)-③-a*	호흡 알아차림 (드리와 나리)	내 호흡이 어떻게(속도/양/균형 등) 이루어지고 있는지를 스스로 관찰하도록 함. 들숨=드리/날숨=나리
	(2)-③-b	배쿠션	편안히 앉은 자세에서 배 위에 쿠션을 놓고 쿠션의 움직임을 통해 나의 호흡을 관찰하고 나누기
	(2)-③-c	호수명상	'나는 호수다'라는 설정으로 안내자의 멘트에 따라 호수가 갖는 속성을 통해 이완 후 감정 나누기
	(2)-③-d	감정 / 생각에 이름 붙이기	눈을 감고 명상 중에 떠오르는 감정이나 생각 또는 잡생각 등에 이름을 붙이고 함께 이야기 나누기
	(2)-④-a*	요가명상	마음챙김 요가를 통해 할 수 있는 한도 내에서 내 몸을 움직이며 긴장과 이완은 교류적/균형적 관계임을 알아차림
	(2)-④-b	날씨명상	지금 이 순간의 날씨에 의식을 집중하며 주변 환경에 받는 영향, 날씨가 주는 감정 또는 생각 나누기
	(2)-④-c	수세기명상	눈을 감고 10부터 또는 100부터 천천히 숫자를 거꾸로 헤아리며 일정한 속도와 집중을 유지한 뒤 나누기
	(2)-④-d	백색소음명상	제시되는 백색소음에 의식을 집중하는 동안 떠오르는 감정 또는 생각 나누기

명상매체			
적용단계	번호 및 기법명		적용 포인트
(3) 관계 · 역할 · 행동	(3)-⑤-a*	선한 바람 불기	내 주변에 선한 바람을 분다는 마음과 의도를 가지고 천천히 부드럽게 날숨하며 선한 마음 갖기
	(3)-⑤-b	손가락올가미 풀기 놀이명상	자신의 양 엄지/검지 손가락끼리 올가미를 만들어 풀리지 않는 설정하에 풀리지 않는 이유 및 풀 수 있는 방법 나누기
	(3)-⑤-c	기타줄명상	기타줄을 뚱기는 소리와 진동에 집중하면서 이완하기. 기타줄 한 개에서 동시에 최대 세 개 연타
	(3)-⑤-d	얼음 속 단추 구하기 명상	단추를 품고 얼린 조각얼음을 바라보면서 얼음이 녹으면 단추를 구해내는 설정하에 얼음을 응시함

명상매체			
적용단계	번호 및 기법명		적용 포인트
	(3)-⑥-a*	사물명상	어떤 사물이 되었다고 가정하고 그에 이입하여 역할이나 바람 등에 대해 명상 후 함께 이야기 나누기
	(3)-⑥-b	자비명상	어려운 마음이 들도록 하는 상대 또는 잘 모르는 행인 등을 대상으로 자비심 베푸는 명상 후 나눔
	(3)-⑥-c	다섯 가지 "왜"	인지적 명상. 어떤 현상이나 물음 등에 대해 스스로 "왜"라고 다섯 번 물어보면서 정말 필요한 "왜"만 추리기
	(3)-⑥-d	구름 or 별 명상	구름이나 별이 되었다고 가정하고, 특별한 마음 갖기 및 전체를 조망하는 명상 후 이야기 나누기

명상매체			
적용단계	번호 및 기법명		적용 포인트
(4) 시도 · 적응	(4)-⑦-a*	나비 바디스캔	나비가 내 주위를 날고 있다는 설정의 안내멘트에 따라 일정한 방향으로 신체부위에 의식을 집중하며 신체이완
	(4)-⑦-b	정좌(좌선)명상	가부좌 또는 응용가부좌 자세로 눈을 감고 나의 현재에 의식을 집중하며, 내가 할 수 있는 작은 행동 찾기
	(4)-⑦-c	드림캐처명상	함께 드림캐처를 만들거나 또는 기성제품을 활용하여 의미를 부여하고 자연스럽게 흔들리는 드림캐처를 보며 염원하기
	(4)-⑦-d	asmr 놀이명상	다양한 자연의 식재료 또는 주변 사물과 접촉하는 소리를 함께 눈을 감고 들으며 주변 소리를 통해 일깨워지기
	(4)-⑧-a*	내 발에서 뿌리내리기 명상	어깨너비로 눈을 감거나 혹은 뜨고 바로 서서 '내가 나무'라는 설정으로 내 발밑에 뿌리내리기. 그라운딩
	(4)-⑧-b	걷기명상	편평한 실내·외 공간을 천천히 거닐며 내 몸의 움직임과 주변환경을 함께 자각하고 이야기 나누기
	(4)-⑧-c	에너지볼 or 웜볼 바디스캔	따뜻한 에너지와 온기를 받는다는 설정으로 볼이 내 몸 전체를 스캔하는 안내멘트에 따라 자원화하기
	(4)-⑧-d	우주의 한 점 명상	과한 몰입이나 경직 시 시행함. 안내멘트에 따라 나의 의식을 점점 나와 먼 거리로 이동시키며 넓은 초점을 가지고 이완하기

명상매체			
적용단계	번호 및 기법명		적용 포인트
(5) 갱신 · 지지 · 확인	(5)-⑨-a*	레몬 상상하기 놀이명상	레몬을 깨물었다고 상상하면서 일어나는 내 몸의 변화에 의식을 집중하고 환기하기
	(5)-⑨-b	스노볼명상	스노볼의 움직임을 관찰하면서 의식을 정화하기
	(5)-⑨-c	만트라명상	나에게 힘이 되는 간단한 문구 또는 단어를 정하여 천천히 일정한 속도로 읊조리며 명상하기
	(5)-⑨-d	띵샤놀이명상	띵샤를 일정하게 울릴 수 있도록 연습하기. 그동안의 집단명상 소감 나눈 후 다음 사람 차례 전 띵샤 소리 사라지기를 기다리기
	(5)-⑩-a*	싱잉볼명상	음과 진동의 길이, 파장 등이 다른 다양한 싱잉볼 소리를 듣거나 또는 함께 연주하면서 의식을 확장함
	(5)-⑩-b	바람 바디스캔	바디스캔의 셀프버전. 안내멘트 없이 바람이 천천히 내 몸의 구석구석을 헤아린다는 설정으로 셀프 바디스캔하며 환기하기
	(5)-⑩-c	젠탱글명상	깜지처럼, 지면의 일정한 구역 안에 특정한 문양 또는 글씨 쓰기를 천천히 반복수행하면서 수련하기
	(5)-⑩-d	차명상	잎차 또는 열매차 등을 천천히 함께 음미하며 담소 나누기

9) 푸드매체

푸드매체는 주로 미각 및 후각적 언어로서 기능하며, 때로 시각 및 촉각적 언어이기도 합니다. 푸드의 요소들은 음식, 식재료, 생명력, 회상, 세계관, 생명윤리, 건강, 돌봄, 나눔 등입니다. 푸드 기법들로는 먹기, 냄새 맡기, 감상, 상상, 토론, 변형 등 레시피개발, 재료준비, 재료 기르기, 요리 등이 있습니다. 모든 예술매체와 관련한 공통적 임상기술로는 비언어활동으로부터 언어화로의 전환기술, 상담기술, 의미부여, 탐색과 통찰, 참여과정 돕기, 도구선정 및 제시, 도구배부의 순서, 분석 및 해석기술, 시간안배기술, 치료목적과 관련한 총체적인 프로그래밍기술 등이 있습니다. 유의사항으로는 식재료 및 도구들을 다루거나 섭취할 때에 용량, 재료별 특성, 조리적 특성, 여타 위험요인 등에 대한 사전교육이 수반되어야 한다는 점을 들 수 있겠습니다.

〈표 14〉 통합예술심리치료 5단계에 기반한 푸드매체 기법설명

푸드매체			
적용단계	번호 및 기법명		적용 포인트
(1) 감각	(1)-①-a*	음료수 칵테일	음료수의 다양한 맛과 혼합되어 달라지는 맛을 느끼고 그 느낌을 함께 나누기
	(1)-①-b	알러지 이야기	알러지가 유발된 경험을 나누면서 그때의 불안한 마음, 해당 음식에 대한 경계심, 소외감 등을 나누기
	(1)-①-c	재료 부셔부셔	다양한 식재료를 부수면서 안전하게 스트레스를 해소하고, 함께 라포를 형성하며 긴장을 풀기
	(1)-①-d	티라미수 만들기	커피용액 또는 초코우유에 적신 티라미수를 만들면서 폭신하고 부드러운 맛의 느낌을 함께 나누기
	(1)-②-a*	피클 담기	각자 선호하는 채소로 피클을 담고, 피클의 새콤달콤한 맛에 활력을 깨우기. 이후 숙성경과 나누기
	(1)-②-b	매운맛 이야기	매운맛과 관련한 상상을 하면서 공감 및 차이와 관련한 이야기를 함께 나누기
	(1)-②-c	에그스크럼블	익숙한 재료와 익숙한 맛이 주는 포근함 함께 나누기. 계란말이로 대체 가능함
	(1)-②-d	불어나는 재료	불어나는 종류의 식재료를 불려보며, 놀라움과 당황의 감정을 함께 재미있게 나누기. 대처를 위한 새로운 감각 일깨우기

푸드매체			
적용단계	번호 및 기법명		적용 포인트
(2) 감정 · 생각	(2)-③-a*	잼 만들기	달콤하지만, 만들기에 따르는 고된 노동과 시간, 그리고 엄청난 양의 설탕과 관련한 감정 또는 생각 나누기
	(2)-③-b	나만의 음식철학	평소 음식철학에 대해 집단원과 나누면서 나의 히스토리를 자연스럽게 오픈하며 관련 감정 탐색하기
	(2)-③-c	프렌치토스트	버터의 풍부하고 고소한 향과 달걀, 설탕, 은근한 화력 등의 앙상블이 불러일으키는 감정 또는 생각 나누기

푸드매체			
적용단계	번호 및 기법명		적용 포인트
	(2)-③-d	단순노동	모든 요리에 수반되는 반복적 작업이 불러일으키는 감정 또는 생각 나누기
	(2)-④-a*	냉장고 파먹기 작전	나의 냉장고에는 무엇이 있나? 나의 냉장고 상황을 오픈하면서 제한된 재료로 가능한 요리 구상하기
	(2)-④-b	추억의 음식	나의 향수를 자극하는, 나에게 특별한 추억이 있는 음식이야기를 통하여 자연스럽게 특정한 시기에 대해 이야기하기
	(2)-④-c	떡 만들기	반죽 체험에서 힘과 끈끈함 느껴보기. 쪄내고 뜸들이는 동안 은근한 이야기 나누기. 떡의 의미 나누기
	(2)-④-d	게살수프 만들기	크래미로 대체한 가성비 높고 따뜻한 게살수프를 통해 이색적인 나눔이 주는 감정 또는 생각 나누기

푸드매체			
적용단계	번호 및 기법명		적용 포인트
(3) 관계 · 역할 · 행동	(3)-⑤-a*	세계의 음식문화	세계의 다양한 음식문화 이야기를 통해 나와 다른 문화권, 다른 가치관 등에 대한 생각을 오픈하기
	(3)-⑤-b	납작만두	납작한 만두는 통통한 왕만두에게 무엇을 느낄까? 납작 엎드린 만두에 감정이입해 역할행동 나눠보기
	(3)-⑤-c	자신의 맛집소개	나만의 맛집은? 나는 어떤 기준으로 맛집을 채택하는지, 누구와 공유하는지에 대해 이야기 나누기
	(3)-⑤-d	5대영양소 한상	5대영양소로 구성된 한상을 차린다면? 지금 나에게 필요한 균형적인 5대 행동 또는 태도에 대해 나누기
	(3)-⑥-a*	퓨전요리 이야기	퓨전요리는 나에게 어떤 의미인가? 내가 퓨전을 해야 할 순간에 대해 탐색하고 함께 이야기 나누기
	(3)-⑥-b	한때 먹었던 음식	한때 잘 먹었으나 지금은 그렇지 않은 음식을 소개하고 그 이유에 대해 함께 이야기 나누기. 반대도 가능함
	(3)-⑥-c	상상의 한상	상상 속으로는 무엇이든 할 수 있음을 알리고, 우리 집단원의 소울을 채워줄 수 있는 한상메뉴를 짜보기
	(3)-⑥-d	식습관토론	내 특유의 식습관은? 이것이 나에게 어떠한 이미지 또는 생활패턴으로 연결되는지 함께 이야기 나누기

푸드매체			
적용단계	번호 및 기법명		적용 포인트
(4) 시도 · 적응	(4)-⑦-a*	퀵메뉴	시간이 없다면 나는 어떤 음식으로 대체할 것인가? 시간과 관련한 합리적 행동에 대해 나누기
	(4)-⑦-b	계란찜	흔한 메뉴이지만 사람에 따라 다르고 실패율도 높은 계란찜. 나만의 계란찜스타일과 비법 나누기
	(4)-⑦-c	냉장고 파먹기 작전	나의 냉장고에는 무엇이 있나? 나의 냉장고 상황을 오픈하면서 제한된 재료로 가능한 요리 구상하기
	(4)-⑦-d	묵 / 죽 만들기	묵과 죽은 둘 다 부드럽게 내 몸 속에 작용한다는 특징을 통해 내게 필요한 부드러운 변화 또는 회복에 대해 토의하기
	(4)-⑧-a*	음식 심폐소생	요리 중에 음식이 망해간다면 나는 어떻게 극복하겠는가? 또 누구에게 어떤 도움을 요청하겠는가?
	(4)-⑧-b	무쌈말이 만들기	일상에 특별함을 부여하는 무쌈말이의 맛과 모양을 통해 내 삶의 변곡점(터닝포인트)에 대해 나누기
	(4)-⑧-c	소스 이야기	소스는 조연이지만 주연이기도 하며, 메인요리의 질을 높임. 나는 나의 주변에서 어떤 소스가 될 수 있을지 나누기
	(4)-⑧-d	우연찮게 성공한 요리	그동안 우연찮게 성공한 요리경험으로부터 나는 무엇을 발견할 수 있었는지 함께 이야기 나누기

푸드매체			
적용단계	번호 및 기법명		적용 포인트
(5) 갱신 · 지지 · 확인	(5)-⑨-a*	나의 스테디셀러 음식	나와 꾸준히 함께하는 음식처럼, 나는 나의 새로운 여정에 어떠한 모습으로 함께할 것인지 나누기
	(5)-⑨-b	샌드위치	샌드위치의 변신은 무죄이지만, 다양한 디테일이 필요함. 성공적인 샌드위치를 위한 디테일을 점검하기
	(5)-⑨-c	떡볶이토론	떡볶이에 대한 나의 생각은? 떡볶이에 대한 다양한 철학과 실행력에 대해 나의 관점 융합시키기
	(5)-⑨-d	카나페	파티용 핑거푸드의 대명사 카나페. 나의 소확행을 위한 카나페 레시피를 개발하고 함께 즐기기

푸드매체			
적용단계	번호 및 기법명		적용 포인트
	(5)-⑩-a*	컵케이크 or 핫케이크 만들기	소담스러운 컵케이크를 만들어 서로에게 선물하기
	(5)-⑩-b	음식물쓰레기 이야기	어떤 일이든 쓰레기가 발생함. 음식물쓰레기에 대한 나의 생각을 정리하면서 책임과 의무에 대해 나누기
	(5)-⑩-c	떡국	새해가 아닐 때 먹는 떡국은 어떤 느낌을 줄까? 떡국의 다양한 응용만들기를 통해 서로를 축복하기
	(5)-⑩-d	음식궁합	이제껏 만든 음식들을 떠올리며 궁합에 맞게 조합해보기. 함께 어우러질 수 있는 방안을 모색해보기

10) 아로마매체

아로마매체는 주로 후각적 언어로서 기능하며, 즉각적인 신체조절반응과 기억, 기분, 통증완화 등을 유도할 수 있습니다. 아로마는 '사람에게 이로운 식물의 향기'라는 뜻으로 허브(herb)와 같은 뜻입니다. 아로마 활동에서는 직접적인 생허브를 사용할 수도 있고, 허브를 압착해 오일(oil)로 만든 아로마에센셜오일을 사용할 수도 있습니다. 향기(냄새)를 유발하는 허브들 특유의 각 화학구성은 모노테르펜, 세스퀴테르펜, 페놀, 알데하이드, 옥사이드, 에스테르 등이 결합된 저마다의 분자식으로 구성되며 이것들은 화학물질이 아닌 자연 특유의 화학구성입니다. 이로 인해 상쾌한 향, 꽃 내음, 뿌리의 향, 잎의 향, 진정되는 향 등 향기의 특징이 결정되는 것입니다. 향기(냄새)는 다른 감각들에 비해 뇌 신경계에 직접적으로 도달한다는 특징이 있어 기분장애, 스트레스, 정화작용, 각성 및 이완작용 등과 관련됩니다. 이렇게 분화된 여러 가지 아로마의 요소들은 크게 이완·진정계열과 활력·각성계열로 나뉩니다. 아로마 기법들로는 방향 흡입, 섭취, 피부에 바르기 등이 있습니다. 아로마는 명상처럼 그 자체로 예술매체라기보다는 아로마로 인해 자극되는 감각을 필두로 여타 다른 예술활동, 명상이나 상호작용 및 언어화로 연결해 작업할 수 있다는 점에서 예술치료와의 연결성이 있습니다. 또한 향기는 공간을 채울 수 있다는 점에서 '지금-여기' 그리고 자각과 관련될 수 있습니다. 단순히 어떠한 화학구조 또는 향기의 계열만으로 특정한 심리변화 또는 자각 및 통찰을 이끌어내는 것은 아니며, 다른 예술심리치료적 접근과 마찬가지로 해당 매체를 매개로 한 내면과의 연결작업을 치료・상담자가 유도하는 것이 핵심입니다. 이 책에서는 다양한 아로마 향기의 계열들이 균형적으로 분포될 수 있도록 배치하여, 프로그램 전체에 걸쳐 향기를 통한 다양한 일상적 경험들이 고루 불러일으켜질 수 있도록 하였습니다. 모든 예술매체와 관련한 공통적 임상기술로는 비언어활동으로부터 언어화로의 전환기술, 상담기술, 의미부여, 탐색과 통찰, 참여과정 돕기, 도구선정 및 제시, 도구배부의 순서, 분석 및 해석기술, 시간안배기술, 치료목적과 관련한 총체적인 프로그래밍기술 등이 있습니다. 유의사항으로는 푸드매체와 마찬가지로, 아로마 매체를 다룰 때에 반드시 식약처에서 인증된 아로마에센셜오일을 사용할 것과 제한범위의 용량 및 유통기한 확인, 그리고 알러지테스트 등을 반드시 거쳐야 하는 점 등을 들 수 있겠습니다.

〈표 15〉 통합예술심리치료 5단계에 기반한 아로마매체 기법설명

	아로마매체		
적용단계	번호 및 기법명		적용 포인트
(1) 감각	(1)-①-a*	라임	기분전환 및 고양을 도움. 피곤하고 지침 회복하기
	(1)-①-b	오렌지+시나몬	호불호가 거의 없는 오렌지는 활력을 주며, 시나몬과 결합될 때 다소 성숙한 계층까지 포용이 가능함
	(1)-①-c	페퍼민트 + 스피아민트	치약향으로 익숙한 페퍼민트와 껌향으로 익숙한 스피아민트의 결합은 강한 각성을 유도하면서도 풍성한 감각을 일깨움
	(1)-①-d	샌달우드	무난하면서도 특별한 향. 이완과 진정 계열로 동요감을 달래줄 수 있음

아로마매체			
적용단계	번호 및 기법명		적용 포인트
	(1)-②-a*	라벤더+오렌지	라벤더의 갑작스러운 진정이 오히려 저항을 부른다면, 오렌지와의 결합으로 중간 정도 이완작용을 할 수 있음
	(1)-②-b	페퍼민트	즉각적으로 머리를 맑게 함. 기분고양 및 활력증진
	(1)-②-c	사이프러스	침엽수 계열의 편백나무 향. 감귤류와 잘 어울리며 감각을 활성화. 무독성 및 무자극성이나 임산부 사용금지
	(1)-②-d	로즈우드	라벤더에 비해 졸음은 유도하지 않으면서도 명상적인 평온한 상태로 진입이 가능함

아로마매체			
적용단계	번호 및 기법명		적용 포인트
(2) 감정 · 생각	(2)-③-a*	라벤더	진정과 이완 계열의 대표 아로마. 모든 아로마오일과 블렌딩이 가능함. 즉각적인 피부회복 및 무독성
	(2)-③-b	마조람	이완과 진정계열. 숲향으로 평화적. 호불호 있으며 과다사용은 부교감 둔해짐. 임산부 및 저혈압 사용금지
	(2)-③-c	오렌지	산뜻하고 친숙한 향기로 자연스러운 개입을 도움
	(2)-③-d	시더우드	긴장을 해소하는 성질. 순환촉진. 임산부 사용금지
	(2)-④-a*	커피원두	성인의 경우 커피와 관련한 기호 및 추억을 불러일으킬 수 있음
	(2)-④-b	시나몬	계피 향. 호불호가 있어 다양한 생각을 불러일으킬 수 있음. 따뜻한 성질로 순환촉진. 임산부 사용금지
	(2)-④-c	레몬+진저	매우 상쾌하고 유쾌한 레몬은 젊은 기분을 북돋우며 진저(생강)와의 결합은 따뜻하게 보호받는 느낌을 부여함
	(2)-④-d	클로브	치과에 갔을 때 나는 향. 경각심을 불러일으킴. 살균작용이 강하며 따뜻한 성질. 임산부 사용금지

아로마매체			
적용단계	번호 및 기법명		적용 포인트
(3) 관계 · 역할 · 행동	(3)-⑤-a*	유칼립투스	호흡기에 좋은 아로마로, 즉각적으로 코가 뚫림. 새로운 생각으로 전환되는 계기를 제공할 수 있음
	(3)-⑤-b	오렌지 + 일랑일랑	일랑일랑 단독이 부담스럽다면 중재자인 오렌지의 역할이 필요함 (일랑일랑은 임산부 사용금지)
	(3)-⑤-c	레몬그라스	레몬과 유사하면서도 세정제 등 함유와 관련되어 청결의 이미지가 있음. 수렴작용
	(3)-⑤-d	라벤더 + 티트리	산뜻한 풀 내음의 티트리는 느끼한 느낌을 잡아주며 라벤더와의 조합은 보다 은근하게 의욕을 증진함
	(3)-⑥-a*	세이지	순환에 도움. 강한 진정작용으로 급진적 변화에 대해 민감성을 덜어줌. 임산부 및 고혈압 사용금지
	(3)-⑥-b	스피아민트	페퍼민트보다는 완화된 버전. 멘톨 함량이 적으며 달콤함. 정신적으로 기분 좋게 리프팅될 수 있음
	(3)-⑥-c	시베리안퍼	전나무 오일. 깊이 숨을 들이마시고 사고를 전환해보도록 할 수 있음. 평온하고 긍정적, 교류적 느낌
	(3)-⑥-d	오렌지 + 페퍼민트	페퍼민트의 톡 쏘는 향과 산뜻하고 친밀감 있는 오렌지의 결합은 새로운 상황에 대한 수용을 높일 수 있음

아로마매체			
적용단계	번호 및 기법명		적용 포인트
(4) 시도 · 적응	(4)-⑦-a*	로즈마리	집중과 관련된 두뇌활동을 촉진시키며 활력 계열. 임산부 및 고혈압 사용금지
	(4)-⑦-b	생채소	허브보다는 친숙한 한국형 생채소는 때로 편식을 하는 이들에게 다양한 도전이 될 수 있음
	(4)-⑦-c	패출리	진정과 이완 계열. 다만 흙 계열의 향으로 호불호가 있음. 포근함. 달콤함. 견고한 느낌에 비해 성분은 무자극성
	(4)-⑦-d	베르가못	활력을 주면서도 평온한 측면이 있음. 신선한 느낌. 시트러스 계열의 향수에 자주 사용됨

아로마매체			
적용단계	번호 및 기법명		적용 포인트
	(4)-⑧-a*	재스민 or 로즈	진정과 이완 계열. 꽃향으로 고급스럽고 이국적. 화해, 용서 등의 감정을 불러일으킴. 임산부 사용금지
	(4)-⑧-b	티트리	긍정적이면서도 맑고 청결한 느낌을 유도함. 지성피부용 로션에 함유되는 아로마. 면역 증진
	(4)-⑧-c	자몽	디톡스 아로마 중 하나이면서 흔하지 않은 느낌. 무기력한 느낌을 보완하면서도 진정계열임
	(4)-⑧-d	라벤더 + 마조람	마조람 특유의 불호가 있다면 라벤더로 융화를 시도해볼 수 있음

아로마매체			
적용단계	번호 및 기법명		적용 포인트
(5) 갱신 · 지지 · 확인	(5)-⑨-a*	페퍼민트 + 유칼립투스	코와 머리 모두를 맑게 하는 느낌. 피부의 호흡을 증가시킴
	(5)-⑨-b	네롤리	꽃향기. 편안하면서도 불안을 완화시킬 수 있음. 진정과 이완 계열
	(5)-⑨-c	진저	따뜻한 성질. 내면의 온기를 잃지 않도록 해줌. 피로감을 완화함
	(5)-⑨-d	레몬	즉각적으로 다이내믹한 에너지를 줌. 꿀차, 생강차 및 생수 등과 블렌딩해 음용 가능. 수렴작용 및 디톡스
	(5)-⑩-a*	제라늄	고급스럽기도 하면서 진정과 회복의 느낌이 있음. 향수에 사용되는 등 특별한 느낌. 성숙한 모성의 느낌
	(5)-⑩-b	생허브	생허브가 주는 다양한 이로움 및 건강에 관련한 생각, 다양한 조화로움 등을 느껴볼 수 있음
	(5)-⑩-c	일랑일랑	고혹적이며 로맨틱함. 과용 시 메스꺼움. 적정량은 호르몬 밸런스를 잡아줌. 임산부 및 저혈압 사용금지
	(5)-⑩-d	로즈마리 + 페퍼민트	인지적 활동을 촉진하고 두통을 완화하며 활력을 북돋움

이 장의 요약 및 생각해볼 문제

- 통합예술치료의 정의를 기술하기
- 통합예술치료에서 활용할 수 있는 예술매체 10가지를 나열하기
- 통합예술치료의 토대가 되는 인접 분야를 5가지 이상 나열하기
- 예술치료 영역에서 '통합'이 어려운 이유와 그럼에도 '통합'이 필요한 이유에 대해 자신의 말로 기술해보기
- 통합예술치료에서는 각 예술매체를 기법 중심으로 아는 것이 아니라 전체 치료단계의 흐름에 예술매체를 '매칭'할 수 있도록 하는 것이 중요한데, 어떠한 다섯 가지 단계의 흐름에 따라 진행되어야 하겠는가?
- 통합예술치료의 진단적 성격으로 진행되는 첫 회기에서 다양한 예술매체를 내담자에게 경험하도록 하였을 때 매체반응성이 잘 나타난다는 것은 내담자의 어떠한 가능성을 시사하는가?
- 모든 예술매체와 관련한 공통적 임상기술을 5가지 이상 나열하기
- 현재 내가 관심 있는 예술매체 4가지를 선정하고, 그 각 예술매체는 1) 오감 중 어떠한 감각언어라고 생각하는지, 2) 어떠한 요소들로 되어있는지(3가지 이상), 3) 어떠한 기법들이 있는지(3가지 이상) 기술하기

참고문헌

고경순, 김나영, 남희경, 이상명, 최희아(2012). **무용동작치료: 치유의 예술**[Fran J. Levy], 서울: 시그마프레스.

곽현주(2019). **마음으로 보는 영화: 영화를 통해 들여다보는 나, 그 깊은 마음**, 서울: 박영스토리.

권명숙(2010). **요리치료 활용 프로그램,** 경기: 교육과학사.

권혜경 역(2006). **분석적 음악치료**[Mary Priestley], 서울: 권혜경음악치료센터.

김광운, 박희석, 김경자, 전은희, 강명옥, 임수진 역(2005). **심리극의 세계**[Marcia Karp, Paul Holmes, Kate B. Tauvon], 서울: 학지사.

김권수, 김완석, 김종우, 김지연, 박도현, 박성현, 박지영, 심교린, 윤병수, 이봉건, 이성준, 정선용, 정애자, 조옥경, 최윤정(2021). **명상과학 입문**, 서울: 담앤북스.

김명권, 김혜옥, 박윤정 역(2020). **켄 윌버의 통합명상**[Ken Wilber], 서울: 김영사.

김민용, 김지유(2019). **푸드표현예술치료,** 서울: 창지사.

김선희 역(2017). **트라우마경험 아동과 함께하는 창의적 예술치료**[Cathy A. Malchiodi], 서울: 시그마프레스.

김수동, 이우경(2020). **사이코드라마의 이론과 적용**, 서울: 학지사.

김영신 역(2006). **음악치료 접근법**[Alice-Ann Darrow], 서울: 학지사.

김인선, 전은청, 오승주, 이혜진(2021). **아동・청소년 집단미술치료 프로그램**, 서울: 학지사.

김인숙(2012). **무용・동작 심리치료의 이론과 실제**, 경기: 이담북스.

김주현(2024). **사이코드라마 ACTBOOK: 참만남, 공감, 그리고 잉여현실**, 서울: 학지사.

김준형, 유순덕(2016). **사진치료의 기법과 실제**, 서울: 도서출판 비커밍.

김진숙 역(2017). **만다라를 통한 미술치료**[Susanne F. Fincher], 서울: 학지사.

김태련, 강우선, 김도연, 김은정, 김현정, 박량규, 방희정, 신문자, 신민섭, 이계원, 이규미, 이정숙, 이종숙, 장은진, 조성원, 조숙자 역(2009). **모래놀이치료 핸드북**[Barbara A. Turner], 서울: 학지사.

김현정, 이소희 역(2019). **응용드라마: 연극의 선물**[Helen Nicholson], 서울: 연극과인간.

김현희, 김재숙, 강은주, 나해숙, 양유성, 이영식, 이지영, 정선혜(2020). **상호작용을 위한 독서치료**, 서울: 학지사.

남희경(2022). **몸이 나를 위로한다**, 서울: 생각속의집.

류분순 역(2010). **창의적 통합예술치료 매뉴얼**[Stephany L. Brooke], 서울: 하나의학사.

모미나, 이소희 역(2022). **플레이백시어터의 길**[가요 무나카타], 서울: 지만지드라마.

문채련, 이현주, 이영아(2017). **모래상자와 연금술사**, 경기: 이담북스.

박미리(2012). **발달장애와 연극치료**, 서울: 학지사.

박정은 역(2018). **조기개입 아동미술치료**[Nicole Martin], 서울: 학지사.

박준현 역(2018). **연극과 인지신경과학**[Clelia Falletti, Gabriele Sofia, Victor Jacono], 서울: 도서출판서훈.

박현순, 이창인 역(2004). **융학파의 꿈해석**[Fraser Boa], 서울: 학지사.

박희석(2021). **자발성 극장: 집단상담과 심리극을 위한 웜업 북**, 서울: 학지사.

(사)전국음악치료사협회 역(2019). **음악치료 핸드북**[Barbara L. Wheeler], 서울: 시그마프레스.

서혜윤(2022). **마음챙김, 아로마테라피**, 서울: 미다스북스.

선원필(2019). **연극치료의 이해와 적용**, 서울: 박영스토리.

선원필, 소희정(2019). **예술치료**, 서울: 박영스토리.

심영섭, 김준형, 김은하 역(2006). **시네마테라피**[Birgit Woltz], 서울: 을유문화사.

안명현, 강민수, 김민지, 김영애, 송민영, 오현주, 장재영, 정유진, 최희진, 하연아, 홍정의(2020). **재미있고 쉬운 인지행동 미술치료**, 서울: 학지사.

안희영, 최은영, 박지순, 정하나 역(2023). **아동청소년을 위한 마음챙김 기반중재 연구와 실제**[Nirbhay N. Singh, Subhachni D. Singh Joy], 서울: 학지사.

연극으로 어울리는 사람들(2019). **얘들아, 우리 연극놀이 하자**, 경기: 도서출판 단비.

오연주 역(2018). **만다라 미술치료 워크북**[Susanne F. Fincher], 서울: 이음.

옥금자(2018). **신경발달장애와 행동장애 미술치료**, 서울: 하나의학사.

윤병수, 김완석, 김정모, 김종우, 정선용, 조옥경, 박성현, 이봉건, 정애자, 심인섭(2018). **명상과학의 입문: 치유와 성장을 위한 명상**, 서울: 한국명상학회.

윤성희(2017). **푸드아트테라피와 상담기법**, 서울: 학지사.

윤혜선(2010). **해피 아트 테라피: 행복감 증진을 위한 예술치료**, 서울: 이담북스.

윤혜선 역(2014). **통합예술치료**[Shaun McNiff], 서울: 이담북스.

이보섭 역(2012). **도라칼프의 모래놀이**[Dora M. Kalff], 서울: 학지사.

이에스더 역(2008). **내면의 리듬 - 음악을 통한 몸, 마음, 영혼과의 결합** -[Julia S. Black, Stephan F. Moore], 서울: 상지원.

이에스더 외(2010). **음악교육연구의 동향과 과제**, 서울: 학지사.

이유경 역(2007). **융 심리학적 모래놀이치료**[Ruth Ammann], 서울: 분석심리학연구소.

이임숙(2018). **현장에서 효과적인 독서치료**, 서울: 학지사.

이재석 역(2018). **마음챙김 놀이**[Susan Kaiser], 서울: 불광출판사.

이정명, 전미향, 전태욱 역(2010). **인간중심 표현예술치료**[Natalie Rogers], 서울: 시그마프레스.

이진선, 박소영, 이혜옥(2022). **소매틱 IFS**[Susan McConnell], 서울: 시그마프레스.

이호선 역(2009). **쉽게 배우는 역할극**[Susan El-Shamy], 서울: 학지사.

이화영, 곽영숙, 구본훈, 김경승, 김선제, 김지영, 김혜금, 박용한, 송후림, 신경철, 오종근, 원승희, 윤지애, 이강욱, 이경욱, 이병철, 이상혁, 이서지, 이성근, 임미래, 전진용, 전현수, 정성원, 정영철, 채정호, 한상익, 한창환, 허휴정(2022). **명상과 의학**, 서울: 학지사.

이효원 역(2014). **억압받는 사람들을 위한 연극치료**[Robert J. Randy], 서울: 울력.

이효원 역(2016). **연극치료 핸드북**(울력연극치료총서 06)[Sue Jennings, Ann Cattanachm, Steve Mitchell, Anna Chesner, Brenda Meldrum], 서울: 울력.

이효원 역(2017). **수 제닝스의 연극치료 이야기**[Sue Jennings], 서울: 울력.

이효원(2017). **연극치료와 함께 걷다**(울력연극치료총서 05), 서울: 울력.

이효원(2017). **연극치료 QnA**, 서울: 울력.

이효원(2019). **연극치료에서 이야기를 어떻게 쓸 것인가**, 서울: 박영스토리.

이효원, 황대연 역(2020). **건강한 애착과 신경극놀이**(울력연극치료총서 09)[Sue Jennings], 서울: 울력.

임용자(2019). **칼 융의 만다라 이미지와 알아차림 춤**, 서울: 학지사.

임용자, 유계식, 안미연(2017). **표현예술치료의 이론과 실제**, 서울: 학지사.

장미경 역(2016). **자아발달과 원형**[Edward F. Ediger], 서울: 학지사.

장현갑(2021). **명상에 답이 있다**, 서울: 담앤북스.

전순영, 박윤희 역(2016). **ETC 표현미술치료**[Lisa D. Hinz], 서울: 하나의학사.

전애영(2019). **집단모래놀이치료의 실제**, 서울: 박영스토리.

정현주, 김영신, 최미환, 조혜진, 노주희, 김동민, 김진아, 문소영, 곽은미, 배민정, 이승희, 김승아, 김신희, 이수연, Lisa Summer, Benedikte Scheiby(2016). **음악치료 기법과 모델**, 서울: 학지사.

제효영 역(2016). **몸은 기억한다**[Bessel van der Kolk], 서울: 을유문화사.

주리애(2010). **미술치료학**, 서울: 학지사.

주리애(2020). **미술심리진단 및 평가**, 서울: 학지사.

주리애, 김소연, 김재훈, 김지연, 김태은, 김현진, 박윤미, 오미영, 이윤희, 임정혁, 정경림(2021). **미술치료사 11인의 정신장애별 미술치료**, 서울: 학지사.

지경주(2006). **지경주의 연극치료 워크북**, 서울: 양서원.

채연숙(2020). **글쓰기치료 이론과 실제**, 경북: 경북대학교출판부.

채연숙, 김성범, 김영옥, 김혜경, 문득자, 배영의, 심지현, 윤은정, 정성옥, 조영미, 한이옥(2020). **통합문학치료 수퍼비전의 이론과 실제**, 경기: 교육과학사.

천시아(2018). **싱잉볼 명상**, 서울: 젠북.

최병철(2003). **음악치료**[Kenneth E. Bruscia], 서울: 학지사.

최병철, 문지영, 문서란, 양은아, 여정윤, 김성애(2015). **음악치료학**, 서울: 학지사.

최소영, 김혜정 역(2007). **루빈의 통합적 예술치료 읽기**[Judith Aron Rubin], 서울: 시그마프레스.

최애나, 이병국 역(2008). **통합적 표현예술치료**[Sally S. Atkins], 서울: 푸른솔.

최은영, 공마리아, 권옥순, 권재희, 김수진, 박지순, 서정훈, 손은경, 윤현주, 이영숙, 이은혜, 장희은, 정명선, 정미영, 황은진 역(2018). **마음챙김과 예술치료**[Laury Rappoaport], 서울: 학지사.

최은정, 김미낭 역(2010). **표현예술치료 소스북**[Sally Atkins, Lesley Duggins Williams], 서울: 시그마프레스.

최재영, 김진연 역(2018). **미술치료**[Cathy A. Malchiodi], 서울: 서울하우스.

한국아로마교육원(2019). **AROMATHERAPY**, 서울: 한국아로마교육원.

한국아로마디자인전문협회(2019). **아로마심리상담사 통합과정**, 서울: 한국아로마디자인전문협회.

허혜경 역(2019). **우리는 모두 이야기에서 태어났다**[Jo Salas], 서울: 글항아리.

홍유진(2018). **통합예술치료**, 서울: 학지사.

홍은주, 박희석, 김영숙(2020). **아동 · 청소년을 위한 예술치료의 이론과 실제**, 서울: 학지사.

황헌영, 김세준 역(2005). **사이코드라마와 잉여현실**[Zerka T. Moreno, Lief Dag Blomkvist, Thomas Rutzel], 서울: 학지사.

5 통합심리치료 / 치료자가 융합적으로 접근 및 적용할 심리치료 이론들 (게슈탈트 / 인간 중심 / 성장모델 / 행동 / 인지정서행동 / 절충적 · 통합적)

통합심리치료

통합심리치료(Integral · Integrative Psychotherapy)**란, 심리치료**(Psychotherapy)**에서 응용 · 발전된 개념**입니다. 먼저 **심리치료는, 훈련된 심리치료사 또는 상담사에 의해 마음의 작용과 의식의 상태를 이용하여 내담자의 성장, 발전, 치유 등의 관리 및 문제의 예방에서 치료에 이르는 전방위적인 긍정적 변화를 도모하는 일**입니다. 이를 위해 대체로 심리치료사들은 다양한 심리치료이론 중 자신이 주로 취하는 이론이 있어왔으며, 그것들은 각 학문적 토대와 철학을 가지고 있습니다.

그렇다면 **통합심리치료**는 무엇일까요? 그 한 가지로, 여러 가지 개별의 심리치료이론들을 심리치료 단계에 따라 통합적으로 적용하는 '통합적 심리치료'가 있고 다른 한 가지로, 이론들을 먼저 통합해 인간의 발달수준 및 통합적 지도에 따라 만들어진 통합이론, 즉 이론을 먼저 통합한 후에 그것을 활용하여 심리치료에 접근하는 '통합심리치료'가 있습니다. 한국말로는 모두 통합심리치료라고 할 수 있지만, 개별의 이론을 사용자가 통합하느냐, 통합되어있는 이론을 사용자가 취하느냐의 차이가 존재하므로 이를 한국말로도 구별하기 위해 **전자를 통합적 심리치료**(Integrative Psychotherapy)**로, 후자를 통합심리치료**(Integral Psychotherapy)라고 칭하기로 하겠습니다. 두 개념의 공통점은 현존하는 심리치료와 관련된 이론들이 공존하는 형태의 심리치료라고 할 수 있겠습니다. 또한 심리치료는 예술치료와 구별되는 개념으로서도 바라볼 수 있습니다. 물론 예술치료에 심리치료적 과정이 포함되듯이 심리치료에서도 예술매체를 활용할 수 있습니다만, 전통적으로는 예술매체가 활용되지 않고 언어로만 상담하거나 치료하는 형태를 심리치료라고 일컬어 왔습니다.

최근 심리치료의 경향은 몸과 감각을 일깨우고 자신이 속한 관계를 건강하게 관리하는 것이 동반되어야 심리치료의 효과가 높아지고 유지된다고 보는 추세입니다. **즉, 몸·마음·정신·관계의 통합적 건강을 추구**하는 것입니다. 다양한 심리치료이론을 통합적으로 활용하거나 또는 통합된 형태의 심리치료이론을 활용하는 심리치료 어느 쪽이든 이 새로운 통합심리치료의 경향성은, 바로 이와 같이 **몸·마음·정신·관계 어느 쪽에 치우치지 않고 균형적으로 상호작동하는 것이 이루어지지 않을 경우 진정한 의미에서 건강한 심리상태라고 볼 수 없다는, 여러 실증적 심리치료분야의 역사와 성찰에 기반**합니다.

〈표 16〉 심리학의 변천사

1세대	2세대	3세대	4세대	5세대
정신역동심리학	행동주의심리학	인본주의심리학	자아초월심리학	관계소통심리학
정신역동	학습, 조건형성	here & now, 자발성	자아를 초월한 그 무엇	대화와 관계, 가족

치료자가 접근 및 적용할 심리치료 이론들

이성현(2023a; 2024)에 의하면, **통합예술심리치료 과정을 5단계**로 나눌 때 그 5단계의 목표와 관련한 치료적 의미는 (1) 감각 인식 단계 - (2) 감정・생각 연결 단계 - (3) 관계・역할・행동 수정 단계 - (4) 시도・적응 단계 - (5) 갱신・지지・확인 단계로 나뉠 수 있으며, **각 단계에 적합한 특정 심리치료이론의 융합적인 활용을 정리 및 권장**하였습니다.

먼저 **(1)단계와 (2)단계에서는 게슈탈트 및 인간 중심 심리치료이론의 융합적 적용**을 권하고 있습니다. (1)단계는 내담자가 자신의 미해결된 감정 및 욕구를 안전하게 꺼내어놓도록 안내하여야 합니다. 시겔(Siegel, 2022)에 의하면 현대인이 무의식과의 접촉을 더욱 갈구하는 것은 현대로 올수록 내면의 의식과 무의식의 거리가 점점 멀어짐으로부터 비롯되며, 이는 심리 및 행동에 있어 여러 부적응적 문제를 야기한다고 하였는데, 그만큼 현대인은 페르소나의 영향력이 강하며 사회화된 의식의 지배 속에서 살아가기 때문일 것입니다. 한편 의식의 분화가 어려운 발달장애와 같은 내담자의 경우에는 무의식의 필요 때문이라기보다는, 타인과의 사회적 상호작용을 위하여 자신의 틀 밖으로 나아오거나 통합해 사고하는 경험이 절대적으로 부족합니다(얄롬(Yalom), 2008). 따라서 어떠한 내담자라도 자신의 진정한 내면의 욕구 또는 자신이 계속적으로 해소를 향해 나아오는 이슈가 무엇인지 아는 것은 모든 치료의 출발점이라 하겠습니다.

그러나 내담자는 오랜 시간 동안 학습된 대로 살아왔기 때문에 창조적인 자기(自己)를 꺼내는 것이나 혹은 창조적인 자기와의 접촉조차 어려운 경우가 많습니다. 특히 처음부터 언어를 사용해 진정한 자신을 표현하기란 쉽지 않으며, 내담자의 방어기제에 따라 의도된 언어표현을 하게 됩니다. 비언어적인 예술활동을 통해서 자기를 표현하도록 하는 치료 초기의 경험은 내담자뿐 아니라 치료・상담자 또한 내담자와의 신속한 라포형성을 돕고 치료에서 필연적으로 발생되는 저항을 최소화

합니다. 또한 치료・상담자가 예술경험 또는 작업물을 가지고 내담자를 파악하게 될 때, 내담자가 투사한 내적 정보들을 파악하기 용이하며, 이는 치료・상담자-작업물-내담자의 삼자구도를 형성하므로 치료・상담자-내담자의 이자구도에 비해 긴장을 적게 발생시키는 과정이 되어줍니다(루빈(Rubin), 2007). **특히 (1)단계에서는 감각 경험이 강조되면서, 내담자가 자신의 감정을 안전하게 배출하고 이완된 내담자가 자신을 점차 유기체적으로 자각할 수 있도록** 해야 합니다. 신체의 이완뿐 아니라 오감을 활성화시키고, 이완된 상태에서의 정신집중을 하도록 함으로써, '지금-여기'의 '몸・마음・정신' 있는 그대로를 알아차릴 수 있도록 해야 합니다. 이는 내담자로 하여금 '존재함으로써 수행해야 할 것들에 대해 자각'하게 하여 새로운 욕구를 불러일으키는 기능을 하게 됩니다. 이는 게슈탈트 심리치료 접근방식과 맥락을 같이합니다. 게슈탈트 치료 및 상담기법에서의 치료・상담자 핵심기능은 아래 표와 같습니다.

〈표 17〉 (1), (2)단계의 게슈탈트 심리치료 · 상담 접근방식에서 치료 · 상담자의 핵심기능

이론별 구분	게슈탈트 심리치료 · 상담 접근방식	
치료 · 상담자 핵심기능	배출자, 접촉자	
세부설명	배출자	'지금-여기'에서 힘을 미치는 게슈탈트의 배출
	접촉자	내담자가 자기 내면과 접촉, 알아차림

위와 같이 (1), (2)**단계에서 치료・상담자는 내담자가 예술경험으로서 자신을 분출하고 자각하도록 돕는 것은 물론, 대화치료의 여러 방법들 – 공감, 이해, 반영, 명료화, 탐색, 반응, 역동파악, 자각, 접촉적 대화능력 등 – 을 통하여 내담자가 자기를 알아차리도록** 도울 수 있습니다. 따라서 치료・상담 과정 중에 예술경험과 관련한 게슈탈트 치료・상담적 대화에서는 내담자가 지금 무엇을 하고 있는지, 무엇을 느끼는지, 무엇을 피하려고 애쓰고 있는지, 무엇을 원하고 기대하는지 등에

초점을 맞춰야 합니다.

다음 (2)**단계는 내담자가 자신을 분출하고 알아차리는 전체 과정에서 치료사의 특별한 태도가 전제되어야 하는데, 이는 바로 촉진성과 수용성**입니다. 게슈탈트 심리치료적 예술경험을 통하여 내담자는 아직 익숙하지 않은 창조성이 간헐적으로 움트는 경험을 하도록 도울 수 있습니다. 펄스(Perls, 2013)에 의하면, 이 과정은 새롭고 긍정적이기만 한 느낌이 아니라 낯설고 두려운 감정을 포함하는데, 이때에 내담자는 자신의 그림자와 만나게 되면서 동시에 빛을 갈구하는 양극성과 강렬하게 접촉하게 된다고 하였습니다. 따라서 치료·상담자는 촉진성을 가지고 내담자가 안전감과 해방감을 느끼며 자신의 창조성과 접촉하도록 하는 단계로 인도한 후에, 내담자가 자신의 두려운 그림자를 파고 들어가는 과정에서 수용성을 가지고 용기(container)가 되어 함께 있어주어야 합니다. 언어와 비언어 모두를 활용하여 치료·상담자는 내담자의 자기탐색을 위한 심리적 공간 안에 함께 머무르고 존재한다는 것을 확인시켜주어야 하겠습니다. 이러한 **치료·상담자의 인본주의적 행위와 태도**는 내담자가 자기 지향적인 태도를 유지하고 지속할 수 있는 힘을 마련해 줍니다. 치료·상담자는 내담자가 처한 상황에 실망을 하거나 그것을 고쳐주려고 하지 않습니다. 내담자가 알아차린 그림자 또한 내담자의 동맹이 되어줄 것이라는 점과 내담자는 이 과정을 견디고 해낼 수 있다는 강력한 믿음을 치료·상담자가 먼저 가지고, 내담자가 기꺼이 자신의 미지의 부분들을 깨닫고 직면하고 수용할 수 있도록 신뢰를 주어야 합니다.

위와 같은 공감적이고 지지적인 과정에서 내담자는 치료·상담자 또는 그룹 내 적어도 한 명 이상의 사람과 연결이 되면서 사회와 자신을 연결하는 방법을 배우고 나아갈 수 있습니다. 작은 공동체 안에서 진정성을 배우고 능력을 강화하는 방법을 배움으로써 점차 더 큰 원을 향해 나아가게 되는 것입니다. 이를 통해 내담자는 점차 상호 창조적이고 협력적이 되어 더 높은 이상과 힘을 갖게 됩니다. 이렇게 되면 다른 문화권 안에 자신을 놓아도 자신과 타인 모두에게 자비심을 가지게 됨으로 내면 안에서의 통합과 내적·외적 통합을 향한 방향성을 갖게 됩니다(로저스(Rogers), 2007). 이는 **인간 중심 심리치료 접근방식과 맥락을 같이**합니다. 인간 중심 치료 및 상담기법에서의 치료·상담자 핵심기능은 아래 표와 같습니다.

〈표 18〉 (1), (2)단계의 인간 중심 심리치료·상담 접근방식에서 치료·상담자의 핵심기능

이론별 구분	인간 중심 심리치료·상담 접근방식	
치료·상담자 핵심기능	수용자, 촉진자	
세부설명	수용자	내담자의 내적 참조 체제, 역동을 수용
	촉진자	내담자의 내적 흐름, 창조성을 촉진

위와 같이 인간 중심 치료 및 상담에서는 치료·상담자가 내담자와 예술경험을 함께 하면서 내담자의 창조적 경험을 촉진하고 자각을 수용해주기 위한 여러 언어기술들 또한 함께 사용하게 됩니다. 예술경험에 대한 내담자의 자기보고에 대해 그래서 그것이 어떤지, 그 느낌을 좀 더 강하게 느껴볼 수 있는지, 그대로 머물러 볼 것, 내담자의 경험에 대해 궁금해하고 좀 더 정확하게 함께 느끼려는 태도(관계적 일치감), 통찰로 이끌지 않기, 변화되는 내담자의 경험들을 알려주고, 인간적인 수준에서 치료·상담자 또한 그에 대한 감정을 알려주기 등은 (2)단계에서 필요한 인간 중심 심리치료적 접근방식입니다.

다음 (3)**단계**와 (4)**단계에서는 인간 중심 심리치료이론 및 행동치료이론의 융합적 적용**을 권하고 있습니다. 먼저 (3)**단계는 내담자가 자신과 자신을 둘러싼 사회와의 연결에 대하여 새롭게 발현된 욕구를 구체적으로 인식해 수정하고 실현할 수 있도록 돕는 단계**입니다. 하지만 대부분의 내담자는 (3)단계 초기에 자신의 역할에 대한 수행 방식이 타인에게 어떻게 인식되고 있는지 인지하지 못하거나

왜곡하여 이해할 가능성이 높습니다. 또한 내담자가 제대로 이해하게 된 경우에도 **일반화를 위한 단계적 훈련과정이 (4)단계에서 체계적으로 제공**되어야 합니다. 따라서 (3)**단계와** (4)**단계에서 필요한 치료사의 역량과 태도는 객관적이며 분석적인 피드백 및 내담자가 타인들로부터 자신의 이미지를 발견하도록 돕는 차원에서의 상호교감적 역할을 수행하는 것**이라고 하겠습니다. **성장모델 심리치료・상담**에서는 내담자의 통찰이 구체적 행동 변화로 이어지는 것과 내담자의 사회적 맥락 안에서 소속감을 갖는 것, 즉 내담자의 과거와 현재 패턴 인식, 그리고 이후 변화될 사회 구성원으로서의 연관성, 기대와 그에 따른 책임 등을 중요시합니다(아들러(Adler), 1927). 따라서 (3), (4)**단계에서는 내담자가 자신의 가족과 과거 경험으로 인한 고착된 행동패턴을 인식하게 하는 것에서부터 궁극적으로는 내담자가 자신이 새로이 설정한 미래상에 따라 자신이 변화할 수 있다는 것을 믿고 실천적인 자세로 생활하기까지 돕고 지지하는 과정**이 매우 중요하겠습니다.

특히 내담자가 그리는 긍정적인 미래상 - 변화된 자신의 모습, 자신을 둘러싼 사회의 모습은 내담자가 자신의 입장에서 여러모로 어려운 변화를 '미래'라는 목적에 따라 감내하고 이행하도록 하는 핵심적인 동기부여로 작용하게끔 지속적인 방향성을 제시하여야 합니다. 그러므로 치료・상담자는 빈번히 내담자의 '치료적 성장'과 관련한 객관적 변화정도와 주관적인 감상 모두를 제시하면서 내담자의 변화 과정에서 나타나는 시행착오를 재조정해주고 격려해야 합니다. 즉, 치료・상담자는 사회적인 관심 및 관점을 가지고 내담자를 대하는 것이 성장모델 관점에서 치료사의 중요한 태도라고 하겠습니다. 더불어 개인심리학, 미래심리학, 긍정심리학 등은 치료사가 성장모델 심리치료적 접근을 하는 데에 유사한 토대로 작용하는 이론들입니다. 이는 성장모델 심리치료 접근방식과 맥락을 같이합니다. 성장모델 치료 및 상담기법에서의 치료・상담자 핵심기능은 아래 표와 같습니다.

〈표 19〉 (3), (4)단계의 성장모델 심리치료 · 상담 접근방식에서 치료 · 상담자의 핵심기능

이론별 구분	성장모델 심리치료 · 상담 접근방식	
치료 · 상담자 핵심기능	실천독려자, 연계자	
세부설명	실천독려자	내담자 일상에서의 책략사용 실천을 독려
	연계자	통찰과 행동변화 간 연계

위와 같이 치료 · 상담자는 이들 단계에서 내담자가 자신의 생활양식 분석을 작성하도록 독려하고 자신과 상황과의 개연성과 연계성을 파악하며 나아가기를 독려하며, 치료 · 상담자 스스로 초기 (1), (2)단계에 비하여 내담자에 대해 비교적 교육적인 포지션으로 이동하게 될 수 있습니다. 그렇다고 해서 일방적인 변화리스트를 제공하거나 충고하는 태도를 취하는 것은 지양하며, 점차 통찰의 관점으로 내담자의 자기분석이 이루어질 수 있도록 안내해야 합니다. 성장모델 심리치료전문가 코르시니(Corsini, 1980)가 아들러(Adler, 1927)의 주요 개념을 골자로 개발한 개별화교육 모듈 Corsini's 4R - 자신과 타인에 대한 존경심(Respect), 책임감(Responsibility), 어느 분야에서나 자원이 될 수 있는 실력(Resourcefulness), 자신과 주변에서 일어나는 사태에 대한 반응(Response)은, 이 단계의 통합예술심리치료사가 내담자를 이끌어야 할 방향성을 잘 개념화하고 있습니다.

다음 (4)**단계는 내담자가 자각한 자신의 행동변화목록을 실천하고 그 인과관계를 객관적으로 파악하도록** 합니다. 앞서 (3)**단계에서의 성장모델 심리치료 방식이 내담자가 자신의 변화될 이유와 목적을 자신의 내 · 외부와 연관 짓고 지속적으로 그 의미를 찾아 강화해 나가는 과정이라고 한다면,** (4)**단계에서는 본격적으로 내담자의 '체화'를 의도하고, 이를 실천 및 확인하면서 오류를 수정하는, 즉 가장 행동데이터에 근거하여 내담자의 문제를 다루는 단계**라고 할 수 있겠습니다. 이는 **행동치료 접근방식**과 맥락을 같이합니다. 행동치료 및 상담기법에서의 치료 · 상담자 핵

심기능은 아래 표와 같습니다.

〈표 20〉 (3), (4)단계의 행동치료 · 상담 접근방식에서 치료 · 상담자의 핵심기능

이론별 구분	행동치료 · 상담 접근방식	
치료 · 상담자 핵심기능	생성자, 안내(지시)자, 연결자	
세부설명	생성자	행동수정과제를 생성
	안내(지시)자	내담자의 과제이행 및 화두를 안내(지시)
	연결자	내담자 자료 및 과제결과와 자기인식 간 연결

위 과정을 성실하고 끈기 있게 잘 견디는 내담자도 있겠지만, 비교적 큰 저항이 따르기도 하는 접근방식이 바로 행동치료 접근방식입니다. 왜냐하면 내담자 입장에서는 살던 대로 살지 않겠다는 다짐에 따르기로 하는 내부적 저항에서부터 마치 숙제검사를 맡는 듯한 일상의 행위, 그리고 그에 대한 치료 · 상담자 및 자신 스스로의 비판적 피드백 등 외부로부터 받는 저항이 가장 많이 발생되는 단계이기 때문입니다. 반대로, 잘 마련된 행동리스트대로 따르기만 하면 어느 정도 변화가 보장되는 이 단계에서 내담자의 삶은 자칫하면 내담자가 자발성보다는 패턴화 또는 의존화되며, 변화에 대한 자기상을 미시적인 관점에서 보게 되어 주체성이 약화되기 쉬운 단계이기도 합니다. 하지만 라자루스(Lazarus, 1997)에 의하면, 그만큼 직접적이고 구체적인 행동의 변화와 실천은 내담자의 치료여정에서 외현화로 확인 가능한 직접적인 소산이 되어주므로, 이 단계가 어려운 만큼 치료 · 상담자 또한 세심한 리더십이 요구되는 단계라고 하였습니다. 이러한 관점에서 행동치료 접근방식은, 내담자가 자신이 의존하였거나 익숙한 생활양식에서 벗어나 도전적인 생활태도를 경험함으로써 이전의 생활양식 이외의 가능성을 확인하는 치료의 첫 '성공적 입증' 역할을 합니다. 따라서 **이 단계는 너무 길지 않게, 단호하고 확실하게 안내되어야** 하며, 이때에 치료 · 상담자는 가능한 한 비병리적인 입장에서 내담자

를 대하는 것이 중요합니다. 치료·상담자는 내담자가 자신의 삶에 가장 전문가라는 인정의 태도로 내담자로부터 그들의 경험적 세계관에 대해 배우려는 태도가 필요합니다. 행동치료 전문가 맥크레디(McCrady, 2001)는 그의 저널에서, 행동치료의 성공은 내담자의 변화여정에 있어 8부 능선을 넘은 것과 같다고 하면서, 이 단계를 넘어선 내담자들은 안정적인 종결을 할 가능성이 높다고 하였습니다. 이와 같이 (3), **(4)단계에서의 행동치료적 접근은 전체 치료과정에서 가장 목표성이 두드러지고 그것이 내담자로 하여금 짧고 굵게 체감되도록 하는 역할을 제공해야** 할 것입니다. 이 단계의 치료·상담자는 행동치료적인 접근에 의해 현재 시점에서 내담자와 다시 한번 치료목표를 명확히 논하고, 이전 단계들에서 내담자가 확인한 긍정적 욕구들을 재확인시키며, 중립적이거나 지지 중심의 태도보다는 상대적으로 꼼꼼한 자료수집, 논박과 같은 질문, 냉철한 확인, 그리고 분석적으로 되돌려주는 자세, 내담자보다 먼저 포기하지 않을 정도의 꿋꿋함 등의 태도가 필요합니다(말렛(Marlatt), 2007). 무엇보다 내담자가 이 단계에서 위축되거나 감소되기 쉬운 자기효능감 등을 일깨우기 위하여, 겉으로는 지시자의 형태를 띠더라도 궁극적으로는 내담자와 치료적 동맹으로서의 목적을 공유하고 있음을 내담자에게 상기시키고 이완시킬 수 있는 예술경험 및 활동으로 지원하여야 하겠습니다. 라자루스(Lazarus, 1997)는 이 단계에서 브레인스토밍, 역할연기, 체계적 둔감화 또는 재발방지 모델 등을 통해 내담자가 스스로 고안하고 확인하는 행동양식일수록 내담자의 자발성 및 행위지속성을 높일 수 있다고 하였습니다.

다음 **(5)단계는 (4)단계로부터 점차적으로 인지정서행동치료이론의 적용**을 권하고 있습니다.

(5)단계에서 치료·상담자는 내담자가 보다 활발하게 자기변화 및 새로운 적응적 양식의 효능감을 가질 수 있도록 안내합니다. 이와 관련하여 이성현(2023a)은, 특히 (4)단계에 있어 (3)단계에서 넘어온 (4)단계의 초반일 때는 사회적응 포인트

를 구조화해 시도해보도록 하는 데 초점을 맞춘다면, (4)단계의 후반에서 (5)단계로 넘어갈 때에는 내담자의 성공경험을 확인하고 북돋우는 과정을 통해 자신감을 찾도록 하며, 내담자가 이전의 자신과 비교하여 긍정적으로 변화한 점을 알아차리도록 하는 데에 초점을 맞춰야 한다고 하였습니다. 앞서 인지행동치료가 비합리적인 신념의 역기능을 인정하고 행동을 수정하도록 하는 과정이라면, 인지정서행동치료는 비합리적인 신념이 가져질 때의 정서적 상태 및 반응까지 함께 고려하는 것이라고 밝힌 바 있습니다. 통합예술심리치료는 전 과정에 걸쳐 몸・마음・정신의 균형과 통합을 중요시하므로, 초반 (1), (2)단계에서 내담자의 감정과 정서상태, 그리고 신체반응을 자각할 수 있도록 안내하였을 것입니다. 이에 반해 점차 종결회기와 가까워지는 후반 (4), (5)단계 역시 변화된 내담자의 몸・마음・정신 중 어떤 것이라도 자각할 기회를 제공하게 되는데, 구체적으로 이때 인지정서행동치료적 접근방식에 의해 인지・정서・행동 각 부분과 그때의 몸・마음・정신의 자각을 연결하도록 돕습니다. 위 과정에서 (4)단계가 잘 이루어질수록 (5)단계와의 연계 및 진입이 자연스럽게 일어나며 내담자의 자발성도 커지게 됩니다. 특히 **(5)단계는 현실의 '나는 누구인지'에 대한 자기인지에서 시작하여 새로운 인격체로서의 외적・내적 변화를 자각**하면서 이루어집니다. **내담자의 이러한 의식의 변형과 진화는 예술치료 체험을 거듭하면서 자연스럽게 동반 상승**하게 됩니다. 따라서 이들 단계에서는 비합리적이거나 비기능적인 신념이 부정적 감정을 만든다는 전제를 가지고 내담자가 합리적이면서 기능적인 생각으로부터 긍정적인 감정을 만들 수 있도록 도와야 합니다. 최근에는 반대로 긍정적인 감정이 먼저 불러일으켜져도 그 에너지로 합리적이면서 기능적인 생각으로 이어질 수 있는 관점과 도식이 많은 지지를 받는 추세입니다(시겔(Siegel), 2022). 이는 인지정서행동치료 접근방식과 맥락을 같이합니다. 인지정서행동치료・상담기법에서의 치료・상담자 핵심기능은 다음 표와 같습니다.

〈표 21〉 (4), (5)단계의 인지정서행동치료 · 상담 접근방식에서 치료 · 상담자의 핵심기능

이론별 구분	인지정서행동치료 · 상담 접근방식	
치료 · 상담자 핵심기능	확인자, 지지자	
세부설명	확인자	수정된 내담자 상태의 경험을 확인
	지지자	인지 · 정서 · 행동의 수정을 통합적으로 지지

위와 같이 후기 단계, 즉 (4), **(5)단계에서는 인지정서행동치료 및 상담기법이 융합적으로 활용**됩니다. 치료 · 상담자는 이 단계에서 합리적 · 정서적 상상 기법 또는 내담자가 긍정적으로 자각한 몸 · 마음 · 정신 세 가지 중의 한 요소를 항상 다른 요소들과 함께 저장(기억)하기를 독려하고, 이를 위한 예술활동과 순서를 창의적으로 만들어내 지원합니다. 또한 이들 단계는 과제부여를 통한 자기확인 및 자기확신이 매우 중요한 단계로, 이는 행동치료적 접근에서 있었던 데이터 수집과 전후관계 비교를 위한 과제의 차원이 아닌, 내담자가 본격적으로 치료의 장에서 독립하여 혼자 사회로 나아가 실천하기 직전의 – 마치 파일럿(시험) 단계로서의 역할 – 단계, 즉 내담자가 사회와의 거리와 자신의 새로운 적응양식의 오차를 점차 좁혀가는 것을 확인하도록 하기 위한 과제의 성격이 크다고 하겠습니다. 이 과정은 매우 진취적이면서도 깊은 자기수용적 태도가 강조되며, 내담자의 편향이나 편집적인 태도를 선호로 바꾸어주기, 좌절이나 불안을 인내한 순간 기억하도록 하기, 부끄러움 없애주기 등의 기법과 대화기술 등이 강조됩니다.

위에서 살펴본 것처럼 (1)~(5)단계에 걸쳐 게슈탈트 심리치료 / 인간 중심 심리치료 / 성장모델 심리치료 / 행동치료 / 인지정서행동치료 등 심리학의 유구한 역사적 흐름에 따라 다양한 관점 및 연구결과로 뒷받침된 심리치료 · 상담 접근방식들을 융합적으로 적용하도록 안내하였습니다. 마지막으로 살펴볼 **절충적 · 통합적 심리치료 접근방식**은, 특별히 다음의 두 가지 측면에서 이해되어야 합니다. 하나는 위 다양한 심리치료적 접근이 전체 (1)~(5)단계에 따라 순차적으로 적용되

며, 특히 단계와 단계의 경계에서는 내담자의 저항과 급변으로 발생되는 충격을 보조하기 위해 중첩되는 양상을 띤다는 점입니다. 다른 하나는, 위 다양한 심리치료적 접근이 전체 (1)~(5)단계뿐 아니라 한 회기 내 구조에서도 소급적용된다는 점입니다. 특히 각 발달라인들은 위계계층과 수평계층이 복합적으로 존재하기 때문에 매우 다차원적이고 입체적으로 접근함이 필요합니다(윌버(Wilber), 2008). 다시 말해 **절충적·통합적 심리치료 접근방식은 통합예술심리치료 전 단계를 관통하고 있으며, 각 단일화된 심리치료적 접근들의 강조점에 의해 소외되거나 상충될 수 있는 내담자의 다른 발달라인들의 상태를 충실하게 모니터링하는 역할**을 합니다. 특히 내담자는 전체 치료·상담과정을 경험하는 중에 불시에 자신의 새로운 자각, 특별한 감정, 신체화, 치료이탈욕구 등을 경험하게 되며, 때로는 통합예술심리치료 각 단계에서 경험할 수 있는 속도와 깊이수준을 예측하기 어렵고 그 강도가 일정하지 않은 데다 더욱이 집단치료의 상황에서 각 내담자별로 반응은 매우 다채로운 집단역동으로 나타날 수 있습니다. 따라서 언제든지 급작스럽게 효능감을 상실하는 발달라인이 발생될 수 있는데, 이를 따라가며 탐색하고 보완하기 위한 치료적 민감성과 즉각적 수행 및 변형능력이 절충적·통합적 심리치료 접근방식에서 매우 중요한 부분이 됩니다(마르퀴스(Marquis), 2011). 특히 윌버(Wilber, 2008)에 의하면, 인간에게는 다차원적인 의식의 스펙트럼이 존재하며, 각 수준의 의식상태는 인간 발달이라는 총체적 측면에서 접근해야 제대로 이해할 수 있다고 하였습니다. 더구나 **치료 중의 내담자는 전체를 이루는 각 요소가 불균형하지만, 불균형한 요소들과 비교적 안정적으로 기능하고 있는 요소들과의 상호적 접촉경험 또한 인간의 균형과 통합에 중요한 영향**을 미친다고 하였습니다. 큰 틀에서 정신분석-행동주의-인본주의라는 담론으로 변화되어 온 심리학이 특정한 하나의 이론만으로 다른 모든 것을 담을 수 있는 것이 아니라 각각이 인간의식의 발달이라는 전체 속에 나름대로 기여하는 측면이 있다는 것을 이해하고, 따라서 치료·상담자는 내담자를 도와 함께 의식의 부분이 아니라 전체를 살펴볼 수 있는 큰 그림이 필요한 것입니다. 절충적·통합적 심리치료·상담기법에서의 치료·상담자 핵심기능은 아래 표와 같습니다.

〈표 22〉 전체 (1)~(5)를 관통하는 절충적·통합적 심리치료·상담 접근방식에서 치료·상담자의 핵심기능

이론별 구분	절충적·통합적 심리치료·상담 접근방식	
치료·상담자 핵심기능	중재자, 조정자, 완충자, 확장자	
세부설명	중재자	특정 이론이 절대적일 수 없다는 관점에서 중재
	조정자	내담자의 변화의 분기점마다 발생되는 새로운 자기감을 조정
	완충자	단일 심리치료방식들 적용 사이마다 내담자의 신규방어 및 부작용 완충
	확장자	내담자의 대응방식을 다양하게 확장

위와 같이 (1)~(5)**단계에 걸쳐 절충적·통합적 심리치료 및 상담기법이 두루 활용**되겠습니다. 치료·상담자는 이들 단계에서 내담자가 자신의 각 발달라인에 자주 관여할수록 발달라인 상호 간에 더 쉬워지고 더 자연스러워진다는 전제를 가지고 대화하기, 각 발달라인과 관련해 고안된 예술경험 등을 제공하여야 합니다. 또한 내담자가 자신의 경험을 더 잘 다각도로 평가할 수 있도록 하고, 스스로가 자신을 더 잘 이해하고 다룰 수 있다는 신념을 제공하면서 전체 회기를 이끌어야 하겠습니다. 이를 위해 초기 진단에서는 내담자의 발달라인과 관련한 면접형 자기보고를 이끌어내야 하지만, 이를 토대로 치료·상담자의 최초의 평가 또는 판단이 너무 확고해서는 안 됩니다. 또한 내담자가 치료 과정 중 부적절함의 패턴에 당면함이 발견될 때 이를 즉시 해결하려는 태도보다는 다른 발달라인들과의 관계와 조우하도록 돕고 상호성장을 독려하면서 나아가야 하며 치료 중 언제든지 이런 장면이 나올 수 있다는 가능성을 인식하여야 함이 중요하겠습니다. **통합심리치료, 나아가 통합예술심리치료는, 예술매체만의 통합이 아니라 심리이론의 통합 역시 함께 이루어져야 한다는 점**을 기억하세요.

이 장의 요약 및 생각해볼 문제

- 통합적 심리치료(Integrative Psychotherapy)와, 통합심리치료(Integral Psychotherapy)를 각각 기술하기
- 최근 심리치료의 경향과 추세는 과거에 비해 무엇을, 어떤 과정 또는 상태를 중시하는가?
- 통합예술심리치료 과정을 5단계로 나눌 때, 각 단계에서 중시되어야 할 심리치료이론을 기술하기
  (1) 감각 단계 -
  (2) 감정 · 생각 단계 -
  (3) 관계 · 역할 · 행동 단계 -
  (4) 시도 · 적응 단계 -
  (5) 갱신 · 지지 · 확인 단계 -
- 감각 경험이 강조되면서, 내담자가 자신의 감정을 안전하게 배출하고 이완된 내담자가 자신을 점차 유기체적으로 자각할 수 있도록 해야 하는 통합심리치료의 단계는?
- 내담자가 자신을 분출하고 알아차리는 전체 과정에서 치료사의 특별한 태도 - 촉진성과 수용성 - 가 전제되어야 하는 통합심리치료의 단계는?
- 내담자가 자신과 자신을 둘러싼 사회와의 연결에 대하여 새롭게 발현된 욕구를 구체적으로 인식해 수정하고 실현할 수 있도록 돕는 통합심리치료의 단계는?
- 내담자가 자각한 자신의 행동변화목록을 실천하고 그 인과관계를 객관적으로 파악하도록 해야 하는 통합심리치료의 단계는?
- 현실의 '나는 누구인지'에 대한 자기인지에서 시작하여 새로운 인격체로서의 외적 · 내적 변화를 자각하도록 도우며, 내담자가 보다 활발하게 자기변화 및 새로운 적응적 양식의 효능감을 가질 수 있도록 안내해야 하는 통합심리치료의 단계는?
- 게슈탈트 심리치료 · 상담 접근방식에서 치료 · 상담자의 핵심기능 2가지와 그 의미 기술하기
- 인간 중심 심리치료 · 상담 접근방식에서 치료 · 상담자의 핵심기능 2가지와 그 의미 기술하기

- 성장모델 심리치료 · 상담 접근방식에서 치료 · 상담자의 핵심기능 2가지와 그 의미 기술하기
- 행동치료 심리치료 · 상담 접근방식에서 치료 · 상담자의 핵심기능 3가지와 그 의미 기술하기
- 인지정서행동치료 심리치료 · 상담 접근방식에서 치료 · 상담자의 핵심기능 2가지와 그 의미 기술하기
- 통합예술심리치료 전 단계를 관통하고 있으며, 각 단일화된 심리치료적 접근들의 강조점에 의해 소외되거나 상충될 수 있는 내담자의 다른 발달라인들의 상태를 충실하게 모니터링하는 역할을 하는 심리치료 · 상담 접근방식은 무엇인가?
- 절충적 · 통합적 심리치료 · 상담 접근방식에서 치료 · 상담자의 핵심기능 4가지와 그 의미 기술하기
- 위 요약을 볼 때 통합예술심리치료는, 예술매체만의 통합이 아니라 무엇의 통합 역시 함께 이루어져야 하는가?

참고문헌

강진구, 전정운, 박선진, 양승민 역(2014). **단기상담의 통합적 접근**[Jack H. Presbury, Lennis G. Echterling, J. Edson McKee], 서울: 학지사.

김금운, 최명선 역(2021). **게슈탈트 놀이치료: 아동 치료자들을 위한 임상 지침서**, 서울: 학지사.

김명권, 주혜명, 신차선, 유나래, 이승화 역(2019). **트라우마와 몸**[Pat Ogden, Kekuni Minton, Clare Pain], 서울: 학지사.

김정규(2015). **게슈탈트 심리치료: 창조적 삶과 성장**, 서울: 학지사.

김정규, 강차연, 김한규, 이상희 역(2010). **게슈탈트 상담의 이론과 실제**[Petruska Clarkson], 서울: 학지사.

김정규, 김명권, 김경민, 조현주(2022). **한 명의 내담자, 네 명의 상담자**, 서울: 학지사.

노안영(2014). **게슈탈트치료의 이해와 적용**, 서울: 학지사.

송현주 역(2010). **신경과학으로 보는 심리학적 치료**[Rowland W. Folensbee], 서울: 시그마프레스.

양희아 역(2016). **내 안의 트라우마 치유하기**[Peter A. Levine], 서울: 소울메이트.

이부영 역(2000). **인간과 무의식의 상징**[Carl G. Jung], 서울: 집문당.

이부영(2011). **분석심리학**, 서울: 일조각.

이상민, 이태림, 고혜연, 이장희, 남지은 역(2021). **상담과 심리치료의 통합적 접근**[Gerald Corey], 서울: 박영스토리.

이승호 역(2021). **감각운동 심리치료: 트라우마와 애착을 위한 치료개입**[Pat Ogden, Janina Fisher], 서울: 하나의학사.

이혜성 역(2022). **다섯 명의 치료자와 한 명의 내담자**[Raymond J. Corsini], 서울: 이화여자대학교출판부.

장미경, 김동민, 김인규, 유정이, 장춘미 역(2020). **상담 및 심리치료 대인과정접근**[Edward Teyber, Faith H. Teyber], 서울: CENGAGE.

정남운, 변은희 역(2008). **단기 역동적 심리치료**[Hanna Levenson], 서울: 학지사.

조성희, 신수경, 이인필, 김은경 역(2015). **1001가지 해결중심 질문들**[Fredrike Bannink], 서울: 학지사.

조옥경 역(2008). **켄 윌버의 통합심리학**[Ken Wilber], 서울: 학지사.

주은선 역(2012). **상담의 기술**[Clara E. Hill], 서울: 학지사.

최웅용, 천성문, 김창대, 최한나 역(2020). **치료의 선물**[Irvin D. Yalom], 서울: 시그마프레스.

최한나, 변상조 역(2013). **펄스의 게슈탈트 심리치료**[Fritz Perls], 서울: 학지사.

최해림, 장성숙 역(2008). **집단정신치료의 이론과 실제**[Irvin D. Yalom], 서울: 하나의학사.

한국단기가족치료연구소(2022). **해결중심상담 수퍼비전 사례집**, 서울: 학지사.

한재희(2020). **실존통합심리상담**, 서울: 학지사.

현명호, 유제민, 이정아, 박지선 역(2016). **통합적 상담: 사례 중심의 접근**[Gerald Corey], 서울: CENGAGE.

6 통합예술심리치료 / 매체와 심리치료 이론과의 융합 / 과제지향 vs 관계지향

통합예술심리치료

지금까지 통합예술치료와 통합심리치료에 대해 살펴본 여러분은, 통합예술심리치료를 어떻게 정의하겠습니까? 이것은 아주 다층적이면서도 전체론적인 관점에서 이루어져야 합니다. 이를 위해 다시 한번 간략하게 통합예술치료와 통합심리치료의 기본개념을 살펴보겠습니다. 통합예술치료(Integrative Arts Therapy)는, 한 회기 내에서 두 가지 이상의 예술매체를 혼합해 사용하는 방식 또는 한 회기 내에서는 단일예술치료로 하되 총 회기 안에서는 다양한 단일예술치료로 혼합구성된 방식의 심리치료모델을 뜻합니다. 통합심리치료(Integral · Integrative Psychotherapy)는, 심리치료이론이 통합된 심리치료모델로, 여러 가지 개별의 심리치료이론들을 심리치료 단계에 따라 통합적으로 적용하는 통합적 심리치료(Integrative Psychotherapy)와, 이론들을 먼저 통합해 인간의 발달수준 및 통합적 지도에 따라 만들어진 통합이론, 즉 이미 통합된 심리치료이론을 가지고 심리치료에 접근하는 통합심리치료(Integral Psychotherapy)가 있습니다.

통합예술치료와 통합심리치료 모두 '정신치료'라는 범주 안에 속해있습니다. 정신치료와 관련하여 포샤(Fosha, 2013), 시겔(Siegel, 2023), 솔로몬(Solomon, 2023)

은 경험과 행동이 정신작용을 만들어내며, 인간이 변화한다는 것은 궁극적으로 정서, 마음, 의미가 변화하는 것임을 말하였습니다. 시겔(Siegel, 2022) 역시 새로운 마음의 패턴과 행동동기를 만들어내는 심리치료 및 예술심리치료가 정신치료의 속성과 본질적으로 동일하다고 하였습니다. 특히 코졸리노(Cozolino, 2018)는 이러한 정신치료가 신경형성력과 성장, 그리고 뇌 통합이 증가할 수 있는 전제조건을 기반으로 한다고 하였는데 이는 첫째, 안전하고 신뢰할 수 있는 치료적 관계형성, 둘째, 경도에서 중등도의 스트레스, 셋째, 감정과 인지 모두의 활성화, 넷째, 새로운 개인적인 이야기(personal narratives)를 함께 만들어나가는 것이라고 하였습니다. 전체적인 정신치료의 과정 안에서 첫째와 셋째는 특히 심리치료과정을 통해 접근될 수 있으며, 둘째와 넷째는 예술치료 과정을 통해 접근될 수 있습니다.

따라서 다양한 예술매체 활용을 중심으로 심리적 접근을 하는 통합예술치료와, 다양한 심리치료이론 및 상담기법을 중심으로 한 심리적 접근에 예술매체를 활용하기도 하는 통합심리치료는 '통합예술심리치료'라는 용어로 통합될 수 있습니다. 즉, **통합예술심리치료는 훈련된 치료사 및 상담사에 의해 다양한 예술매체 및 다양한 심리치료이론을 융합적으로 활용하여 내담자의 성장, 발전, 치유 등 긍정적 변화를 도모하는 일**이라고 정의할 수 있겠습니다. 이러한 **통합예술심리치료는 인간의 전인적 변화가 마음뿐 아니라 정신과 몸, 그리고 관계를 통한 확인 모든 것이 상호적으로 발전해야 한다는 인식을 기반**으로 하고 있습니다(이성현, 2023b). 이는 바렛(Barrett, 2020)이 말한 웰빙(well-being)의 삼각형 이론에서 마음, 뇌, 몸의 연결과 균형, 그리고 시겔(Siegel, 2022)의 삼각형 이론에서의 마음, 뇌, 관계의 상호작용과도 부합됩니다.

매체와 심리치료 이론과의 융합

위에서 열거식으로 정리했던 400가지 예술매체 및 예술에 의한 진단활동을, 이제는 심리이론 및 총 회기의 흐름에 따른 단계별로 재구성하면 〈표 24-1〉, 〈표 24-2〉와 같습니다. 중요한 점은, 이들 활동은 집단치료뿐 아니라 개별치료도 가능할 수 있도록 고려되었다는 점입니다. 다만 이들 활동 중에서 상호작용이 필요한 활동일 때에는 치료사 또는 보조치료사가 집단원의 역할을 수행하면 되겠습니다. 이 표는 책의 맨 뒷 부록으로도 마련되어있으니, 표를 책에서 분리해 옆에 두고 아래 설명과 대조해가면서 함께 보는 것이 이해와 적용에 도움이 될 것입니다.

각 예술매체활동들은 (1) 감각단계 - (2) 감정/생각단계 - (3) 관계/역할/행동단계 - (4) 시도/적응단계 - (5) 갱신/지지/확인단계에 따라 각 단계마다 8개의 예술매체활동을 배치하여 구성된 표입니다. 이는 국립정신건강센터의 예술치료 및 치유적 예술교육 등 의료현장과 교육현장의 세팅에서 과거에서 현재에 이르기까지 실제 활용되고 있는 것으로써(부록의 저자 연구 참고), 이제부터 이 (1)~(5)단계를 **통합예술심리치료(Integrative Arts Psychotherapy(IAPT)) 5단계**라고 명명합니다. 여러분은 이 표를 활용할 때, 단일예술매체만으로 구성되다가 어느 회기부터 다른 단일예술매체로 바뀌는 형태로 구성하여도 좋고, 또는 매 회기마다 통합예술매체로 진행하는 형태로 구성하여도 좋습니다. 만일, 여러분이 통합예술심리치료를 향해 가기 이전의 초보수련단계로서 아직은 어떤 하나의 단일예술매체활동 위주로 구성하고 훈련하기 원한다면, 그렇게 활용할 수도 있습니다. 그럴 때에는 하나의 단일예술매체라인(수직축)만 보면서 (1)-①-a, (1)-②-b, (2)-③-c, (2)-④-d… 등과 같이 총 회기를 구성할 수 있겠습니다.

더욱 통합예술심리치료의 취지에 맞게 표를 활용하는 방법은 다음과 같습니다. 먼저, 각 (1)~(5)단계에서 (동그라미)홀수번호의 4개활동과 (동그라미)짝수번호의 4개활동은 엄격한 구분은 아니더라도, 대체로 **전자는 아동대상 중심, 후자는 성인**

대상 중심의 활동으로 이해하면 좋겠습니다. 청소년대상의 경우에는 해당 청소년의 흥미도나 받아들일 수 있는 수준에 따라 홀수와 짝수의 것들에서 혼합해 유연하게 구성하면 됩니다. 특히 경우에 따라 성인은, 아동구역에 있는 활동을 해도 됩니다. 이때 성인내담자가 유치하게 받아들이지 않도록 치료사가 진행을 잘 해야 하는데, 예를 들어 성인에게 데칼코마니 활동을 한다고 하면, 활동 자체만으로는 쉽고 유치한 활동일 수 있더라도, 진행할 때에 데칼코마니에서 나타난 문양을 통한 자유연상으로 자신의 기억을 더듬어 가고 언어화할 수 있는 방향으로 임상적 흐름을 갖는다면, 충분히 심도 있는 치료적 활동이 될 수 있습니다. 비단 성인뿐 아니라 아동도 마찬가지입니다. 이와 관련해 개념이 모호한 부분들은, 〈표 24－1〉, 〈표 24－2〉 바로 뒤에 다뤄질 과제지향 vs 관계지향 챕터를 통하여 충분한 이해가 가능할 것입니다.

또한 ①**에서** ②**로 갈수록,** ②**에서** ③**으로 갈수록,** ③**에서** ④**… 등으로 갈수록 활동구성이 정교해지며 내면작업의 심층화가 이루어진다**고 이해하면 좋겠습니다. 단, 단순히 활동의 정교함만 생기는 것이 아니라 **(1)부터 (5)단계의 치료적 목표(키워드)와 관련성**이 깊다는 점 또한 반드시 염두에 두고 진행해야 하겠습니다. 이와 관련하여 여러분이 임상진행을 할 때에 어휘선택(wording)은 매우 중요하며, 준비 또는 자체 모니터링을 할 때에 순간에 사용할(혹은 사용된) 어휘들이 (1)~(5)단계의 유사단어 또는 하위영역으로 볼만한 것들과 관계가 있는지를 자체점검하면 많은 도움이 될 것입니다.

다음으로, **각 단계의 (동그라미)홀수번호든 (동그라미)짝수번호든 작은 알파벳 (abcd)과 화살표가 달린 a → b → c → d의 활동의 순서는, 엄격한 구분은 아니더라도 대체로 점차 정교성**을 갖습니다. 즉, 여러분은 만일 내담자의 특징이 (1) 감각단계에 오래 머무르도록 하며 의도적 퇴행을 통해 내면을 여는 작업에 조금 더 할애할 필요가 있겠다고 판단된다면, (1)-①-a → b → c → d 또는 (1)-②-a → b → c → d 순 등으로 집약적인 구성을 해도 좋습니다. 단, 이 경우에 다음 회기가 몇 번 남았는지 살피고, 종결은 반드시 (5)단계를 향해 갈 수 있도록 (2)~(4)단계에서의 선택을 감량할 수 있으나, (1)~(5)**단계 중 완전히 배제되는 단계는 없도록 구성에 유의**하세요. 즉, **각 부분적 안배는 어느 정도 집약적인 선택을 허용하더라도, 전체적 안배는 그 안에서 균형을 유지할 수 있도록 선택하여 구성**해야 한다는 의미입니다.

위 설명들을 참고하면, 여러분은 이 표를 가지고 단일예술매체구성의 총 회기, 단일과 단일회기들의 합으로 구성된 통합예술매체구성의 총 회기, 회기 내에서 통합예술매체로 구성된 통합예술매체구성의 총 회기 등 목적에 맞는 다양한 핸들링이 가능해집니다. 〈표 24-1〉, 〈표 24-2〉의 활용에 익숙해지면서 여러분이 수련연차가 쌓이면, 이 표에 제시되지 않는 다른 예술매체활동이라도 응용할 수 있게 될 것입니다. 즉, 활동은 다르더라도 전체 맥락에 맞게 응용 및 변형할 수 있게 될 것입니다.

이러한 **통합예술심리치료(Integrative Arts Psychotherapy(IAPT)) 5단계의 주요 개념**은 다음과 같이 정리될 수 있습니다. 첫째, IAPT 5단계는 통합적 신경작용의 뇌 과학적 메커니즘([그림 1])에 따라 그 설계에 있어 (1) 감각단계 - (2) 감정 · 생각단계 - (3) 관계 · 역할 · 행동단계 - (4) 시도 · 적응단계 - (5) 갱신 · 지지 · 확인단계로 총 회기를 구성하고 진행하며, (1)~(5)단계 이후 다시 (1)단계로 순환되는 과정입니다. 둘째, IAPT 5단계를 (1) 다감각을 열고 자극하여(| |) - (2) 감정 및 생각 또는 암묵기억과 연결지으면서 점차 초점화된 내적 상태로 몰입할 수 있도록 하고(\ /) - (3) 집중적으로 압축된 핵심작업을 통하여 이것이 창조적인 예술경험 중에 뇌의 연합영역에서 오래 머물도록 유도해 새로운 외현기억과 결합되는 동안 자기 외부(관계, 역할, 행동)로 관점을 이동 및 확장하고 연관짓도록 하며(←| |→) - (4) 자신의 사회적 영역에서 점차 넓어지는 관점과 변화를 수반한 새로운 시도와 적응을 하도록 하고(/ \) - (5) 변화된 자신을 인지는 물론 새로워진 감각과 정서 그 자체로 기억하며 굳건한 자기기반을 확인하도록

〈표 24-1〉 통합예술심리치료 5단계에 기반한 예술매체와 심리치료 이론과의 융합단계표 (매체 1~5)

단계 \ 매체		무용 · 동작(움직임)		미술		음악		영화 · 사진		문학	
읽는 순서		a→	b↓	a→	b↓	a→	b↓	a→	b↓	a→	b↓
		d	←c	d	←c	d	←c	d	←c	d	←c
(1) 감각	①	브레인댄스	소시오매핑	우드록퍼즐	데칼코마니	악기선택	음-부-모-아-예	사진선택하기	사진감상하기	그림 연결해 이야기 만들기	대칭문장 만들기
		발로만 / 하체로만 동작	풍선아저씨 / 바람인형	믹스커피	볼케이노	자연의 소리내기	기존 곡에 악기 덧입히기	제목 붙이기	사진토론하기	일상제목 만들기	동화 만들기
	②	지시문 따라 걷기 / 시계에 서기	손으로만 / 상체로만 동작	날씨이야기	연결그림 음악에 선 긋기	음악감상	상상 속의 악기 되기	9분할 형용사	내 인생의 영화	연상단어	광고카피 만들기
		주제에 자유동작	털기와 발성동작	수채화/ 파스텔화/ 목탄화	오일물감/ 핑거페인팅/ 난화/낙서화	음악심상	토닝	포토존	보고 싶지 않은 영화	시낭송	무작위 릴레이이야기
(2) 감정 · 생각	③	풍선 or 끈 던지기	상상동작 → 연상동작	감정온도계	북컬러링	음악감상	일상의 악기	여행사진	영화 속 인물 되기 (동일시)	일기 쓰기	감정 읽기
		점·선·면 되기/ 감정연결동작	블라인드 게임	사람도안종이	자유화/ 가족화/ 학교화	음악심상	특정 글자만 / 음소거 부르기	9분할 형용사	드라마토론	시 고르기	시 쓰기
	④	무게감 느끼기	시간 느끼기	자화상 (그림 또는 공예)	감정책 만들기	허딩하기	교대로 즉흥연주	드라마토론	사진선택하기	문장완성하기	동화 만들기
		흐름 느끼기	공간 느끼기	손발이 하는 일	자유만다라	연결노래	가사토의	휴대폰 사진 찾기	뒷모습사진	발단-전개-위기 -절정-결말	편지 쓰기
(3) 관계 · 역할 · 행동	⑤	인디언게임	두루마리 색 휴지	교대로 그리기	달팽이 인간관계	악기의 성격도사하기	배경음악연주	누가 찍어준 사진	프사이야기	베스트셀러	책에 얽힌 추억/ 다른용도책사용
		모방동작 (리더vs팔로워)	go & stop 게임	내 마음의 풍차	양초그림 그리기	색깔악보	리듬게임	드라마토론	필름매트릭스	육하원칙 알아내기	권장도서목록 만들기
	⑥	벽에서 안 떨어진 채 동작	볼케이노	만화 그리기	종이고리 만들기	숫자악보	음악감상에서 한 악기만 따라가기	엑스레이	인물 간 연결고리	책토론	읽씹의 의미
		거울대칭동작 / 동작조종 (말 or 돋보기)	그림자 따라가기	QR코드 만들기	콜라주	역할연주	음악선곡	가족사진	갈등대처토론	스테디셀러	단축키와 문서형식 삶
(4) 시도 · 적응	⑦	알에서 봉황 되기	끈 맞잡기 / 해파리천동작	반쪽그리기	종이피자 만들기	비트박스	릴레이 즉흥연주	옛날사진	인물 간 연결고리	독서토론	스토리전개 바꾸기
		연합동작	열기 자세 / 뒷꿈치 열기	이모티콘 만들기	찰흙콜라주	창작동악극	음악선곡	인증샷	갈등대처토론	수필 쓰기	문장부호의 의미
	⑧	손가락 맞대기	반대속성동작	제목 붙이기	안 보고 그리기 거꾸로 그리기	목소리로 화음 쌓기	드럼서클	영화/드라마 뒷이야기	못난이사진	저널 쓰기	문장순서 바꾸기
		이름에 동작	변하는 삼각형	제한된 재료로 만들기	기찻길그래프	편곡하기	음악극	엔딩크레딧 만들기	영화 속 인물 되기 (동일시)	단어 골라내기 or 단어 바꾸기	신화 속 인물로 일기 쓰기
(5) 갱신 · 지지 · 확인	⑨	계란프라이 게임	촛불동작 / 바람과 나뭇잎	단단한 나 모빌	시화 그리기	음악감상	음악의 엔딩 정하기	사진토론하기	셀카	그런데요? or 당연하지!	5문장으로 상황 만들기
		등 맞대기 / 서로 받아주기	컴퓨터키보드 동작	호수 위의 꽃접시	캘리그래피	송라이팅	랩 만들기	일상사진	사진수정	3행시 짓기	책 인테리어
	⑩	분리 카메라	공간 파고들기	석고작업	숫자 or 이름 변형화	즉흥연주	리듬패턴 만들기	사진감상하기	사진철학나눔	동화 만들기	댓글 달기 / 댓글토론
		스카프 춤	무용공연감상	인생무대 위 유토	명화/화가 이야기	음악심상	핸드벨연주	같은 풍경 다른 프레임	필름매트릭스	자유쓰기 / 소감문 쓰기	프롤로그 / 에필로그

〈표 24-2〉 통합예술심리치료 5단계에 기반한 예술매체와 심리치료 이론과의 융합단계표 (매체 6~10)

단계 \ 매체		연극		모래놀이		명상		푸드		아로마	
읽는 순서		a→	b↓	a→	b↓	a→	b↓	a→	b↓	a→	b↓
		d	←c	d	←c	d	←c	d	←c	d	←c
(1) 감각	①	나비효과	씨앗에서 나무 되기	모래 속 손인사	손 / 붓으로 모래 쓸기	상상비눗방울 놀이명상	바람개비 숨쉬기	음료수 칵테일 만들기	알러지이야기	라임	오렌지 + 시나몬
		음벨레 연극놀이	표정과 상황	오로지 물만	모래 뿌리기	먹기명상	산명상	티라미수 만들기	재료 뿌셔뿌셔	샌달우드	페퍼민트 + 스피아민트
	②	딕싯카드	조각상	모래 속 구슬 찾기	모래와 친해지기	마음&몸이야기 릴레이놀이	아로마명상	피클 담기	매운맛이야기	라벤더 + 오렌지	페퍼민트
		움직이는 조각	난파선	모래 마사지하기	모래 파기	바디스캔	호흡의 닻	불어나는 재료	에그스크럼블	로즈우드	사이프러스
(2) 감정 · 생각	③	잉여현실	조각상	모래 모으기	구조화 모래놀이	호흡 알아차림 (드리와 나리)	배쿠션	잼 만들기	나만의 음식철학	라벤더	마조람
		움직이는 조각	입관체험	구조화+피규어 모래놀이	무인도	감정/생각에 이름 붙이기	호수명상	단순노동	프렌치토스트	시더우드	오렌지
	④	핫시팅	타블로	물모래	반구조화+피규어 모래놀이	요가명상	날씨명상	냉장고 파먹기 작전	추억의 음식	커피원두	시나몬
		역할극	거울기법	반구조화+피규어 모래놀이	구조화+피규어 모래놀이	백색소음명상	수세기명상	게살수프	떡 만들기	클로브	레몬 + 진저
(3) 관계 · 역할 · 행동	⑤	빈 의자	롤 프로파일	모래 옮기기	물모래	선한 바람 불기	손가락올가미	세계의 음식문화	납작만두 만들기	유칼립투스	오렌지 + 일랑일랑
		6조각이야기	감정단어카드	비구조화+피규어 모래놀이	구조화 모래놀이	얼음 속 단추 구하기 놀이명상	기타줄명상	5대 영양소 한상	자신의 맛집소개	라벤더 + 티트리	레몬그라스
	⑥	오늘의 이모티콘	관찰기법	모래의 온도	비구조화+피규어 모래놀이	사물명상	자비명상	퓨전요리 이야기	한때 먹었던 음식	세이지	스피아민트
		역할 바꾸기	가족의자	구조화+피규어 모래놀이	반구조화+피규어 모래놀이	구름 / 별 명상	다섯 가지 "왜"	식습관토론	상상의 한상	오렌지 + 페퍼민트	시베리안퍼
(4) 시도 · 적응	⑦	나는 어떤 동물?	마술가게	물모래	비구조화+피규어 모래놀이	나비 바디스캔	정좌(좌선) 명상	퀵메뉴	계란찜 만들기	로즈마리	생채소
		조커기법	상황극	구조화 모래놀이	반구조화+피규어 모래놀이	asmr 놀이명상	드림캐처 명상	묵/죽 만들기	냉장고 파먹기 작전	베르가못	패출리
	⑧	가면체험하기	행동콜라주	비구조화+피규어 모래놀이	두꺼비집	내 발에서 뿌리내리기	걷기명상	음식 심폐소생	무쌈말이	재스민 or 로즈	티트리
		영웅의 일생	일파만파	구조화 모래놀이	구조화+피규어 모래놀이	우주의 한 점	에너지볼 / 웜볼명상	우연찮게 성공한 요리	소스 이야기	라벤더 + 마조람	자몽
(5) 갱신 · 지지 · 확인	⑨	움직이는 조각	타블로	모래에 손글씨 쓰기	구조화 모래놀이	레몬 상상하기	스노볼명상	나의 스테디 셀러 요리	샌드위치 만들기	페퍼민트 + 유칼립투스	네롤리
		에너지샤워	본 어게인	구조화+피규어 모래놀이	모래구역 나누기	띵샤놀이 명상	만트라명상	카나페 만들기	떡볶이토론	레몬	진저
	⑩	나를 대변하는 사물	용도변형 / 역할변형	모래성	비구조화+피규어 모래놀이	싱잉볼명상	바람 바디스캔	컵케이크 / 핫케이크 만들기	음식물쓰레기 이야기	제라늄	생허브
		빈 의자	낭독연극 (성우 되기)	반구조화+피규어 모래놀이	물모래	차명상	젠탱글명상	음식궁합	떡국 만들기	로즈마리 + 페퍼민트	일랑일랑

하는(| |) (1)~(5)의 과정 및 순환구조로 볼 때, 이러한 심리변화의 과정을 '좁아졌다 넓어졌다'를 반복하는 트로피 형상(Trophy shape)에 비유하여, **IAPT 5단계의 별칭 '트로피 5단계(Trophy shape 5 Levels)'**라고도 부를 수 있도록 합니다([표 23]). 셋째, IAPT 5단계는 내적 상태의 외적 표출을 도울 수 있는 10가지의 예술매체를 융합적으로 활용하도록 하며, 이는 그 유사 및 인접 분야인 통합치료/표현치료/표현예술치료/통합예술치료/통합적 예술치료/융합예술치료 등 심리치료를 위한 예술치료 각 분야와의 적극적 통합을 반영한 명칭으로서 '통합예술심리치료' 용어를 사용합니다. 넷째, 통합심리치료적 맥락에 따라 IAPT 5단계 중 (1),(2) 단계에서는 배출자/접촉자(게슈탈트), 수용자/촉진자(인간중심), (3),(4) 단계에서는 실천독려자/연계자(성장모델), 생성자/안내(지시)자/연결자(행동치료), (4),(5) 단계에서는 확인자/지지자(인지정서행동), (1)~(5)단계 전반에 걸쳐 중재자/조정자/완충자/확장자(절충적 · 통합적 심리치료)로 총 회기를 진행하며 각 단계별로 그에 맞는 치료자의 태도 및 언어적 상담기술을 취합니다.

과제지향 vs 관계지향

통합예술심리치료에서 주의할 점은, 심리상담만 진행할 때와는 달리 매체를 활용한 활동을 배치하게 될 때 그 비중을 조절하는 일입니다. 비중은 시간적인 비중이기도 하며, 또한 방향성과 관련한 비중이기도 합니다. 여러분과 더 간편한 의미 공유를 위하여, 무언가 활동을 제시하고 수행하도록 하는 것을 여기서 '과제'라고 칭해보겠습니다. 예를 들어 가정에서 아이의 성장을 위해 방과 후 모든 일정을 학원으로만 돌리게 되면 아이는 무언가 하고 오기는 하겠지만 가족과의 관계가 다소 소원해질 수 있습니다. 이것은 과제 중심적으로 일정이 관리된 결과이겠지요. 반대로 아이와의 관계를 잘 맺는다고 하면서 집이든 학원이든 무언가 활동이 없이 같이 있으면서 대화로만 시간을 보내게 되면 아이와 애착 형성은 끈끈할 수 있겠지만, 아이의 자기계발은 조금 더디게 진행될 수 있을 것입니다. 과제 중심과 관계 중심의 차이가 조금 이해되나요? 혹은 연인이 데이트를 할 때 항상 이벤트(일정) 중심으로 일정을 계획할지, 혹은 이벤트가 없이 대화나 연락만 하며 시간을 보낼지 등도 과제 중심과 관계 중심의 차이를 이해하는 데 있어 좋은 비유가 될 것입니다.

물론 위 예시에서 제시된 아이의 일과 또는 연인의 데이트 구성방식뿐 아니라 통합예술심리치료에서도 과제만 또는 관계만 중심적으로 진행되어서는 안 됩니다. 항상 균형이 중요하지요.

특히 통합예술심리치료는 단순히 일과를 보내는 개념이 아닌 '치료'이기 때문에(앞서 언급된 통합예술심리치료의 정의를 다시 참고하세요) 과제(활동)든 대화든 치료적 목적이라는 큰 틀 안에서 수행되어야 하는 점이 핵심입니다. 즉, **여러분이 내담자에게 어떤 예술활동을 제시한다면, 이것을 왜 하는지에 대한 자문(스스로 질문)이 항상 필요**합니다. 또 **여러분이 내담자와 어떤 대화 중이거나 어떤 질문을 제시한다면, 이것을 왜 하는지에 대한 자문 역시 필요**합니다. 초보 임상가들은 주어진 치료·상담 시간을 채워야 한다는 압박이 큰 나머지 '뭐 하지?' 식의 얕은 사고에서 치료계획을 수립하게 되는 경우가 많습니다. 하지만 이러한 방식은 치료를 단순한 활동으로 되어버리도록 할 수 있습니다. **'뭐 하지?'가 먼저가 아닌 '지금 이 내담자와 무엇을, 왜 하는 중이지?'를 먼저 상기하시고 그것을 뒷받침해줄 수 있는 활동으로 지원한다는 맥락에서 치료활동을 구성해야** 합니다. 물론 통합예술심리치료의 큰 특징 중 하나가 내담자 중심적이라는 것을 들 수 있지요. 내담자 중심적인 진행에는 내담자의 기호(선호) 및 반응양상을 고려한 활동구성이 필수적이나, 그렇더라도 '지금 이 내담자와 무엇을, 왜 하는 중이지?'에 대한 생각이 먼저여야 한다는 뜻으로 이해하면 좋겠습니다.

관계지향의 관점에서 내담자와 치료자가 신뢰롭고 건강한 애착관계를 형성해야

하는 것은 치료가 잘 되도록 하기 위한 기본전제입니다. 그리고 **과제지향의 관점에서 예술매체를 활용하는 것은 내담자가 자신의 무의식과 좀 더 안전하고 즐겁게 접촉하도록 하려는 것과, 감각 및 감정, 정서와 의식을 연결하도록 하는 데 용이한 수단인 것, 언어를 사용한 방어와 저항 등을 감소시킬 수 있는 등의 특성 때문**입니다. 따라서 우리는 과제지향과 관계지향 모두를 잘 살피면서 매 회기를 구성하고, 또 한 회기 안에서도 두 가지 요소를 균형적으로 모니터링하면서 진행할 필요가 있는 것입니다. 이는 셀프슈퍼비전뿐 아니라 도제식 슈퍼비전을 비롯한 직·간접식 모든 슈퍼비전에 있어 중요한 요소 중 하나입니다.

다만, 총 회기 내에서 초기인지, 중기인지, 말기인지 여부에 따라 좀 더 강조되어야 하는 부분은 있을 수 있습니다. 앞서 언급된 매체와 심리치료 이론과의 융합 부분의 설명을 함께 참고하시기 바랍니다. 총 회기를 5단계로 나눌 때에 1, 2단계에서는 예술매체를 활용한 과제에 할당되는 시간은 많되 관계형성도 세밀하게 살피면서, 즉 과제와 관계 모두 높은 비중으로 진행되어야 합니다. 이때 관계는 동등하면서도 지원적이고 수용적인 형태를 추구해야 합니다. 3단계부터는 과제비중이 조금 줄거나 또는 과제의 맥락이 예술에서 점차적으로 내담자 일상의 과제(생활관련)를 관리하는 방향으로 변화할 수 있으며, 관계는 관리자 또는 안내(지시)자의 역할을 띠는 형태로 넘어갈 수 있습니다. 이것이 4단계까지 이를 수도 있고, 아니면 4단계부터는 다음 스텝으로 넘어갈 수도 있습니다. 전체 회기에 있어 교육적인 면모가 필요하다면 3~4단계 또는 3단계에 해당될 수 있겠습니다. 마지막으로 5단계(또는 4~5단계)에서는 지금까지의 치료과정의 소산들과 변화·변형된 자기를 연합하는 차원에서 다시 예술매체를 활용한 과제에 이것이 드러날 수 있도록 할당되는 시간이 많아질 필요가 있으며, 관계는 새롭게 형성되는 의식과 정서를 내담자가 확인하고 확신을 가질 수 있도록 지지와 격려의 역할이 강조된 관계형성이 필요합니다.

[그림 1] 통합예술심리치료에서 일어나는 뇌, 마음, 정신, 관계의 통합적 신경작용 (이성현, 2023b)

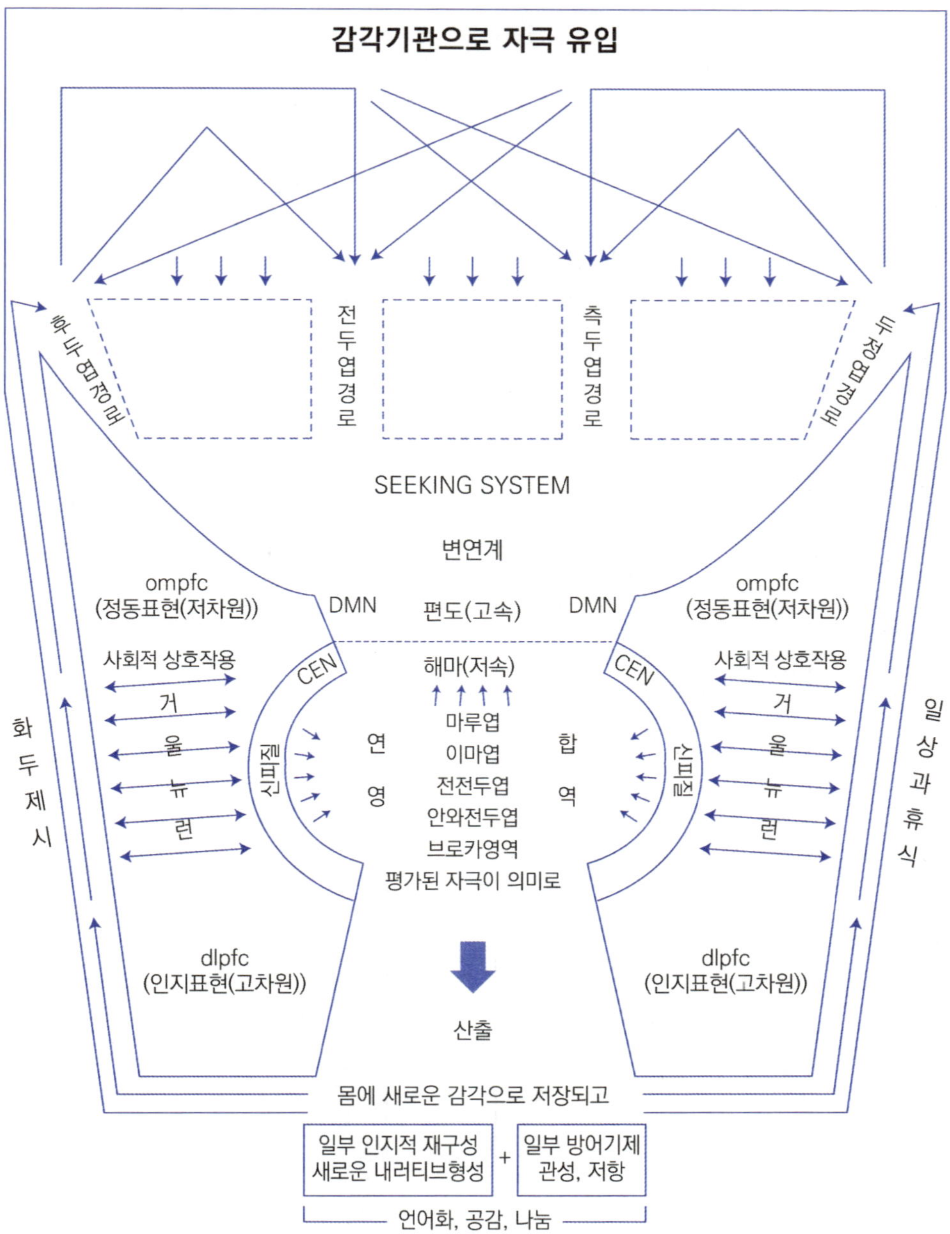

〈표 23〉 통합예술심리치료(Integrative Arts Psychotherapy) IAPT 5단계 (= 트로피 5단계(Trophy shape 5 Levels))(이성현(2024), 재인용)

이 장의 요약 및 생각해볼 문제

- '통합예술심리치료'는 어떤 치료와 어떤 치료의 통합인가?
- 통합예술심리치료를 자신의 말로 정의해보기
- 통합예술심리치료에서 기반이 되어야 할 인식에 대하여 기술하기
- 통합예술심리치료의 (1)~(5)단계 중 완전히 배제되는 단계는 없어야 하는데, 즉 각 부분적 안배는 어느 정도 집약적인 선택을 허용하더라도, 전체적 안배는 그 안에서 무엇을 유지할 수 있도록 선택해 구성해야 하는가?
- 통합예술심리치료에서 제시되는 예술매체 및 활동은 다르게 응용하더라도 전체적인 무엇을 고려해야 하는가?
- 통합예술심리치료에서는 심리상담만 진행할 때와는 달리 매체를 활용한 활동을 배치하게 될 때 그 비중을 균형적으로 조절하는 일이 중요한데, 이때 지향할 두 가지 지향점은 무엇인가?

참고문헌

강은호(2021). **상처받은 나를 위한 애도 수업: 프로이트가 조언하는 후회와 자책에서 벗어나는 법**, 서울: 생각정원.

강철민, 이영호 역(2018). **정신치료의 신경과학: 사회적인 뇌 치유하기**[Louis Cozolino], 서울: 학지사.

김명권, 주혜명, 신차선, 유나래, 이승화 역(2019). **트라우마와 몸**[Pat Ogden, Kekuni Minton, Clare Pain], 서울: 학지사.

김보연, 김정수, 김정호, 김지원, 김홍근, 김평호, 김태형, 나규일, 박희관, 박여진, 이승민 역(2022). **마음의 발달**[Daniel J. Siegel], 서울: 하나의학사.

김서규(2019). **보디랭귀지**, 서울: 학지사.

김정규, 윤인, 이영이 역(2006). **아이들에게로 열린 창**[Violet Oaklander], 서울: 학지사.

김종성(2022). **예술세계에서 발견한 뇌의 신비: 뇌과학 여행, 브레인 인사이드**, 서울: 궁리.

김주현(2024). **사이코드라마 ACTBOOK: 참만남, 공감, 그리고 잉여현실**, 서울: 학지사.

김진숙 역(1996). **살아있는 심혼**[Edward F. Edinger], 서울: 집문당.

김창대, 남지은 역(2020). **상담사를 위한 신경과학 입문**[Bill McHenry, Angela M. Sikorski, Jim McHenry], 서울: 학지사.

김홍찬, 고영주 역(1988). **수치심의 치유**[John Bradshow], 서울: (사)한국상담심리연구원.

대한보완통합의학회(2012). **통합의학**, 서울: 도서출판 한미의학.

려원기 역(2020). **신경정신분석으로의 초대**[Karen Kaplan-Solms, Mark Solms], 서울: 학지사.

윤혜선 역(2014). **통합예술치료**[Shaun McNiff], 서울: 이담북스.

융 저작 번역위원회 역(2001). **정신요법의 기본 문제**(융 기본 저작집 1)[Carl G. Jung], 서울: 솔.

이모영 역(2011). **치료미학**[Paolo J. Knill], 서울: 시그마프레스.

이미나, 김동일, 김병남, 주은하, 천문진, 추양(2022). **통합예술심리치료의 이해**, 서울: 동문사.

이수연, 이윤희, 이윤주, 서보경(2020). **상담자와 심리치료자를 위한 신경과학: 마음과 뇌의 과학적 통합**[Chad Luke], 서울: 학지사.

이에스더 역(2008). **내면의 리듬 - 음악을 통한 몸, 마음, 영혼과의 결합** -[Julia S. Black, Stephan F. Moore], 서울: 상지원.

이영호 역(2022). **모든 치료자가 꼭 알아야 할 필수 신경생물학**[Arlene Montgomery], 서울: 하나의학사.

이효원 역(2010). **페르소나와 퍼포먼스**[Robert J. Randy], 서울: 학지사.

이효원, 엄수진, 이가원 역(2017). **제의 연극: 개인의 성장과 집단 및 임상 실제에서 극적 제의의 힘**(울력연극치료총서 08)[Claire Schrader], 서울: 울력.

이효원 역(2022). **셀프 인 퍼포먼스**[Susana Pendzik, Renee Emunah, David R. Johnson], 서울: 박영스토리.

전태옥, 이수진 역(2016). **집단 인간중심 표현예술**[Natalie Rogers], 서울: 시그마프레스.

정지인 역(2022). **관계의 불안은 우리를 어떻게 성장시키는가**[Ed Tronick, Claudia M. Gold], 서울: 북하우스.

홍유진(2018). **통합예술치료**, 서울: 학지사.

7 나선형 구도의 다매체구성 / 예술경험의 문서화

나선형 구도의 다매체구성

이제 우리는 **다양한 예술매체를 어떻게 배열**할지에 대해 고민할 순간이 되었습니다. 물론 아직은 치료대상이 정해지지 않았고, 각 대상이 심리적 문제를 야기하는 부분에 의한 치료적 목적이 정해지기 이전의 단계입니다. 그럼에도 우리는 인간 심리발달의 보편성과 예술매체의 기본 속성을 가지고 큰 틀을 짤 수가 있습니다. 이 챕터가 다소 어려울 수 있을지라도 저자인 저를 포함한 여러분 모두는 심리발달의 보편성을 띤 주체이며 누구나 예술적 본성을 가지고 있다는 점을 상기한다면, 오히려 이 챕터의 내용을 접함에 있어 **복잡함의 인식에서 보편성의 인식으로** 전환될 수 있기를 바랍니다.

인간 중심 철학의 철학을 바탕으로 표현예술치료를 창시한 인물 중 한 명인 파울로 크닐(Knill)은 심리적인 변화가 일어나기 위한 예술활동 조건 중의 하나로 **'낮은 기술, 높은 감수성'**을 언급하였습니다. 이 말에는 치료 · 상담자가 어떠한 관점으로 치료활동을 구성하고 내담자를 대해야 하는지가 잘 나타나 있습니다. 여기에 더하여 통합이론의 윌버(Wilber) 역시 발달라인의 각 **'다양한 측면과 수준'**에서의 접근을 중요시하고 있습니다. 두 학자, 그리고 많은 예술치료 및 심리치료 학자들이 공통적으로 말하는 것은, **내담자가 어려움을 느끼는 영역이 무엇이든 간에 그것과 관련한 감각 및 감정, 정서를 먼저 살펴보고 바로 그 지점에서부터 점차 지각, 인식, 생각, 행동, 관계, 사회 등으로 실타래(문제)를 풀어나가도록 권유**한다는 것입니다. 즉, 예술매체를 활용한 활동의 첫 시작은 일단 내담자가 자신의 감각 및 감정, 정서와 접촉할 수 있도록 하면 됩니다. 그 이상의 예술기능적 기술을 요구하지 않습니다. 단, 제시되는 예술매체의 속성은 단순하고 간결하게 제시되어야 합니다. 음악, 미술 등 전통적인 과목명에 얽매여서 내담자가 활동을 과목명으로 느껴지게 하기보다는 감각 및 감정, 정서 이름으로 느껴지도록 하기 위해 매체를 활용하는 것일 뿐이라는 인식으로 접근하면 보다 적용이 쉬울 것입니다. 이것이 '낮은 기술'이며 '다양한 수준'입니다. (부연하자면, 여기서의 '수준'이라는 말은 상・하위 체계를 말하는 것이 아니라 차원을 말합니다. 차원은 마치 지구와 우주처럼 그 사람만의 '내적 세계'로 이해하면 좋겠습니다.) 내담자가 자신의 감각 및 감정, 정서와 접촉하는 것은 내담자의 연령이나 학력과는 상관없이 일어납니다.

하지만 그 단순하고 직관적인 작업을 통해 내면세계의 첫 문을 열고 난 뒤, 점차 의미를 발견하고 의식과 연결작업을 해나갈 때부터는 내담자가 표현한 것들에 자신을 어떻게 투영하고 있는지, 이면의 어떤 욕구를 반영하는 것인지에 대한 치료사의 고도의 관심이 필요합니다. 그 이후의 예술작업은 보다 콜라보(융합)적인 형태를 띨 수 있으며, 내담자의 인지와 관련한 언어화 작업은 나눔시간이 되기 전까지 최대한 지양하면서 그 어떤 것을 충분히 알아차릴 수 있도록 지원합니다. 치료사는 상징을 포함한 지시어나 질문 등을 통해 이 과정을 확장시켜 나갑니다. 그리고 그 현장에 내담자와 함께 머무르며 존재하도록 합니다. 이것이 '높은 감수성'이며 '다양한 측면'입니다. 앞서 살펴본 예술매체의 10가지 종류는 고유한 영역 안에서도 그 기술수준이 낮은 것에서부터 높은 것에 이르기까지 나눌 수 있을 것입니다. 인간의 발달라인 또한 10가지로 나눌 수 있으며, 여기에서 일반적으로 예술매체를 통해 접촉 및 지각이 용이한 감각 및 감정, 정서는 3번째 발달라인입니다. 우리는 회기나 초점, 그리고 기록상의 편의에 따라 주호소문제를 초점화 또는 개념화할 필요가 있으면서도 언제나 내담자의 발달라인 전체를 조망할 수 있도록 - 내담자 스스로는 매 순간 그것을 인식하지 못하고 있을지라도 - 늘 내담자 발달라인의 지도를 살피고 있어야 합니다. 이 과정에서 ① **예술매체는 접촉의 계기로 작용 ② 상담기술은 방향성으로 작용하게 되며, 이 두 가지 양대요소가 효과적으로 기능할 때에 내담자의 발달라인은 비로소 존재를 드러내고 스스로 균형점을 찾아가는 움직임을 시작**합니다. 이는 일찍이 펫촐트(Petzold)가 창안한 IT(통합치료)의 횡단 및 종단 통합의 개념, 융합예술치료에서 말하는 (단순한 병렬적 관계가 아닌) 감각, 감정, 기능들의 유기적 집적화 개념, 그리고 표현예술치료에서 말하는 창조적 연결 개념과도 맥을 같이 합니다.

많은 심리치료 전문가들은 이러한 **심리변화, 그리고 심리변화로 인한 행동화가 나선형으로 일어나는 특징을 지닌다**고 하였습니다. 이것은, 변화의 과정이란 평면적이거나 위계적인 것이 아님을 뜻합니다. 나선형의 변화는 입체적이고, 창발적이며, 때로는 비순차적으로, 때로는 예측하지 못한 삶의 현장에서 나타나고 감지됩니다. 더욱이 다양한 예술매체를 통한 나선형의 변화는 개인이 가지고 있는 감각 및 감정, 정서의 특이성에 따라 각자가 다른 순서로 나타날 수 있습니다. 바로 이러한 **불시성과 다양성을 포용하는 것이 치료・상담자가 할 일**입니다. 이것은 매우 복잡하고 부담스러운 작업일 수 있지만, 결정적으로 이 방식이 내담자의 자발성과 창조성을 유지시켜주고, 안전하고 편안한 분위기 속에서 자연스럽게 다양한 삶의 장면들을 탐색하도록 지원합니다. 이러한 과정 속에서 내담자는 다양한 삶의 장면들과 관련한 자신의 어려움(일화 및 기억의 조각 등)을 내어놓을 수 있게 되며, 그렇게 발생된 치료・상담자와 내담자 간의 공유데이터는 피상적인 수준의 것이 아니므로 질적으로 치료・상담에 더 유용하게 작용할 가능성이 높습니다. 따라서 치료・상담자는 나선형 구도의 치료과정을 취하게 되면 상대적으로 편의적, 일률적, 교수통제적인 방식을 조금 내려놓는 데에서 오는 불확실감이 발생되더라도 이를 기꺼이 감당할 수 있도록 해줍니다. 즉, **나선형 구도의 치료과정은 내담자와 치료·상담자 모두에게 포용적인 방식이며, 무의식의 추상적인 것들을 의식으로 데려와 연합시킬 수 있는 자연스러운 방식**입니다.

[그림 2] 통합예술심리치료의 나선형 임상구조 및 의도된 예술활동(이성현, 2023b)

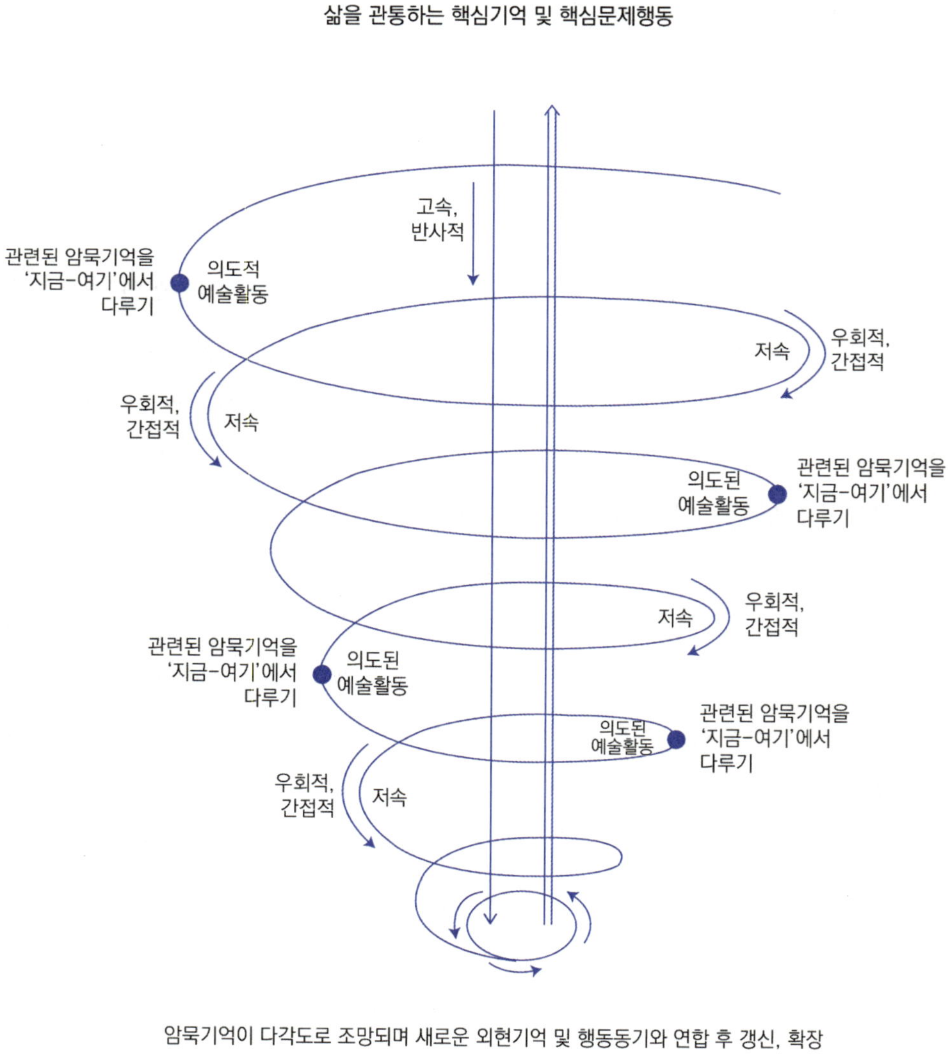

예술경험의 문서화

정량적 또는 정성적이라는 표현이 있습니다. 무언가를 측정할 때에 양적인 기준으로 측정해야 하는지 아니면 질적인 기준으로 측정해야 하는지에 대한 표현을 말합니다. 예를 들어, 다이어트의 결과에 있어 수치의 변화로 알기 쉬운 것들 - 체중이나 근육량, 체질량지수 등 - 은 정량적 측정을 합니다. 즉, 물질적인 변화입니다. 반면에 다이어트의 결과에 있어 수치의 변화로 알기 어렵지만 존재하는 것들 - 기분, 태도, 삶의 질 등 - 은 정성적 측정을 합니다. 즉, 물질적이지는 않지만 존재하는 것들에 대한 변화입니다. **예술경험과 관련한 많은 것들은 대체로 정성적인 것들과 관련**이 많습니다. 가령 '감동받았다'라는 이 느낌을 여러분 모두는 체험적으로 알고 있겠지만, 과연 이를 문서에 어떻게 표현할 수 있을까요? 더구나 우리가 작성해야 할 문서는 감상문이 아닌 업무기록 또는 연구결과입니다. 내담자는 "뭔가 기분이 좋아요" "다시 태어난 것 같아요" "뭐라도 해보고 싶은 마음이 생겼어요" 등의 방식으로 표현할 수 있다고 하더라도, 직업적으로 통합예술심리치료에 임하고 있는 우리는 이것을 문서화할 때 보다 개념화(분석)할 수 있어야 합니다. 다시 말해 내담자의 직접 화법 안에 내재된 의미와 본질을 파악하여 텍스트화할 수 있어야 한다는 것이지요. 심지어 많은 내담자는 비언어적인 방식으로 표현하기도 합니다. 따라서 통합예술심리치료의 현장에서 일어난 느낌과 현상을 그 자리에 있지 않은 사람도 알아볼 수 있도록 최대한 객관화하여 문서에 남기는 것이 중요합니다. 이때 중요한 것은 <u>① 관찰 ② 맥락 ③ 조작적 정의 ④ 직접화법 기술</u>입니다.

다시 다이어트의 결과와 관련한 질적인 변화(정성적으로 측정할 수 있는 것들) 이야기로 돌아가 보겠습니다. 다이어트에 성공한 사람의 기분, 태도, 삶의 질이 달라진 것을 어떻게 알 수 있을까요? 이때 여러분은 관찰, 맥락, 조작적 정의, 직접화법 기술을 활용할 수 있습니다.

먼저 ① **관찰**은 비언어적인 사인들과 관련됩니다. 이전보다 웃는 횟수가 많아지고 어깨를 펴고 걷는 모습 등과 관련된 것들이 해당되겠습니다. ② **맥락**은 상황에 따라 반응하는 것들과 관련되며, 해당 상황에서의 서사가 담겨야 합니다. 무조건 굶으면서 좋지 않은 기분을 느끼기보다는 똑같이 저녁 9시면 금식하는 상태인 것은 맞지만, 12시간 공복을 실행하는 상황에서의 일시적인 공복인 것으로 인식해 성취감과 기대감, 편안한 감정을 기반으로 수행하게 되는 것(만족지연), 즉 저녁 9시의 금식상태에 대해 맥락적으로 이전과 다르게 반응하고 있는 것들이 해당되겠습니다. ③ **조작적 정의**는 수치가 아닌 부분들에서 전과 후(before & after) 비교기술을 하기 위하여, 미리 다이어트의 성패와 관련해 달라질 가능성이 있는 행동리스트를 정해놓고 그것을 가지고 비교기술하는 것입니다. 충동구매횟수의 전과 후 비교, 폭식횟수의 전과 후 비교, 짜증 내는 횟수의 전과 후 비교 등과 같은 것들이 해당되며, 치료·상담공간 이외의 생활과 관련될 때가 더 많습니다. ④ **직접화법 기술**은, 위 열거된 것들에 대한 부연설명으로서 내담자가 언어로 표현하는 것들을 추가적으로 첨가하는 방식입니다. "완전히 다른 세계가 열렸어" "사람들이 나를 더 좋아해주는 것 같아"와 같은 진술들이 해당됩니다.

직접화법 기술은 녹음하지 않는 한 어느 정도 치료자의 기억에 의존해야 합니다. 조작적 정의는 치료·상담에 임하기 전 계획단계에서부터 어느 정도 리스트화한 것들이 있었어야 가능합니다. 관찰과 맥락은 바로 그 순간에 치료자가 알아채는 것입니다. 따라서 수련생이나 초보 임상가들은 자신이 준비한 활동을 그저 순서대로 펼치는 것에 급급하여 내담자가 보내는 관찰과 맥락의 정보 – '중요한 소스(source)'라고 할 수 있는 – 들을 놓치고 넘어가는 경우가 많습니다. 관찰이나 맥락을 파악하는 것은, 치료자가 준비한 언어질문지나 예술활동들을 당연히 자연스럽게 수행할 수 있게 되는 상태에서 여유가 있을 때 비로소 가능해지므로 많은 훈련이 필요합니다. 남을 볼 수 있다는 것은 열린 시야가 확보된다는 뜻이고, 열린 시야가 확보되려면 진행자인 내가 할 일 정도는 가뿐히 할 수 있는 경지에서 비로소 남을 볼 수 있는 상태가 가능하겠지요? 따라서 예술경험의 문서화를 위하여 드리는 위의 팁들은 작은 의미에서는 일지를 작성하기 위한 지침 정도로 생각할 수 있겠지만, 큰 의미에서는 **예술경험의 문서화(질적인 것들의 언어화)가 가능하다는 것은 곧 치료·상담의 수준 자체가 질적인 것들을 측량하면서 작업할 수 있는 안목을 가지게 된 것**과도 같습니다. 다시 말해 단순히 예술경험을 문서화하기 위해 위 지침을 외우고 적용하기보다는, 매 순간 예술경험이 내담자에게 미치고 있는 영향을 시시각각 예의주시하면서 진행한다는 태도로 치료·상담에 임하다 보면 자연스럽게 예술경험을 문서화하는 능력이 동반 향상됩니다. 이처럼 **임상적 직관과 객관적 기술은 임상 초기에는 따로 작동하는 것 같다고 느끼게 되지만, 치료·상담 연차가 쌓여갈수록 한 몸처럼 작동**하게 됩니다.

이 장의 요약 및 생각해볼 문제

- 파울로 크닐(Knill)의 말로, 심리적인 변화가 일어나기 위한 예술활동 조건 중의 하나로 언급한 것은 무엇과 무엇인가?
- 통합이론의 윌버(Wilber)는, 각 발달라인의 접근에서 중요시해야 할 점으로 무엇과 무엇을 말하였는가?
- 통합예술심리치료에서 예술매체는 접촉의 계기로, 상담기술은 방향성으로 작용하게 되는 과정에 대하여 많은 심리치료 전문가들은 이러한 심리변화, 그리고 심리변화로 인한 행동화가 어떠한 구도로 나타난다고 하였는가? 이 구도의 치료과정은 내담자와 치료 · 상담자 모두에게 포용적인 방식이며, 무의식의 추상적인 것들을 의식으로 데려와 연합시킬 수 있는 자연스러운 방식이다.
- '정량적' 개념과 대비되는 것으로, 통합예술심리치료에서 중요시되는 개념은 무엇인가?
- 예술경험을 문서화(질적인 것들의 언어화)할 때 중요한 4가지 개념은 무엇인지 쓰고, 이들에 대해 자신의 말로 기술하기

참고문헌

강철민 역(2022). **감정중심의 오른뇌 정신치료**[Allan N. Schore], 서울: 학지사.

김봉균 역(2022). **시냅스와 자아**[Joseph LeDoux], 서울: 동녘사이언스.

김종주 역(2002). **뇌와 내부세계: 이젠 가슴이 아니라 머리다**[Mark Solms, Oliver Turnbull, Oliver Sacks], 서울: 하나의학사.

노경선, 김건종 역(2013). **감정의 치유력**[Diana Fosha, Daniel J. Siegel, Marion F. Solomon], (주)눈출판그룹.

노경선, 김미경, 김정유, 김주영, 김지연, 박영환, 박정미, 박지환, 서상훈, 신미경, 신원철, 양정미, 임말희, 이근문, 이정해, 이현주, 정승환, 조재일, 추소정 역(2019). **정신치료와 임상적 직관**[Terry Marks-Tarlow], ㈜눈출판그룹.

문일경 역(2011). **통합심리치료 평가와 사례개념화**, 서울: 학지사.

변지영 역(2020). **이토록 뜻밖의 뇌과학**[Lisa F. Barrett], 서울: 더퀘스트.

신경희(2021). **통합스트레스의학**, 서울: 학지사.

엄성수 역(2019). **창조하는 뇌**[David Eagleman, Anthony Brandt], 서울: 쌤앤파커스.

오시연 역(2018). **뇌는 최적화를 원한다**[가바사와 시온], 서울: 쌤앤파커스.

윤혜선 역(2014). **통합예술치료**[Shaun McNiff], 서울: 이담북스.

이에스더 역(2008). **내면의 리듬 - 음악을 통한 몸, 마음, 영혼과의 결합** -[Julia S. Black, Stephan F. Moore], 서울: 상지원.

최지원 역(2021). **마음챙김치료자**[Daniel J. Siegel], 서울: 학지사.

8 중간평가 및 실습

〈표 25〉 통합예술심리치료 슈퍼비전 평가표 (중간평가)

통합예술심리치료 슈퍼비전 평가표 (중간평가)				
슈퍼비전일시:	슈퍼바이지(학생)명:	슈퍼바이저(교수)명:		
구술 평가	**통합예술심리치료 관련 정의 및 개념들을 이해**하고 있는가? (통합예술치료, 통합심리치료, 통합의 개념, 다층적 구조, 발달단계, 멀티리터러시, 메타현상과 메타해석, 다감각적 접근 등)	10	7	4
	통합예술심리치료 관련 철학을 이해하고 있는가? (포스트모더니즘, 내담자의 자율선택권 등)	5	3	1
지필 평가	**상황별 적절한 일지작성**을 하는가? (교육적 치료 · 상담, 치유적 치료 · 상담 등)	10	7	4
	예술경험을 현상 및 질적으로 묘사하며 문서화할 수 있는가? (정성적 기술, 관찰, 맥락, 조작적 정의, 직접화법 등)	10	7	4
실기 평가	**다양한 예술매체의 활용 정도**는 어떠한가? (가짓수, 시너지적 활용 등)	10	7	4
	뇌 통합(통합적 신경작용)의 순서에 따라 프로그램을 구성하고 실행하는가? (총 회기: 감각 – 감정 · 생각 – 관계 · 역할 · 행동 – 시도 · 적응 – 갱신 · 지지 · 확인 / 회기 내: 도입(pre) – 본활동(main) – 나눔(post) 등)	10	7	4
	치료의 각 단계에 맞는 심리치료 이론을 적용하는가? (게슈탈트, 인간 중심, 성장모델, 행동, 인지정서행동, 절충 · 통합 등)	10	7	4
	세션의 전체적 시간 안배가 적절한가?	5	3	1
	언어적 중재는 적절한가? (질문, 반응, 단어선정, 말의 속도와 높낮이 등)	10	7	4
	비언어적 중재는 적절한가? (표정, 시선처리, 손짓, 몸의 각도 등)	10	7	4
	윤리적 태도를 준수하는가? (치료동맹, 사전고지, 위험인식, 중립, 복장, 어조, 자세, 내담자를 대하는 태도, 약속 등)	10	7	4
합계		점/100점		

9

내담자 특성에 따른 치료목표설정 / 진단평가와 초기상담 / 치료동맹 vs 중립적 관계 그리고 치료윤리

내담자 특성에 따른 치료목표설정

치료목표를 설정하게 될 때 고려하게 되는 상황은 먼저 진단과 연령에 관계없이 5가지 부류로 나누어볼 수 있습니다. 기법 중심의 많은 책들에는 예시로 제시되는 치료계획서에 간단한 진단명 또는 주호소문제와 치료목표가 먼저 기재되어 있는데요. **실제 상황에서 우리는 치료목표를 먼저 정한 채로 그 치료목표에 맞는 내담자를 고를 수 없으며, 동일한 진단명과 주호소문제라고 해도 치료목표가 다르게 적용될 수도** 있습니다. 다시 말해 여러분은 여러분의 선호와는 관계없이 어떠한 내담자를 만나게 되는 것부터가 먼저이고, 바로 그 지점에서부터 내담자를 읽어내어 적합한 치료목표를 매칭하는 일 순으로 접근해야 할 상황에 놓이게 됩니다. 즉, 치료목표설정을 공식처럼 외우는 것은 '방향성'이 배제된 것이므로, 계획서는 쉽게 작성할 수 있을지 몰라도 실제 진행에 있어 크게 도움이 되지 않으며, 미숙한 치료를 하게 되었을 때라도 자신의 진정한 고민에 의한 치료목표설정이 아니라면 어느 지점이 미숙했는지를 알아내기(일종의 '임상 오답노트'. '로그북'이라고도 함)도 어렵게 되므로 수정 및 발전하기도 어렵습니다. **내담자의 필요, 그리고 여러분이 통합예술심리치료로 도와줄 수 있는 것 이 두 가지를 항상 동시에 생각하면서 '생각하는 눈'을**

기르는 훈련을 하시기 바랍니다. 이러한 관점에서 여러분이 만나게 될 내담자를 크게 5가지 부류로 먼저 나누어 살펴보겠습니다. 여기서 말하는 '부류'란, '진단명' 보다도 더 먼저 당면하게 하는 상황으로 이해하면 쉬울 것입니다.

첫째는 급성 환자입니다. 급성 환자의 경우에는 주로 위험한 행동으로 인해 입원을 하게 되는 환자군이나 사고나 재난 등을 겪은 직후의 환자군이 해당됩니다. 이들에게는 1차적인 중재목적이 '안정'이 되며, 보호감찰과 같이 위급한 행동을 하지 못하도록 하거나 비일상적인 신체적·심리적 증상들을 이완시키는 작업 등이 최우선순위가 됩니다. 따라서 이 경우에는 통합예술심리치료가 투입될 가능성은 매우 낮습니다. 다음 둘째부터 다섯째까지는 통합예술심리치료가 적용될 수 있으며 치료목표수립이 가능한 부류입니다.

둘째는 만성 환자이면서 스스로 치료의지가 있는 경우입니다. 만성 환자도 진단명에 따라 필요로 하는 바가 다른 것은 당연하겠지만, 일단 만성 환자라는 것은 적어도 치료공간까지 오가는 것이 가능하며, 자신의 상태를 알고 있는, 즉 병식이 있는 경우가 많습니다. 따라서 이 경우에는 치료목표 수립이 가능하게 되며 스스로 치료의지까지 있다면 치료·상담자와 치료적 동맹을 맺기가 수월해집니다. 셋째는 만성 환자이면서 치료의지가 낮거나 없는 상태로 의뢰되는 경우입니다. 치료·상담자에 대해 저항이 크며 무엇을 권해도 잘 응하지 않는 경우가 대부분입니다. 따라서 치료저항을 낮추는 즐거운 활동 그 자체가 일차적인 치료목표가 되겠습니다. 이들에게는 일단 다음, 다다음 치료에 출석을 하는 것 자체만으로도 큰 변화입니다.

넷째는 일반인이면서 치료의지가 있는 경우로 통합예술심리치료뿐 아니라 어떤 치료를 받아도 가장 좋은 예후를 나타낼 수 있습니다. 다섯째는 일반인이면서 치료의지가 낮거나 없는 경우입니다. 여기서 일반인이란, 단지 진단만 없을 뿐 이상징후들이 충분한 이들이거나, 또는 내담자 스스로 어떤 불편감이 있지만 강도 면에서 약하거나 정상 범주이고 다만 내담자 개인이 호전이나 성장을 원하는 이들을 포괄

합니다. 앞선 만성환자의 경우에는 가족 또는 사회적 시스템에 의해 치료가 의뢰되었을 가능성이 있으므로 내담자가 다소 치료저항이 있어도 어쩔 수 없이라도 출석을 하게 되는 외적 장치가 되는 측면도 있으나, 일반인이면서 치료의지가 낮거나 없는 경우에는 오히려 치료 초기에 이탈될 수 있는 가능성도 높습니다. 가령 자신은 정상이라고 생각하지만 가족치료로 의뢰되었는데 '내가 뭐가 문제라는 거야?' 식의 인식을 가지고 있다가 이내 곧 치료에서 이탈해버리는 등의 경우를 예로 들 수 있겠습니다.

위 나열한 **둘째부터 다섯째까지의 내담자군은 주로 통합예술심리치료의 대상**이 될 수 있습니다. 그중에서 치료의지가 없는 경우에는 당연히 치료목표라는 것을 설정하는 것에도 거부적일 것이므로 이 경우에는 치료자가 주도적으로 치료목표를 정하게 되겠으며 참여를 촉진하는 방식 자체부터 고민하면서 이끌어가야 합니다. 치료의지가 있는 경우에는 내담자 스스로 변화의 목적성을 조금이라도 가지고 있는 상태이므로 치료자와 협의하여 치료목표를 설정할 수 있으며, 치료진행과정 자체가 유연하고 수월합니다. 하지만 누구나 둘째, 넷째와 같은 내담자만 만날 수 있는 것은 아니겠지요?

치료목표를 치료자 또는 치료진이 주도적으로 설정하든지 혹은 내담자와 협의하에 설정하든지 간에 치료·상담자인 우리의 입장에서 **치료목표는 다음과 같은 다섯 가지 발달영역** 분류체계 안에서 하나씩 생각해본다면 도움이 될 것입니다. ① 신체적 영역 ② 언어적 영역 ③ 인지적 영역 ④ 사회적 영역 ⑤ 정서적 영역 등에서 어느 부분을 우선적·중점적으로 도울 수 있을지를 생각해보시기 바랍니다. 다섯 가지 발달 영역 내에서 정했다면 **그 다음은 인간의 기본 욕구와 관련한 분류체계 안에서 다시 세분화**합니다. ① 생리적 욕구 ② 안전의 욕구 ③ 소속감과 사랑의 욕구 ④ 존경의 욕구 ⑤ 자아실현의 욕구 등입니다. 예를 들어 발달영역에서 통합예술심리치료와 관련이 깊은 치료목표 카테고리는 사회적 영역과 정서적 영역인데요. (물론 다른 영역들에서도 통합예술심리치료로 도울 수 있으나, 다른 영역들을 도울 수 있는 다른 치료매체들 또한 많음) 예를 들어 사회적 영역, 그중에서도 내담자가 원활하지 않은 대인관계에 있어 대인관계기술의 향상을 치료목표로 정했다고 가정해봅시다. 여기서 다시 내담자의 현재 기본 욕구 수준이 생리적 차원이나 안전유지의 차원인지, 아니면 소속감과 사랑의 욕구 차원인지 존경을 받고 싶은 차원인지 자아실현 단계에 있는 차원인지 등을 초기상담을 통해 파악해야 치료목표 설정은 물론 치료계획, 특히 활동의 '수준'과 관련한 부분을 짤 수가 있게 됩니다. 또한 심리평가가 이미 이루어진 채로 의뢰되는 내담자라고 하더라도, 심리평가 결과의 수치 또는 기술된 문장들과 실제로 활동 안에서 드러나는 양상은 다를 수 있습니다. 이것을 언어 위주의 초기상담을 통해서 알아볼 수도 있지만, 내담자의 저항을 최소화하기 위해서는 바로 활동으로 함께하면서(첫 회기 활동 자체가 관찰 및 진단의 역할로 기능) 내담자의 정보와 특징이 간접적 또는 우회적으로 풀어놓아질 수 있도록 유도할 수 있다는 점이 통합예술심리치료의 장점 중 하나입니다.

발달영역 다섯 가지와 관련하여 일반적으로 **문서상의 치료목표란에 기재할 수 있는 치료목표 관련 용어들**로는, 표현력, 상호작용, 공감능력, 자기존중감, 긍정적 역할수행, 자기조절, 집중지속, 자기돌봄, 적응적 행동, 자기수용감, 대인관계기술, 문제해결능력, 상황조망능력, 생활의 만족감, 활력, 이완, 자기이해, 재인식(통찰 또는 내관) 등이 있으며 이들 용어에 '향상' 또는 '증진'이라는 단어와 결합하면 됩니다. 하지만 이 용어들만이 전부가 아니고 더 다양한 성장과 개선 관련 용어들로 응용될 수 있으며, 때로는 방해행동과 같은 성격의 단어는 '감소'라는 단어와 결합해 치료목표란에 기재(감소 자체가 치료목표가 되어야 할 경우)하면 됩니다. 각 진단명 또는 증상과 관련한 내담자의 세부 형태를 알아보기 위해서는 이상심리학 또는 발달정신병리학 서적 등을 참고하면 되겠습니다. 특별히 자신의 치료임상 및 교육현장 또는 임상실습과 유사한 내담자 케이스에 대해 숙련된 통합예술심리치료사는 어떻게 치료목표를 수립하고 진행을 해나가는지에 대한 강연을 듣거나, 직·간접적으로 슈퍼비전 또는 조언을 듣는 일 등이 상당히 도움이 될 것입니다. 다시 한번 강조하지만, **치료목표수립은 아무리 임상사례가 많은 경우라고 하더라도 암기(공식)로 적용할 수 있지 않으며, 치료 전체 과정을 시뮬레이션하면서 인과관계를 그려보는 사고과정이 반드시 선행되어야** 합니다. 왜냐하면 우리가 하려는 **통합예술심리치료란, 과정 자체가 창조적인 속성을 가지고 있기 때문**입니다.

진단평가와 초기상담

통합예술심리치료 세팅에서는 주로 1회기 세션을 통하여 관찰평가가 이루어지고, 이 관찰평가가 바로 진단평가와 초기상담의 기능을 갖습니다. 여러분이 속한 여러 환경 및 내부시스템적 여건들에 따라 여러분은 통합예술심리치료와 관련하여 대체로 다음과 같은 초기과정을 거치게 됩니다. 하나는 전화 또는 대면으로 간단한 초기상담 이후 1회기를 시작하게 되는 경우와, 다른 하나는 1회기 자체에서 진단 또는 초기상담의 역할을 해야 하는 경우입니다. 법제화된 여러 심리평가도구들이 있습니다만, 그것은 주로 임상심리사의 영역입니다. 여러분이 병원 세팅에 있다면 첫째, 임상심리사의 평가와 진단을 거쳐 통합예술심리치료로 처방이 내려지는 경우와 둘째, 타 병원에서의 평가와 진단을 거치고 현 병원에서는 통합예술심리치료 서비스를 이용하기 위해 내원하는 경우에 속할 것입니다. 여러분이 일반 센터 또는 복지관 등의 세팅에 있다면, 그 내담자는 다른 병원을 다니면서 따로 통합예술심리치료 서비스를 이용하기 위해 여러분을 만나게 되는 경우에 속할 것입니다. 여러분이 학교 세팅에 있다면 그 내담자(학생)는 따로 병원을 다니고 있거나 혹은 어떤 의료서비스도 이용하고 있지 않지만 심리치료를 필요로 하는 상태에서 자의 혹은 타의에 의해 여러분에게 의뢰되는 경우에 속할 것입니다.

통합예술심리치료는 대체의학 및 치유적 교육의 일환이며, 내담자에게 행정적

문서 등을 발급하기 위한 업무라기보다는 내담자의 일상 자체를 관리하기 위한 성격을 갖는 분야이자, 필요에 따라 내담자가 이용하고 있는 타 치료·상담들에 대한 적응력을 높이기 위한 윤활유 역할로서의 기능을 함에 더 가깝습니다. 다시 말해 **통합예술심리치료는 내담자의 모든 치료·상담과 일상 전체에 있어 매우 특별한 마중물 및 연결고리로서 기능하는 특수성**이 있습니다. 따라서 여러분이 심리평가에 국한된 국가자격을 동시에 보유하고 있거나 혹은 보유하고 있더라도 정확히 평가만을 위한 부서에서 근무하고 있지 않는 한은, 여러분은 **대체로 1회기 활동을 통해서 내담자의 예술적 성향이나 반응성 알아보기, 라포 형성 등을 하게 되며, 이것이 통합예술심리치료에서 갖는 '실질적 의미의 진단평가(진단활동)'**라고 하겠습니다. 각 예술매체와 관련한 진단적 성격의 활동은, 이 책의 앞부분으로 잠시 돌아가 '치료자가 접근 및 적용할 예술매체들'에 *표로 제시된 활동들을 참고하세요. 이때 중요한 점은, 이들 활동을 통해 어떠한 점수를 내어 내담자를 규정짓기 위함이 아니라, 여러분과 내담자가 앞으로 어떠한 활동을 통하여 관계를 맺어나갈 것인지를 결정하고, 여러분과 내담자 사이에서 공유된 경험의 첫 점을 찍기 위한 활동으로서 의미를 찾아야 한다는 점임을 기억하시기 바랍니다.

예술매체는 많으나 대체로 한 회기에 주어진 시간은 길지 않기 때문에, 한 회기에서 체크할 수 있는 예술매체반응성 및 내담자 성향파악은 때로는 3~4회기에 걸쳐 이루어지기도 합니다. 이 과정은 치료·상담자인 여러분에게만 정보가 되는 시간이 아니라 내담자 스스로에게도 '어떤 예술경험이 주로 나의 내면과 잘 접촉하도록 하는지'에 대한 자문의 시간이 되며, 바로 이 지점에 대한 상호적 나눔으로부터 여러분과 내담자의 관계 맺기, 그리고 내담자의 이슈파악 등이 시작될 수 있습니다. **특히 다른 진단평가에서 발견되지 않았던 비언어적인 양상들이 통합예술심리치료의 1회기에서 발견된다면, 이는 그 내담자가 통합예술심리치료를 통해 얻을 수 있는 바가 많을 것임을 시사**합니다. 그렇기 때문에 통합예술심리치료 진단활동에서는 **정해진 어떤 무엇을 하거나 수치화하기보다, 무엇을 하더라도 그 예술매체**

를 통한 내담자의 반응을 현상적으로 관찰하여 기록해두는 것이 중요하겠습니다. (이 책에서 '예술경험의 문서화' 부분을 다시 읽어보아도 좋습니다.) 이는 여러분이 간접슈퍼비전을 받기 위한 자료를 만들기 위하여 필요한 훈련일 뿐 아니라, 내담자의 정보를 정량적 개념이 아닌 정성적 개념으로 서술하는 데 도움이 될 것입니다.

즉, 통합예술심리치료사인 우리에게 진단과 초기상담이란 처음부터 끝까지 '**관찰**'이며, 이는 내담자에게 '검사를 받고 있다는 느낌을 주지 않으면서 얻을 수 있는 진솔하고 자연스러운 정보들에 대한 관찰'이기 때문에 더욱 유용할 수 있습니다. 프로이트는 일찍이 "정말로 중요한 사실은 말로 표현되지 않을 수 있다"고 하였으며, 융 또한 "말로 하기 어려운 것들일수록 실은 가장 핵심적인 진실에 가깝다"라고 하였습니다. 이와 같은 프로이트와 융의 말을 다시 한번 상기하면서, 이를 위해 상징 또는 비언어적 사인들에 대한 이해나 직관력을 기를 수 있도록 일상에서 늘 노력해야 하겠습니다.

치료동맹 vs 중립적 관계 그리고 치료윤리

이번 챕터는 치료자와 내담자의 관계에 대한 부분입니다. 앞선 여러 장들을 통하여 여러분은 치료자로서 내담자와의 친밀한 관계형성이 치료·상담에 있어 필수적인 것임을 이해하였으리라 생각합니다. 다만 여러분은 구체적으로 내담자와 어느 정도의 관계를 유지해야 하는지 그 기준이 다소 모호할 수 있겠습니다. 결론부터 말하자면, **치료동맹을 맺는 것은 필요하되 그 관계는 중립적이어야 하며, 그것이 치료에 있어 윤리적인 것**입니다. 치료윤리는 내담자와 치료사 모두의 안녕을 돕는 일이며, 이것이 잘 유지될 때에 치료가 힘을 받을 수 있습니다. 즉, 치료윤리는 치료효과에 있어 충분조건이라 할 수는 없으나 필수조건이며, 치료윤리가 지켜지지 않는 치료는 무의미할 뿐 아니라 치료의 방향성을 크게 저해하고 내담자와 치료자 모두에 심각한 혼란 및 손상을 초래할 수 있습니다.

치료·상담에 있어 치료자는 단순한 진행자 또는 프로그램운영의 대행자, 혹은 구조론적인 관점에서 인생을 코칭하는 컨설턴트가 아닙니다. 또는 지침만을 제공하는 강사로서의 느낌도 아닙니다. **치료자는 '그 자신이 치료도구' 중 하나**입니다. 왜냐하면 정신치료(심리치료)에서는 내담자가 치료·상담 중에 일어나는 여러 감정을 치료자에게 투사하며 그 관계 속에서 새로운 적응적 대안을 발견하고 다시 자신이 속한 사회의 장으로 나아갈 수 있도록 하는 과정 전체를 치료로 보기 때문입니다. 조금 더 알기 쉽게 설명하자면, 치료자는 그 존재 자체만으로도 내담자의 어린 시절 부모, 또는 삶 속에서의 중요한 인물로서(인 것처럼) 내담자에게 느껴질 수 있습니다. 즉, 연습상대로서의 기능이 있다는 뜻입니다. 비단 역할극을 하는 상황만이 아니더라도 말이지요. 이렇게 내담자는 치료자와의 관계의 토대 위에서 상담이든 예술활동이든 해나가게 됩니다. 내담자가 이 모든 활동들을 잘 해나갈 수 있도록 돕는 차원에서 치료자가 지원적이고 수용적인 역할을 충실히 해나가다 보면, 내담자가 평소 가지고 있던 심리적 경향성에 따라 과의존 또는 저항(저항에 대해서는 이후 치료저항 부분을 참고하세요) 및 여타 관계를 '지배'할 수 있는 여러 상황이나 감정들이 발생하게 되는 것이 정상적인 수순입니다. 여기서 오해하지 말아야 할 것은, 이러한 것들이 발생되는 것 자체가 이상한 것이 아니라 매우 자연스러운 상황이며, 중요한 점은 여기서 내담자는 균형을 잃기 쉬우므로, 관계 균형의 키(key)는 치료자가 굳건히 유지하면서 내담자에게도 적절한 방향으로 인도해야 한다는 것입니다. 즉, '다루기'가 필요한 문제이지 애초에 없을 수는 없는 문제입니다.

치료동맹이란, 치료에 있어 팀워크와도 같습니다. **설정된 치료목표를 향해 치료자와 내담자 모두 같은 방향으로 향해 가는 상태**를 말합니다. 이 과정에서 발생되는 대표적 내담자 감정 중의 '저항'은 활동 진행을 어렵게 만들기는 하여도 반대로 너무 유착된 관계를 만들지는 않기 때문에 어떤 면에서는 위험성은 덜하다고 볼 수 있습니다. 하지만 '과의존'은 어느 순간부터 내담자가 치료자에게 전능감을 느끼거나 기대하면서 강한 의존을 하게 되는 상황인데, 이것은 치료장면 안에서는 치료자가 제시하는 활동에 대해 호의적이므로 치료자는 치료진행에 있어서는 오히려 원활하다고 느낄 수 있다는 점이 바로 주의하여야 할 부분입니다. 내담자가 치료행위에 대해 순응적인 것은 좋은 예후와 관련하여 필요한 부분이므로 과도하게 경계하지 않되, 다만 이 과정에서 맥락상 내담자가 너무 독립심을 잃었거나 혹은 치료자의 파워(영향력)가 넘쳐 일어나고 있는 양상은 아닌지를 점검하면서 나아가면 됩니다. 이것이 치료 관계에 있어 중립이며, 윤리적인 관계라고 할 수 있겠습니다.

한편 치료·상담 장면에서의 치료자와 내담자의 관계를 넘어 그 외 슈퍼비전의 전반적 상황에서 국내 심리 및 상담, 그리고 예술치료분야들의 학회가 제시하는 치료·상담 윤리강령을 살펴보면, 다양한 윤리적 주제들에 대해 다음과 같이 제시하고 있습니다. 여러분이 통합예술심리치료사로서 내담자와 어떤 관계를 맺을 것인지에 대해서는 위에 서술된 설명을, 여러분이 수련생의 위치로서 슈퍼비전을 받게 되거나 또는 전문가가 되어 슈퍼비전을 제공할 지위를 획득했을 때에는 다음 표 내용을 참고하면 되겠습니다. 특별히 다음의 표는 슈퍼비전 상황에서 정리된 내용이지만, 여러분이 내담자와 치료자의 관계 상황에서 참고하고자 할 때에는 표 내용에서 수련생을 → 내담자로, 슈퍼바이저를 → 치료·상담자로 치환해서 이해하면 치료자와 내담자의 관계에서도 유사하게 적용이 가능합니다. 물론 내담자와 치료자의 관계는 치료적 그리고 동등한 관계 속에서 이루어지고, 수련생(전문가)과 슈퍼바이저(상위전문가)의 관계는 보다 교육적 관계 속에서 이루어진다는 차이가 있으나, 수련생(전문가)의 슈퍼비전 과정 또한 심리치료 분야의 특성상 자기분석 및 자기치료적인 성격이 상당 부분 포함되며 그것을 슈퍼바이저와 공유하면서 코칭을 받는 과정이 포함되므로, 포괄적인 관점에서 내담자와 치료자의 관계, 그리고 수련생(전문가)과 슈퍼바이저(상위전문가)의 관계는 멘티와 멘토의 관계가 성립된다고 이해하면 좋겠습니다.

〈표 26〉 그 외 슈퍼비전 및 치료 · 상담의 상황에서 고려되어야 할 윤리적 주제들 (출처: 국내 · 외 심리학회, 상담학회)

<table>
<tr><td>1</td><td colspan="2">홍보와 역량</td><td>특정 상담자가(슈퍼바이저 혹은 수련생) 제공할 수 있는 기술과 서비스에 대해서 내담자, 미래 내담자, 그리고 일반 사회에 정보를 제공하는 것</td></tr>
<tr><td>2</td><td colspan="2">경계, 다중관계</td><td>슈퍼바이저와 수련생 사이의 관계 한계, 다중 혹은 이중관계, 복수의 역할들, 슈퍼비전 외의 관계들</td></tr>
<tr><td>3</td><td rowspan="3">역량</td><td>위임</td><td>슈퍼비전을 받으면서 안전하고 효율적으로 수행할 수 있는 수련생의 역량과 함께하는 책임 부여</td></tr>
<tr><td>4</td><td>유능성(수련생, 피자문가 등)</td><td>전문적 역량을 갖추기 위해 필요한 훈련, 교육, 기술, 전문적 경험과 성격적 특성</td></tr>
<tr><td>5</td><td>슈퍼바이저, 자문가</td><td>임상적 슈퍼바이저 혹은 자문가 자격을 갖추기 위해 필요한 훈련, 교육, 기술, 그리고 전문가로서의 경험</td></tr>
<tr><td>6</td><td colspan="2">자문 및 동료평가</td><td>자문가가 공식적인 책임을 지지 않는 정신 건강 전문가, 동료, 훈련생, 그리고 학생에게 임상적 주제에 대해 피드백, 발언, 제안 등을 제공하는 것</td></tr>
<tr><td>7</td><td colspan="2">위기절차</td><td>내담자의 정신 건강 위기 사건에서 어떻게 개입할 것인지에 대해 수련생에게 주는 지침</td></tr>
<tr><td>8</td><td colspan="2">다양성</td><td>수련생에 대한 차별 없는 공정한 대우와 관련된 정책</td></tr>
<tr><td>9</td><td colspan="2">슈퍼비전 문서</td><td>슈퍼비전 기록(회기 내용과 수행에 대한 평가)과 관련된 절차(기록보관 및 유지 등)</td></tr>
<tr><td>10</td><td colspan="2">적법절차</td><td>수련생이 슈퍼비전에 관해서 불만을 가질 때 그리고 슈퍼바이저가 수련생의 불만에 반응하기 위해 따라야 할 절차</td></tr>
<tr><td>11</td><td colspan="2">승인</td><td>수련생이 훈련을 수료했고, 역량을 갖추었고, 안전하게 그리고 효율적으로 상담을 수행할 수 있는 능력을 갖추었음을 입증하는 슈퍼바이저의 진술</td></tr>
<tr><td>12</td><td colspan="2">평가(수련생)</td><td>수련생의 수행평가와 관련된 방법, 시기, 내용, 절차</td></tr>
<tr><td>13</td><td colspan="2">수련생 착취</td><td>슈퍼바이저나 혹은 다른 관련자에 의해서 수련생이 학대를 당하거나 취약한 위치 때문에 부당하게 이용당하는 것을 막는 정책</td></tr>
</table>

<table>
<tr><td>14</td><td colspan="2">비용</td><td>수련생이나 다른 사람에 의해 슈퍼비전에 대한 대가로 지불되는 금전적 보상</td></tr>
<tr><td>15</td><td colspan="2">역량상실(수련생)</td><td>정신적 그리고 신체적 조건의 결과로 정신건강 평가나 개입을 안전하고 효율적으로 제공할 수 있는 능력의 상실</td></tr>
<tr><td>16</td><td rowspan="2">사전 동의</td><td>내담자</td><td>참여하고자 하는 의지에 영향을 줄 수 있는 요인에 대해 충분히 이해하고 내담자가 심리평가나 상담에 참여하기로 동의하는 것</td></tr>
<tr><td>17</td><td>수련생</td><td>참여하고자 하는 의지에 영향을 줄 수 있는 요인에 대해 충분히 이해하고 수련생이 임상 슈퍼비전에 참여하기로 동의하는 것</td></tr>
<tr><td>18</td><td colspan="2">슈퍼비전 종결 혹은 중단</td><td>슈퍼바이저가 아프거나, 사망하거나, 이직하거나, 잠시 혹은 계속적으로 부재하게 되는 상황 등 슈퍼바이저의 삶의 상황에 의해 슈퍼비전이 종결되거나 중단되는 것</td></tr>
<tr><td>19</td><td colspan="2">방법과 책임</td><td>슈퍼비전을 수행하는 데 사용되는 전략과 기술</td></tr>
<tr><td>20</td><td colspan="2">개인성장</td><td>수련생의 개인적인 성장, 자기개방 혹은 상담을 받는 것과 관련된 의무사항</td></tr>
<tr><td>21</td><td rowspan="2">사생활보호</td><td>내담자</td><td>슈퍼비전 맥락에서 내담자의 정보가 개방되면서 내담자의 사생활 보호에 한계가 생기는 것</td></tr>
<tr><td>22</td><td>수련생</td><td>슈퍼비전 맥락에서 수련생의 사생활보호가 제한되는 정도</td></tr>
<tr><td>23</td><td colspan="2">녹음/녹화 및 관찰</td><td>수련생의 상담 및 심리검사, 그리고 다른 전문가로서의 수행을 슈퍼바이저가 관찰하거나 녹음 및 녹화하는 것</td></tr>
<tr><td>24</td><td colspan="2">보고의무</td><td>수련생(혹은 다른 전문가)이 법이나 윤리강령을 어겼을 때, 이를 보고해야 하는 슈퍼바이저의 책임</td></tr>
<tr><td>25</td><td colspan="2">성문제
(성관계/성희롱 등)</td><td>슈퍼바이저와 수련생 사이의 성적인 관계, 슈퍼바이저가 수련생을 착취하는 것, 수련생은 원치 않는데 슈퍼바이저가 성적 관심을 보이는 것</td></tr>
</table>

이 장의 요약 및 생각해볼 문제

- 통합예술심리치료의 주 대상이 될 수 있는 4가지의 내담자 특성을 기술하기(진단명이 아님)
- 내담자를 살펴보며 치료목표를 설정할 때 고려할 5가지의 발달영역은 무엇인가?
- 내담자를 살펴보며 치료목표를 설정할 때 또한 중요한 것 중 인간의 기본 욕구와 관련한 분류체계로, 매슬로(Maslow)가 말한 5가지 욕구는 무엇인가?
- 문서상의 치료목표란에 기재할 수 있는 치료목표 관련 용어들을 5가지 이상 기술하기
- 치료목표수립은 아무리 임상사례가 많은 경우라고 하더라도 암기(공식)로 적용할 수 있지 않으며, 치료 전체 과정을 시뮬레이션하면서 인과관계를 그려보는 사고과정이 반드시 선행되어야 하는데, 그 이유는 통합예술심리치료라는 과정 자체가 어떠한 속성을 가지고 있기 때문인가?
- 통합예술심리치료에서 갖는 '실질적 의미의 진단평가(진단활동)'로, 대체로 1회기 활동을 통해서 내담자의 어떤 것들을 알아보게 되는지 2가지 이상 기술하기
- 통합예술심리치료에서의 진단적 활동의 목적을 다른 심리치료 또는 임상심리 영역에서의 진단평가와 특별히 구별되는 중요한 특징(치료사가 중시할 부분)과 비교하면서 자신의 말로 기술해보기
- 통합예술심리치료에서의 진단적 활동에서 통합예술심리치료사가 행하는 중요한 이 행위를 한 단어로 무엇이라고 하는가?
- 통합예술심리치료에 있어 팀워크와도 같은 개념으로, 설정된 치료목표를 향해 치료자와 내담자 모두 같은 방향으로 향해 가는 상태를 무엇이라고 하는가?
- 치료동맹을 맺는 것은 필요하되 그 관계는 어떠해야 하는가?

참고문헌

고은미, 김잔디 역(2018). **인간은 어떻게 서로를 공감하는가: 거울뉴런과 뇌 공감력의 메커니즘**[Christian Keysers]. 서울: 바다출판사.

맹정현(2002). **라캉과 정신의학**[Bruce Pink], 서울: 민음사.

방기연 역(2012). **상담 수퍼비전에서 만나게 되는 윤리적 주제들**, 서울: 양서원.

배승민, 방수영 역(2022). **아동청소년 트라우마 치료 18가지 치료법**[Markus A. Landolt, Marylene Cloite, Ulrich Schnyder], 서울: 군자출판사.

송후림, 김성철 역(2019). **쉽게 설명한 정신과 면담법: 정신과적 면담과 정신상태검사 가이드북**[David J. Robinson], 서울: 황소걸음아카데미.

이기련 역(2018). **정신분석적 진단**[Nancy McWilliams], 서울: 학지사.

이수연, 이윤희, 이윤주, 서보경(2020). **상담자와 심리치료자를 위한 신경과학: 마음과 뇌의 과학적 통합**[Chad Luke], 서울: 학지사.

10 대상별 치료목표설정 / 총 회기 구성 및 회기 내 구조

대상별 치료목표설정

이번 챕터는 '대상'과 관련해 고려되어야 할 부분입니다. **치료목표설정은 내담자에 따라 다르게 설정**됩니다. 즉, 여러분의 내담자가 환자로서 어떠한 병리적 문제를 가지고 있는지 또는 진단이 없는 일반인의 경우라도 어떠한 주호소문제를 가지고 있는지에 따라 여러분은 위에서 익힌 다양한 예술매체 그리고 심리치료 이론들이 융합된 **통합예술심리치료적 접근에 대한 총체적인 지도를 설계하는 과정에서 대상과 목표에 부합되는 사고과정이 필요한 단계**라고 할 수 있겠습니다. 이 단계는 통합예술심리치료사가 가장 메타적인 인식을 가지고 통합적 사고를 하여야 할 단계로, 비유하자면 통합예술심리치료사로서 선장 또는 지휘자로서의 기능이 총망라되어야 하는 단계입니다. (메타적 인식과 관련해서는 이 책의 서두 부분을 통하여 다시 한번 이해하시기 바랍니다.)

여기서 여러분은 내담자의 유형에 대하여 알아둘 필요가 있을 것입니다. 유형이란, 사람이 갖는 다양한 특질을 범주화해놓은 것을 말하는데 이 책에서는 대표적으로 DSM-5에서 제시하는, 즉 이상심리학 및 발달정신병리학 영역에서 제시하는 의학적 진단체계에서의 유형을 중심으로 분류해 제시하고자 합니다. 이는 아주 보수적이고 콘크리트한 기준이지만 초보자에게는 이러한 분류체계의 개념인식이 중요할 수도 있으며, 초보자뿐 아니라 전문가 또한 이러한 분류체계의 스펙트럼을 펼쳐놓고 보는 일은 내담자 변화의 경향성을 판단하는 중요한 규준이 됩니다. 왜냐하면 **내담자는 하나의 문제로만 되어있지 않으며 그 문제 또한 변해**가기 때문입니다. 예를 들어 어떤 내담자는 PTSD 증상으로 의뢰되었지만, 여러분과의 통합예술심리치료 과정에서 PTSD로 인한 조울증상 및 섭식과 관련한 이슈 또는 내면아이 이슈가 더 크게 부각되는 등의 유동적인 상황을 맞이할 수 있습니다. 따라서 여러분이 먼저 다음 제시되는 표의 기준을 따라 **내담자가 어떠한 변화의 경향성 안에 있는지, 어떤 경로로 이동해가고 있는지 민감하게 인식**할 수 있는 것은 필요합니다. 또한 이 기준을 따라 내담자를 이해하는 것은 **다른 치료진과 의사소통**할 때 매우 도움이 될 수 있습니다. 따라서 먼저 이를 익힌 뒤에 보다 개인적인 범주의 것들이나 세부적이고 주관적인 다양한 조건들, 가령 문화적 차이, 성격적 차이, 연령 및 성별에 의한 차이 등으로 인해 발생되는 각 내담자의 고유한 특질들을 접목해가면서 여러분 또는 여러분이 속해 있는 치료진과의 논의를 거쳐 치료접근 과정을 구축해나가면 됩니다. 특별히 이 과정을 심도 있게 이해하고 자신의 치료·상담 장면에 적용하기 위해 애쓰는 과정은 여러분의 치료적 연륜 및 임상적 직관을 매우 강화시켜줄 것입니다.

특별히 다음의 표에서는 DSM-5에 분류된 각 **진단명** 또는 진단적 경향성에 따른 **주호소문제**를 제시하고 이를 심리사회적·정서적 영역의 통합예술심리치료 소목표 및 대목표 카테고리와 연결해 제시하였습니다. **소목표**는 치료·상담 안에서 보다 직접적으로 개입 및 중재할 부분들, 그리고 프로그램 내용을 구성할 때에 실질적으로 관련성을 부과해야 할 항목에 해당되는 것으로 하위영역으로는 감정표현, 감정인식, 자기지각, 자기표현, 자기수용, 자기이해, 인지수정, 상호작용, 사회적 지지감 등 9가지로 제시하였습니다. **대목표**는 그러한 소목표들을 통해 달성되어야 하는 더 큰 개념의 목표, 즉 목적에 해당되는 것으로 기능 간 통합, 내적 통합(내적 상태 통합 / 내적 맥락 통합 / 내적 정체성 통합), 관계의 통합 등 5가지로 제시하였습니다. **통합예술심리치료에서의 치료목적이란 궁극적으로 자기통합, 그리고 이를 위한 뇌 통합**입니다. (여기서 말하는 '뇌 통합'이란, 앞에서 충분히 설명한 것처럼 '뇌 신경들 간의 통합적 신경작용'으로 이해하시면 좋겠습니다.) 하지만 예를 들어 소목표가 감정표현이더라도, 대목표가 내적 상태 통합이거나 또는 관계의 통합이거나 할 때에 각 소목표의 감정표현은 서로 다른 방향으로 의도되어야 할 수 있습니다. 그러므로 대목표가 없이 소목표부터 설정하게 되면 치료자 스스로 치료프로세스에 대한 내적 설득력이 떨어져 자칫 활동이 기법 중심으로 흐르게 되거나 또는 자꾸만 말로 목표를 설명하게 되는 경향을 갖기 쉽습니다. 따라서 소목표를 설정할 때에는 반드시 대목표를 먼저 설정하고, 그에 따라 내담자를 어떤 과정으로 대목표에 도달하도록 도울 것인지를 고민하다 보면 소목표를 설정하는 것이 훨씬 수월하고, 때로 소목표가 활동 안에서 유연하게 수정되거나 다소 이탈되더라도 큰 틀 안에서 일관된 치료적 흐름을 확보할 수 있게 됩니다. 또한 예술활동과 더불어 수반되는 언어적 중재도 목적에 보다 더 자연스럽게 부합될 수 있습니다.

다음 표에 제시된 대목표 카테고리 - 5가지 통합의 의미는 다음과 같습니다. 기능 간 통합은 다양한 신체기관과 각 기능, 그리고 관련된 감정들이 협응할 수 있도록 하는 것, 내적 상태 통합은 내적 상황 및 상태가 타당한(일리 있고 수용 가능한) 범위 안에서 수렴되도록 하는 것, 내적 맥락 통합은 발현되는 내적 상황의 맥락(인과관계 등)을 이해하고 그에 맞는 적응적 반응 및 흐름을 일깨우는 것, 내적 정체성 통합은 주로 자아와 관련하여 지나친 분리(분열/해리 등) 또는 유착을 관리하거나 독립적인 자아를 찾는 것, 관계의 통합은 나를 둘러싼 가족 및 사회구성원과의 관계에서 건강한 의미를 발견하고 그러한 상태를 지속해나가는 것입니다.

〈표 27〉 이상심리학 및 발달정신병리학에서 제시하고 있는 정신의학적 진단분류체계(DSM-5)

<table>
<tr><th colspan="2" rowspan="2">진단명
(혹은 진단적 경향성)</th><th rowspan="2">주호소문제</th><th colspan="2">심리사회적 · 정서적 영역의
통합예술심리치료 목표 분류</th></tr>
<tr><th>소목표
카테고리</th><th>대목표
카테고리
(*자기통합 및
뇌 통합의 요소)</th></tr>
<tr><td rowspan="6">신경발달
장애</td><td>지적 장애</td><td>낮은 지능으로 사회적응 어려움</td><td>감정표현
사회적 지지감</td><td>기능 간 통합</td></tr>
<tr><td>의사소통 장애</td><td>정상지능이나, 언어사용에 문제</td><td rowspan="2">상호작용</td><td rowspan="2">관계의 통합</td></tr>
<tr><td>자폐 스펙트럼
장애</td><td>사회적 상호작용 및 의사소통,
제한된 관심, 상동행동 문제</td></tr>
<tr><td>주의력 결핍/
과잉행동 장애</td><td>주의집중 및 자기통제 어려움,
산만하고 충동적인 과잉행동</td><td rowspan="2">적응적 행동
자기표현
자기수용</td><td rowspan="2">기능 간 통합
내적 맥락 통합</td></tr>
<tr><td>특정 학습장애</td><td>정상지능이나, 학습부진
학습 관련 기술 습득에 어려움</td></tr>
<tr><td>운동 장애</td><td>현저하게 미숙한 운동능력 또는
부적응적이고 반복적인 움직임(틱)</td><td>자기수용</td><td>기능 간 통합
내적 상태 통합</td></tr>
<tr><td rowspan="2">정신분열
스펙트럼
장애</td><td>정신분열증
(조현병)</td><td>망상, 환각, 혼란한 언어, 부적절
한 행동, 둔마된 감정, 사회고립</td><td>감정인식
자기지각
사회적 지지감</td><td rowspan="2">내적 맥락 통합
관계의 통합</td></tr>
<tr><td>분열정동장애</td><td>정신분열과 양극성 증상이 동반</td><td>감정표현
감정인식</td></tr>
<tr><td rowspan="2">양극성
장애</td><td>제1형
양극성 장애</td><td>조증 삽화가 특징적으로 나타남</td><td rowspan="2">감정표현
감정인식
적응적 행동</td><td rowspan="4">내적 맥락 통합
내적 상태 통합
관계의 통합</td></tr>
<tr><td>제2형
양극성 장애</td><td>우울증과 더불어
경조증 삽화만 나타남</td></tr>
<tr><td colspan="2">우울장애</td><td>우울한 기분, 의욕 및 즐거움 감퇴,
무가치함, 죄책감, 자살사고 등</td><td rowspan="2">자기이해
자기수용
적응적 행동</td></tr>
<tr><td colspan="2">불안장애</td><td>불안과 공포가 주된 증상</td></tr>
<tr><td colspan="2">강박장애</td><td>불안을 유발하는 강박사고에 집착
하면서 불안을 완화하기 위한 반
복적인 강박행동의 지속</td><td>감정표현
자기이해
적응적 행동</td><td>내적 맥락 통합</td></tr>
</table>

외상 및 스트레스 관련 장애	외상 후 스트레스 장애	충격적 외상 및 스트레스 사건 이후 침습 및 회피적 행동, 부적응이 1개월 이상 지속	감정표현 감정인식 자기지각 자기수용 사회적 지지감	내적 상태 통합 관계의 통합
	급성 스트레스 장애	1개월 이내의 외상 후 스트레스 유사증상 상태		
해리장애		의식, 기억, 자기정체감 및 환경지각 등이 평소와 달리 급격히 변화	감정인식 자기지각 자기수용	내적 맥락 통합 내적 상태 통합
신체증상 및 관련 장애	질병불안장애 (건강염려증)	실제로는 큰 건강문제가 없음에도 질병이 있다고 생각해 과도한 불안	감정표현 자기수용 인지수정	내적 맥락 통합 내적 상태 통합 기능 간 통합 내적 정체성 통합
	전환장애	신경학적 손상을 암시하는 운동기능과 감각기능의 이상이 나타남	감정인식 감정표현 자기수용	
급식 및 섭식장애	신경성 식욕부진증	체중증가에 극심한 두려움, 현저한 음식섭취감소 및 거부	감정표현 자기수용 인지수정	
	신경성 폭식증	짧은 시간 내 폭식한 후 구토 등 보상행동 반복이 조절되지 않음		
	폭식장애	보상행동은 없는 폭식증의 상태		
배설장애	유뇨증	신체적 문제 없는 5세 이상임에도 옷이나 침구에 반복적으로 소변	감정표현 감정인식	기능 간 통합 내적 상태 통합
	유분증	신체적 문제 없는 4세 이상임에도 적절치 않은 곳에 반복적인 배설		
수면-각성 장애		수면의 양이나 질의 문제로 인하여 수면-각성에 대한 불만 불평. 불면, 과다수면, 수면발작, 기면, 수면 중 호흡곤란, 몽유, 악몽, 일주기 리듬곤란, 기타 수면행동, 초조성 다리증후군 등	감정표현 감정인식	내적 맥락 통합 내적 상태 통합
성기능 장애 및 성 불편증		원활한 성행위를 방해하는 다양한 기능장애를 포함, 생물학적 성과 자신이 경험하고 표현하는 성 행동 간의 현저한 괴리로 인한 고통 및 사회부적응 문제	감정표현 감정인식 자기수용 상호작용	내적 맥락 통합 내적 상태 통합 기능 간 통합 내적 정체성 통합 관계의 통합

<table>
<tr><td rowspan="3">파괴적, 충동통제 및 품행장애</td><td colspan="2">적대적 반항장애</td><td>타인과의 상호작용에서 성마름, 논쟁적, 앙심 픔고 악의적 행동</td><td rowspan="3">감정표현
적응적 행동
상호작용</td><td rowspan="3">내적 맥락 통합
내적 상태 통합
내적 정체성 통합
관계의 통합</td></tr>
<tr><td colspan="2">품행장애 (청소년)</td><td>난폭하고 잔인한 행동으로 타인의 권리침해 및 사회적 규범위반</td></tr>
<tr><td colspan="2">반사회적 성격장애(성인)</td><td>사회적 규범 및 타인의 권리를 무시하는 행동양상이 반복됨</td></tr>
<tr><td rowspan="2">물질-관련 및 중독 장애</td><td colspan="2">물질-관련 장애</td><td>중독성 물질 사용으로 인한 부적응</td><td rowspan="2">감정표현
자기지각
자기수용
인지수정
적응적 행동
사회적 지지감</td><td rowspan="2">내적 맥락 통합
내적 상태 통합
내적 정체성 통합</td></tr>
<tr><td colspan="2">비물질-관련 장애</td><td>중독성 행위에 몰두함으로 부적응</td></tr>
<tr><td colspan="3">신경인지장애 및 섬망</td><td>현저 또는 경미한 인지기능저하, 혼미함 및 주의력/전환능력 저하</td><td>감정표현
자기지각
자기수용
사회적 지지감</td><td>기능 간 통합
내적 상태 통합</td></tr>
<tr><td rowspan="7">성격장애</td><td rowspan="3">A군</td><td>편집성 성격장애</td><td>타인의 의도를 적대적으로 해석, 불신과 의심</td><td rowspan="3">적응적 행동
상호작용
자기이해
자기지각
인지수정</td><td rowspan="3">내적 맥락 통합
관계의 통합</td></tr>
<tr><td>분열성 성격장애</td><td>감정표현이 없고 대인관계 기피, 타인의 칭찬이나 비난에 무관심</td></tr>
<tr><td>분열형 성격장애</td><td>친밀한 인간관계를 불편해하며 기괴한 행동 및 마술적/기이한 사고, 비논리/비현실적 양상</td></tr>
<tr><td rowspan="4">B군</td><td>반사회성 성격장애</td><td>무책임하며 폭력적, 범법행위 등 후회나 자책감이 없음</td><td rowspan="4">감정인식
자기이해
자기지각
적응적 행동
상호작용</td><td rowspan="4">내적 상태 통합
내적 정체성 통합
관계의 통합</td></tr>
<tr><td>연극성 성격장애</td><td>과도하고 극적인 감정표현, 지나치게 타인의 관심과 주의를 끎</td></tr>
<tr><td>경계선 성격장애</td><td>매우 불안정한 자기상 및 감정, 버림받는 데 불안, 강렬한 대인관계 및 충동적 행동, 자기감 없음</td></tr>
<tr><td>자기애성 성격장애</td><td>웅대한 자기상, 주변으로부터 찬탄받도자 하는 과도한 욕구로 타인을 이용하고도 공감능력 없음</td></tr>
</table>

	C군	회피성 성격장애	부정적 평가에 매우 민감하여 지나친 감정억제 및 사회적 부적절감으로 인한 대인관계 회피	감정표현 자기수용 적응적 행동 상호작용	내적 맥락 통합 내적 상태 통합 내적 정체성 통합 관계의 통합
		의존성 성격장애	보살핌을 받고자 하는 강한 욕구로 지나치게 순종적/굴종적 행동		
		강박성 성격장애	질서정연, 완벽함, 절약 등에 과도한 집착, 완고함, 사소한 데 집착		
성도착 장애(변태성욕증)			성행위 대상이나 성행위 방식에서 비정상성을 나타냄	적응적 행동 상호작용	내적 맥락 통합 내적 상태 통합 관계의 통합
기타 정신장애			개인에게 현저한 고통과 더불어 사회적/직업적 기능의 저하를 초래하는 심리적 문제임에도 진단의 범주에 들지 못하는 경우	감정표현 자기인식 자기이해 자기수용 사회적 지지감	기능 간 통합 내적 맥락 통합 내적 상태 통합 내적 정체성 통합 관계의 통합

영문 진단명	
신경발달장애 (Neurodevelopmental Disorders)	지적 장애(intellectual developmental disorder)
	의사소통 장애(communication disorder)
	자폐 스펙트럼 장애(autism spectrum disorder)
	주의력 결핍/과잉행동 장애 (attention-deficit/hyperactivity disorder)
	특정 학습장애(specific learning disorder)
	운동 장애(motor disorder)
정신분열 스펙트럼 장애 (Schizophrenia Spectrum Disorders)	정신분열증(조현병)(schizophrenia)
	분열정동장애(schizoaffective disorder)
양극성 장애 (Bipolar and Related	제1형 양극성 장애(bipolar Ⅰ disorder)
	제2형 양극성 장애(bipolar Ⅱ disorder)

<table>
<tr><th colspan="3">영문 진단명</th></tr>
<tr><td colspan="2">Disorders)</td><td></td></tr>
<tr><td colspan="3">우울장애(Depressive Disorders)</td></tr>
<tr><td colspan="3">불안장애(Anxiety Disorders)</td></tr>
<tr><td colspan="3">강박장애(Obsessive-Compulsive Disorders)</td></tr>
<tr><td colspan="2" rowspan="2">외상 및 스트레스 관련 장애 (Trauma-and Stressor-Related Disorders)</td><td>외상 후 스트레스 장애(Posttraumatic stress disorder)</td></tr>
<tr><td>급성 스트레스 장애(acute stress disorder)</td></tr>
<tr><td colspan="3">해리장애(Dissociative Disorders)</td></tr>
<tr><td colspan="2" rowspan="2">신체증상 및 관련 장애 (Somatic Symptom and Related Disorders)</td><td>질병불안장애(건강염려증)(illness anxiety disorder)</td></tr>
<tr><td>전환장애(conversion disorder)</td></tr>
<tr><td colspan="2" rowspan="3">급식 및 섭식장애 (Feeding and Eating Disorders)</td><td>신경성 식욕부진증(anorexia nervosa)</td></tr>
<tr><td>신경성 폭식증(bulimia nervosa)</td></tr>
<tr><td>폭식장애(binge eating disorder)</td></tr>
<tr><td colspan="2" rowspan="2">배설장애 (Elimination Disorders)</td><td>유뇨증(enuresis)</td></tr>
<tr><td>유분증(encopresis)</td></tr>
<tr><td colspan="3">수면-각성 장애(Sleep-Wake Disorders)</td></tr>
<tr><td colspan="3">성기능 장애(Sexual Dysfunctions) 및 성 불편증(Gender Dysphoria)</td></tr>
<tr><td colspan="2" rowspan="3">파괴적, 충동통제 및 품행장애 (Disruptive, Impulse Control, and Conduct Disorders)</td><td>적대적 반항장애(oppositional defiant disorder)</td></tr>
<tr><td>품행장애(conduct disorder)</td></tr>
<tr><td>반사회적 성격장애(antisocial disorder)</td></tr>
<tr><td colspan="2" rowspan="2">물질-관련 및 중독 장애 (Substance-Related and Addictive Disorders)</td><td>물질-관련 장애(substance-related disorders)</td></tr>
<tr><td>비물질-관련 장애(non-substance-related disorders)</td></tr>
<tr><td colspan="3">신경인지장애 및 섬망(Neurocognitive Disorders)</td></tr>
<tr><td rowspan="3">성격장애 (Personality Disorders)</td><td rowspan="3">A군 성격장애 (cluster A personality disorder)</td><td>편집성 성격장애(paranoid personality disorder)</td></tr>
<tr><td>분열성 성격장애(schizoid personality disorder)</td></tr>
<tr><td>분열형 성격장애(schizotypal personality disorder)</td></tr>
</table>

영문 진단명		
	B군 성격장애 (cluster B personality disorder)	반사회성 성격장애(antisocial personality disorder)
		연극성 성격장애(histrionic personality disorder)
		경계선 성격장애(borderline personality disorder)
		자기애성 성격장애(narcissistic personality disorder)
	C군 성격장애 (cluster C personality disorder)	회피성 성격장애(avoidant personality disorder)
		의존성 성격장애(dependent personality disorder)
		강박성 성격장애 (obsessive-compulsive personality disorder)
성도착 장애(변태성욕증)(Paraphillic Disorders)		
기타 정신장애(Other Mental Disorders)		

총 회기 구성 및 회기 내 구조

전체 치료 · 상담 회기는 일반적으로 3단계나 4단계, 혹은 5단계 구성으로 나뉩니다. 3단계라면 전기-중기-후기, 4단계라면 전기-중기-후기-종결기, 5단계라면 전기-전중기-중기-중후기-말기 등으로 이해하시면 됩니다. 용어는 여러분이 속한 시스템에서 사용하는 용어로 치환해도 됩니다. 용어에 얽매이지 말고, 기본적으로 3단계 세팅, 즉 전기-중기-후기에서 4단계나 5단계는 그것을 조금 더 세분화한 것이라고 이해하면 좋겠습니다. 이는 마치 우리가 이야기의 구조를 말할 때 3단계로 하면 서론-본론-결론, 4단계로 하면 기-승-전-결, 5단계로 하면 발단-전개-위기-절정-결말로 표현하는 것과 비슷합니다. 이렇게 총 이야기는 같더라도 다른 용어를 사용하거나 다른 분할로 나눌 수 있는 것처럼, **치료 · 상담의 총 회기를 3, 4 또는 5단계로 나누는 것은 결국 큰 틀에서는 유사한 속성**을 가집니다.

확실한 점은, 처음에는 라포형성에 주력하고 내담자의 자발성을 이끌어내면서 내담자의 감각을 깨우는 활동으로 진행하다가 중반에는 내담자의 주호소문제에 주력하고 내담자가 그것을 충분히 풀어내고 새로운 내러티브로 전환할 수 있도록 한다는 것, 그리고 후반에는 통찰과 내관 형성 및 새로운 삶에 대한 의지와 실천을 강조하는 방향으로 진행된다는 것입니다. 이는 총 회기 구성뿐 아니라 회기 내 구조를 만드는 것에도 같은 맥락으로 적용되며, 주호소문제가 구체적으로 내담자마다 다르더라도 일반적으로 이러한 진행 상의 흐름은 동일합니다. 이것을 여러분이 속한 기관의 지침 및 개인적 임상의 상황에 맞게 구성하면 됩니다. 가령, 전체 15회기라면 통합예술심리치료 5단계를 '각 3회기 내외 x 5 = 15회기'로 구성하는 방식입니다. 단, 내담자의 특성과 필요에 맞게 각 단계의 회기 수를 1~2회기 정도씩 가감할 수 있습니다. 각 단계의 핵심요소 및 내용은 앞서 6장의 '통합예술심리치료 5단계(트로피 5단계)'를 다시 한 번 참고하시기 바랍니다.

그렇다면 회기 내 구조, 다시 말해 한 회기 안에서의 구조는 어떻게 구성하면 될까요? 이 또한 3단계나 4단계, 또는 5단계 등으로 나누어 계획하고 실행할 수 있습니다. 최윤영(2020)에 따르면, 여러 단일예술치료 및 통합예술치료의 유사 분야들은 총 회기 및 회기 내 구조를 3단계나 4단계, 또는 5단계로 나누어왔습니다. 그 명칭은 총 회기 구성에 있어서는 초/중/후기 또는 말기, 초기/과도기/작업/종결, 작업동맹/작업/치료목표성취, 준비/탐색/창작, 발견/직면/해소/변화/성장, 카타르시스/실존자각/역할/사회적응/변화수용, 시작/갈등/발달/생산/종결, 도입/작업/통합/새방향 등의 단계구성 명칭들이, 회기 내 구조에 있어서는 시작/발전/마무리, 준비/주제발달/종결, 워밍업/활동/토론, 도입/전개/절정/정리, 체크인/탐색/표현/체크아웃, 준비/세션/종료, 탐색/강화/알아차림/나누기, 열기/만나기/닫기/적용하기 등의 회기 내 구조 명칭들이 있습니다. 이들 모두 각 용어는 다르지만 비슷한 맥락으로 진행된다는 점을 알 수 있습니다.

앞서 제가 제시한 통합예술심리치료 5단계는 **총 회기**를 뇌 통합(통합적 신경작용)의 원리에 따라 기획하고 설계한 것입니다. 그리고 그 안의 **한 회기**는 이를 잘 구현할 수 있도록 틀을 마련해줄 수 있어야 합니다. 이는 마치 '목차' 또는 '순서지'처럼 그날의 전체적인 활동 내용이 치료목적과 관련한 큰 틀 안에서 이탈되지 않도록 하는 안전장치(형식)가 되어줄 수 있습니다. 역시 이와 관련해 홍유진(2018)의 IT 기반 통합예술치료를 보면, 총 회기 구성은 카타르시스/실존자각/역할/사회적응/변화수용 등 5단계, 회기 내 구조는 열기/만나기/닫기/적용하기 등 4단계로 제시하는데 총 회기 구성은 치료목적 중심의 흐름이고 회기 내 구조는 이를 잘 담아내기 위한 형식과 구조 중심임을 알 수 있습니다.

위의 임상현황 및 선행연구들을 종합해보면 특정 용어나 분할 수보다도 '치료적 맥락'이 더 중요한 요인임을 알 수 있습니다. 즉, 회기 내 구조는 3단계든 4단계든 5단계든 '내담자를 자발적이 되도록 열고 - 본활동을 하고 - 안정적으로 닫는' 한 회기의 흐름을 담는 형식이면 되며, 그 용어와 분할상의 표현은 각 소속된 치료진과 협의된 내용이면 됩니다. 이에 따라 저는 통합예술심리치료의 회기 내 구조를 '도입(pre) - 본활동(main) - 나눔(post)'이라는 가장 기본적인 3단계 구조로 제안하며, 여러분은 이 3단계 중 특별히 어느 단계(들)을 한 단계 더 분할해 4단계구성 또는 5단계구성으로 만들어도 좋습니다. 이는 각 기관마다의 시스템에 따라 특히 주어진 회기 시간에 민감하게 선택될 것입니다.

병·의원 및 보건기관, 복지관, 사설센터 등을 중심으로 한 회기에 적당한 시간을 먼저 살펴보면 아동 전반 그리고 성인 중 기능 및 집중지속에 취약한 대상군은 한 회기로 20~40분 정도의 시간, 청소년 이상 성인 및 건강한 노인은 50~90분 혹은 그 이상 2시간 정도까지의 시간에에 걸쳐 회기 내 진행되는 활동 소화가 가능한 것으로 파악됩니다. 치료·상담자는 이러한 치료시간적 여건 안에서 통합적 신경작용(통합예술심리치료 5단계의 신경과학적 흐름 및 과정)을 일으키는 시간적 안배를 하여야 합니다.

물론 통합예술심리치료 5단계는 총체적인 치료 과정(총 회기)과 관련된 개념이고, 그 중 '한 회기'는 그 과정 및 일부입니다. 하지만 한 회기라고 해서 5단계 전체를 의식하고 있지 않으면 안됩니다. 한 회기 안에서의 상황을 보자면, 통합예술심리치료 5단계의 각 단계 중 특별히 어떤 단계에 집중하는 한 회기의 상황일 수 있고, 또는 한 단계에서 다른 단계를 통과하는 회기의 상황일 수 있고, 또는 전체 단계를 소급적용하는 회기의 상황일 수 있습니다. 이렇듯 융통성을 적용하는 이유는, 심리치료라는 것은 내담자의 심리적 흐름 및 역동, 반응 등에 따라 치료·상담자가 반영해 가는 매우 개인적이고도 주관적인 과정이기 때문입니다. 따라서 통합예술심리치료자인 우리들은 총 회기 구성에 대해서도 각 단계의 비율에 대한 융통성을 가질 것과, 또한 회기 내 구조(시간적 비율)에 대해서도 융통성을 가질 것이 권유됩니다. 왜냐하면 **통합예술심리치료 과정은 매우 상호역동적이며 창조적인 과정**이기 때문입니다. 단, 중요한 점은 이 융통성이 발휘되어야 하는 기준은 절대적으로 내담자의 징후 및 경과와 관련된 선택과 결정이어야 한다는 점이며 이는 철저하게 관찰된 정량적·정성적 데이터에 근거에 기반해야 한다는 점입니다. 치료·상담자의 입장을 기준으로 시간에 떠밀려서라거나 혹은 진행자의 선호매체 및 여러 역전이적인 징후들이 그 융통성의 기준이 되어서는 안될 것입니다. 이는 통합예술심리치료 과정이 신경과학적인 기반에서 이루어지는 '근거기반'의 관점, 그리고 내담자의 관찰데이터를 통해 세션의 매 순간을 선택하는 '데이터기반'의 관점으로 설명될 수 있습니다.

이에 따라 결론적으로 **통합예술심리치료의 '총 회기 구성'은 통합예술심리치료(IAPT) 5단계(트로피 5단계)**로 단계별 회기 수만 약간의 유동을 가지는 것으로 하고, **'회기 내 구조'는 '도입(pre) - 본활동(main) - 나눔(post)'**의 3단계로 제안하며 회기 내 구조는 형식과 관련된 부분으로 내용적인 흐름과 치료적 맥락을 담아내는 용어사용 및 분할 수, 시간구성 면에서 계획서 작성에 융통성을 가질 수 있다는 점으로 정리할 수 있겠습니다.

이 장의 요약 및 생각해볼 문제

- 통합예술심리치료에서의 치료목적이란 궁극적으로 자기통합, 그리고 이를 위한 뇌 통합(통합적 신경작용)을 말한다. 또한 통합예술심리치료에서 치료목표는 대상별로 다르게 수립된다. 이를 위해 통합예술심리치료사가 숙지하여야 할 진단분류체계는 무엇인가?
- 이상심리학 및 발달정신병리학에서 제시하고 있는 정신의학적 진단분류체계 중에서 내가 현재 관심 있는 대상을 3가지 정하고, 각 대상마다의 1) 진단명, 2) 주호소문제, 3) 통합예술심리치료 대목표 카테고리, 4) 통합예술심리치료 소목표 카테고리(자기통합 및 뇌 통합의 요소)를 각각 기술하기
- 통합예술심리치료 및 통합예술심리치료와 유사한 분야에서 치료 · 상담의 총 회기를 3, 4 또는 5단계 등으로 나누는 것은 결국 큰 틀에서는 유사한 속성을 가지고 있는데, 어떠한 흐름을 가지고 있는지 자신의 말로 기술해보기
- 통합예술심리치료의 총 회기는 어떻게 구성되어야 하겠는지 '통합예술심리치료 5단계'를 들어 자신의 말로 기술해보기
- 통합예술심리치료의 회기 내 구조는 어떠한 흐름으로 진행되어야 하겠는지 자신의 말로 기술해보기
- 통합예술심리치료의 총 회기 구성 및 회기 내 구조를 선택하고 결정함에 있어서 융통성은 왜 필요한지, 그리고 융통성 적용의 기준은 절대적으로 무엇에 기반하여야 하는지 자신의 말로 기술해보기

참고문헌

강진령 역(2016). **DSM-5 임상사례집**, 서울: 학지사.

권석만(2017). **현대 이상심리학**, 서울: 학지사.

권준수, 김붕년, 김재진, 신민섭, 신일선, 오강섭, 원승희, 이상익, 이승환, 이현정, 정영철, 조현상, 김민아 역(2023). **DSM-5-TR 정신질환의 진단 및 통계 편람**(제 5판 수정판)[APA], 서울: 학지사.

김지훈, 김은경, 김은진, 김진주, 이용화(2008). **의대생을 위한 임상실습 HANDBOOK**, 서울: 예당출판사.

대한보완통합의학회(2012). **통합의학**, 서울: 한미의학.

송후림, 김성철 역(2019). **쉽게 설명한 정신과 면담법: 정신과적 면담과 정신상태검사 가이드북**[David J. Robinson], 서울: 황소걸음 아카데미.

신경희(2021). **통합스트레스의학**, 서울: 학지사.

고대부설행동과학연구소(2000). **심리척도 핸드북 1**, 서울: 학지사.

고대부설행동과학연구소(2000). **심리척도 핸드북 2**, 서울: 학지사.

이기련 역(2018). **정신분석적 진단**[Nancy McWilliams], 서울: 학지사.

이춘재, 성현란, 송길연, 윤혜경, 김혜리, 박혜원, 장유경, 정윤경 역(2011). **발달정신병리학**[Charles Wenar, Patricia Kerig], 서울: 박학사.

임창석 역(2019). **라캉은 정신분석에 대해 이렇게 말했습니다: 나를 찾아가는 라캉의 정신분석**[가타오카 이치타케], 서울: 이학사.

조은문, 임려원(2021). **이상심리 증상별 사례개념화**, 서울: 나눔book.

최은실, 김호정 역(2017). **발달정신병리학**[Linda Wilmshurst], 서울: 학지사.

홍유진(2018). **통합예술치료**, 서울: 학지사.

11 개별구성과 집단구성 / 치료자원과 저항

개별구성과 집단구성

여러분이 내담자와의 치료·상담을 **일대일로 진행한다면 이를 개별구성**이라고 하며, **다(多)대일로 진행한다면 이를 집단구성**이라고 합니다(집단은 다른 말로 그룹이라고도 합니다). 집단은 소집단 / 중집단 / 대집단으로 나눌 수 있는데, 일반적으로 소집단은 2명(짝그룹)에서 4명, 중집단은 5명에서 10명, 11명부터는 대집단으로 봅니다. 사실 이 기준은 여러분이 속한 시스템과 활동구성의 강도에 따라 달라질 수 있는데, 도구 및 준비사항도 많고 상호적으로 밀도 있는 활동이 전제되는 통합예술심리치료에서는 상대적으로 더 적은 인원(10~20명)도 대집단이라고 하지만, 이에 비해 개별맞춤을 필요로 하지 않고 일정 부분 일방적으로도 제공이 가능한 성격의 활동구성이라면 대략 30명 정도 이상부터를 대집단이라고 하는 편입니다. 즉, 중집단과 대집단의 인원수 기준은 여러분이 속한 시스템과 활동구성의 강도에 따라 상당히 유동적입니다.

개별구성에서는 활동의 진행속도나 깊이 등을 온전히 맞춤으로 계획하고 진행할 수 있습니다. 반면에 집단구성에서는 마치 학교수업처럼 개개인에게 일일이 맞추기 어렵습니다. 그럼에도 불구하고 **집단구성이 진행되는 이유는 두 가지**로 나누어볼 수 있습니다. 하나는 경제적인 측면, 즉 운영 면에서 비용절감(인건비 및 이용자부담)을 위한 측면입니다. 다른 하나는 치료목적적인 측면, 즉 활동의 목적 자체가 사회적 상호작용 안에서 집단역동을 경험하도록 하면서 변화를 이끌어 내기 위한 측면입니다. 둘 중 어떠한 이유라고 해도 집단구성으로 진행되는 치료·상담에서는 시간 관리나 활동의 강도조절, 출결 및 이탈 관리 등 이를테면 '물리적'인 면에서 보다 계획적인 접근이 필요합니다. 반면에 개별구성에서는 이런 점들에 대해서는 보다 유연하게 대응할 수 있되 보다 심리적인 기술, 이를테면 즉 '화학적'인 면에서의 다루기가 중요해지는 경우가 많습니다. 이에 대한 이해를 위해서, 가령 여러분의 지난 삶의 경험에서 집단교육을 받거나 여럿이 함께 있는 곳에서 나를 표현할 일이 있었을 때 어땠는지, 반대로 여러분이 개인과외를 받거나 단둘이 대화할 때 어땠는지를 떠올려 보면 보다 이해가 쉬울 것입니다. 이것은 여러분의 개별 및 집단에 대한 선호를 알아보기 위함이 아닙니다. 개별과 집단 둘 중 어느 쪽이든 각 다른 측면에서 각각 여러분을 단련시키는 포인트가 있었을 것입니다. 이를 상기하면서 여러분 또한 여러분의 치료·상담에 대해 개별 및 집단구성을 하는 목적과 진행상의 유의사항을 항상 염두에 두시기 바랍니다.

치료자원과 저항

어려움을 이겨내고 나아가도록 하는 것은 무엇일까요? 여러분은 삶의 여정들에서 어떠한 어려움이 있었고 그것을 이겨내는 데에는 무엇이 작용했던 경험을 가지고 있나요? 개개인마다 특별한 체험들이 있었을 것입니다. 이 챕터에서는 **내담자가 여러분과 치료·상담의 여정을 함께하면서 무엇으로 어려움을 극복**해나가야 할 것인지에 대한 이야기를 해보겠습니다.

저항은 일반적으로 '대항하는 힘'을 뜻합니다. 저항의 사전적 의미를 보면 '밖으로부터 가해지는 힘에 굴복하여 따르지 않고 거역하거나 버팀'이라고 되어있습니다. 물리학에서의 저항은 '운동하는 힘에 반대되거나 자극의 역방향으로 일을 일으키는 현상'을 말합니다. 마치 자석에서 N극과 S극의 관계처럼 말입니다. **심리학에서의 저항은 정신분석학에서 유래되었으며, '내담자가 어떤 정신 질환의 치료에 대해 감정적으로 거슬러 버티는 경향'**을 뜻합니다. 심리학에서의 내담자 저항은, 자신이 저항을 하고 있는지 의식하고 저항하는 경우와 의식하지 못하고 저항하는 (무의식적인 상태에서 발생하는) 두 가지의 경우로 나누어볼 수 있습니다.

그렇다면 **치료 · 상담에서 저항은 왜 발생**될까요? 내담자는 오랫동안 훈습된 행동패턴과 감정패턴을 가지고 있습니다. 이로 인해 발생되는 일상의 불편들로 인해 자발적 혹은 비자발적으로 치료 · 상담에 의뢰되지요. 초기상담과 치료목표설정에 따라 내담자가 치료 · 상담의 과정에 참여하기로 동의하였다고 하더라도, 치료 · 상담자가 내담자에게 이러이러한(목적지향적인) 경향성을 가지고 대하는 과정에서 내담자는 자신의 삶의 패턴을 통해 의식적으로든 무의식적으로든 저항하게 되는 것입니다. 여기서 여러분이 오해하지 말아야 할 것은, 내담자의 저항이란 치료 · 상담자가 무엇을 강압적으로 진행하거나 절차를 잘못 진행하여서 내담자가 컴플레인하는 물리적인 상황과는 별개라는 것입니다. **저항과 컴플레인은 다른 개념**입니다. 컴플레인은, 그야말로 치료 · 상담자가 숙련되지 못했거나 혹은 내담자 성향 자체가 컴플레인으로써 만사를 해결하려는 성향이 있을 때에 발생되는 것입니다. 하지만 **저항은 이보다 훨씬 깊은 무의식의 차원에서 일어나는 것**입니다. 내담자가 수용적으로 치료에 임하고 있고 치료 · 상담자와의 관계가 아주 좋으며 치료 · 상담자가 높은 치료 · 상담기술을 구사하고 있는 경우에도 저항은 반드시 발생되는 것입니다. **저항은 치료 · 상담 과정에서 필연적으로 존재하며 이 저항을 다루는 것 자체가 치료 · 상담**입니다.

즉, 여러분이 기억해야 할 것은 바로 이것입니다. 첫째, 내가 치료 · 상담자로서 적절하게 기능하고 있는 상황이라면, 내담자의 저항에 대해 '내가 또 뭘 잘못했나?'

식으로 너무 두려움을 가지지 말라는 것입니다. 이와 관련하여 어떠한 내담자는 때로 지나치게 수용적이거나 수동적인 패턴으로 치료·상담자를 대하는 경우도 있습니다. 이 경우 여러분은 표면적으로는 내담자가 여러분을 잘 따르니 이러한 내담자를 다루기 쉽다고 느끼게 됩니다. 하지만 놀랄만한 점은, 내담자가 직면을 어려워하는 성향이거나 혹은 애착대상에게 전능적인 것을 바라는 심리적 문제가 있을 경우에도 수용적이거나 수동적인 패턴으로 치료·상담에 참여할 수 있다는 점입니다. 이러한 내담자에게는 이 또한 자신의 패턴을 깨지 않으려 더 강력하게 의존하고 수용하는 형태로서의 저항인 것입니다. 그렇기 때문에 저항이란 늘 내담자가 치료·상담자에게 맞서거나 따지는 형태로만 드러나지 않습니다. 따라서 저항이란 언제나 다양한 방식으로 존재하고 특별한 양상으로 표출될 수 있다는 점을 기억하면서 너무 두려움을 갖지 말고 자연스럽게 받아들이되 '늘 깨어있기를' 바랍니다. 둘째, 내가 치료·상담자로서 무언가가 잘 풀리지 않을 때마다, '이건 내담자의 저항이야'라고 생각하면서 이 문제를 해결하기를 회피하지 말라는 점입니다. 치료·상담자에게도 저항이 있습니다. 돌이켜보면 꼭 치료·상담 장면이 아니더라도 치료·상담자 또한 삶의 여정 속에서 누군가 나에게 저항을 할 때에 반응하는 방식이 있었을 것입니다. 저항과 관련한 한 여러분은 그 누구라도 치료·상담 과정에서 자유로울 수 없고, 결국 이것을 다루는 것이 치료의 관건이 됩니다. 여기에는 많은 연륜과 시행착오, 그리고 객관적인 분석 태도 및 자기성찰적인 수련과정이 포함됩니다. 따라서 저항은 위 언급한 것처럼 첫째 혹은 둘째의 이분법적인 상황으로 발생되지 않는 것인데, 만일 여러분이 저항에 대해 전적으로 치료·상담자인 자신의 탓을 하거나 반대로 전적으로 내담자 탓을 하려는 경향성을 갖게 되면 문제는 복잡해질 수 있습니다. **두 가지 모두에 가능성을 열어두고 매 순간의 저항적 맥락을 '알아차리려는 태도'가 반드시 필요**하겠습니다.

일반적으로 내담자가 보이는 **일반적인 저항의 표현적 징후들**에는 이말저말 많이 하기, 말 적게 하기, 지각 또는 결석하기, 연락이 잘 닿지 않기, 과의존하기,

시시때때로 웃기, 졸리거나 피곤한 듯 행동하기, 과제를 하지 않기, 논쟁하기 등이 있습니다. 생각보다 흔한 패턴들이라는 생각이 들 것입니다. 하지만 이 흔하고 자연스러운 패턴이 결과적으로 치료·상담의 순조로운 진행을 어렵게 하는 경우가 많습니다. 따라서 우리는 초보시절에 치료·상담을 어떤 활동으로 채워 넣을 것인가를 중심으로 주로 생각하고 계획하지만, 실질적으로는 이 저항의 징후들을 능숙하게 알아채고 이에 탄력적으로 대응하여 여러분이 계획한 활동들을 적절하게 가감하거나 변형하는 기술이 어쩌면 더욱 중요한 임상기술임을 기억하면 좋겠습니다. 저항의 에너지가 크지 않다면 그 저항적인 행동을 직접적으로 "지금 이러이러하게 하고 계시군요"라고 일깨워줄 수도 있습니다. 또는 저항적 에너지가 크고 내담자가 감정적으로 격한 상황이라면, 일단 존중하고 수용하는 말을 해주면서 그 에너지가 활동에 집중하는 에너지로 전환될 수 있도록 말이 아닌 활동 중심으로 유도하고 나중에 진정되었을 때 이에 대해 다시 이야기 나누어보는 것이 좋습니다.

먼저 저항에 대해 길게 이야기를 해보았는데요. 그렇다면 챕터의 제목에 있는 치료자원은 어떤 개념일까요? 왜 치료자원을 이야기하기 전에 저항을 먼저 길게 설명했을까요? 대항하는 것을 극복하도록 하는 것은 꼭 특별한 기술에 달려있지만은 않습니다. **이미 존재하거나 잠재되어 있는데 잘 의식하지 못하고 있는 내담자의 내적 또는 주변적 자원들을 상기시켜주는 것만으로도 내담자는 자신의 저항적인 태도를 선회할 수 있는 계기**가 될 수 있으며, 어쩌면 이것이 더 특별한 기술로서 기능하기도 하겠습니다. 쇼어(Schore, 2019)에 의하면 **저항의 기저에는 본질적으로 '두려움'이라는 감정**이 있다고 하였습니다. **인간은 두려움을 해소하기 어려울 때에 여러 부적절한 행동패턴을 양산**해내게 된다는 것입니다. 완벽하게는 아니더라도 이 두려움을 조금 더 잘 다룰 수 있게 되는 경험이 축적되면, 그 사람은 그렇게까지 부적절하게 반응할 필요가 자연스럽게 없어진다는 이야기입니다. 다시 말해 할 수 있다고 느끼거나 좀 되어간다는 느낌을 받게 되면, 저항할 필요가 줄어들게 되는 원리입니다. 따라서 여러분이 할 일은 **치료·상담 전반에 걸쳐 내담자의**

내적·외적 자원들을 꾸준하게 상기시키는 일입니다. 무조건 "잘하셨어요"라고 말하라는 뜻이 아닙니다. 내담자의 고유한 어떤 긍정적이거나 꾸준함, 진솔함 등과 관련된 성격 또는 성향을 일깨워준다든지, 내담자가 어떠한 책략을 이전보다 잘 사용하게 된 것 같을 때에 이를 알아봐주고 격려한다든지, 내담자의 건강한 생활패턴 또는 원천적 힘이 되는 인간관계의 측면이 있다면 이를 끄집어내어 알려준다든지 등의 일입니다. 그리고 마지막으로, 안정적이면서 전반적으로 미소가 많이 흐르는 회기로 이끄는 것은 매우 중요합니다. 심리치료와 정신치료에서는 새로운 경험을 통해 부정적 기억을 긍정적 기억으로 대체하거나 관점 및 내러티브를 바꾸는 것을 중요시하므로, 여러분이 진행하는 치료·상담이 마치 요람과도 같이 편안하고 신뢰로우며 긍정적인 경험으로서 존재하게 되면, 내담자는 자신의 의식적 혹은 무의식적 저항을 현재 느껴지는 감정으로 자연스럽게 치환할 수 있게 됩니다.

이렇듯 **내담자의 저항과 치료자원은 필수불가결한, 그리고 불가분의 관계이며, 반비례 관계**이기도 합니다. 본질적으로 통합예술심리치료에서는, 기본적으로 즐겁고 안전하게 느껴지는 활동들을 통해 내담자가 저항과 방어를 덜 하게 한다는 특징을 전면에 내세워 접근합니다만, 여기에 더하여 여러분이 내담자의 치료자원을 더 많이 발굴해줄수록 시시때때로 발생되는 내담자의 저항이 줄어들거나 혹은 직접적으로 그 저항을 힘들게 다루어야 할 일이 줄어들 것입니다.

이 장의 요약 및 생각해볼 문제

- 치료 · 상담에서 활동의 진행속도나 깊이 등을 온전히 맞춤으로 계획하고 진행할 수 있는 인원구성의 형태는 무엇인가?
- 집단구성이 진행되는 2가지 이유(경제적 측면, 치료목적적 측면)에 대하여 기술하기
- 심리학에서 '저항'의 개념을 기술하기
- 내담자의 저항이란 치료 · 상담자가 무엇을 강압적으로 진행하거나 절차를 잘못 진행하여서 내담자가 컴플레인하는 물리적인 상황과는 별개로, 저항은 이보다 훨씬 깊은 어떠한 차원에서 일어나는 것인가?
- 내담자가 나타내는 저항의 일반적 징후들을 5가지 이상 나열하기
- 정신의학자 쇼어(schore)는 저항의 기저에는 본질적으로 '두려움'이라는 감정이 있다고 하면서, 인간은 두려움을 해소하기 어려울 때에 여러 부적절한 행동패턴을 양산해 낸다고 하였다. 이러한 상황에서 치료사는 1) 내담자의 저항적 무엇을 알아차리려는 노력을 해야 하며, 2) 치료 · 상담 전 과정에 있어 어떠한 일을 해야 하는가?
- '필수불가결한, 그리고 불가분의 관계이며, 반비례 관계'로 설명되는 '이것과 이것의 관계'는 무엇인가?
- 본질적으로 통합예술심리치료에서는 기본적으로 즐겁고 안전하게 느껴지는 활동들을 통해 내담자가 저항과 방어를 덜 하게 한다는 특징을 활용한다는 점을 상기하면서, 치료사인 여러분이 내담자체험을 통해 위와 같은 경험을 했던 사례를 서술해보기

참고문헌

고은미, 김잔디 역(2018). **인간은 어떻게 서로를 공감하는가: 거울뉴런과 뇌 공감력의 메커니즘**[Christian Keysers]. 서울: 바다출판사.

삼성서울병원 정신과 낮병원(2004). **정신과 환자를 위한 통합재활 프로그램 워크북**, 서울: 학지사.

용인정신병원 사회사업과(2013). **집단프로그램 활용지침서**, 서울: 신정.

융 저작 번역위원회 역(2001). **정신요법의 기본 문제**(융 기본 저작집 1)[Carl G. Jung], 서울: 솔.

융 저작 번역위원회 역(2004). **인격과 전이**(융 기본 저작집 3)[Carl G. Jung], 서울: 솔.

정지인 역(2022). **관계의 불안은 우리를 어떻게 성장시키는가**[Ed Tronick, Claudia M. Gold], 서울: 북하우스.

최영희 역(2010). **인지치료에서 저항의 극복**, 서울: 학지사.

추미란 역(2023). **당신이 플라시보다**[Joe Dispenza], 서울: 샨티.

하혜숙, 황매향, 강지현 역(2018). **심리치료의 비밀: 뇌, 마음, 관계를 바꾸는 대화**(L. Cozolino), 서울: 지식의날개.

황헌영, 김세준 역(2011). **누가 아이의 마음을 조율하는가**[Bernadette Hoey], 서울: 울력.

12 사례관리 및 기관특성 / 다학제 디스커션 / 경과 및 결과보고, 치료종결

사례관리 및 기관특성

사례관리란, 내담자가 상담·치료를 받기 시작할 때부터 전체 과정에 대한 경과 관리 혹은 그 이후 일정 기간까지의 사후조치 또는 후속조치(follow-up) 전반을 말합니다. 이것들은 반드시 문서화되어야 관련된 이들 간에 공유가 가능합니다. 따라서 매 회기의 일지가 중요하겠으며, 이는 내담자가 점차적으로 어떠한 양상으로 변화되고 있는지, 치료목표에 따라 나아가고 있는지, 새로운 특이사항은 없는지 등에 대해 점검하는 것으로부터 시작됩니다. 사례관리 자료는 일차적으로는 당연히 내담자의 성장을 위한 것이겠으나, 보다 넓게는 유사한 다른 사례에 대한 대응력을 넓히기 위함 또는 치료효과 검증을 위한 연구나 통계 및 원인분석 등을 위해 활용되기도 합니다.

사례관리는 여러분이 속한 기관에서 관리하는 절차를 따라야 합니다. 일반적으로 사례의 모음은 치료의뢰 당시의 진료기록 또는 타병원기록지 또는 초기면담지에서부터, 치료계획서, 매 회기 단위로 작성되는 일지기록, 주단위나 월단위 또는 분기별로 이루어지는 중간평가보고, 종결기록, 사전사후평가지, 그 외 치료기간 동안 이루어지는 내담자의 자기보고 및 가족보고, 다양한 치료진들의 관찰기록,

종결 이후 전화나 이전보다 긴 주기로 이루어지는 추적치료 및 상담, 약물과의 병행 여부와 관련한 반응성 체크 등이 해당됩니다. 이 과정에서 내담자의 생애주기가 바뀌게 된다면, 다른 연령대 전담의 치료진에게 의뢰될 수도 있습니다.

다학제 디스커션

여러분이 속한 기관의 특성에 따라 여러분은 다양한 분야의 치료진과 소통하게 됩니다. 여러분은 애초에 단일매체로 운영되도록 구성된 기관에서 근무할 수도 있고, 다매체로 운영되도록 구성된 기관에서 근무하게 될 수도 있겠지요. 다매체로 운영되도록 구성된 기관들은 일반적으로 여러 가지 분야의 치료적 개입을 동시다발적으로 하면서 내담자의 성장을 촉진하는 편인데, 이 경우 내담자와의 초기면담을 거쳐 치료계획을 수립할 때부터 자신이 맡은 분야의 치료·상담이 내담자의 무엇을 어떻게 도울 수 있고, 또 그 부분이 타 분야와 어떻게 교류하고 협업할 수 있을지, 서로 개입이 중복되거나 속도나 강도 면에서 상이하지 않게 하는 등의 계획을 수립합니다. 즉, 서로 인접한 다른 분야의 전문가들끼리 모여 한 명의 내담자와 관련한 치료 파이(pie)의 각 부분을 담당하면서 최적의 밸런스를 맞추어가도록 하는 것인데요. 이를 **'다학제 디스커션'**이라고 합니다. 통합예술심리치료사인 우리가 맡게 될 치료 파이(pie)는 때로는 팀 내 더 숙련된 치료·상담 선임에 의해 결정되기도 하고, 때로는 여러분이 주도적으로 '정서적인 부분을 관리하겠다' 혹은 '사회성 측면을 훈련하겠다'와 같이 내담자의 주호소문제와 관련한 한 부분에 대해 치료계획을 수립하여 의욕적으로 먼저 접근할 수도 있습니다. 이 또한 여러분이 속한 기관의 시스템과 분위기에 따르는 것이며, 이를 위해 주기적으로 모든 치료진이 모여 내담자와 관련한 논의, 즉 케이스 컨퍼런스(case conference)를 진행하게 됩니다. 다학제 디스커션이란 바로 이러한 것이며, 다학제 디스커션 안에서 앞서 말한 사례관리가 함께 이루어지는 것입니다. **다학제 디스커션의 장점은, 내담자가 좀 더 안정적이거나 발전적인 경과가 나타나는 치료·상담 방식을 빠르게 전 치료진이 파악할 수 있고, 이후 치료계획을 수정 및 보완해나갈 수 있을 뿐 아니라 전체 치료조직의 효율적인 관리가 가능**하다는 점입니다. 단, 여기에는 학제 간의 꼼꼼하고 열린 소통이 전제가 되어야 합니다. 만일 역기능적인 다학제 시스템이라면, 소통이 배제되거나 경직된 분위기에서 각자가 소극적인 태도의 조직일 수도 있는 것입니다.

여러분이 다학제구성에 관심이 있다면 평소 여러분은 여러분의 치료·상담방식인 통합예술심리치료와 관련해 어떤 치료적 요소의 개입으로 어떤 변화를 일으킬 수 있는지, 선행연구 및 증례 그리고 실질적인 내담자의 반응양상, 경과 및 예측되는 결과나 예후 등을 파악하고 **다른 분야의 전문가(때로는 전문가가 아닌 일반인)들에게 설명하는 훈련을 하는 것이 중요**하겠습니다.

경과 및 결과보고, 치료종결

위와 같은 과정들을 거쳐 약속된(정해진) 종결회기 또는 내담자의 의식적 혹은 비의식적인 종결사인(종결을 할 만한 일관된 징후)이 나타나게 되면, 우리는 서서히 또는 빠르게 종결을 위한 준비를 하게 됩니다. 학교를 통해 의뢰된 학생들의 경우, 또는 호전되었다는 진단서가 필요한 경우를 포함하여 모든 결과보고에는 매 회기의 세부적인 내용보다는 키워드 중심으로 변화된 사항들이 드러날 수 있도록 작성하며, 만일 정량화할 수 있는 개선포인트가 있었다면 간단하게 그래프 등을 추가하여 결과보고서를 작성할 수도 있습니다. 치료를 종결하면서 담당 치료진으로서 향후 권하는 생활개선점이나 타 치료·상담과의 연계 및 추천의뢰를 덧붙일 수도 있습니다. 종종 치료종결까지 한 내담자가 머지않아 다시 돌아오게 되는 안타

까운 경우 또는 소기의 목적을 달성하지 못한 채 이탈되는 내담자의 경우도 발생됩니다. 이때에도 잘 보관해둔 결과보고서는, 새로 시작될 회기들의 계획을 더욱 구조화하고 기간이나 강도, 활용기법 등에 있어 시행착오를 줄여주는 역할을 할 수 있습니다. 기록물의 보관 및 관리지침 역시 여러분이 속한 기관의 내규에 따르도록 합니다.

이 장의 요약 및 생각해볼 문제

- 내담자가 상담 · 치료를 받기 시작할 때부터 전체 과정에 대한 경과관리 혹은 그 이후 일정 기간까지의 사후조치 또는 후속조치(follow-up) 전반을 무엇이라고 하는가?
- 일반적인 사례관리 자료에 담겨야 할 내용을 5가지 이상 기술하기
- 내담자가 좀 더 안정적이거나 발전적인 경과가 나타나는 치료 · 상담 방식을 빠르게 전 치료진이 파악할 수 있고, 이후 치료계획을 수정 및 보완해나갈 수 있을 뿐 아니라 전체 치료조직의 효율적인 관리가 가능한 '다학제 디스커션'에 대하여 이해한 바를 자신의 말로 기술해보기
- 다학제 디스커션에 대비하기 위하여 평소 치료사로서 할 수 있는 사소한 연습(훈련)행위는 무엇일까?
- 경과 및 결과보고서에 작성할 필요가 있는 내용들은 무엇이겠는가? 이 내용들을 선별하고 기록함에 있어 치료사는 어떤 것들을 고려해야 하겠는가?

참고문헌

9인의 정신과 의사(2023). **그대의 마음에 닿았습니다**, 서울: Floor Worx.

강진령 역(2017). **상담심리치료 수퍼비전**[Susan A. Neufeldt], 서울: 학지사.

고은미, 김잔디 역(2018). **인간은 어떻게 서로를 공감하는가: 거울뉴런과 뇌 공감력의 메커니즘**[Christian Keysers]. 서울: 바다출판사.

김용태(2014). **슈퍼비전을 위한 상담사례보고서**, 서울: 학지사.

명지병원 예술치유센터(2019). **그 마음, 예술로 위로할게요**, 서울: 힐링앤북.

박은선(2010). **미술치료 임상실습 지침서**. 서울: 하나의학사.

유미숙, 전성희, 정윤경 역(2015). **임상 슈퍼비전**[Carol A. Falender, Edward P. Shafranske], 서울: 학지사.

유영권, 김계현, 김미경, 문영주, 손은정, 손진희, 심홍섭, 연문희, 천성문, 최의헌, 최한나, 최해림(2018). **상담 수퍼비전의 이론과 실제**(한국 상담학회 상담학 총서 13), 서울: 학지사.

융 저작 번역위원회 역(2001). **정신요법의 기본 문제**(융 기본 저작집 1)[Carl G. Jung], 서울: 솔.

이명우, 장석진, 이정화, 조민아, 김경집, 최창조, 양승민 역(2018). **셀프 슈퍼비전**[Patrick J. Morrissette], 서울: 학지사.

이미경(2006). **놀이치료 수퍼비전**, 서울: 학지사.

이수현, 최인화(2023). **셀프 수퍼비전을 위한 상담기술 훈련**, 서울: 학지사.

이현주(2021). **미술치료 임상실습과 수퍼비전**, 서울: 도서출판 THE TETRRACE.

정여주, 박인혜, 장정자, 조정은, 홍우리 역(2020). **미술 기반 미술치료 슈퍼비전**[Barbara J. Fish], 서울: 학지사.

정현주, 김동민, 김수지, 김영신 역(2012), **음악치료 슈퍼비전**[Michele Forinash], 서울: 학지사.

13 보호자상담 / 가족치료, 가족상담

보호자상담

내담자가 성인이라면 내담자 당사자와의 회기 진행만으로 충분한 소통이 되지만, 내담자가 유/아동 · 청소년이거나 혹은 노인으로 보호자의 개념이 있는 경우 또는 내담자가 성인이더라도 자조가 어려워 보호자로부터 위탁을 받고 있는 경우라면 추가적인 보호자상담이 필요하게 됩니다. 보호자상담은 각 기관특성에 따라 몇 회기마다 한 번씩 그간의 경과에 대해 보호자상담을 하게 되어 있거나 또는 보호자의 특별요청이 있을 경우, 치료 · 상담자가 특별히 보호자와 협의해야 하거나 보호자에게 보고할만한 내담자의 중요 특이사항이 발생하였을 경우 진행될 수 있습니다. 특별히 유/아동 · 청소년 기관의 경우에는 한 회기 세션 자체에서 20% 정도의 시간을 세션 직후 보호자상담에 할애하여 진행하도록 구조화되어있는 경우가 대부분입니다.

이와 같은 보호자상담에서는 치료목표 및 경과의 공유, 특이사항과 관련한 논의, 치료자가 파악하는 내담자의 강점과 약점, 약점을 보완하고 강점을 발현시키기 위한 치료자의 개입과 전략, 강점과 약점과의 충돌지점 혹은 상호역동, 집단치료의 경우 다른 집단원과의 대인관계 역동 및 관계적 특이점, 치료자의 개입과 전략에 대한 내담자의 반응양상, 가정 및 내담자가 속한 사회에서 일관되게 유지되어야 할 개입 지점, 보호자에게 당부할 점, 추가적인 내담자의 변인 요소에 대한 치료자-보호자 간 상호인식, 상호적 신뢰관계의 재확인, 내담자가 추가적인 다른 치료를 받고 있을 경우 그에 관련된 내담자의 반응양상 확인, 보호자에 대한 격려와 지지 등으로 이루어집니다. 따라서 보호자상담은 위 항목들에 의해 일부 교육적인 성격을 가지고 일목요연하게 이루어져야 하면서도 자칫 치료자 측에서만 일방적인 보고가 되지 않도록 하며, **보호자 또한 최고의 보조치료사라는 협력적 관점**에서 보호자 또한 치료과정에 책임과 의무를 가지고 내담자의 일상을 관리하도록 하며 그에 대해 따뜻하고 지원적이면서도 객관적인 태도로 함께 소통하여야 하겠습니다. 한편 실제로 치료·상담을 진행하다 보면 보호자의 소진이나 보호자와 내담자 간의 신규 역동 발생에 의해서 치료·상담과정이 크고 작은 영향을 받는 경우가 상당히 많이 발생되기 때문에, 특히 보호자의 소진관리를 위한 조언이나 보호자가 내담자와 안정된 관계를 유지해나갈 수 있도록 관리해나가는 것 또한 중요한 부분이 됩니다.

가족치료, 가족상담

보호자상담이 치료·상담 외적으로 진행되는 상담이라면, 가족치료 및 가족상담은 세션회기 자체가 가족과 함께 이루어지는 것입니다. 내담자의 많은 문제 또는 주호소내용은 가족과의 이슈와 직·간접적으로 관련된 경우가 많습니다. 따라서 내담자의 문제를 해결하기 위해서는 내담자를 둘러싼 가족상황을 다루는 것이 불가피한 경우가 많습니다. 간접적으로는 주 내담자의 가족이 주 내담자의 치료과정에 더 잘 조력하도록 하기 위하여 가족치료 및 가족상담의 형태로 참여하게 되지만, 직접적으로는 주 내담자를 둘러싼 가족과의 관계 자체가 분쟁적 요소를 가지고 있는 경우 난이도가 상당히 높은 치료·상담이 됩니다. 왜냐하면 가족치료·상담자체가 기본적으로 집단이면서 동질집단이 아니라는 점에서 이미 특별하고도 어려운 상황인데, 가족 구성원 간에 서로를 비난하거나 과의존, 삼각관계 등 부적절한 상호역동을 가지고 있는 경우 사실상 치료자는 중재자가 되며, 다루어야 하는 상호적 감정이 매우 날카롭고 감정의 골 또한 깊기 때문입니다.

이러한 상황에서 각 가족 구성원은 치료자가 조금이라도 다른 가족 구성원의 편이라고 인식하는 순간 치료·상담에 상당히 거부적인 상태가 됩니다. 그러므로 **가족치료 및 가족상담은 대부분 길지 않은 회기 동안에 해결해야 할 요소를 정확히 상호인식하고 진행될 필요**가 있습니다. 또한 치료자가 중재자로서의 성격을 띤다고 하여, 법정에서와 같이 판결을 내야 하거나 그에 합당한 처벌을 제시하는 입장은 아니라는 점을 반드시 유념하세요. **가족치료 및 가족상담에서의 치료·상담자는 서로의 입장에서 생각해보도록 조력하고 서로가 몰랐거나 도외시했던 서로의 강점과 자원, 그리고 서로 간의 조금이라도 좋았던 추억을 재발견**시켜주어야 합니다. 즉, 문제 자체를 해결하거나 판결 내리는 것이 아니라, 역기능적인 가족역할의 상태를 알아차려 가능한 범위 내에서 재조직할 수 있는 기회를 제공하여야 합니다. 또한 이미 산재한 가족문제들을 가족 구성원 간에 함께 힘을 합쳐 버티어나가도록 하고, 때로는 버티어나가야 할 이유를 찾아주며(동기부여), 새로운 관점에서 해결책을 모색할 수 있는 가능성을 열어주는 것입니다. 그러기 위한 역할인식, 역할설정 및 부여, 격려 또는 부탁의 방식을 모색함 등이 필수적 임상기술이 되며, **가족 각각의 특성을 다루기보다는 가족을 집합체로 보고 그들이 서로에게 어떻게 역할하고 관계하는지에 초점을 맞춰 진행**해야 합니다. 하지만 가족 구성원들이 극단적으로 분리된 상태이거나 폭력 등의 위험한 상황이 있을 때, 가족 구성원 간에 방어기제가 완강하거나 그러한 극단적 일원이 있을 때 등은 서로 간에 의견을 수렴하기 어렵고, 변화되고자 하는 동기가 매우 약한 상태이므로 가족형태보다는 각 개별 면담방식이 나을 수 있겠다는 판단을 하여야 합니다.

통합예술심리치료에서는 이와 같은 가족치료·상담 상황에서 언어적 분쟁을 최

소화하고 가족이 함께 하는 예술경험 및 그 경험을 말로 나누는 자체가 새로운 통찰의 변곡점이 될 수 있도록 이끄는 것이 가장 중요합니다. **예술매체는 어느 것을 사용해도 무방하지만 여기에 기존의 가족치료·상담의 전통적인 관점들을 융합시키려는 시도가 필요**합니다. 대표적으로 **해결 중심 가족치료**의 원리는, 가족의 긍정적인 측면에 초점을 두며(없어보이더라도 발견해내야 함), 그들이 지각하는 부정적인 심리도식이 예외가 되었던 순간을 최대한 많이 발견할 수 있도록 합니다. 또한 누구나 해결능력과 자원을 가지고 있다는 전제로 가족구성원 개별 및 전체를 독려하면서 가족구성원의 초점을 과거로부터의 비난에서 미래로 가는 해결중심으로 맞출 수 있도록 활동 및 대화를 이끌어가야 합니다. 또한 **사티어의 경험적 가족치료**의 원리는, 인본주의를 기반으로 문제를 둘러싼 통찰이나 설명보다 그 가족 특유의 갈등과 문화적 행동양식에 맞는 경험을 제공하는 것입니다. 치료 및 상담과정에서 가족들이 자발적으로 자신을 열어보일 수 있는 기회, 표현의 자유, 개인의 성장, 대인관계 자체가 가족 성장에 주요한 자극이 된다고 믿습니다. 따라서 감정표현을 독려합니다. 마지막으로 **포스트모더니즘과 사회구성주의를 기반으로 하는 이야기가족치료**의 원리는, 가족이 처했던 상황과 문화를 재조명하도록 하면서 변하지 않는 과거의 기억이지만 새로운 의미를 발견하도록, 즉 가족구성원이 어떠한 사건들에 대해 새로운 내러티브의 관점을 가질 수 있도록 하는 것입니다. 즉, 가족의 옛이야기에서 새로운 의미를 발견하고 그 이야기에서 발견된 새 힘으로 현재 이야기를 거쳐 새로운 삶으로 이끌어질 수 있다고 믿습니다.

통합예술심리치료에서 해결 중심 가족치료, 사티어의 경험적 가족치료, 이야기치료의 원리가 융합된 활동으로 구성한다면 역할극 또는 조각기법, 그 외 연극매체 중심의 기법들, 그리고 문학 및 사진매체 중심의 기법, 동적 가족화나 협동화, 협동작품 등의 미술매체 기법 등의 활용이 유효합니다. 이들 중심으로 구성된 본 활동을 진행하면서 도입이나 후반 정리 단계에서는 다른 예술매체로 뒷받침 또는 환기하는 것이 좋겠습니다.

이 장의 요약 및 생각해볼 문제

- 보호자상담에서 이루어져야 할 대화내용들을 5가지 이상 기술하기
- 치료사는 보호자를 '최고의 무엇'이라는 협력적 관점으로 대해야 하겠는가? 보호자를 이렇게 대한다는 것은 치료사의 어떠한 행위 또는 태도를 의미하는가?
- 보호자상담 vs 가족치료 및 가족상담의 차이는 무엇인가?
- 가족치료 및 가족상담이 어려울 수 있는 이유들은 무엇인가?
- 가족치료 · 상담의 상황에서 통합예술심리치료가 특별히 기여할 수 있는 부분은 무엇이라고 생각하는가?
- 통합예술심리치료에서 해결 중심 가족치료, 사티어의 경험적 가족치료, 이야기치료의 원리 등이 융합된 활동으로 구성하고자 할 때, 활용될 수 있는 예술매체 및 기법들을 5가지 이상 나열해보기

참고문헌

강현석, 김경수 역(2010). **이야기 만들기**[Jerome S. Bruner], 경기: 교육과학사.

고은미, 김잔디 역(2018). **인간은 어떻게 서로를 공감하는가: 거울뉴런과 뇌 공감력의 메커니즘**[Christian Keysers]. 서울: 바다출판사.

김영애 역(2017). **가족치료: 개념과 방법**[Michael P. Nichols, Sean D. Davis], 서울: 시그마프레스.

이경욱, 유은주, 김민희, 신정식 역(2020). **트라우마 이야기치료**[David Denborough], 서울: 학지사.

이영분, 김유순, 신영화, 전혜성, 최선령(2020). **사례로 배우는 가족상담**, 서울: 학지사.

이재훈 역(1997). **놀이와 현실**[Donald W. Winnicott], 서울: 한국심리치료연구소.

정문자, 이영분, 김유순, 김은영(2020). **해결중심 가족상담**, 서울: 학지사.

정석환 역(2015). **이야기 심리치료 방법론**[Michael White, David Epston], 서울: 학지사.

조용범, 채송희, 최은영(2016). **일곱 개의 방**, 서울: 더트리그룹.

조은유, 김영미, 김서연, 이미희, 허영주(2023). **가족상담 및 치료**, 서울: 동문사.

최연실, 기쁘다, 성미애(2020). **가족상담및치료**, 서울: 한국방송통신대학교출판문화원.

14 셀프슈퍼비전 및 저널 & 로그북 / 자기관리 / 자기계발 및 임상 관련 자격

셀프슈퍼비전 및 저널 & 로그북

셀프슈퍼비전의 필요성은 소극적인 개념에서는 일반적 슈퍼비전을 받을 여건이 부족할 때의 대안적인 방식으로 인식되지만, 보다 적극적(확장적)인 개념에서는 일반적 슈퍼비전과는 별도로 '**치료 · 상담자의 자기관리**'라는 측면으로 폭넓게 이해될 수 있습니다. 결국 슈퍼비전의 목적은 치료 · 상담자로서 '**적절한, 최상의, 중립적인 상태**'로 유지하기 위한 것이기 때문에 셀프슈퍼비전을 등한시한다면 일반적 슈퍼비전에서도 효과적으로 관리되기 어려울 것입니다. 치료 · 상담은 사람을 상대로 사람이 하는 일이기 때문에 다양한 심리적 역동에 노출되고 영향 받는 작업입니다. 따라서 늘 깨어있는 자세로 자신을 성찰하고 평가하면서도, 한편으로는 유연함을 확보할 수 있도록 의식적으로 여유를 가져야 합니다. 이와 관련하여 자신이 치료적인 목표의식을 가지고 있는지, 목표와 관련해 한 개입이었는지 등에 대해 항상 자문할 필요가 있겠습니다. 또한 임상과 관련하여 주기적인 슈퍼비전 경로를 보유하고 있는지, 매너리즘에 빠지지 않기 위해 새로운 임상적 목표를 개발하거나 수용하려는 자세가 있는지, 자신의 임상과 관련한 외부 평가 및 보고 등 발표의 장에 주기적으로 참여하고 있는지 등 또한 중요한 과제가 되겠습니다. 이상의 내용을 일찍이 로스(Roth, 1989)가 정리한 **〈치료 · 상담자의 자기성찰 및 자기평가를 위한 필수요소〉**로부터 공통된 요소들을 추출해 현대적 관점에서 재정리하면 아래와 같습니다.

〈표 28〉 치료 · 상담자의 자기성찰 및 자기평가를 위한 필수요소

	치료 · 상담자의 자기성찰 및 자기평가를 위한 필수요소
1	나 또는 타인의 행동에 대하여 갖는 관점에 각 다른 기준을 적용하지 않는지 살피기
2	연구 수행하기 및 자신의 치료 틀에 대한 근거기반을 위하여 이론적 배경에 관심 갖기
3	타당성이 확보될 때까지 판단 유보하기, 이상이 아닌 실제적 차원에서 의사결정 내리기
4	대안 모색하기 및 다른/다양한 맥락에 투입해보기
5	개방적인 태도 및 다양한 관점 갖기
6	효과를 유발하거나 혹은 유발하지 않은 이유에 대해 다각도로 조망 및 비교/대조하기
7	불안정한 변화에 적응해보는 습관 갖기, 불확실성/복잡성/다양성 내에서 작용해보기
8	탐색 및 명료화를 생활화하되 단정 짓지 않기
9	결과를 예측해보기
10	종합(융합 및 통합)하려는 경향 갖기

위 기준 및 질문들에 셀프로 답을 하면서 글쓰기를 한다면, 그것이 바로 **임상저널 또는 임상로그북**을 기록하는 행위입니다. 임상일지가 내담자에 관해 기록하는 것이라면, 임상저널이나 임상로그북은 치료 · 상담자의 자기성찰적인 기록으로서 자신의 임상기술 그리고 매칭과 관련한 적절성, 자신의 감정관리, 치료 · 상담에 임했던 태도 등을 종합적으로 통찰하는 자기평가 행위입니다. 그렇다고 해서 자책이나 반성문을 쓰라는 의미는 아닙니다. **치료 · 상담 장면에서는 여러 가지 개입을**

동시에 할 수 없거나 혹은 초점화(우선순위)가 이루어져야 하는 상황이 압도적으로 많기 때문에 그러한 상황에서 치료 · 상담자의 판단 및 행위의 적절성 및 도의성, 그리고 최근 치료 · 상담의 경향성 내에서 수렴하기 위한 점검적인 과정이라고 이해하시면 좋겠습니다. 따라서 단순히 일기처럼 기록하기보다는 육하원칙에 의거하면서 내담자의 반응에 대해 치료 · 상담자인 나는 어떠한 반응을 왜 하였고, 그것이 어떠한 흐름으로 이어진 것 같으며 그것에 대해 다른 대안보다 나았다고 생각하는 이유는 무엇인지 등과 관련한 기술로 이어나가도록 합니다. 추후에 기록들을 모아놓고 보면, 특정 기간 또는 특정 이슈와 관련한 치료 · 상담자로서 자신의 경향성을 발견하는 데 매우 큰 도움이 되기 때문에 역전이 관리에도 효과적이며, 셀프슈퍼비전 및 저널 & 로그북 관리는 외부 슈퍼비전을 위한 기초자료로서도 활용될 수 있습니다.

자기관리

일상을 위한 자기관리는 신체적 관리와 심리적 관리로 나누어볼 수 있습니다. 신체적 관리에 있어 일정한 몸의 컨디션 유지를 위해 다년간 적용해온 자기만의 건강관리 습관을 반드시 개발하시기를 권합니다. 특히 많은 치료 · 상담자들에게서 이타적이거나 사명감이 과도한 경우를 흔하게 볼 수 있는데, 이는 소진을 유발하며, **소진의 누적은 번아웃(Burn-out Syndrome)**으로 연결됩니다. 자신의 몸을 돌보지 않는 치료 · 상담자는 엄격한 의미에서 자격미달입니다. **여러분을 먼저 돌보는 것은 절대로 여러분 혼자만의 유익을 위한 것이 아니라 여러분의 내담자와 직결**되어있다고 생각한다면, 여러분은 반드시 자신의 몸을 돌보는 일에 보다 적극적이 되고 정당성을 가질 수 있게 될 것입니다. 여러분의 신체가 편안할 때 여러분의 심리도 잘 관리될 수 있는 것입니다. 이와 관련하여 신체를 즉각적으로 편안하게 만들 수 있는 여러분만의 기술을 체득하기를 권합니다. 비록 완벽하게 잘 되지 않더라도 말입니다. 이것은 개인차가 있는 것이어서 여러분이 다양한 경험을 통해서만 체득할 수 있습니다. 일반적으로 자신에게 맞는 운동, 취미, 여행, 식이, 치유적 요가, 소매틱 치료, 특정 신체질환의 지체 없는 치료 등을 통해 신체적 관리를 할 수 있습니다.

심리적 관리는 어떠할까요? 치료·상담자인 여러분은 누구나 동의하겠지만, 심리는 흐르는 것입니다. 절대로 고정불변의 것이 아니며, 상황에 따라 유동적인, 그리고 쏠리는 특성을 갖는 것이 당연합니다. 따라서 **심리는 통제의 대상이라기보다는 조절의 대상이자 알아차림의 대상**입니다. 다시 말해 내가 특정 상황에서 특정한 심리상태가 되는 것은 당연한 것이지만, 이에 의해 현재 진행해야 할 치료·상담에 특별히 어떤 강한 경향성을 갖는 결과로 이어진다면 조절이 잘 되지 않고 있는 것입니다. 여러분을 이렇게 만드는 것은 외부요인과 내부요인으로 나누어볼 수 있습니다. 외부요인은 그야말로 내 스스로 어쩔 수 없는 불가항력적인 것들로, 나의 심리조절을 어렵게 만드는 외부요인들이 예측된다면 최대한 물리적 거리를 두거나 감당할 수 있는 범위 내에서 조금씩 노출될 수 있도록 해야 합니다. 하지만 누구나 외부요인이 없는 사람은 없습니다. 쉽게 생각하면 내가 한꺼번에 감당할 수 있는 외부요인의 '총량'이 있다고 생각하고, 그 총량 안에서 외부요인을 접촉할 수 있도록 나의 생활반경을 조정하도록 합니다. 이것은 쉬운 것 같지만 실은 **'자신의 생활을 잘 관찰하고 있어야'** 가능합니다. 내부요인은 다른 말로 '나만의 이슈'입니다. 과거의 어떤 경험 또는 기질 및 성향 등으로 인해 내가 특별히 민감한 '어떤 무엇'이지요. 내부요인과 관련해서는 저를 포함하여 이미 여러분이 다양한 방어기제를 사용하고 있을 것입니다. 적절한 방어기제의 사용은 건강한 것입니다. 하지만, 특별히 치우치는(중립을 잃도록 만드는, 과몰입되는) 어떤 내적 무언가가 있다고 느껴진다면 – 이런 것이 하나도 없는 치료·상담자는 없음에 위안을 가지세요 – 그 부분에 적극적으로 자기작업을 시도하여야 합니다. 자기작업은 앞서 설명한 셀프슈퍼비전 또는 저널&로그북보다 훨씬 심층적인 작업이라고 할 수 있습니다.

치료·상담자 역시 특정한 상황에 노출되는 바로 그 상태에서 다루어져야 할 필요가 있을 수 있기 때문에 이를 위해서는 개별작업 또는 집단작업의 형태로 자기작업에 참여하기를 시도할 수 있습니다. 통합예술심리치료를 하는 여러분의 대전제는 '꼭 병리적이어야만 자기작업이 필요한 것이 아니다'라는 것입니다. 그것을 내담자뿐 아니라 자기 자신에게도 적용할 수 있으면 됩니다. 어느 부분에서 누구나 자유롭기 어려운 부분이 있고, 그것으로 인해 내담자를 보다 유연하게 대하기 어렵다고 느낀다면 그 부분에 대해 적극적으로 나아지려고 하는 태도를 갖는 것은, 여러분 자신이 도구가 되는 치료·상담 분야의 특성상 '도구를 장전하고 갱신하는' 의미와 같습니다.

심리적 내부요인을 다루기 위한 방편으로는 적어도 15회기 이상의 개별 자기분석받기, 개별 심상분석받기, 노출치료받기, 집단심리치료에 참여해보기, 사이코드라마 등 특별한 방식의 집단치료를 통해 특정한 사건을 다루어보기, 마음챙김 수련 일상화를 통한 나의 고통의 요소와 마주하고 수용하기 등이 있습니다. 이 또한 개인에 따라 가장 심리적 거부감이 적은 자기작업 방식은 상이합니다. 따라서 다양한 자기작업 방식들에 대해 적극적이고 개방적인 태도만이 여러분의 내부요인을 더 잘 다룰 수 있게 됩니다. 이러한 노력이 주는 이점은 여러분의 내부요인 조절뿐이 아니랍니다. 결국 어떠한 치료·상담자든 연차가 쌓이면 주력하거나 전문적인 대상군이 형성되게 마련인데요, 여러분의 자기작업을 위한 다양한 시도들은 다양한 내담자를 여러분의 상황과 견주어보도록 해주므로, 결국 내담자 다루기에 대한 전문성을 확보하는 데 큰 도움이 됩니다. 다시 말해 여러분 자기관리를 하는 일은 여러분, 그리고 여러분의 내담자 모두와 관련이 있게 됩니다.

더불어 심리상담 및 예술치료 등의 국가 자격화와 관련하여 아직 국가자격화되지 못한 국내와 차별화되는 해외 간의 차이는, 수련과정에 있어 매우 많은 회기의 슈퍼비전 및 자기작업을 필수과정으로 두었느냐 그렇지 않느냐 하는 것입니다. 국내에서도 전문가 반열에 오른 슈퍼바이저들은, 비록 필수가 아니더라도 해외기준에 준하는 슈퍼비전 및 자기작업을 일정 기간 동안 한 이들을 신뢰하는 분위기가 형성되어 있습니다.

자기개발과 계발 및 임상 관련 자격

개발은 이미 있는 능력을 발전시키는 것으로 주로 기술과 기능에 관련된 향상을 의미하며, 계발은 없던 능력을 발현시켜 발전시키는 것, 즉 잠재력의 발견과 발전, 특히 지혜나 사상과 같이 내적 성장과 관련된 것들을 뜻합니다. 따라서 **개발과 계발 모두 통합예술심리치료사인 우리들에게 필요한 것**이겠지요. 자기개발을 위해서는 각종 보수교육이나 워크숍 참석, 그동안 주력하지 않았던 다른 단일예술기법이나 심리치료이론 이해 및 적용을 위한 강의 듣기, 진학 및 유학, 독서 또는 연구참여 등을 통한 방법이 효과적일 것입니다. 또한 개발은 여러분의 능력치를 외부에 나타내는 것과도 관련됩니다. 따라서 자격의 승급 및 슈퍼바이저 반열에 오르기 위한 수련과정 참여 등의 방법을 통해서도 자기개발을 도모할 수 있겠습니다. 반면 자기계발은 여러분이 그 분야에 머물러 있으면서 자연스러운 시간의 흐름 안에서 일부 성취되기도 합니다. 마치 연륜과 같이 말입니다. 또한 자기계발은 자기성찰적 측면 또는 여러분이 해당 분야의 공부나 일을 하는 동안에 다양한 상황들을 마주하고 헤쳐나가고 수용하고 회복탄력을 갖는 등 내적 근육과 관련이 깊습니다. 자기계발은 무조건 기술을 모으고 높아짐으로써 얻어낼 수 있는 것이 아니라 여러분이 현재 개발하는 것들이 무엇을 위한 것인지, 그 의미를 탐색하고 자기성찰을 함으로써 계발이 이루어질 수 있습니다. 새로운 도전이나 경험 등으로부터 계발의 새로운 가능성이 열릴 수도 있습니다.

통합예술심리치료사와 관련한 여러 임상 자격 취득의 과정에는 개발과 계발의 요소가 모두 포함되어 있습니다. 그래서 이 분야에서 한 단계 한 단계 올라가는 것은 매우 긴 시간과 수련을 필요로 합니다. 이와 관련하여 학회 또는 협회의 개념이 있습니다. 학회는 학술연구와 장려활동을 주요 목적으로 하며, 협회는 같은 목적을 가진 사람들이 설립하고 유지하는 모임입니다. 따라서 학회라면 정기학술지가 발간되어야 하는 것이 그 특징이고, 협회는 연구도 할 수 있지만 연구 이외의 다른 목적성을 가진 단체행동을 이어나가는 것이 그 특징입니다. 예를 들면 의사협회는 의사의 권익 및 사회적 이슈에 대응하면서 회원들끼리 결속력을 가지고 동맹을 유지하려는 성격이 크지만, 이미 일정한 자격 조건을 갖추고 해당 학문분야에 대해 연구를 지속하면서 연구동향을 만들어내는 정신의학회 또는 트라우마스트레스학회와 같은 학회들은 권익도 물론 중요하지만 학술적 모임으로서의 목적과 성격이 더 크다고 할 수 있겠습니다. 공통점으로는 학회와 협회 모두 연구나 행위 등의 범위 안에서 회원들 간의 동질성을 기반으로 회원의 권익 및 질적 유지에 관심을 두고 있다는 점을 들 수 있을 것입니다.

통합예술심리치료와 관련한 국내 자격은 학회나 협회, 그리고 그 학회나 협회들을 설립한 자가 주임교수 이상으로 있는 대학교 및 대학원 등에서 관리되고 있습니다. 물론 보건복지부와 같은 행정부처가 그 자격심사의 주체가 되는 경우도 있습니다. 자격관리는 자격발급 기관에 따라 급수가 나뉘어 있으며, 급수는 대체로 수련(실습) 기간 및 필수 슈퍼비전 이수 여부, 필기와 실기시험의 난이도에 따라 구분됩니다. 여러분은 이와 관련해 여러분과 동맹을 맺고 여러분의 수준을 입증해줄 수 있을 만한 단체에 속하여 주기적으로 그 단체에서 수련 및 슈퍼비전 받는 것이 필요합니다. 관련한 검색방법으로는 단일예술매체나 통합예술치료+학회 또는 협회, 심리 및 상담+학회 또는 협회 등의 명으로 검색 및 조사하면서 관련한 유사 단체 등으로 범위를 좁혀나가고, 필요하다면 여러 학회 또는 협회에 가입상태를 유지할 수도 있겠습니다. 등급이 높은 학회 또는 협회일수록 회비 이외의 가입조건 자체가 까다로우며, 그 안에서 다시 정회원, 준회원 및 일반회원 등으로 등급을 나누어 관리하는 경우가 일반적입니다. 또한 자격을 취득했다고 하더라도 위 언급한 자기개발과 자기계발의 정도를 지속적으로 검증받기 위하여 정기시험 또는 보수교육, 주기적인 발표나 연구실적 제출 등의 옵션을 요구받을 수도 있습니다. 이러한 방식으로 통합예술심리치료사들은 승인 및 관리되고 있습니다.

이 장의 요약 및 생각해볼 문제

- 셀프슈퍼비전의 필요성에 대하여 소극적 개념과 적극적(확장적) 개념 2가지 관점에서 기술하기
- 치료 · 상담자의 자기성찰 및 자기평가를 위한 필수요소들을 종합하여 자신의 말로 기술해보기
- 치료 · 상담 장면에서는 여러 가지 개입을 동시에 할 수 없거나 혹은 초점화(우선순위)가 이루어져야 하는 상황이 압도적으로 많기 때문에 그러한 상황에서 치료 · 상담자의 판단 및 행위의 적절성 및 도의성, 그리고 최근 치료 · 상담의 경향성 내에서 수렴하기 위한 점검적인 과정의 일환으로 평소 기록하는 이것을 무엇이라고 하는가?
- 누구나 자신이 하는 일에 자기관리가 필요하며, 치료 · 상담 장면에서 치료사 자신을 먼저 돌보는 것은 절대로 혼자만의 유익을 위한 것이 아니라 내담자와 직결된다는 점을 이해하였다. 특별히 통합예술심리치료사로서 할 수 있는 자기관리의 영역에는 무엇이 있을지, 왜 그렇게 생각하는지 등 자신의 현재 상황과 관련지어 기술해보고 동료 치료사와 나누어보기
- 치료사 자신의 개인적 이슈를 다루기 위한 작업을 평소 진행하고 있는가? 단순히 역량진화, 기법확장만이 목적이 아닌, 역전이 또는 내면아이 등 심리적 영역을 상의하기 위한 나만의 슈퍼바이저가 있는가? 나의 주변에서 내 슈퍼비전을 의뢰할 만한 이들은 누가 있는지 생각해보고, 왜 그들을 떠올렸는지 생각해보기
- 내가 속한 통합예술심리치료 관련 학회 또는 협회는 무엇인가? 가입 및 유지 목적은 무엇이며, 나는 이들 개별 단체들로부터 얻는 유익을 통합적으로 연계해 관리하고 있는가? 통합예술심리치료사의 자격 및 유지 관리체계는 어떠해야 한다고 생각하는가?

참고문헌

김좌준 역(2013). **내 인생을 힘들게 하는 트라우마**[Babette Rothschild], 서울: 소울메이트.

서명원, 안연옥 역(2012). **숨겨진 보물**[Violet Oaklander], 서울: 시그마프레스.

서유리 역(2020). **당신의 어린시절이 울고 있다**[Dami Charf], 서울: 동양북스.

신경희(2021). **통합스트레스의학**, 서울: 학지사.

안희영, 조호남 역(2014). **건강, 웰라이프, 그리고 영적 성장을 위한 켄 윌버의 ILP**[Ken Wilber, Terry Patten], 서울: 학지사.

오제은 역(2004). **상처받은 내면아이 치유**[John Bradshaw], 서울: 학지사.

유성경, 유정이, 이윤주, 김선경 역(2003). **건강한 상담자만이 남을 도울 수 있다**[Thomas M. Skovholt], 서울: 학지사.

윤승서, 이지안 역(2020). **알아차림**[Daniel J. Siegel], 서울: 불광출판사.

융 저작 번역위원회 역(2004). **인격과 전이**(융 기본 저작집 3)[Carl G. Jung], 서울: 솔.

이지연, 황진숙 역(2014). **상담자가 된다는 것**[Jeffrey A. Kottler], 서울: 학지사.

15 최종(기말)평가 및 최종슈퍼비전실습

〈표 29〉 통합예술심리치료 슈퍼비전 평가표(기말평가)

통합예술심리치료 슈퍼비전 평가표(기말평가)				
슈퍼비전일시:	슈퍼바이지(학생)명:	슈퍼바이저(교수)명:		
지필평가	**내담자 특성에 맞는 치료목표를 수립**할 수 있는가? (급성/만성/일반인 여부, 내담자의 치료의지 정도, 5가지 발달영역 및 인간의 기본욕구 등 고려)	10	7	4
지필평가	**내담자의 진단명과 관련한 의학적 지식**이 있는가?(DSM-5)	10	7	4
지필평가	**내담자의 치료자원과 저항을 이해**하는가?	10	7	4
지필평가	**치료사로서 속한(할) 기관의 다양한 상황들을 이해**하고 있는가? (조직도, 사례관리시스템, 다학제 디스커션, 경과 및 결과보고, 동료의 통합예술심리치료 이해 정도, 종결프로세스 등)	5	3	1
지필평가	**보호자 및 가족치료·상담 상황에서 유의 및 적용할 점 등을 숙지**하고 있는가? (독려할 점, 주의할 점, 유용한 기법 등)	5	3	1
실기평가	**진단적 활동(관찰평가)으로서 예술매체를 활용**할 수 있는가?	10	7	4
실기평가	**다양한 예술매체의 활용 정도가 이전보다 발전**되었는가? (가짓수, 시너지적 활용 등)	10	7	4
실기평가	**세션 중 즉흥적 상황에 유연하고 창조적으로 대응**하는가?	10	7	4
구술평가	세션 전, **세션 전체 과정을 시뮬레이션하고 예상되는 어려움에 대한 대비**를 하였는가?	10	7	4
구술평가	**치료사로서, 자신의 강점과 보완할 점을 이해**하고 있는가?	10	7	4
구술평가	**평소 치료사로서 자기관리를 수행**하고 있는가? (셀프슈퍼비전, 저널 & 로그북, 신체 및 심리적 관리, 자기계발, 자격 등)	10	7	4
합계		점/100점		

부록 3 인지적 도제이론(김수현, 2019; 장지헌, 2015, 재구성)

단계	내용
모델링(modeling)	전문가의 수행, 학습자의 관찰, 전문가에 의해 활용되는 인지적 사고 과정 획득 과정
코칭(coaching)	학습자의 수행, 전문가의 관찰, 전문가의 피드백을 통한 학습자의 개선이 이루어지는 과정
비계설정(scaffolding)	학습자에 대한 단서 및 의견 제공, 학습자의 수준에 대한 진단, 다음 단계로 발전시키는 과정
명료화(articulation)	학습자가 하고 있는 것을 설명하게 함으로써 학습자가 스스로 지식, 추론, 문제해결에 대한 명확한 의사를 표현하도록 하는 과정
반성적 사고(reflection)	학습자가 자신의 수행 또는 문제해결 과정에 대해 반추하고 다른 사람들과 비교해 보는 과정
탐구(exploring)	학습자가 스스로 자신의 문제를 해결하고 개인의 목표를 추구하며 일을 조직할 수 있게 하는 과정

부록 4 기술습득이론 5단계(손가화, 2019; 오헌석, 2006; 윤형한, 2009, 재구성)

초보기		상급입문기		능숙기		숙련기		전문기
교육을 통해 해당 분야의 지식과 기술을 습득		풍부하고 실제적인 경험 뒤 진입		다양한 경험으로 상황적 지식 증가		다양한 상황을 통해 풍부한 경험		지식과 기술이 통합
• 학습 요소와 절차를 탈맥락적으로 수용함 • 응집된 감각 부족	⇨	• 학습된 요소, 규칙과 절차 적용, 개념 확장 • 보편적 지식보다는 맥락적, 상황적 수행함	⇨	• 위계적 절차를 습득하여 의사결정함 • 우선순위 고려, 상황적 요소에 따라 판단과 결정함	⇨	• 과업에 깊이 열중함 • 직관적으로 과업을 조직하고 이해함 • 상황의 일부 특성에 집중함	⇨	• 판단과 결정이 무의식적으로 자동화됨 • 비판적 성찰 • 상황의 단순화, 유연한 행동

부록 5 예술치료사 발달평가척도 CAT-DAS(김동민, 김영신, 2019)

영역	번호	문항내용
치료중재기술	1-1	나는 내담자의 언어적/예술적 표현에서 모호한 부분을 명료화한다.
	1-2	나는 적절한 시기에 중재한다.
	1-3	나는 치료 상황에서의 문제를 적절하거나 다양한 방법으로 해결한다.
	1-4	나는 내담자의 필요와 핵심문제를 파악한다.
	1-5	나는 중요한 예술치료기법들을 적절히 사용한다.
	1-6	나는 내담자의 예술적 표현에서 중요한 이슈를 알아차린다.
	1-7	나는 내담자를 다양한 측면에서 인식한다.
역전이관리	2-1	나는 내 성격을 형성시킨 배경 요인들을 이해하고 있다.
	2-2	나는 예술가로서의 정체성을 형성시킨 배경 요인을 이해하고 있다.
	2-3	나는 내담자로 인한 나의 감정을 자각한다.
	2-4	나는 나 자신의 감정을 깊이 있게 숙고한다.
치료관계	3-1	나는 내담자에게 진실하고 솔직하다.
	3-2	나는 내담자의 감정과 상황을 충분히 공감한다.
	3-3	나와 내담자의 관계는 상호적이다.
	3-4	나와 내담자와의 소통이 자연스럽다.
윤리적대처	4-1	나는 전문가로서 윤리규정을 준수한다.
	4-2	나는 직무에서 발생할 수 있는 윤리적 문제를 알아차리고 이에 적절히 대응한다.
	4-3	나는 내 전문성과 관련된 법적 규정을 인지한다.
협업	5-1	나는 치료에서 어려움이 있을 경우, 슈퍼바이저나 동료에게 자문을 구한다.
	5-2	나는 필요하다면 타 전문가와 협업한다.
	5-3	나는 동료들이나 슈퍼바이저의 조언을 경청하고 의견을 공유할 수 있다.

부록 6 예술치료사의 핵심능력(조용태, 2015)

핵심능력	설명
예술 이론적 기초	예술치료의 이론적 기초에 대한 지식 획득
	치료 과정을 이해하기 위해서 체계적인 개념적 틀 활용
	치료 실제에 근거가 되는 중심적인 이론
	정상 발달과 이상 발달의 과정, 교정과 변화 과정을 이해하기 위한 지도의 역할
	다른 핵심 능력을 가지도록 지원
치료 관계	정적 관계 또는 치료동맹을 형성하는 능력
	준비도를 사정하고 치료 증진 행동을 촉진하는 능력
	저항과 모순을 인지하고 해결하는 능력
	동맹파열과 긴장을 인지하고 회복하는 능력
	전이와 역전이를 인지하고 해결하는 능력
중재 계획	포괄적인 진단 사정을 수행하는 능력
	정확한 DSM 진단을 개발하는 능력
	효과적인 임상사례 공식을 개발하는 능력
	효과적인 처치 계획을 개발하는 능력
	통합적인 임상사례 보고서를 입안하는 능력
중재 수행	내담자의 요구, 기대, 상황에 따라 중재
	처치 초점(treatment focus)을 형성하는 능력
	처치 초점을 유지하는 능력
	처치 방해 요인을 인지하고 해결하는 능력
중재 평가와 처치	진전을 점검하고 처치를 적절하게 수정하는 능력
	진전을 평가하고 종결을 위해 내담자를 준비시키는 능력
문화적 민감성	효과적인 문화적 공식을 개발하는 능력
	맞춤식의 문화적으로 민감한 중재를 계획하고 수행하는 능력
윤리적 민감성	윤리적으로 민감한 결정을 하는 능력

부록 7 통합예술치료사의 핵심역량(이수현, 2019)

핵심역량	설명
학문적 이해	예술에 대한 이해를 기반으로 심리학, 상담학, 인류학, 철학, 종교 등 인간과 유관한 다양한 학문에 대한 풍부한 이해
진단과 평가, 계획	내담자 사정을 수행하고 진단, 치료계획을 세울 수 있는 능력
예술매체의 통합적 수행 능력	다양한 예술매체를 내담자 증상과 치료맥락에 따라 통합적으로 활용하는 수행 능력
치료관계형성 및 유지능력	내담자와의 신뢰관계 형성, 치료사의 효과적인 라포형성 기술
치료사 자기탐색 및 이해 능력	치료사 스스로 한계 인식 및 역전이 탐색
집단역동, 돌발상황의 예방 및 대처 능력	내담자의 특성을 파악하여 집단 전체의 역동을 효과적으로 다룰 수 있는 능력, 내담자의 성향, 증상 등 특성에 따른 대처
치료평가 및 종결 능력	평가 점검 및 수정, 치료 확장을 위한 다면적 치료 공간 운용
치료의 중재·계획·수행 능력	내담자 문화에 대한 민감성을 바탕으로 적절한 치료 중재, 치료사의 윤리적 민감성

부록 8 통합예술치료사 역량모형(최춘희, 2021)

역량군	역량요소	역량지표
이론 지식	통합예술치료 이해	1) 치료 목표 설계 이해 2) 회기 구조 이해 3) 핵심 치료 모델 이해 4) 진단법 이해
	심리치료 이해	5) 인간발달 및 심리치료 이론 이해 6) 성격과 이상심리 이해 7) 집단치료 이해
	예술 이론 및 매체 이해	8) 예술 이론 이해 9) 예술 매체 및 기법 이해
직무 수행	기획 · 운영 역량	10) 프로그램 기획 능력 11) 홍보 · 운영 능력
	진단 역량	12) 라포 형성 및 면담 능력 13) 진단도구 선정 능력 14) 검사 실시 및 해석 능력
	통합예술치료 설계 역량	15) 모델 및 기법 적용 능력 16) 예술 매체 통합 및 응용 능력 17) 치료팀 구성 및 운영 능력
	통합예술치료 수행 역량	18) 치료 공간 설계 능력 19) 순발력 20) 창의력 21) 회기 진행 중 참여자 진단 능력 22) 정서적 거리 유지 능력 23) 피드백 및 화두 제공 능력
	치료 평가 역량	24) 문서화 능력 25) 치료 결과 보고 능력 26) 증상 평가 능력
	임상 관리 역량	27) 학제 간 협업 능력 28) 의사소통(참여자, 관계자, 치료팀) 능력 29) 임상 자료 관리 능력
	지역사회 교류 · 협력 역량	30) 지역사회 연계 능력 31) 지역사회 공동 요구 탐색 능력
태도 · 자질	개인 인성 · 자질 역량	32) 리더십 33) 모델링 34) 개방성 35) 성실성
	성찰 및 자기계발	36) 자기분석 37) 소진 예방 38) 자기계발 39) 슈퍼비전 활용
	직업 윤리적 태도	40) 치료사 윤리 준수 41) 이미지 관리 42) 문화적 민감성 43) 인간애 · 존엄성

부록 9 저자의 통합예술치료 관련 연구포스터(이성현, 2023) 및 학술논문 (이성현, 2023a; 2023b; 2024)

의료현장 예술치료 실행에서 요구되는 근거기반 중심의 세 가지 기본 전제들

- 예술매체의 통합, 심리이론의 통합, 뇌 통합(뇌 기전 이해)을 중심으로

국립정신건강센터 이성현 (현 보건복지부 국립정신건강센터(국립서울병원) 의료부 예술치료 총괄)

2023년 현재 국립정신건강센터 의료부에서 통합예술치료사에 의해 시행 중인 통합예술치료의 형태는 근거기반의 세 가지 전제에 따라 정착되어 시행 중이다. 첫째는 다양한 내담자의 상태를 반영하고 자발성을 촉진하기 위한 **예술매체의 통합**이며, 이는 음악, 미술, 연극, 모래놀이, 무용·동작, 명상이다. 둘째는 치료의 각 단계마다 치료자에게 중점적으로 요구되는 상담기술 및 **심리이론의 통합**이며, 이는 게슈탈트, 인간중심, 성장모델, 행동치료, 인지정서행동치료, 그리고 통합적 심리치료이론이다. 셋째는 예술치료 전 과정이 뇌 통합의 과정을 반영하고 있어야 한다는 **뇌 통합**(뇌 기전에 따른 계획수립 및 시행)이며, 이는 뇌 가소성, 뇌 통합의 조건 등 뇌 기전의 단계에 따른 의도적 실행이다.

첫째, 통합예술치료(Integrative Arts Therapy) IT(I-therapy) 매뉴얼(홍유진, 2018)

* 통합예술치료: 한 회기 내에서 두 가지 이상의 예술매체를 혼합해 사용하는 것.
* IT 통합예술치료: 'IT 매뉴얼' 로 된 통합예술치료.
* IT 매뉴얼: 총 회기는 CERAT단계로, 회기 내 구조는 OMCA단계로 구조화한 것.

정신치료·심리치료로서 IT 통합예술치료의 개념

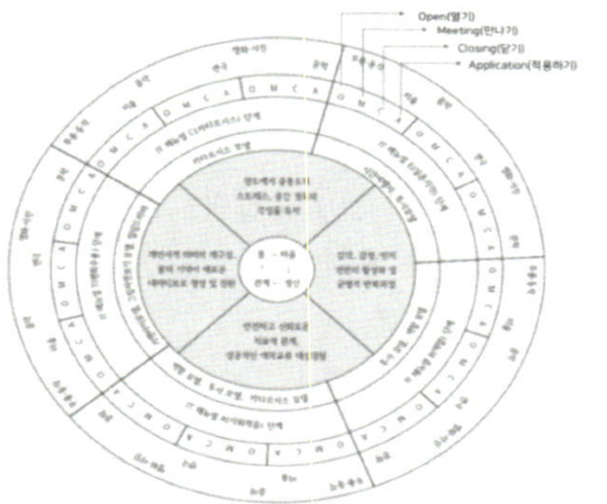

이성현(2023b). IT통합예술치료 임상구조와 실행에 나타나는 신리과학적 관점에서의 심리변화 메커니즘. 문화와융합 45(8).

KCI 한국문화융합학회

둘째, IT 통합예술치료의 CERAT 단계 및 회기 내 구조 OMCA에 나타나는 6가지 심리치료 접근방식의 융합적 활용특성 고찰 (이성현, 2023a)

IT 통합예술치료 각 단계에 나타나는 6가지 심리치료의 융합적 접근방식과 치료자 핵심기능 및 태도

C 단계 (카타르시스)	E 단계 (실존자각)	R 단계 (역할)	A 단계 (사회적용)	T 단계 (변화수용)
O, M	O, M	A	C	A
게슈탈트 인간중심	게슈탈트 인간중심	행동 성장모델	인지정서행동 성장모델	인지정서행동
절충적 · 통합적				
중재자	조정자	완충자	확장자	
배출자 접촉자	수용자 촉진자	생성자 안내(지시)자 연결자	실천독려자 연계자	확인자 지지자

핵심기능 및 태도
* 배출자: '지금-여기'에서 힘을 미치는 게슈탈트의 배출
* 접촉자: 내담자가 자기 내면과 접촉, 알아차림
* 수용자: 내담자의 내적 참조 체제, 역동을 수용
* 촉진자: 내담자의 내적 흐름, 창조성을 촉진
* 생성자: 행동수정과제를 생성
* 안내(지시)자: 내담자의 과제이행 및 화두를 안내(지시)
* 연결자: 내담자 자료 및 과제결과와 자기인식 간 연결
* 실천독려자: 내담자 일상에서의 책략사용 실천을 독려
* 연계자: 통찰과 행동변화 간 연계
* 확인자: 수정된 내담자 상태의 경험을 확인
* 지지자: 인지·정서·행동의 수정을 통합적으로 지지
* 중재자: 특정 이론이 절대적일 수 없다는 관점에서 중재
* 조정자: 내담자의 변화의 분기점마다 발생되는 새로운 자기감을 조정
* 완충자: 단일 심리치료방식들 적용 사이마다 내담자의 신규방어 및 부작용 완충
* 확장자 : 내담자의 대응방식을 다양하게 확장

KCI 한국문화융합학회

셋째, IT 통합예술치료 임상구조와 실행에 나타나는 신경과학적 관점에서의 심리 변화 메커니즘 (이성현, 2023b)

IT 통합예술치료에서 일어나는 뇌, 마음, 정신, 관계의 통합적 신경작용

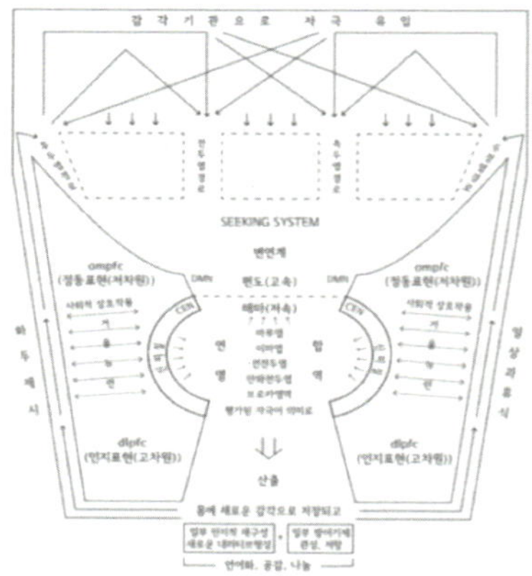

IT 통합예술치료의 임상구조 및 실행과 관련된 뇌(신경) 과학적 전제

뇌(신경) 과학적 전제			IT 통합예술치료의 임상구조 및 실행
뇌가소성	신경가소성(일생성)		CERAT 설계, 전인적·우주적 존재로서의 인간변형 개념 전제
뇌가소성	감정가소성		웃음카타르시스, '표출-환기-재인식' 의 실행
뇌가소성	헵가소성 (발화배선, 짝짓기강화이론)		OMCA 설계, 다양한 예술매체로 발화-결합
뇌가소성	병렬가소성		OMCA 설계, 매회기 C(닫기) 과정 시 지각, '몸-마음-정신' 의 각 균형적 중재
뇌 통합의 조건	사후성 (후생학적)	편도/해마, 뇌간/척수	CERAT 설계, IT 통합예술치료 진단평가 검사도구
뇌 통합의 조건	동시성	발신체/수용체, CEN/DMN, ompfc/dlpfc	다양한 예술매체, OMCA 설계
뇌 통합의 조건	복잡성 (수프모델), 민감성	좌뇌/우뇌, 대뇌피질4개엽, '몸-마음-정신'통합	다양한 예술매체, 다면적 치료공간 설계, 매 회기 A(적용하기(화두제공)) 과정
뇌 통합의 조건	최근성, 지속성	신피질, 전뇌	다면적 치료공간, 그림자엿보기 모델, 매회기 C(닫기) 과정
뇌 통합의 조건	경험성, 역동성	변연계, 전대상피질	시간여행자 모델, 역할모델, 가면아이 모델, 매회기 O(열기), M(만나기) 과정
뇌 통합의 조건	유사성 (안전한 응급상황)	피질하영역, 알아마엽영역	다양한 예술매체, 투사 모델, 카타르시스 모델
뇌 통합의 조건	거울이론	거울뉴런, 우뇌	집단나눔, 역할모델
뇌 통합의 조건	마음이론	상호적네크워크 신경망, 시냅스연결	역할모델, 힐링드라마 모델
뇌 통합의 조건	뉴런동조화	시냅스전 - 시냅스후	OMCA 설계, '감각-지각-행동화' 의 과정, 카타르시스 모델
뇌 통합의 조건	결합이론	연합영역	'감정-경험-의미' 의 나선형 임상구조

IT 통합예술치료의 CERAT 단계 및 회기 내 구조 OMCA에 나타나는 6가지 심리치료 접근방식의 융합적 활용특성 고찰

A Study on the Convergent Application Characteristics of Six Psychotherapy Approaches Appearing in IT Integrative Arts Therapy

문화와융합
Culture & Convergence
p-ISSN 2950-9742
e-ISSN 2950-9750
2023-05-30
Vol.45 No.5 pp.289-304
DOI https://doi.org/10.33645/cnc.2023.05.45.05.289

목차 TOC

초록 Abstract

본 연구의 목적은 IT 통합예술치료의 CERAT 단계 및 회기 내 구조 OMCA에 나타나는 6가지 심리치료 접근방식의 융합적 활용특성을 고찰하는 것이다. 연구방법으로 6가지 심리치료 이론의 특징 및 속성과 IT 통합예술치료의 각 단계를 현상학적으로 분석하여 연결하고, 각 단계에서 요구되는 치료자의 핵심기능을 도출하였다. 결론은 IT 통합예술치료 CERAT와 OMCA 전 단계에 걸쳐 절충적·통합적 심리치료 접근방식이 활용되며 각 단계에서 게슈탈트, 인간중심, 성장모델 심리치료 및 행동치료, 인지정서행동치료 접근방식이 융합적으로 활용됨을 알 수 있었다. 또한 각 단계에서 중재자, 조정자, 완충자, 확장자, 배출자, 접촉자, 수용자, 촉진자, 생성자, 안내(지시)자, 연결자, 실천독려자, 연계자, 확인자, 지지자로서의 치료자 핵심기능 및 태도가 요구된다.

The purpose of this study is to examine the convergent utilization characteristics of the six psychotherapy approaches shown in the CERAT stage of IT Integrative Arts Therapy and intra-sessional structure OMCA. As a research method, the characteristics and properties of six psychotherapy theories and each stage of IT Integrative Arts Therapy were phenomenologically analyzed and connected, and the core functions of the therapist required at each stage were derived. The conclusion is that an eclectic and Integrative·Integral Psychotherapy approach is used throughout all stages of IT Integrative Arts Therapy CERAT and OMCA, and that Gestalt, Client-centered, Adlerian Psychotherapy, Behavior Therapy and REBT Psychotherapy approaches are used in each detailed stage. In addition, the core functions and attitudes of the therapist as Moderator, Coordinator, Buffer, Expander, Mediator, Emitter, Contactor, Acceptor, Facilitator, Creator, Director, Connecter, Practice Encourager, Linker, Confirmer, and Supporter are required respectively.

주제어 Key Words
IT 통합예술치료, 게슈탈트/인간중심/성장모델 심리치료, 행동치료, 인지정서행동치료, 통합적 심리치료
IT Integrative Arts Therapy, Gestalt, Client-centered, Adlerian Psychotherapy, Behavior Therapy, REBT Psychotherapy, Integrative·Integral Psychotherapy

1. 서론

본 연구는 홍유진(2018)이 개발한 IT 통합예술치료(i-Therapy)의 IT 매뉴얼이 포괄하고 있는 6가지의 심리치료·상담이론의 융합적 활용방식을 고찰한 연구이다. 본 연구의 목적은 IT 통합예술치료에서 융합적으로 활용되고 있는 6가지 심리치료·상담이론의 활용형태를 알아보고 이를 장내(IT 통합예술치료 분야 內)와 장외(IT 통합예술치료 분야 外)에 소개하여 서로 교류 및 활용되도록 하는 데에 있다.

IT 통합예술치료의 개념을 살펴보면, 먼저 '통합예술치료' 란 한 회기 내에서 두 가지 이상의 예술매체를 혼합해 사용하는 것을 말하며(정광조, 이근매, 최애나, 원상화, 2009; McNiff, 2014; Rubin, 2007), 그 중에서도 'IT 통합예술치료' 란 전체 회기 단계를 CERAT(세라트) 단계로 기획 및 구성하고, 한 회기 내에서는 OMCA(옴카) 라는 회기 내 구조를 가지고 총 과정을 운영하도록 고안된 특유의 'IT(i-Therapy) 치료매뉴얼' 을 통칭하는 것이다. 즉, IT 통합예술치료란, 'IT 매뉴얼' 로 된 '통합예술치료', 다시 말해 IT 매뉴얼의 구조와 설계방식 안에서 매 회기 '통합예술' 의 내용으로 시행되는 예술심리치료모델을 뜻한다고 하겠다.

여기서 중요한 점은 IT 통합예술치료에서 통합적 활용방식을 보이는 것은 단지 예술매체의 가짓수와 혼합구성 뿐만이 아니라는 점이다. IT 통합예술치료 전 과정에서는 여러 가지의 심리치료·상담이론이 융합적으로 활용되고 있다. IT 통합예술치료의 태동 자체가, 내담자의 상황이나 성향에 더 잘 맞추기 위하여 고안된 예술심리치료의 새로운 제안이었다(최윤영, 2020:310). 특히 i-Therapy의 의미가 '내 안의 나를 깨우고 나를 만나 새롭게 변화되는' 데 있음을 상기할 때, 내담자가 내 안의 나를 깨우고 나를 만나 새롭게 변화되도록 하는 과정에 치료자는 다양한 예술매체를 활용한 활동구성으로 준비할 뿐 아니라, 심리치료·상담이론의 여러 가지를 융합적으로 활용함으로써 내담자를 소기의 치료목표에 이르도록 이끄는 특징을 갖는다.

이러한 IT 통합예술치료에서 치료자가 접근하는 상담 및 치료방식은 어느 한 가지 심리치료·상담이론만을 근간으로 한다고 규정하기 어렵다. 이는 꼭 통합예술치료 분야뿐 아니라 일반상담과 심리치료 분야에서도 이미 오래 전부터 나타나고 있는 다양한 이론간의 통합적·절충적 접근 현상과도 유사하다(Corey, 2021). 필자는 IT 통합예술치료사로서 다년간 IT 통합예술치료를 운영하고 체험한 결과 IT 통합예술치료 세팅에서 기존의 다양한 심리치료·상담이론들이 유기적으로 얽혀 존재하고 있음을 경험할 수 있었다. 이는 단순히 여러 이론이 순차병렬적으로 사용되거나 선호에 따라 취사선택되는 차원이 아니었다. IT 매뉴얼이 갖는 치료적 방향성에 의하여 나타나는 일관적인 흐름과 내담자의 반응을 유도를 위한 치료자의 의도가 융합된 총체적 현상으로 여겨졌다.

따라서 본 연구에서는 IT 통합예술치료 전 과정에 걸쳐 나타나고 있는 6가지의 심리치료·상담이론 - 게슈탈트 심리치료 / 인간중심 심리치료 / 성장모델 심리치료 / 행동치료 / 인지정서행동치료 / 절충적·통합적 심리치료 접근방식 - 의 특징을, IT 통합예술치료의 CERAT 단계 및 회기 내 구조의 진행 방향성과 견주어가며 각 구체적인 활용방식을 고찰하였다.

연구방법의 첫 단계는 IT 통합예술치료와 심리치료(상담)에 대한 각 자료수집 단계로, 먼저 IT 통합예술치료 IT 매뉴얼의 가장 큰 특징인, CERAT 단계 및 회기 내 구조 OMCA를 소개하고 각 단계별 소목표를 정리하였고, 6가지 심리치료·상담이론의 철학 및 특징적인 적용점을 정리하였다. 둘째 단계로는 6가지 심리치료·상담이론들의 특징과 IT 매뉴얼 상의 각 단계별 소목표들 간에 접점을 이루거나 연관성이 발견되는 부분들을 분석해 이를 개념화·명료화하였다. 이 과정에서 질적 연구의 현상학적 연구방법 중 밴 매넌의 해석학적 현상학을 사용하여(신경림, 2001; 윤성우, 2004; Giorgi, 2003; Manen, 1990) IT 통합예술치료의 전 과정에서 공통적으로 나타나는 속성을 언어로써 개념화하고 이를 각 이론들이 추구하는 핵심가치와 연결시켰다. 끝으로는 결론을 제시하고 제언하였다.

1.1. IT 통합예술치료의 치료매뉴얼 (IT 매뉴얼)

IT 통합예술치료의 치료매뉴얼(IT 매뉴얼)을 가장 일반적인 총 16회기 기준으로 설계할 때, CERAT 총 5단계에 따라 각 단계별로 2~4회기 씩의 총합으로 구성하게 된다. CERAT 단계란, C는 카타르시스(Catharsis) 단계, E는 실존자각(Existence) 단계, R은 역할(Role) 단계, A는 사회적응(Adaptation) 단계, T는 변화수용(Transformation) 단계를 말하는 것이다(홍유진, 2018). 이를 표로 도식화하면 <표 1>과 같다.

<표 1> CERAT 각 단계의 회기 총합으로 구성된 IT 통합예술치료의 일반적 치료설계

단계	C 단계 (카타르시스)	E 단계 (실존자각)	R 단계 (역할)	A 단계 (사회적응)	T 단계 (변화수용)
회기	1~4 회기				
		3~7 회기			
			6~10 회기		
				9~13 회기	
					12~16 회기

한편 한 회기 내에서의 운영구조는 OMCA를 따르는데, OMCA란, O는 열기(Opening), M은 만나기(Meeting), C는 닫기(Closing), A는 적용하기(Application)를 말한다. 일반적으로 개별치료는 50분 구성, 집단(그룹)치료는 90분 구성으로 소요시간별 일반적 비중은 열기(O) 20%, 만나기(M) 35%, 닫기(C) 35%, 적용하기(A) 10%이다(최윤주, 2019). 이를 표로 도식화하면 <표 2>와 같다.

<표 2> OMCA 구조로 진행되는 IT 통합예술치료의 일반적 회기 내 구성

50분 개별치료에서의 시간구성 및 비율		90분 집단치료에서의 시간구성 및 비율
10분	O 단계 20% 내외	18분
17 ~ 18분	M 단계 35% 내외	31 ~ 32분
17 ~ 18분	C 단계 35% 내외	31 ~ 32분
5분	A 단계 10% 내외	9분

이와 같이 IT 통합예술치료는 전체 CERAT 단계로 설계되며, 회기 내 구조는 OMCA로 구성되어 있다. 각 단계 및 구조에서는 치료목표(대목표)에 의해 구성된 하위 소목표들에 따라 내담자에게 접근한다. 이때 대목표와 관련한 행위, 정서적 체험, 감각적 체험, 언어표현, 태도, 나눔 등을 이끌어내기 위한 방법적 과정으로서 각 소목표들이 존재하게 된다(최윤영, 2020:310). 이것을 각 소목표에서 중점적으로 접근해야 할 치료자의 핵심기능 및 태도로 개념화할 수 있는데, 이를 종합적으로 도식화하면 <표 3>과 같다.

1.2. 6가지 심리치료·상담이론의 철학적 특징

1.2.1. 게슈탈트 심리치료·상담 접근방식

게슈탈트 심리치료·상담이론의 역사는, 1950년대 창시자인 Perls의 학문적 발전과 그가 살았던 시대정신에서 비롯되었다. 게슈탈트란 전체 혹은 형태를 말하는데, 즉 인간이 어떤 필요성 혹은 욕구의 출현에서 그것의 만족을 향해 흘러가는 행동, 감정 및 사고를 포함하는 전체적 과정이 게슈탈트의 개념이다. 게슈탈트 심리학에서는 인간을 수많은 게슈탈트로 구성된 유기체로 보고, 인간성은 형태와 전체로 조직화되며 개인이 그것을 경험하는 방식이라는 전제에서 출발한다(Perls, 2013). 따라서 게슈탈트 심리치료·상담이론에서는, 내담자의 순환되는 게슈탈트를 파악하는 것을 심리치료·상담의 가장 첫 번째 장면이자 주요 치료적 행위로 보며, 이후 치료·상담과정에서도 이를 통해 내담자의 치료적 변곡점, 종결시점 등을 파악하게 된다(김정규, 1995).

게슈탈트 심리치료·상담의 뿌리는 정신분석심리학의

<표 3> CERAT 및 OMCA로 구성된 IT 통합예술치료 각 단계에서 중시되는 치료자의 핵심기능 및 태도

CERAT 전체 단계	C 단계(카타르시스)	E 단계(실존자각)	R 단계(역할)	A 단계(사회적응)	T 단계(변화수용)
매 회기마다 OMCA	O(열기) M(만나기)	O(열기) M(만나기)	A(적용하기)	C(닫기)	C(닫기) A(적용하기)
치료자의 핵심기능 및 태도	배출자 접촉자	수용자 촉진자	생성자 안내(지시)자 연결자	실천독려자 연계자	확인자 지지자
	중 재 자 조 정 자 완 충 자 확 장 자				

팽창 이후 정신분석 상담이론을 위시하여 유기체 이론, 신체 이론, 장 이론, 게슈탈트 심리학, 사이코드라마, 연극과 예술 철학, 실존 철학, 변화의 역설적 이론, 그리고 동양 사상, 그 중에서도 특히 도가와 선사상 등의 광범위한 영향을 받으면서 성장하였다. 일반적인 정신분석심리학에서 인간의 과거를 중시하는 반면 게슈탈트 심리치료·상담에서는 '지금-여기' 가 인간의 과거를 반영한 새로운 복합물로 보고 내담자의 '지금-여기'의 현상을 현상화하여, 유기체인 인간과 환경과의 상호연관성에 영향을 미치는 힘의 의미를 파악하는 것에 초점을 맞춘다(노안영, 2013).

게슈탈트 심리학의 기본철학인 '창조적 무관심'은 내담자에 내재된 양극성과 대립의 균형점으로서 시작과 중앙을 의미하며, 게슈탈트 심리치료·상담의 상징이라 할 수 있는 '빈의자 기법'을 통해 내담자의 내적 갈등과 반목을 해결하고자 한다(Oaklander, 2006). 내담자가 전체론적인 관점에서 기능하고 있지 못할 때에는 내사, 투사, 반전, 융합, 편향, 둔감화, 자기주의 등에 편중적으로 이입된 상태로 보고, 이를 표현되게 독려함으로써 내담자가 자기에의 '알아차림'을 달성하도록 돕는데 집중한다. 이러한 '알아차림' 상태는 생각에 의한 것이 아닌 감각과 감정에 집중할 때 가능한 것으로 보며, 이 때 내담자는 비로소 '통합'을 실현할 수 있다.

따라서 게슈탈트 심리치료·상담에서 진행되는 모든 활동에서 주안점을 두는 것들은 다음과 같이 정리될 수 있다. 첫째, 현재 감각 및 감정 알아차리기, 둘째, 알아차린 것들과 특별히 잘 융합되거나 분리되는 경험은 무엇인지 파악하기, 셋째, 전경이 배경이 되고 새로운 전경이 출현할 때는 언제 어떤 상황인지 자각하기, 넷째, 전체 회기 또는 한 회기 내에서 전경과 배경의 순환적 처리과정을 경험하도록 돕기, 다섯째, 그것이 표현적으로 어떤 징후를 통해 나타나는지 자각하기 등이다. 이상의 목표를 가지고 언어 및 치료적 활동이 진행된다. 김정규(1995)에 의하면 특히 '자각' 은 경험으로부터 비롯된다고 여기므로, 내담자가 게슈탈트 심리치료·상담 과정 중에 일어나는 모든 행위나 치료자가 의도하는 질문 또는 안내들은 '자각을 위한 경험' 이라는 방향성을 가진다고 볼 수 있으며, 이를 '참만남' 이라고도 한다.

Oaklander(2006)는 참만남을 잘 일으키도록 하는 방법들로 자발성 및 창조성 북돋우기, 게임, 행위화, 브레인스토밍, 뜨거운 의자(핫시팅), 집단구성원과 순회하기, 모험에 도전하기, 책임지기(주체적 선택), 해석하지 않기, 상상(의도된 환상) 등의 기법이 많이 활용된다고 하였다. 이를 통해 내담자는 자기와의 접촉이 잘 일어날 수 있게 된다. 또한 게슈탈트 심리치료·상담 치료자는 반영적인 상담기술을 통해, 내담자가 회오리바람과 같은 상태에서는 원하는 상태 및 대상과 접촉이 끊어지는 반복회귀 게슈탈트 상태가 되지만, 감정이 가라앉으면 다시 현실과 접촉하고 삶에 몰입하면서 새롭고 유연한 행동가능성을 발견할 수 있음을 명료화해주는 것이 중요하다(노안영, 2013). 이를 표로 도식화하면 <표 4>와 같다.

<표 4> 게슈탈트 심리치료·상담 접근방식에서 치료자의 핵심기능

이론별 구분	게슈탈트 심리치료·상담 접근방식	
치료자 핵심기능	배출자, 접촉자	
세부설명	배출자	'지금-여기'에서 힘을 미치는 게슈탈트의 배출
	접촉자	내담자가 자기 내면과 접촉, 알아차림

1.2.2. 인간중심 심리치료·상담 접근방식

인간중심 심리치료·상담이론의 역사는, Rogers에 의하여 1940년대부터 체계화된 것으로 시작되었다. 인간중심 심리치료·상담은 내담자 중심치료 혹은 비지시적 치료라고도 알려져 있으며, 치료자의 공감적 이해, 무조건적인 긍정적 관심, 순수성 등 세 가지 조건을 기초로 형성되는 치료자의 태도와 내담자와의 관계를 기본으로 한다. 인간중심 심리치료·상담에서는 내담자가 위 세 가지 조건들을 수용할 때, 비로소 자신을 긍정적으로 받아들이며 이전에 허용할 수 없었던 자아 개념들을 자신의 일부로 수용할 수 있게 된다고 본다. 그럼으로써 자신의 가치관·규준·태도 등에 대해 더욱 자신감을 가지게 되며 자신의 경험 세계에 대하여 자유롭고 개방적이며 자발적으로 부딪치게 된다(Rogers, 1951). 이와 같은 이유로 인간중심 심리치료·상담은 치료·상담 분야 뿐 아니라 교육문제, 혹은 국제적 분쟁을 해결하는 데 부드러우면서도 힘이 있는 방식으로 그 치료원리가 널리 전파되는 경향이 있다(Corsini, 1980).

특히 Corsini(1997)는, 인간중심 심리치료·상담의 집단에서는 지도자가 따로 없고 촉진자의 개념으로서 치료·상담자가 존재한다고 하였다. 집단은 그 진행 과정에서 가고 싶은 곳을 가고, 논의하고 싶은 것을 논의한다. 따라서 인간중심 심리치료·상담은 다른 치료·상담기법에 비해 일반적으로 내담자 저항이 덜하다. 인간중심 심리치료·상담에서 내담자는 완전한 자율 속에 있다. 이러한 특성 때문에 심리치료·상담에서 왜 '변화'가 일어났는가를 이해하는 것은 매우 중요한데, 이는 단순히 치료목표를 설정해야 하는 기술적인 단계와는 조금 다른 차원으로, 치료·상담자 즉, 촉진자가 촉진의 때와 방향성을 좌우하는 요소로 본다(김정규, 김명권, 김경민, 조현주, 2019). 변화의 내용은 집단역동을 포함하며 보다 본질적으로는 자아상태의 변화를 말한다.

Rogers(2007)에 의하면, 인간중심 심리치료·상담 집단에서 내담자의 '변화' 를 알아차리기 위한 공감적 경청의 일환으로 '역할연기' 가 자주 활용된다. 한 사람에게 5분 동안 개인적인 문제를 이야기하게 하고, 다른 사람에게는 치료자 역할을 하게 하면서 그 상황에 대해 무엇을 이해했는지를 묻고 지적한다. 이 상호작용이 기록되면 치료자 역할을 한 사람은, 실제로 말한 것을 재검토하고 정확한 이해가 일어났는가를 조사할 수 있다. 이는 인간중심 심리치료·상담의 실제 및 훈련자과정에서 폭넓게 활용되는데, 초기작업뿐 아니라 치료·상담의 전반에 걸쳐 일어난다. 왜냐하면 많은 내담자들은 최초의 문제를 해결하러 오지만 점차 그 문제 외에도 그들 삶의 일반적인 방식들을 변화시키기 원하는 인식이 발생되기 때문이다(Marquis, 2011).

인간중심 심리치료·상담에서의 핵심적인 특징으로 '내담자 내적 참조 체제' 의 중요성을 들 수 있다. 이 접근을 하는 치료·상담자는 내담자의 내적 참조 체제에서 나오는 내담자의 말을 내적 참조 체제의 틀 속에서 이해해야 한다는 것이다. 치료·상담자의 내적 참조 체제로부터 질문을 만들 때에는 내담자의 내적 참조 체제에 대한 가설을 만들어낼 수 없기 때문이다. 이는 내담자가 지금 경험하고 있는 '불확실성'을 이해하고 받아들이는 것이 중요함을 뜻한다. 따라서 치료·상담 전 과정에 걸쳐 촉진자는, 내담자가 지금 이 순간 세계를 어떻게 바라보고 있는지를 내담자 중심에서 반응해주고 체크하면서 진행해야 하고, 사건 자체보다 내담자의 경험과 반응에 초점을 맞추어주는 것이 중요하며, 무리하게 통찰로 내담자를 이끌지 않는다(Rogers, 1951). 다만 내담자가 스스로의 '변화된 경험' 을 관찰하도록 이끌며, 치료·상담자는 이에 대한 자신의 감상을 객관적·판단적 태도가 아닌 인간적인 관점에서 충분히 전달해야 한다(Corsini, 1997). 이를 표로 도식화하면 <표 5>와 같다.

<표 5> 인간중심 심리치료·상담 접근방식에서 치료자의 핵심기능

이론별 구분	인간중심 심리치료·상담 접근방식	
치료자 핵심기능	수용자, 촉진자	
세부설명	수용자	내담자의 내적 참조 체제, 역동을 수용
	촉진자	내담자의 내적 흐름, 창조성을 촉진

1.2.3. 성장모델 심리치료·상담 접근방식

성장모델 심리치료·상담이론은 Adler식 심리치료·상담이라고도 하며 그 역사는 1930년대 Adler의 개인심리학에서 출발한다(Adler, 1927). 그에 의하면 성장모델 심리치료·상담은 인간을 전인(全人), 총체적인 존재로 보면서 모든 인간행동에는 목적과 동기가 있음을 강조한다. 따라서 내담자의 생활 양식의 분석을 통해서 근본적인 실수들을 탐색하고, 치료자 및 상담자는 이에 대해 적극적인 개입을 하면서 철저하게 내담자의 문제에 집중하며, 이 과정에서 치료·상담자와 내담자 간의 치료적 관계(동맹)가 중시된다.

성장모델 심리치료·상담의 가장 큰 철학적 특징은, 기본적으로 인본주의에 기초하여 인간은 자신의 미래에 대한 기대와 자각이 그 자신의 인식과 행동을 변화시킨다고 믿는다는 점이다(김정규, 1995). 즉, 인간의 행동은 선재하는 원인에 대한 결과라기보다는 그 목적을 이루기 위해 움직인다는 전제에 기초하는 것이다. 따라서 성장모델 심리치료·상담에서는 내담자가 사회에서 협력적으로 기능하는 개인의 '긍정적 능력' 과 '성격의 통합', '삶의 의미 및 가치 부여' 등의 개념들을 중시하면서 내담자의 사회적 흥미 및 소속감을 일깨우고 연결하는 데 치료·상담 전 과정에 걸쳐 주안점을 둔다. 따라서 성장모델 심리치료·상담에서는 개인의 주관적 경험이나 그것이 출발한 배경 즉, 가족구조 및 문화적 가치관 등의 파악도 매우 중요하다(Corey, 2021).

성장모델 심리치료·상담의 또 다른 특징으로는 내담자의 통찰을 목표로 한 치료·상담자의 해석 및 재교육 제공을 들 수 있다. 성장모델 심리치료·상담에서는 내담자의 통찰이 구체적 행동 변화로 이어지는 것을 중요시하기 때문이다. 따라서 성장모델 심리치료·상담은 개인 뿐 아니라 사회적 이슈 및 공동체 의식, 자기 삶에 대한 책임감 등을 강조하며, 문제에 대한 예방과 교육을 중요시한다는 특징을 지니므로, 치료·상담자가 교육자로서 기능하는 측면이 강하다(Marquis, 2011).

이러한 성장모델 심리치료·상담은 인간이 사회적 동물이라는 기본 전제 아래 인간의 사회적 맥락을 중요시 여기며, 이는 실존치료의 입장 즉, 자신의 현재 존재가 사회·문화적 요인들로부터 어떤 영향을 받고 있는지를 탐색하도록 격려받도록 하는 치료과정과도 맥을 같이 한다. 따라서 성장모델 심리치료·상담의 종결사인으로는 내담자가 소속감을 가지게 되었을 때, 인간 내부의 교류와 관계 등에 관심이 넓어지고 지향하게 될 때, 내담자가 자신의 생활에서 일어나는 실수들에 대해 책략을 이전보다 잘 사용하게 되는 모습이 보일 때 등이 해당한다(Adler, 1927). 따라서 성장모델 치료·상담자는 치료·상담의 전 과정에 걸쳐 이러한 내담자의 변화를 지향하고 지지하면서, 내담자가 자신의 삶에 대해 갖는 책임능력(효능감)에 대한 절대적 신념을 부여하면서 임한다고 하겠다. 이를 표로 도식화하면 <표 6>과 같다.

<표 6> 성장모델 심리치료·상담 접근방식에서 치료자의 핵심기능

이론별 구분	성장모델 심리치료·상담 접근방식	
치료자 핵심기능	실천독려자, 연계자	
세부설명	실천독려자	내담자 일상에서의 책략사용 실천을 독려
	연계자	통찰과 행동변화 간 연계

1.2.4. 행동치료·상담 접근방식

행동치료·상담이론의 역사는 Watson, Skiner, 그리고 Bandura 등에 의해 1910년대부터 발전한 행동주의 이론에서부터 시작된다(Bandura, 1986; Watson, 1969:453). 특히 Marlatt(2007)에 의하면 사회학습이론은 실험 심리의 원리 및 절차와 함께 행동주의 이론의 토대가 되는 이론으로, 인간의 외적 행동은 자극과 반응의 연합으로 이루어지며 이것이 반복되면 그 결과는 학습된다는 관점이라고 하였다. 또한 조작적 조건화 이론은 '강화' 개념을 중요시하며 인간의 행동은 다양한 '강화인자' 에 의해 증가, 유지 및 감소될 수 있다는 관점이다. 이러한 전제들에 의해 행동치료·상담은 내담자의 행동을 수정하기 위해 내담자의 모든 행동을 집요하게 추적하고 질문하면서 여러 가지의 검사와 자기보고를 시키는 특징이 있다.

행동치료·상담에서는 인간의 외적 사건이 개인에게 영향을 미치는 정도는 대개 인지과정에 의해서 결정되며 이 인지과정 또한 행동이 가져오는 사회적이고 환경적인 결과에 의해서 영향을 받는다고 한다. 따라서 행동치료·상담은 개인의 행동과 환경의 결과에서 일어나는 끊임없는 상호작용을 강조하고, 행동 변화를 위한 자기지시적 방법의 개발을 강조한다. 이 과정에서 치료·상담자가 내담자의 문제를 유발하는 결정 요인을 파악하면 적절한 치료 기법을 선택하게 되는데, 행동의 모든 면을 수정하기 위하여 1970년대 이후에 Lazarus에 의해 고안된 다중양식 치료 프로그램이 대표적이다.

Lazarus(1997)에 의하면, 다중양식 치료 중 중다양식 7가지 양식을 BASIC-ID이라고 하는데 이는 내담자의 정보를 행동, 정서, 감각, 심상, 인지, 대인관계, 약물 및 신체상태 등 7가지의 양식으로 나누어 보는 것을 말한다. 이에 따라 7가지 중 내담자가 가장 문제를 나타내는 측면 또는 내담자가 가장 먼저 점화(촉발)되는 순서에 기초해 접근하도록 하는 근거로 작용한다. 행동치료자 및 상담자는 먼저 '다리놓기'를 통하여 내담자에게 다가간 뒤 '추적하기'를 통해 내담자에게 접근할 순서를 위 7가지 양식 중에서 결정하여 적용하게 된다. 따라서 내담자의 초기 자기보고에 의존한 자료수집방법은 행동치료·상담의 핵심이라 할 수 있다.

이러한 행동치료·상담은 최근의 현실치료, 가족문제 해결중심 치료·상담과 더불어 비교적 단기간의 중재에 잘 들어맞는다(Walter, 2001). 행동치료·상담의 특징적인 기법으로는 역할연기, 과제부여 등이 있다. 특히 종결에 대한 지침으로 Marlatt(2007)의 재발방지모델을 사용한다. 이러한 과정 및 기법 상의 특징으로 인해 행동치료·상담은 치료·상담의 전 과정에 걸쳐 내담자의 충실하고 성실한 이행이 필수적으로 동반되어야 한다. 이를 표로 도식화하면 <표 7>과 같다.

<표 7> 행동치료·상담 접근방식에서 치료자의 핵심기능

이론별 구분	행동치료·상담 접근방식	
치료자 핵심기능	생성자, 안내(지시)자, 연결자	
세부설명	생성자	행동수정과제를 생성
	안내(지시)자	내담자의 과제이행 및 화두를 안내(지시)
	연결자	내담자 자료 및 과제결과와 자기인식 간 연결

1.2.5. 인지정서행동치료·상담 접근방식

인지정서행동치료·상담이론(REBT)의 역사는, Beck에 의해 1970년대 이후로 정리된 일명 'CBT' 라고 불리는 인지행동치료·상담에서부터 시작된다. 인지행동치료·상담은, 내담자들이 어려움을 가지게 되는 이유가 그들에게 일어나는 사건들 자체가 아니라 그것을 받아들이는 인지과정이 왜곡되어 발생되는 '자동적 사고반응' 에 기인한다는 기본적 전제가 있다. 이로부터 파생되고 수정·발전된 형태로 'REBT' 라 불리는 인지정서행동치료·상담은 Ellis에 의해 1990년대에 최종 정리되었으며(Eliss, 2011), 그 왜곡된 지각을 논쟁으로 분쇄하여서 '합리적·정서적·행동적' 인 모든 면에서 정상적으로 되도록 도와주는 과정을 뜻한다(Beck, 1976). 즉 기존의 인지행동치료·상담이 '비합리적인 신념' 에 초점을 맞춘다면, 인지정서행동치료·상담은 비합리적인 신념이 가져질 때의 정서적 상태 및 반응까지 함께 고려하는 것이라고 하겠다. 이에 인지정서행동 치료자·상담자는 잘못된 인지를 교정하기 위하여 사고의 틀을 분석하고 상황에 맞는 적절한 감정훈련까지 제공함으로써 강력하고 설득력 있는 태도로 내담자와의 면담을 진행시킨다(Corey, 2021).

또한 Skovholt(2003)에 의하면, 인지정서행동 치료자·상담자는 특정한 상황에서 내담자가 느끼는 정서에 대해 요구가 아닌 선호, 부끄러움이 아닌 불편함 등으로, 공감과 인정을 제공하면서도 내담자 스스로보다 유연하게 인식전환을 할 수 있도록 이끈다고 하였다. 따라서 비교적 치료·상담 초반에 REBT 이론의 핵심이 무엇인지 명료하게 주지시키면서, 인간의 선호도는 그 소망이 충족되지 않을 때 그에 따른 부정적인 감정을 가져오지만, 절대적인 강요나 요구들(혹은 그렇게 인식함)은 정서적·행동적인 장애를 가져올 수 있음에 대해 설명하는 편이다(Marquis, 2011).

Eliss(2011)는 인지정서행동치료·상담에서 'A-B-C-D-E-F' 로 일컬어지는 다음과 같은 도식(ABC이론)이 성립된다고 하였다. A는 선행사건 - B는 비합리적 신념 - C는 결과 - D는 융통적·현실적·기능적인 수준에서 이루어지는 논박 - E는 '합리적·정서적·행동적' 인 면에서의 효과 - F는 합리성을 되찾은 수정된 정서상태의 경험을 말한다. 이 'A-B-C-D-E-F' 의 각 단계에서 인지정서행동 치료자·상담자는 내담자의 깨달음이 내면화될 수 있도록 돕는 일환으로 과제를 부여하기도 하는데, 이는 인지정서행동치료·상담 기법의 특징이기도 하며, 실천적인 생활을 강조한다. 특히 정서적 수정기법의 일환으로 인간은 누구나 불완전한 존재여서 실수할 수 있는 한계를 지닌 존재임을 받아들이도록 하는데, 자신에 대한 무조건적인 수용의 경험, 합리적·정서적 이미지 기법, 유연한 사고를 위한 유머의 활용 등을 활용하는 것 또한 전통적인 인지행동치료·상담과의 차이점이라고 할 수 있겠다(김정규, 김명권, 김경민, 조현주, 2019). 이를 표로 도식화하면 <표 8>과 같다.

<표 8> 인지정서행동치료·상담 접근방식에서 치료자의 핵심기능

이론별 구분	인지정서행동치료·상담 접근방식	
치료자 핵심기능	확인자, 지지자	
세부설명	확인자	수정된 내담자 상태의 경험을 확인
	지지자	인지·정서·행동의 수정을 통합적으로 지지

1.2.6. 절충적 심리치료·상담 및 통합적 심리치료·상담 접근방식

Levin(1948)에 의하면, 대부분의 치료·상담자들이 실제로는 절충적 치료·상담을 하고 있는 것이라고 하였다. 또한 각 이론들을 융합적으로 적용하는 절충식 치료가 가지는 이점은 많다고 말한다. 이와 관련하여 Heine(1953:18-19)는 동일한 내담자가 정신분석, 인간중심, 성장모델 등의 치료·상담을 받을 때마다 나타나는 반응을 비교하는 연구에서, 서로 다른 심리치료·상담에는 공통점이나 공통의 요인들이 존재하며, 그것들이 환자의 변화에 어떤 영향을 준다고 밝힌 바 있다. 이러한 절충적 심리치료·상담 및 통합적 심리치료·상담은, 다양한 치료·상담 이론과 전략들을 절충하여 내담자에게 접근하는 과정이다. 이는 다양한 문제들에는 각각 다른 접근법이 적용되어야 한다는 기본 전제를 가지고 있으며, 따라서 어느 한 가지의 특정한 이론이 절대적인 완벽한 효과를 가지는 것이 아니라는 생각에서 출발한다(Corsini, 1980).

따라서 절충적·통합적 심리치료·상담이론의 태동은, 생각보다 일찍부터였던 것으로 보인다. 다만, 그러한 일련의 패턴들이 점차 인식되면서 본격적으로 연구를 통해 다시 하나의 치료·상담이론으로 정착하기 시작한 것은 40여 년 정도 되었다. 특히 Marquis(2011)는, 병리학에서 말하는 '소프트 스팟(soft spot)' 즉, 치료가 가장 잘 되는 부분이 동시에 다른 질병으로 잘 퍼지게 하는 근원이 될 수 있음을 언급하며, 하나의 치료·상담 방식이 내담자의 다른 부적응적 기술 또는 사고체계를 재빠르게 양산함으로써 일어나는 방어나 부작용을 다른 다양한 치료·상담 방식의 융합적 적용을 통해 완충 역할을 기대하게 되는 현상이라고 하였다.

이들 간의 연관성을 보다 체계적으로 연구한 Corsini (1997)는 절충적 치료·상담을 하는 치료자·상담자들의 적용순서에 유의한 맥락을 발견해 정리하였는데, 일반적으로 환자의 동기를 평가하는 데는 정신역동 관련 이론을, 진심과 공감, 그리고 관계형성을 제공해야 할 때는 인간중심 또는 인본주의 이론을, 일반화를 독려할 필요가 있을 때는 행동주의 또는 인지적 이론들이, 설득과 사기 진작을 위한 언어상담기술과 동반해 사용된다는 것이었다. 비슷한 연대에 태동한 Wilber(1984a:90-91; 1984b:150-152)의 통합심리학 발달라인 연구에서는, 각 병리는 서로 다른 치료적 개입 양식에 의해 최적으로 치료된다는 점을 제안하였다. 이렇듯 통합적 심리치료·상담 접근방식은, 치료·상담 과정에서 일어나는 '변화의 분기점' 과 새롭게 형성되며 변하는 '자기감' 의 개념을 상당히 중요하게 인식하며, 치료·상담자는 그 때마다 이 파동에 유연하게 함께 하며 입체적인 각도와 수준에서 여러 접근적 태도를 취해야 한다고 하였다(Wilber, 2008).

내담자는 자신이 이해받고 수용받기 위한 일환으로 자신의 삶 안에서 특정한 감정 및 감각, 사고체계 등을 발전 및 고착시켜나가는 과정에서 부적응 및 부조화를 초래하고 내담자는 점차 부적절감을 느끼며 고립된다는 전제에서 볼 때, 여러 치료·상담 이론의 적용은 초기접근지점 및 강조점이 다를 뿐 내담자를 돕고자 하는 목적은 비슷하다. 이는 내담자가 스스로 효과가 있는지도 모르면서 자신이 만들어놓은 절차(특정한 감정 및 감각, 사고체계 등)에 오래 의존한 것을 알아차리도록 돕고, 충분히 이해와 공감을 받도록 하며, 새로운 부분을 지각하도록 하고, 보다 현실적인 수준에서 수정·적용해보도록 하는 과정이라고 하겠다(Patrick, 2003).

이러한 맥락에서 절충적·통합적 심리치료·상담은, 치료·상담자가 여러 심리치료·상담 접근방식을 적용함에 있어 내담자의 다양한 반응에 대한 대응기술을 확장하거나 또는 각 방식을 적용하는 순서의 혼합(경우의 수) 개념 차원을 넘어서, 인간의 발달라인에서 나타나는 전인적인 요소들에 포괄적으로 접근하기 위함을 가장 주요한 특징으로 갖는다고 하겠다. 통합심리학에서 말하는 인간의 발달라인은 도덕, 정서, 자아정체성, 심리성욕, 인지, 선 개념, 역할 취하기, 사회-정서 능력, 창조성, 이타성, 영적 개념들(관심, 개방성, 배려, 종교적 신념, 명상단계, 기쁨, 의사소통 능력, 시공간 양식, 죽음 엄습, 욕구, 세계관, 논리-수학적 능력, 운동감각적 기술, 성 정체성, 공감) 등을 말한다. 따라서 절충적·통합적 심리치료·상담은 인간의 발달라인의 통합을 목적으로 하며. 각 주제의 순서는 현재 이슈에서부터 시작하여 나선처럼 순환적으로 등장하며 다루어진다(Wilber, 2008). 이를 표로 도식화하면 <표 9>와 같다.

<표 9> 절충적·통합적 심리치료·상담 접근방식에서 치료자의 핵심기능

이론별 구분	절충적·통합적 심리치료·상담 접근방식	
치료자 핵심기능	중재자, 조정자, 완충자, 확장자	
세부설명	중재자	특정 이론이 절대적일 수 없다는 관점에서 중재
	조정자	내담자의 변화의 분기점마다 발생되는 새로운 자기감을 조정
	완충자	단일 심리치료방식들 적용 사이마다 내담자의 신규방어 및 부작용 완충
	확장자	내담자의 대응방식을 다양하게 확장

2. IT 통합예술치료에 나타나는 게슈탈트 심리치료 접근방식

IT 통합예술치료의 CERAT 중 C(카타르시스) 단계, 그리고 매회 기 내 OMCA의 O(열기) 단계에서는 내담자가 자신의 미해결된 감정 및 욕구를 안전하게 꺼내어놓도록 안내한다. Siegel(2022)에 의하면 현대인이 무의식과의 접촉을 더욱 갈구하는 것은 현대로 올수록 내면의 의식과 무의식의 거리가 점점 멀어짐으로부터 비롯되며, 이는 심리 및 행동에 있어 여러 부적응적 문제를 야기한다고 하였다. 그만큼 현대인은 페르소나의 영향력이 강하며 사회화된 의식의 지배 속에서 살아가기 때문이라고 하였다. 의식의 분화가 어려운 발달장애와 같은 내담자의 경우에는 무의식의 필요 때문이라기보다는, 타인과의 사회적 상호작용을 위하여 자신의 틀 밖으로 나아오거나 통합해 사고하는 경험이 절대적으로 부족하다(Yalom, 2008). 따라서 어떠한 내담자라도 자신의 진정한 내면의 욕구 또는 자신이 계속적으로 해소를 향해 나아오는 이슈가 무엇인지 아는 것은 모든 치료의 출발점이라 하겠다.

그러나 내담자는 오랜 시간 동안 학습된 대로 살아왔기 때문에 창조적인 자기(自己)를 꺼내거나 혹은 창조적인 자기와의 접촉조차 어려운 경우가 많다. 특히 처음부터 언어를 사용해 진정한 자신을 표현하기란 쉽지 않으며, 내담자의 방어기제에 따라 의도된 언어표현을 하게 된다. 비언어적인 예술활동을 통해서 자기를 표현하도록 하는 치료 초기의 경험은 내담자 뿐 아니라 치료사 또한 내담자와의 신속한 라포형성을 돕고 치료에서 필연적으로 발생되는 저항을 최소화한다. 또한 치료사가 예술경험 또는 작업물을 가지고 내담자를 파악하게 될 때, 내담자가 투사한 내적 정보들을 파악하기 용이하며, 이는 치료사-작업물-내담자의 삼자구도를 형성하므로 치료사-내담자의 이자구도에 비해 긴장을 적게 발생시키는 과정이 되어준다(Rubin, 2007).

배상국(2018)에 의하면, IT 통합예술치료의 CERAT 중 E(실존자각) 단계에서는 감각 경험이 강조되면서, C 단계를 통해 자신의 감정을 안전하게 배출하고 이완된 내담자가 자신을 점차 유기체적으로 자각할 수 있도록 한다. 신체의 이완 뿐 아니라 오감을 활성화시키고, 이완된 상태에서의 정신집중을 하도록 함으로써, '지금-여기' 의 '몸·마음·정신' 있는 그대로를 알아차릴 수 있도록 한다고 하였다. 이는 내담자로 하여금 '존재함으로써 수행해야 할 것들에 대해 자각' 하게 하여 새로운 욕구를 불러일으키는 기능을 한다.

위와 같이 IT 통합예술치료의 초기 단계 즉, C 단계와 E 단계에서는 게슈탈트 심리치료 접근방식과 맥락을 같이 하며 게슈탈트 치료 및 상담기법이 두루 활용된다. Hong(1992)은 카타르시스와 관련한 그의 연구에서, 치료사는 내담자가 예술경험으로서 자신을 분출하고 자각하도록 돕는 것은 물론, 대화치료의 여러 방법들 - 공감, 이해, 반영, 명료화, 탐색, 반응, 역동파악, 자각, 접촉적 대화능력 등 -을 통하여 내담자가 자기를 알아차리도록 돕는다고 하였다. 따라서 IT 통합예술치료 중에 예술경험과 관련한 게슈탈트 치료·상담적 대화에서는 내담자가 지금 무엇을 하고 있는지, 무엇을 느끼는지, 무엇을 피하려고 애쓰고 있는지, 무엇을 원하고 기대하는지 등에 초점을 맞춰야 한다.

3. IT 통합예술치료에 나타나는 인간중심 심리치료 접근방식

IT 통합예술치료의 CERAT 중 C(카타르시스) 단계와 E(실존자각) 단계, 그리고 매회 기 내 OMCA의 M(만나기) 단계에서는 내담자가 자신을 분출하고 알아차리는 전체 과정에서 치료사의 특별한 태도가 전제되어야 하는데, 이는 바로 촉진성과 수용성이다(최윤영, 2020:307). 게슈탈트 심리치료적 예술경험을 통하여 내담자는 아직 익숙하지 않은 창조성이 간헐적으로 움트는 경험을 하도록 도울 수 있다. Perls (2013)에 의하면, 이 과정은 새롭고 긍정적이기만 한 느낌이 아니라 낯설고 두려운 감정을 포함하는데. 이 때에 내담자는 자신의 그림자와 만나게 되면서 동시에 빛을 갈구하는 양극성과 강렬하게 접촉하게 된다고 하였다.

따라서 치료사는 촉진성을 가지고 내담자가 안전감과 해방감을 느끼며 자신의 창조성과 접촉하도록 하는 단계로 인도한 후에, 내담자가 자신의 두려운 그림자를 파고 들어가는 과정에서 수용성을 가지고 용기(container)가 되어 함께 있어주어야 한다(McNiff, 2014). 언어와 비언어 모두를 활용하여 치료사는 내담자의 자기탐색을 위한 심리적 공간 안에 함께 머무르고 존재한다는 것을 확인시켜주어야 한다. 이러한 치료사의 인본주의적 행위와 태도는 내담자가 자기지향적인 태도를 유지하고 지속할 수 있는 힘을 마련해준다. 치료사는 내담자가 처한 상황에 실망을 하거나 그것을 고쳐주려고 하지 않는다. 내담자가 알아차린 그림자 또한 내담자의 동맹이 되어줄 것이라는 점과 내담자는 이 과정을 견디고 해낼 수 있다는 강력한 믿음을 치료사가 먼저 가지고, 내담자가 기꺼이 자신의 미지의 부분들을 깨닫고 직면하고 수용할 수 있도록 신뢰를 주어야 한다(Skovholt, 2003).

위와 같은 공감적이고 지지적인 과정에서 내담자는 치료사 또는 그룹 내 적어도 한 명 이상의 사람과 연결이 되면서 사회와 자신을 연결하는 방법을 배우고 나아갈 수 있다. 작은 공동체 안에서 진정성을 배우고 능력을 강화하는 방법을 배움으로써 점차 더 큰 원을 향해 나아가게 되는 것이다. 이를 통해 내담자는 점차 상호 창조적이고 협력적이 되어 더 높은 이상과 힘을 갖게 된다. 이렇게 되면 다른 문화권 안에 자신을 놓아도 자신과 타인 모두에게 자비심을 가지게 됨으로 내면 안에서의 통합과 내적·외적 통합을 향한 방향성을 갖게 된다(Rogers, 2007).

이와 같이 IT 통합예술치료의 초기 단계 즉, C 단계와 E 단계에서는 인간중심 심리치료 및 상담기법이 두루 활용된다. 이수현(2019)은, 치료사가 내담자와 예술경험을 함께 하면서 내담자의 창조적 경험을 촉진하고 자각을 수용해주기 위한 여러 언어기술들 또한 함께 사용하게 된다고 하였다. 예술경험에 대한 내담자의 자기보고에 대해 그래서 그것이 어떤지, 그 느낌을 좀 더 강하게 느껴볼 수 있는지, 그대로 머물러 볼 것, 내담자의 경험에 대해 궁금해하고 좀 더 정확하게 함께 느끼려는 태도(관계적 일치감), 통찰로 이끌지 않기, 변화되는 내담자의 경험들을 알려주고, 인간적인 수준에서 치료사 또한 그에 대한 감정을 알려주기 등은 IT 통합예술치료 과정에서 필요한 인간중심 심리치료적 접근방식이라 할 수 있다.

4. IT 통합예술치료에 나타나는 성장모델 심리치료 접근방식

IT 통합예술치료의 CERAT 중 R(역할) 단계와 A(사회적응) 단계, 그리고 매 회기 내 OMCA의 C(닫기)와 A(적용하기) 단계에서는 내담자가 자신과 자신을 둘러싼 사회와의 연결에 대하여 새롭게 발현된 욕구를 구체적으로 인식해 실현할 수 있도록 한다(홍유진, 2018). 하지만 대부분의 내담자는 R 단계 초기에 자신의 역할에 대한 수행 방식이 타인에게 어떻게 인식되고 있는지 인지하지 못하거나 왜곡하여 이해할 가능성이 높다(홍유진, 2016:10). 또한 내담자가 제대로 이해하게 된 경우에도 일반화를 위한 단계적 훈련과정이 A 단계에서 체계적으로 제공되어야 한다. IT 통합예술치료에서는 다면적 치료공간 설계 매뉴얼에 따라 치료실을 제 1 치료공간, 가족과의 관계의 장을 제 2 치료공간, 그리고 내담자의 사회적 장을 제 3 치료공간으로 구분하고 이 세 가지 각 공간에서 연계되는 내담자 변화를 촉구하고 확인한다(최윤주, 2019). 따라서 R 단계와 A 단계에서 필요한 치료사의 역량과 태도는 객관적이며 분석적인 피드백 및 내담자가 타인들로부터 자신의 이미지를 발견하도록 돕는 차원에서의 상호교감적 역할을 수행하는 것이라고 하겠다(최슬아, 2021).

앞에서도 밝혔듯이 성장모델 심리치료·상담에서는 내담자의 통찰이 구체적 행동 변화로 이어지는 것과 내담자의 사회적 맥락 안에서 소속감을 갖는 것 즉, 내담자의 과거와 현재 패턴 인식, 그리고 이후 변화될 사회구성원으로서의 연관성, 기대와 그에 따른 책임 등을 중요시 여긴다(Adler, 1927). 따라서 이 단계에서는 내담자가 자신의 가족과 과거 경험으로 인한 고착된 행동패턴을 인식하게 하는 것에서부터 궁극적으로는 내담자가 자신이 새로이 설정한 미래상에 따라 자신이 변화할 수 있다는 것을 믿고 실천적인 자세로 생활하기까지 돕고 지지하는 과정이 매우 중요하다.

특히 내담자가 그리는 긍정적인 미래상 - 변화된 자신의 모습, 자신을 둘러싼 사회의 모습은 내담자가 자신의 입장에서 여러모로 어려운 변화를 '미래' 라는 목적에 따라 감내하고 이행하도록 하는 핵심적인 동기부여로 작용하게끔 지속적인 방향성을 제시하여야 한다(Corsini, 1997). 그러므로 치료사는 빈번히 내담자의 '치료적 성장' 과 관련한 객관적 변화정도와 주관적인 감상 모두를 제시하면서 내담자의 변화과정에서 나타나는 시행착오를 재조정해주고 격려해야 한다. 즉, 치료사는 사회적인 관심 및 관점을 가지고 내담자를 대하는 것이 성장모델 관점에서 치료사의 중요한 태도라고 하겠다. 더불어 개인심리학, 미래심리학, 긍정심리학 등은 치료사가 성장모델 심리치료적 접근을 하는 데에 유사한 토대로 작용하는 이론들이다(김정규, 김명권, 김경민, 조현주, 2019).

이와 같이 IT 통합예술치료의 중·후기 단계 즉, R 단계와 A 단계에서는 성장모델 심리치료 및 상담기법이 두루 활용된다. 치료사는 이 단계에서 내담자가 자신의 생활양식 분석을 작성하도록 독려하고 자신과 상황과의 개연성과 연계성을 파악하며 나아가기를 독려하며, 치료사 스스로 초기 C 단계와 E 단계에 비하여 내담자에 대해 비교적 교육적인 포지션으로 이동하게 된다. 그렇다고 해서 일방적인 변화리스트를 제공하거나 충고와 같은 태도는 지양하며, 점차 통찰의 관점으로 내담자의 자기분석이 이루어질 수 있도록 안내해야 한다(김용태, 2020). 성장모델 심리치료 전문가 Corsini (1980)가 Adler(1927)의 주요 개념을 골자로 개발한 개별화교육 모듈 Corsini's 4R - 자신과 타인에 대한 존경심(Respect), 책임감(Responsiblity), 어느 분야에서나 자원이 될 수 있는 실력(Resourcefulness), 자신과 주변에서 일어나는 사태에 대한 반응(Response)은, 이 단계의 IT 통합예술치료사가 내담자를 이끌어야 할 방향성을 잘 개념화하고 있다.

5. IT 통합예술치료에 나타나는 행동치료 접근방식

IT 통합예술치료의 CERAT 중 R(역할) 단계, 그리고 매회 기 내 OMCA의 A(적용하기) 단계에서는 내담자가 자각한 자신의 행동변화목록을 실천하고 그 인과관계를 객관적으로 파악하도록 한다(최윤영, 2020). 앞서 R 단계에서의 성장모델 심리치료 방식이 내담자가 자신의 변화될 이유와 목적을 자신의 내·외부와 연관짓고 지속적으로 그 의미를 찾아 강화해 나가는 과정이라고 한다면, 이 단계에서의 행동치료 접근방식은 본격적으로 내담자의 '체화' 를 의도하고, 이를 실천 및 확인하면서 오류를 수정하는, 즉 가장 행동 데이터에 근거하여 내담자의 문제를 다루는 단계라고 할 수 있다(이성현, 2022:75-76).

이 과정을 성실하고 끈기있게 잘 견디는 내담자도 있겠지만, 비교적 큰 저항이 따르기도 하는 접근방식이 바로 행동치료 접근방식이다. 왜냐하면 내담자 입장에서는 살던 대로 살지 않겠다는 다짐에 따르기로 하는 내부적 저항에서부터 마치 숙제검사를 맡는 듯한 일상의 행위, 그리고 그에 대한 치료사 및 자신 스스로의 비판적 피드백 등 외부로부터 받는 저항이 가장 많이 발생되는 단계이기 때문이다.

반대로, 잘 마련된 행동리스트대로 따르기만 하면 어느 정도 변화가 보장되는 이 단계에서 내담자의 삶은 자칫하면 내담자가 자발성보다는 패턴화 또는 의존화되며, 변화에 대한 자기상을 미시적인 관점에서 보게 되어 주체성이 약화되기 쉬운 단계이기도 하다. 하지만 Lazarus(1997)에 의하면, 그만큼 직접적이고 구체적인 행동의 변화와 실천은 내담자의 치료여정에서 외현화로 확인 가능한 직접적인 소산이 되어주므로, 이 단계가 어려운 만큼 치료사 또한 세심한 리더십이 요구되는 단계라고 하였다.

이러한 관점에서 행동치료 접근방식은, 내담자가 자신이 의존하였거나 익숙한 생활양식에서 벗어나 도전적인 생활태도를 경험함으로써 이전의 생활양식 이외의 가능성을 확인하는 치료의 첫 '성공적 입증' 역할을 한다. 따라서 이 단계는 너무 길지 않게, 단호하고 확실하게 안내되어야 하며, 이 때에 치료사는 가능한 한 비병리적인 입장에서 내담자를 대해야 한다고 하였다(이성현, 2022:89). 치료사는 내담자가 자신의 삶에 가장 전문가라는 인정의 태도로 내담자로부터 그들의 경험적 세계관에 대해 배우려는 태도가 필요하다. 행동치료 전문가 McCrady(2001:469-470)는 그의 저널에서, 행동치료의 성공은 내담자의 변화여정에 있어 8부 능선을 넘은 것과 같다고 하면서, 이 단계를 넘어선 내담자들은 안정적인 종결을 할 가능성이 높다고 하였다.

따라서 IT 통합예술치료의 CERAT 단계에서 중간에 위치한 R 단계의 행동치료적 접근은 전체 치료과정에서 가장 목표성이 두드러지고 그것이 내담자로 하여금 짧고 굵게 체감되도록 하는 역할을 제공해야 할 것이다. 이 단계의 치료사는 행동치료적인 접근에 의해 현재 시점에서 내담자와 다시 한번 치료목표를 명확히 논하고, 이전 단계들에서 내담자가 확인한 긍정적 욕구들을 재확인시키며, 중립적이거나 지지 중심의 태도보다는 상대적으로 꼼꼼한 자료수집, 논박과 같은 질문, 냉철한 확인, 그리고 분석적으로 되돌려주는 자세, 내담자보다 먼저 포기하지 않을 정도의 꿋꿋함 등의 태도가 필요하다(Marlatt, 2007). 무엇보다 내담자가 이 단계에서 위축되거나 감소되기 쉬운 자기효능감 등을 일깨우기 위하여, 겉으로는 지시자의 형태를 띠더라도 궁극적으로는 내담자와 치료적 동맹으로서의 목적을 공유하고 있음을 내담자에게 상기시키고 이완시킬 수 있는 예술경험 및 활동으로 지원하여야 한다(McNiff, 2014). Lazarus(1997)는 이 단계에서 브레인스토밍, 역할연기, 체계적 둔감화 또는 재발방지 모델 등을 통해 내담자가 스스로 고안하고 확인하는 행동양식일수록 내담자의 자발성 및 행위지속성을 높일 수 있다고 하였다.

6. IT 통합예술치료에 나타나는 인지정서행동치료 접근방식

IT 통합예술치료의 CERAT 중 A(사회적응) 단계와 T(변화수용) 단계, 그리고 매회 기 내 OMCA의 C(닫기)와 A(적용하기) 단계에서는 앞서 언급한 IT 통합예술치료의 다면적 치료공간 중 제 2 치료공간인 가족과 제 3 치료공간인 사회에 보다 중점을 두고 내담자가 보다 활발하게 자기변화 및 새로운 적응적 양식의 효능감을 가질 수 있도록 안내한다(박선영, 2021). 이와 관련하여 이성현(2022:73)은, 특히 A 단계에 있어 R 단계에서 넘어온 A 단계의 초반일 때는 사회적응 포인트를 구조화해 시도해보도록 하는 데 초점을 맞춘다면, A 단계의 후반에서 T 단계로 넘어갈 때에는 내담자의 성공경험을 확인하고 북돋우는 과정을 통해 자신감을 찾도록 하며, 내담자가 이전의 자신과 비교하여 긍정적으로 변화한 점을 알아차리도록 하는 데에 초점을 맞춰야 한다고 하였다.

앞서 인지행동치료가 비합리적인 신념의 역기능을 인정하고 행동을 수정하도록 하는 과정이라면, 인지정서행동치료 비합리적인 신념이 가져질 때의 정서적 상태 및 반응까지 함께 고려하는 것이라고 밝힌 바 있다. IT 통합예술치료는 전 과정에 걸쳐 몸·마음·정신의 균형과 통합을 중요시하므로, CERAT 단계의 초반 C 단계와 E 단계에서 내담자의 감정과 정서상태, 그리고 신체반응을 자각할 수 있도록 안내한다(Hong, 1992). IT 통합예술치료의 종결회기와 가까워지는 후반 A 단계와 T 단계 역시 변화된 내담자의 몸·마음·정신 중 어떤 것이라도 자각할 기회를 제공하게 되는데, 구체적으로 이 때 인지정서행동치료적 접근방식에 의해 인지·정서·행동 각 부분과 그 때의 몸·마음·정신의 자각을 연결하도록 돕는다.

위 과정에서 A 단계가 잘 이루어질수록 T 단계와의 연계 및 진입이 자연스럽게 일어나며 내담자의 자발성도 커진다. 특히 T 단계는 현실의 '나는 누구인지' 에 대한 자기인지에서 시작하여 새로운 인격체로서의 외적·내적 변화를 자각하면서 이루어진다. 내담자의 이러한 의식의 변형과 진화는 예술치료 체험을 거듭하면서 자연스럽게 동반 상승하게 된다. 따라서 이 단계에서는 비합리적이거나 비기능적인 신념이 부정적 감정을 만든다는 전제를 가지고 내담자가 합리적이면서 기능적인 생각으로부터 긍정적인 감정을 만들 수 있도록 도와야 한다(Eliss, 2011). 최근에는 반대로 긍정적인 감정이 먼저 불러일으켜져도 그 에너지로 합리적이면서 기능적인 생각으로 이어질 수 있는 관점과 도식이 많은 지지를 받는 추세이다(Siegel, 2022).

이와 같이 IT 통합예술치료의 후기 단계 즉, A 단계와 T 단계에서는 인지정서행동치료 및 상담기법이 두루 활용된다. 치료사는 이 단계에서 합리적·정서적 상상 기법 또는 내담자가 긍정적으로 자각한 몸·마음·정신 세 가지의 중의 한 요소를 항상 다른 요소들과 함께 저장(기억)하기를 독려하고, 이를 위한 예술활동과 순서를 창의적으로 만들어내 지원한다. 또한 이 단계에는 과제부여를 통한 자기확인 및 자기확신이 매우 중요한 단계로, 이는 행동치료적 접근에서 있었던 데이터 수집과 전후관계 비교를 위한 과제의 차원이 아닌, 내담자가 본격적으로 치료의 장에서 독립하여 혼자 사회로 나아가 실천하기 직전의 - 마치 파일럿(시험) 단계로서의 역할 - 단계 즉, 내담자가 사회와의 거리와 자신의 새로운 적응양식의 오차를 점차 좁혀가는 것을 확인하도록 하기 위한 과제의 성격이 크다. 이 과정은 매우 진취적이면서도 깊은 자기수용적 태도가 강조되며, 내담자의 편향이나 편집적인 태도를 선호로 바꾸어주기, 좌절이나 불안을 인내한 순간 기억하도록 하기, 부끄러움 없애주기 등의 기법과 대화기술 등이 강조된다(Corsini, 1997).

7. IT 통합예술치료에 나타나는 절충적 심리치료 및 통합적 심리치료 접근방식

위에서 살펴본 것처럼 IT 통합예술치료에서는 게슈탈트 심리치료 / 인간중심 심리치료 / 성장모델 심리치료 / 행동치료 / 인지정서행동치료 등 심리학의 유구한 역사적 흐름에 따라 다양한 관점 및 연구결과로 뒷받침된 심리치료·상담 접근방식들을 사용한다. 마지막으로 살펴볼 절충적·통합적 심리치료 접근방식은, 특별히 다음의 두 가지 측면에서 이해되어야 한다. 하나는 위 다양한 심리치료적 접근이 CERAT 의 단계에 따라 순차적으로 적용되며, 특히 단계와 단계의 경계에서는 내담자의 저항과 급변으로 발생되는 충격을 보조하기 위해 중첩되는 양상을 띤다는 점이다. 다른 하나는, 위 다양한 심리치료적 접근이 CERAT 단계 뿐 아니라 한 회기 내 구조를 말하는 OMCA 에서도 소급적용된다는 점이다. 특히 각 발달라인들은 위계계층과 수평계층이 복합적으로 존재하기 때문에 매우 다차원적이고 입체적으로 접근함이 필요하다(Wilber, 2008).

다시 말해 절충적·통합적 심리치료 접근방식은 IT 통합예술치료의 철학 및 CERAT와 OMCA 전 단계를 관통하고 있으며, 각 단일화된 심리치료적 접근들의 강조점에 의해 소외되거나 상충될 수 있는 내담자의 다른 발달라인들의 상태를 충실하게 모니터링하는 역할을 한다(Corey, 2021). 특히 내담자는 IT 통합예술치료의 전체 과정을 경험하는 중에 불시에 자신의 새로운 자각, 특별한 감정, 신체화, 치료이탈욕구 등을 경험하게 되며, 때로는 CERAT 및 OMCA 각 단계에서 경험할 수 있는 속도와 깊이수준을 예측하기 어렵고 그 강도가 일정하지 않은 데다 더욱이 집단치료의 상황에서 각 내담자별로 반응은 매우 다채로운 집단역동으로 나타난다. 따라서 언제든지 급작스럽게 효능감을 상실하는 발달라인이 발생될 수 있는데, 이를 따라가며 탐색하고 보완하기 위한 치료적 민감성과 즉각적 수행 및 변형능력이 절충적·통합적 심리치료 접근방식에서 매우 중요한 부분이 된다(Marquis, 2011).

특히 Wilber(2008)에 의하면, 인간에게는 다차원적인 의식의 스펙트럼이 존재하며, 각 수준의 의식 상태는 인간 발달이라는 총체적 측면에서 접근해야 제대로 이해할 수 있다고 하였다. 더구나 치료 중의 내담자는 전체를 이루는 각 요소가 불균형하지만, 불균형한 요소들과 비교적 안정적으로 기능하고 있는 요소들과의 상호적 접촉경험 또한 인간의 균형과 통합에 중요한 영향을 미친다고 하였다. 큰 틀에서 정신분석-행동주의-인본주의라는 담론으로 변화되어 온 심리학이 특정한 하나의 이론만으로 다른 모든 것을 담을 수 있는 것이 아니라 각각이 인간의식의 발달이라는 전체 속에 나름대로 기여하는 측면이 있다는 것을 이해하고, 따라서 치료사는 내담자를 도와 함께 의식의 부분이 아니라 전체를 살펴볼 수 있는 큰 그림이 필요한 것이다.

이와 같이 IT 통합예술치료의 전(전체) 단계에 걸쳐 절충적·통합적 심리치료 및 상담기법이 두루 활용된다. 치료사는 이 단계에서 내담자가 자신의 각 발달라인에 자주 관여할수록 발달라인 상호 간에 더 쉬워지고 더 자연스러워진다는 전제를 가지고 대화하기, 각 발달라인과 관련해 고안된 예술경험 등을 제공하여야 한다. 또한 내담자가 자신의 경험을 더 잘 다각도로 평가할 수 있도록 하고, 스스로가 자신을 더 잘 이해하고 다룰 수 있다는 신념을 제공하면서 전체 회기를 이끌어야 한다. 이를 위해 절충적·통합적 심리치료 접근방식이 관통되는 IT 통합예술치료의 초기 진단에서는 내담자의 발달라인과 관련한 면접형 자기보고를 이끌어내야 하지만(홍유진, 2016:13-15), 이를 토대로 치료사의 최초의 평가 또는 판단이 너무 확고해서는 안 된다. 또한 내담자가 치료 과정 중 부적절함의 패턴에 당면함이 발견될 때 이를 즉시 해결하려는 태도보다는 다른 발달라인들과의 관계와 조우하도록 돕고 상호성장을 독려하면서 나아가야 하며 치료 중 언제든지 이런 장면이 나올 수 있다는 가능성을 인식하여야 한다.

8. 결론

본 연구는 1) IT 통합예술치료 IT 매뉴얼의 CERAT 단계 및 회기 내 구조 OMCA에 나타나는 6가지 심리치료 접근방식의 융합적 활용특성을 고찰하였다. 2) 이를 6가지 심리치료·상담이론의 특징 및 속성과 연결한 뒤, 3) 각 단계에서 요구되는 치료자의 핵심기능을 IT 통합예술치료 과정 중에 내담자에게 이끌어내야 할 반응 중심으로 정리하였다. 이에 따라 다음의 결론을 도출하였다.

첫째, CERAT의 C(카타르시스), E(실존자각) 단계 및 OMCA의 O(열기)와 M(만나기) 단계에서는, 게슈탈트 및 인간중심 심리치료 접근방식이 활용되며 배출자, 접촉자, 수용자, 촉진자로서의 치료자 핵심기능 및 태도가 요구된다. 둘째, CERAT의 R(역할) 단계 및 OMCA의 A(적용하기) 단계에서는, 행동치료 및 성장모델 심리치료 접근방식이 활용되며 생성자, 안내(지시)자, 연결자로서의 치료자 핵심기능이 요구된다. 셋째, CERAT의 A(사회적응) 단계 및 OMCA의 C(닫기) 단계에서는, 인지정서행동치료 및 성장모델 심리치료 접근방식이 활용되며 실천독려자, 연계자로서의 치료자 핵심기능 및 태도가 요구된다. 넷째, CERAT의 T(변화수용) 단계 및 OMCA의 C(닫기)와 A(적용하기) 단계에서는, 인지정서행동치료 접근방식이 활용되며 확인자, 지지자로서의 치료자 핵심기능 및 태도가 요구된다. 다섯째, IT 통합예술치료 CERAT와 OMCA 전 단계에 걸쳐 절충적·통합적 심리치료 접근방식이 활용되며 중재자, 조정자, 완충자, 확장자로서의 치료자 핵심기능 및 태도가 요구된다. 이를 종합해 정리하면 아래 <표 10> 과 같다.

따라서 IT 통합예술치료사는 위 6가지 심리치료·상담이론을 체화할 것과 더불어, 각 단계에서 치료사가 내담자에게 제안할 예술활동의 내용구성 및 방향성을

<표 10> IT 통합예술치료의 각 단계에 나타나는 6가지 심리치료의 융합적 접근방식과 치료자의 핵심기능 및 태도

CERAT 전체 단계	C 단계(카타르시스)	E 단계(실존자각)	R 단계(역할)	A 단계(사회적응)	T 단계(변화수용)
매 회기마다 OMCA	O(열기) M(만나기)	O(열기) M(만나기)	A(적용하기)	C(닫기)	C(닫기) A(적용하기)
주 적용되는 심리치료 및 상담이론	게슈탈트 인간중심	게슈탈트 인간중심	행동 성장모델	인지정서행동 성장모델	인지정서행동
	절충적·통합적				
치료자의 핵심기능 및 태도	중재자	조정자	완충자		확장자
	배출자 접촉자	수용자 촉진자	생성자 안내(지시)자 연결자	실천독려자 연계자	확인자 지지자

일련의 치료적 흐름에 맞도록 설계하고 각 심리치료·상담이론을 반영할 수 있는 융통적인 언어상담을 함께 제공해야 할 것이다. 또한 통합예술치료 전 과정에 걸쳐 나타나는 내담자의 반응은 순서 면에서 비순차적으로, 또 강도 면에서 유동적으로 발생되므로, 특히 절충적·통합적 심리치료 접근방식의 관점을 가지고 매 순간 모니터링하며 탄력적으로 진행해나가야 할 것이다.

또한 IT 통합예술치료에서 활용되고 있는 6가지 심리치료·상담이론의 위와 같은 융합적 활용형태를 장내(IT 통합예술치료 분야 內)와 장외(IT 통합예술치료 분야 外)에 소개하여 서로 교류 및 활용되도록 할 수 있을 것이다. 이는 다원화된 사회·문화적 현상에 발맞추어 각 심리치료 이론과 이론, 예술치료 분야와 분야 간의 소통을 도모하고 치료사와 내담자 모두에게 열린 접근이 가능하도록 도울 것으로 기대한다.

참고문헌

김용태(2020). 분쟁가족의 갈등완화를 위한 IT기반 통합예술치료 적용연구, 동덕여자대학교 대학원 박사학위논문.

김정규(1995). 게슈탈트 심리치료, 학지사.

김정규, 김명권, 김경민, 조현주(2019). 한 명의 내담자, 네 명의 상담자, 학지사.

노안영(2013). 게슈탈트치료의 이해와 적용, 학지사.

로저스(Rogers, N.), 이정명 외 역(2007). 인간중심 표현예술치료, 시그마프레스.

루빈(Rubin, J.), 최소영 외 역(2007). Rubin의 통합 예술치료 읽기, 시그마프레스.

마르퀴스(Marquis, A.), 문일경 역(2011). 통합심리치료, 학지사.

맥니프(McNiff, S.), 윤혜선 역(2014). 통합예술치료, 이담북스.

박선영(2021). 위기청소년의 정서적 자립을 위한 IT기반 통합예술치료 과정에서 나타난 치료사의 역전이 현상 연구, 동덕여자대학교 대학원 박사학위논문.

배상국(2018). 통합예술치료 IT매뉴얼의 힐링드라마모델을 적용한 콘텐츠 개발, 동덕여자대학교 대학원 박사학위논문.

시겔(Siegel, D. J.), 김보연 외 역(2022). 마음의 발달, 하나의학사.

신경림(2001). 현상학적 연구, 현문사.

스콕폴트(Skovholt, T. M.), 유성경 외 역(2003). 건강한 상담자만이 남을 도울 수 있다, 학지사.

얄롬(Yalom, D.), 최해림 외 역(2008). 집단정신치료의 이론과 실제(제5판), 하나의학사.

오클랜더(Oaklander, V.), 김정규 외 역(2006). 아이들에게로 열린 창, 학지사.

월터(Walter, J. S.), 가족치료연구모임 역(2001). 단기가족치료, 하나의학사.

윤성우(2004). 폴 리쾨르의 철학, 철학과 현실사.

윌버(Wilber, K.), 조옥경 역(2008). 통합심리학, 학지사.

이수현(2019). 통합예술치료사의 역량강화를 위한 실험교육 사례연구, 동덕여자대학교 대학원 박사학위논문.

이성현(2022). 애니메이션 소울에 나타난 IT 통합예술치료의 본질, 예술에서 치료까지 10, 67-94.

정광조, 이근매, 최애나, 원상화(2009). 예술치료, 시그마프레스.

코레이(Corey, G.), 이상민 외 역(2021). 상담과 심리치료의 통합적 접근, 박영스토리.

코르시니(Corsini, R. J.), 이혜승 역(1997). 다섯 명의 치료자와 한 명의 내담자, 이화여자대학교 출판부.

패트릭(Patrick, J.), 이영우 외 역(2003). 셀프 슈퍼비전, 학지사.

펄스(Perls, F.), 최한나 외 역(2013). 펄스의 게슈탈트 심리치료, 학지사.

홍유진(2018). 내 안의 나를 깨우는 통합예술치료, 학지사.

최슬아(2021). IT기반 통합예술치료의 적용하기 과정이 위기청소년의 긍정 역할수행에 미치는 영향 연구, 동덕여자대학교 대학원 박사학위논문.

최윤영(2020). 통합예술치료를 위한 예술매체별 특성 연구, 한국예술연구 28, 305-326.

최윤영(2020). IT기반 통합예술치료와 단일예술치료의 임상구조 비교 연구, 동덕여자대학교 대학원 박사학위논문.

최윤주(2019). 통합예술치료 IT매뉴얼의 구조적 특성, 동덕여자대학교 대학원 박사학위논문.

홍유진(2016). 통합예술치료 회기구성을 위한 진단용 롤다이어그램 개발, 예술에서 치료까지 1(1), 1-20.

Adler, A.(1927). The Practice and Theory of Individual Psychology, Harcourt.

Bandura, A.(1986). Social Foundations of Thought and Action, Prentice-Hall.

Beck, A. T.(1976). Cognitive Therapy and Emotional Disorders, International Universities Press.

Corsini, R. J.(1980). Psychotherapy: An Eclectic Approach.

Eliss, A.(2011). Rational Emotive Behavior Therapy, American Psychological Association.

Giorgi, A. & Giorgi, B.(2003). Phenomenology, In Jonathan, S.(Eds.), Qualitative psychology: A practical guide to research methods, London: Saga Publications.

Heine, R. W.(1953). A comparison of patients' report on psychotherapeutic experience with psychoanalytic, nondirective and Adlerian therapist, American Journal of Psychotherapy 7, 16-23.

Hong, Y. J.(1992). Cathasis in Ritual & Theater, New York University Press.

Lazarus, A.(1997). Brief but Comprehensive Psychotherapy: The Multimodal Way, Springer.

Levin, M.(1948). Psychotherapy in medical practice, Harper & Brothers.

Manen, V. M.(1990). Researching Lived Experience: Human Science for an Action Sensitive Pedagogy, Sunny Press.

Marlatt, G. A.(2007). Relapse Prevention: Meintenance Strangies in the Treatment of Addictive Behavior, Guilford Press.

McCrady, B.(2001). A Comprehensive Guidebook, Contemporary Psychology 46(5), 460-480.

Rogers, C.(1951). Client-centered Therapy, Houghton Mifflin.

Watson, D.(1969). Measurement of Social-evaluative Anxiety, Journal of Consulting and Clinical Psychology 33, 448-467.

Wilber, K.(1984a). The developmental spectrum and psychopathology: Part Ⅰ, stages and types of pathologies, Journal of Transpersonal Psychology 16(1), 75-118.

Wilber, K.(1984b). The developmental spectrum and psychopathology: Part Ⅱ, treatment modalities, Journal of Transpersonal Psychology 16(2), 137-166.

IT 통합예술치료 임상구조와 실행에 나타나는 신경과학적 관점에서의 심리변화 메커니즘

The Mechanism of Psychological Change in the IT Integrative Arts Therapy's Clinical Structure and Practice from a Neuroscientific Perspective

문화와융합
Culture & Convergence
p-ISSN 2950-9742
e-ISSN 2950-9750
2023-08-30
Vol.45 No.8 pp.895-912
DOI https://doi.org/10.33645/cnc.2023.08.45.08.895

목차 TOC

초록 Abstract

본 연구는 IT 통합예술치료의 임상구조와 실행에 나타나는 신경과학적 관점에서의 심리변화 메커니즘을 고찰한 연구로, 연구목적은 IT 통합예술치료 일련의 과정이 뇌 신경의 작용 및 흐름과 어떻게 관련이 있는지를 밝히는 것이다. 연구방법으로 먼저 심리치료에서 뇌 통합의 개념과 과정을 이론 및 현상적으로 기술한 뒤, IT 통합예술치료의 임상구조와 실행에서 나타나는 현상과 뇌 신경통합의 과정을 연결해 분석하였다. 본 연구를 통해 도출한 결론은 다음과 같다. 첫째, IT 통합예술치료는 뇌 가소성을 전제로 그 치료목적이 실현된다. 둘째, IT 통합예술치료의 다층적인 특징 및 설계, 구성요소, 기법들은 뇌 통합의 조건들을 전제로 그 치료목적이 실현된다. 셋째, IT 통합예술치료는 뇌 신경작용의 흐름에 따라 단계별로 적용되는 심리치료 접근 및 치료자 핵심기능 수행을 기반으로 한 의도적 실행을 전제로 그 치료목적이 실현된다.

This study examines the mechanism of psychological change from a neuroscientific perspective in the clinical structure and practice of IT Integrative Arts Therapy(i-Therapy). As a research method, first, the concept and process of brain integration in psychotherapy were described theoretically and phenomenologically, and then the phenomena appearing in the clinical structure and practice of IT Integrative Arts Therapy and the steps and processes of brain integration were linked and analyzed. The conclusions drawn from this study are as follows. First, the purpose of IT Integrative Arts Therapy is realized on the premise of brain plasticity. Second, the multi-layered characteristics, design, components, and techniques of IT Integrative Arts Therapy are realized on the premise of brain integration conditions. Third, the purpose of IT Integrative Arts Therapy is realized on the premise of intentional execution based on the psychological treatment approach applied step by step according to the flow of brain nerve action and the therapist's core function performance.

주제어 Key Words

IT 통합예술치료 임상구조, 신경과학, 뇌과학, 심리변화 메커니즘, IT 통합예술치료 뇌 기전

IT Integrative Arts Therapy's clinical structure, Neuroscience, Brain science, Psychological change mechanism, IT Integrative Arts Therapy's brain mechanism

1. 서론

본 연구는 홍유진(2018)이 개발한 IT 통합예술치료(i-Therapy) 임상구조와 실행에 나타나는 신경과학적 관점에서의 심리변화 메커니즘을 고찰한 연구이다. 본 연구의 목적은 IT 통합예술치료 일련의 과정이 뇌신경의 작용 및 흐름과 어떠한 관련이 있는지를 밝혀, IT 통합예술치료 전 과정의 맥락을 신경과학적 관점에서 이해하고 과학적 통합예술치료기반을 공고히 다지며, 이를 장내(內) 예술치료 및 심리치료 등의 분야와 장외(外) 신경과학 및 통합의학 등의 분야에 소개하여 학제 간 중요한 통섭과 소통의 자료로 활용되도록 하는 데에 있다.

IT 통합예술치료의 개념을 살펴보면, 먼저 '통합예술치료' 란 한 회기 내에서 두 가지 이상의 예술매체를 혼합해 사용하는 것을 말하며(정광조 외, 2009; Rubin, 2007; McNiff, 2009), 그 중에서도 'IT 통합예술치료' 란 전체 회기 단계를 CERAT(세라트) 단계로 기획 및 구성하고, 한 회기 내에서는 OMCA(옴카) 라는 회기 내 구조를 가지고 총 과정을 운영하도록 고안된 특유의 'IT(i-Therapy) 치료매뉴얼' 을 통칭하는 것이다. 즉, IT 통합예술치료란, 'IT 매뉴얼' 로 된 '통합예술치료', 다시 말해 IT 매뉴얼의 구조와 설계방식 안에서 매 회기 '통합예술' 의 내용으로 시행되는 예술심리치료모델을 뜻한다고 하겠다.

CERAT와 OMCA의 임상구조를 통해 IT 통합예술치료가 내담자의 심리변화를 도모하는 실행과정에 대하여 홍유진(2018)과 이성현(2023:297-302)은 다음과 같이 설명하였다. C(카타르시스(Catharsis)) 단계와 매 회기 내 OMCA의 O(열기(Opening)) 단계에서는 내담자가 자신의 미해결된 감정 및 욕구를 안전하게 꺼내어놓도록 안내한다. E(실존자각(Existence)) 단계에서는 감각 경험이 강조되면서, C 단계를 통해 자신의 감정을 안전하게 배출하고 이완된 내담자가 자신을 점차 유기체적으로 자각할 수 있도록 한다. OMCA의 M(만나기(Meeting)) 단계 또한 신체의 이완뿐 아니라 오감을 활성화시키고, 이완된 상태에서의 정신집중을 하도록 함으로써, '지금-여기' 의 '심-신-체' 있는 그대로를 알아차리고 그 상태에서 자신의 무의식과 조우할 수 있도록 한다고 하였다. R(역할(Role)) 단계와 A(사회적응(Adaptation)) 단계, 그리고 매 회기 내 OMCA의 C(닫기(Closing)), A(적용하기(Application)) 단계에서는 내담자가 자신과 자신을 둘러싼 사회와의 연결에 대하여 새롭게 발현된 욕구를 구체적으로 인식해 집단원 또는 치료사에게 표현하고 실현할 수 있도록 한다. 역시 R(역할(Role)) 단계, 그리고 매 회기 내 OMCA의 A(적용하기(Application)) 단계에서는 내담자가 자각한 자신의 행동변화목록을 실천하고 그 인과관계를 객관적으로 파악하도록 한다. A(사회적응(Adaptation)) 단계와 T(변화수용(Transformation)) 단계, 그리고 매 회기 내 OMCA의 C(닫기(Closing))와 A(적용하기(Application)) 단계에서는 IT 통합예술치료의 다면적 치료공간[1] 중 제2치료공간인 가족과 제3치료공간인 사회에 보다 중점을 두고 내담자가 보다 활발하게 자기변화 및 새로운 적응적 양식의 효능감을 가질 수 있도록 안내한다.

연구자는 위처럼 IT 통합예술치료 일련의 과정을 통하여 심리변화를 이끌어내는 과정이 IT 통합예술치료가 정신치료 및 심리치료로서 기능하며, 그것은 뇌의 기능 및 흐름적 도식 자체를 변화시키는 과정일 것이라는 임상적인 직관에 의해 본 연구에 착수하게 되었다. 따라서 연구문제는 다음과 같다.

연구문제 1. IT 통합예술치료가 정신치료 및 심리치료로서 설명될 수 있는가?
연구문제 2. IT 통합예술치료와 뇌 신경과학에서의 '통합' 의 개념은 동일한가?
연구문제 3. 통합이 일어나는 뇌 기전은 무엇인가?
연구문제 4. 뇌 신경과학적 관점에서의 IT 통합예술치료 심리변화 매커니즘은 무엇인가?

연구방법으로는, 먼저 IT 통합예술치료와 뇌 신경과학에 대한 이론적 고찰을 토대로 각 구조와 실행, 과정, 기능적 흐름 등을 현상학적(Manen, 1990; Giorgi, 2003)으로 견주어가며 풀어낸 것을 종합적으로 분석해 최종 결론을 도출하였다. 이를 통해 IT 통합예술

1) IT 통합예술치료의 다면적 치료공간이란 내담자가 속한 현재의 활동 공간을 셋으로 구분한 것으로, 제1치료공간은 치료가 이루어지는 곳, 제2치료공간은 가정, 제3치료공간은 사회관계의 장을 말한다. 특히 제2·3치료공간은 '보이지 않는 손' 으로 일컬으며 치료사의 부재중에도 내담자가 새로운 인식을 실천 및 적용할 수 있도록 매회기 끝 A(적용하기) 단계마다 화두가 제공된다.

치료와 뇌 신경과학적 측면과의 연관성을 밝히고, IT 통합예술치료에 나타나는 심리변화의 뇌 신경과학적인 메커니즘을 설명하고자 한다.

2. IT 통합예술치료의 심리치료적 특성 및 통합의 뇌 기전

2.1. 심리치료로서의 IT 통합예술치료

Fosha, Siegel, Solomon(2023)은 경험과 행동이 정신작용을 만들어내며, 인간이 변화한다는 것은 궁극적으로 정서, 마음, 의미가 변화하는 것임을 말하였다. Siegel(2022) 역시 새로운 마음의 패턴과 행동동기를 만들어내는 심리치료가 정신치료의 속성과 본질적으로 동일하다고 하였다. 특히 Cozolino(2018)는 이러한 정신치료가 신경형성력과 성장, 그리고 뇌 통합이 증가할 수 있는 전제조건을 기반으로 한다고 하였는데 이는 첫째, 안전하고 신뢰할 수 있는 치료적 관계형성, 둘째, 경도에서 중등도의 스트레스, 셋째, 감정과 인지 모두의 활성화, 넷째, 새로운 개인적인 이야기(personal narratives)를 함께 만들어나가는 것이다.

서론에서 살펴본 것처럼 IT 통합예술치료는 다양한 예술매체를 혼합적으로 활용하는 특징 이외에도 인간

<그림 1> 정신치료·심리치료로서 IT 통합예술치료의 개념

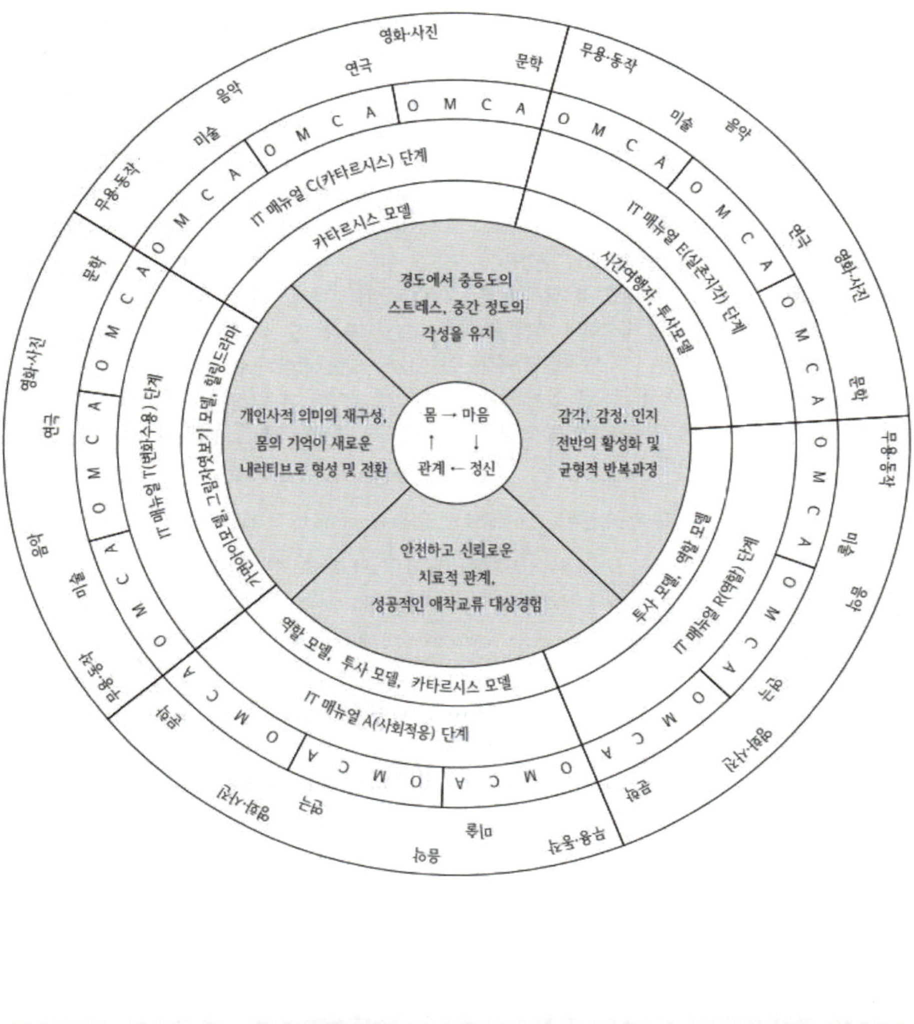

의 전인적 변화가 마음뿐 아니라 정신과 몸, 그리고 관계를 통한 확인 모든 것이 상호적으로 발전해야 한다는 인식을 기반으로 한다(이성현, 2023:294). 이는 Barrett(2020)이 말한 웰빙(well-being)의 삼각형 이론에서 마음, 뇌, 몸의 연결과 균형, 그리고 Siegel(2022)의 삼각형 이론에서의 마음, 뇌, 관계의 상호작용과도 부합된다. 이에 따라 IT 매뉴얼이라 일컬어지는 IT 통합예술치료 치료매뉴얼에서는 전체 치료 회기를 인간발달과 자기실현, 재탄생 등의 전인적 맥락에서 CERAT 총 5단계로 나누고 다시 그 안에서 각 회기는 OMCA의 운영구조를 따른다(최윤주, 2019). 구성내용 면에서는 무용·동작, 미술, 음악, 연극, 영화·사진, 문학 등의 매체를 내담자의 이완, 자각, 역할인식, 투사를 통한 배출과 자기이해, 관계에 대한 정립, 내면아이(어린자화상)와의 만남, 새로운 내러티브 형성 등을 돕기 위해 고안된 7가지 핵심치료모델 내 25가지 기법들 안에서 융합적으로 활용한다(최윤영, 2020). 이렇듯 IT 통합예술치료는 정신치료·심리치료적인 특성을 갖는다고 볼 수 있다.

이러한 IT 통합예술치료의 총체적인 특성을 15회기 기준으로 보다 직관적으로 펼쳐보면 위 <그림 1>과 같다. 특히 음영이 있는 심리치료적 특성(전제)의 부분은 4분할인데 반하여 IT 통합예술치료의 구성은 5분할로 되어있는데, 이는 심리치료적인 각 단계의 연접 부분을 조금씩 교집합적으로 융합하며 수행되는 현상적 특징을 나타내었다. 이는 각 단계를 넘어갈 때마다 급진적이거나 비개연적이지 않도록 돕는 구조적 장치가 되며, 치료사가 총 치료과정에 있어 강한 통합의 방향성을 유지할 수 있도록 한다.

2.2. 통합의 개념

위 과정들이 의식과 연계될 때, 그것들이 더 전략적이자 의도적으로 다뤄질 수 있고, 그 결과가 적응적으로 바뀔 수 있을 것이다. 따라서 통합은 총체적인 과정이며, 이러한 과정은 엄청난 수의 각기 다른 신경패턴들로부터 일어나는 뇌의 과정이라고 할 수 있다(Panksepp, 1998). 최근 Siegel(2022)은 그의 저서 <마음의 발달>을 통해 정신치료와 심리치료에서 말하는 '통합' 의 개념 7가지를 정리하였다. 또한 Barrett(2020)은 통합의 과정에 있어 5C의 개념을 강조한 바 있다. 이들이 말하는 통합의 개념들을 종합해보면 통합의 정의, 과정, 요소, 성질, 전제, 발생, 산물 등으로 정리되는데 이는 아래 <표 1>과 같다.

또한 뇌 신경과학에서 언급되는 이러한 통합의 현상학적 설명이 궁극적으로 IT 통합예술치료에서 IT 매뉴얼, 통합예술매체, 통합적인 심리치료적 접근 등을 사용해 이루어내려는 통합의 모습과 본질적으로 같음을 알 수 있다. 정신 및 심리치료와 IT 통합예술치료 모두에서 추구하는 임상작업의 일반적 원칙은, 세심하고 공감적인 치료자가 내담자로 하여금 안전한 환경 속에서 조절되지 않는 정서를 정서적으로 견딜 수 있는 수준으로 재경험하도록 이끌어, 감당할 수 없는 외상적 느낌들이 내담자의 감정적 삶 속에서 조절되고 '통합' 될 수 있도록 만드는 것이다(LeDoux, 2022). 균형 잡힌 통합에서는 기억의 감각적·운동적·감정적 측면이 말뜻적인 요소나 자서전적인 요소와 연결되며 새로운 의미가 형성된다(Luke, 2022).

<표 1> 정신치료·심리치료에서 '통합(integration)'의 개념

구분	내용	
통합의 정의	분화된 부분들이 하나의 기능적 전체로 연결되는 것	
통합의 과정	FACES : 유연한(Flexible), 적응가능한(Adaptive), 일관된(Coherent), 활력있는(Energized), 안정된(Stable)	
	5C : 창의성(Creativity), 의사소통(Communication), 모방(Copying), 협력(Coherent), 압축(Compression)	
통합의 요소	뇌(신경)의 통합	
통합의 성질	동시성, 복잡성, 민감성, 경험성	
통합의 전제	(-) 요소의 회복	신경가소성, 감정가소성
	(+) 요소의 생성 : 외부와의 상호작용을 통한 새로운 신경생리학적 처리경험	
통합의 발생	전환이나 상태교체의 순간, 사회·문화적 맥락 상	
통합의 산물	변화된 감정으로서 나타남. 경직 및 혼돈이 낮아진 감정상태와 그로 인한 행동동기, 조절가능한 상태	

3.3. 심리치료의 뇌 기전

Cozolino(2018)에 의하면, 마치 네트워크 조직과도 같은 뇌의 중요한 특성은 복잡성이라고 하였다. 이는 뇌 기관들이 독립적이지 않고 상호적이기에 하나의 뇌 기관은 다양한 접근들로부터 자극과 영향을 미치고 받을 수 있음을 의미한다. 또한 뇌(신경) 가소성이란, 변화가 느린 네트워크로 신경세포 간의 연결을 촉진한다는 전제 하에 일평생에 걸쳐 나타난다. 이를 뇌의 사후성(일생성)이라 하며, 이는 유전학적이 아닌 후생학적인 뇌의 진화개념과 관련이 있다. 이처럼 뇌의 복잡성과 사후성은 심리치료의 핵심적인 전제와 희망을 관통하는 요소이다. 즉, 심리치료는 새로운 마음의 패턴을 만들어내도록 뇌에 호소하는 것이다. 하지만 이는 인간의 특질을 만들어낼 수는 있어도, 그 스스로 마음을 만들어내지는 않는다. Cozolino (2018)는 회로들과 패턴들이 궁극적으로 '마음화' 되는 것에는 문화권과 상호작용 안에서 학습된 인지와 정서(정동)와의 혼합적 작용, 신체감각과의 연접이 필수적이라고 하였다.

이러한 견지에서 뇌는 세 가지 측면에서 통합되어야 하는데(Kirrmayer, 2004:37), 첫째로는 수직적 통합을 통해 행동수행자로서의 몸과 인식을 연결함이 있어야 하고, 둘째로는 수평적 통합을 통해 내적 표상과 서사를 연결함이 있어야 하며, 셋째로는 외-내측 통합을 통해 감각 양상과 지각과정 간의 협응이 있어야 한다. 이를 이해함에 있어 주의할 것은, 각 첫째 둘째 셋째는 작용하는 순서가 아니라 단지 설명을 위한 구분에 지나지 않는다는 점으로, 즉 이 세 가지는 통합적으로 일어나고 통합적으로 접근되어야만 한다. 특히 의식의 범주에서 살고 있으면서도 인식하지 못하는 수준의 무의식의 지배를 받고 있는 좌뇌에서 우뇌로 이동을 해야만 이후 변연계 연합영역에서 처리가 될 수 있다. 즉 우뇌는 핵심처리를 위한 환승센터의 역할을 하는 것이다(Schore, 2019). 또한 일찍이 Tucker(1995:222)는 이 세 가지 뇌의 통합은 상호의 존적이라고 하였는데, 뇌의 민감성과 창의성은 최근 경험으로부터 촉발되는 것이며 이것이 사회관계적 맥락 안에서 마음을 준비시킬 수 있다고 하였다. 이는 '감각 → 감정 → 정서 → 마음' 은 밀접하게 연결되어 있음을 의미하며 결국 몸과 마음, 정신, 상호적 관계를 두루 민감하게 자극하는 창의적인 활동 안에서 통합적 변화가 나타날 수 있는 것임을 의미한다.

따라서 자기통합은 뇌가 관장하는 마음 자체의 처리과정과 마찬가지로 내부 신경생리학적 과정과 인간관계의 상호작용에 의해 지속적으로 생성되는 것이다.

<표 2> 심리치료의 뇌 기전과 뇌의 통합 경로

구분	내용
① 수직적 뇌통합	신체과정을 대뇌피질의 매개를 통해 의식하면서 에너지와 정보의 흐름에 대한 인식 및 주관성과 상호주관성을 수직적으로 연결하는 것 ※감각의 몸, 행동하는 몸과 인식을 연결
② 수평적 뇌통합	두뇌 좌·우측 반구의 각기 분화된 처리과정을 연결해 편중된 표상과정을 바꾸는 것 ※정서, 기억 등 주관성과 논리, 이성적 개념을 연결
③ 외·내측 뇌통합	각 회로의 기능을 협응시키는 것. 방금 제공된 자극을 기억 속의 표상과 직관적으로 연결하는 것 ※자극과 표상을 연결하는 뇌 네트워크의 전반을 활성화

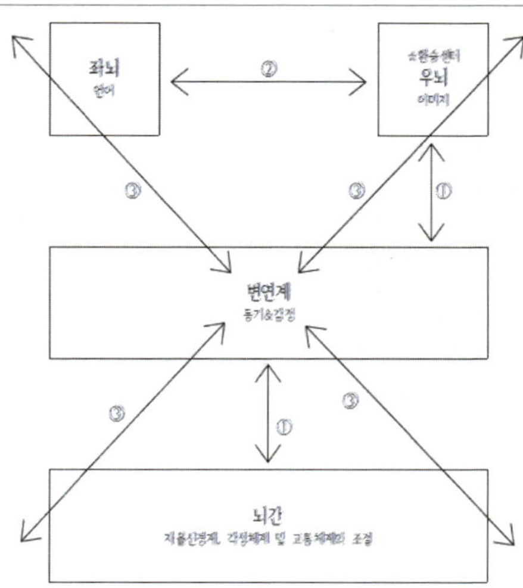

더불어 통합은 단순히 혼합된다거나 하나가 된다는 것이 아니라 차별성을 유지하는 동시에 연결을 촉진하는 것이라는 점이 중요하다(LeDoux, 2022). 이와 관련한 뇌의 각 기관 및 기능, 흐름 등은 뒤에서 더 자세히 기술될 것이므로 우선 심리치료과정에서 핵심이 되는 세 가지 뇌 통합의 경로와 뇌 기전을 간략하게 도식화하면 위 <표 2>와 같다.

3. IT 통합예술치료의 임상구조에 내포된 변화 및 변형의 요소를 관장하는 뇌 신경기관

3.1. 변화 및 변형의 요소

그간 정신치료 및 심리치료 이론들은 유구한 역사를 가지고 발전해 왔다. 발달단계 이론가, 그리고 심리치료 이론가들은 자기통합이 실현되기 위한 긍정적 변화 및 변화의 요소들로 다음과 같은 것들을 제시하였다. 채선화와 김진숙(2020)에 의하면 감정표현, 정서적 상호작용, 자기지각, 자아존중, 긍정적 역할수행, 자기통제, 자기돌봄, 적응유연, 자기수용, 자기표현, 회복탄력, 공감능력, 자기효능, 사회적 지지감, 삶의 질, 적응행동, 대인관계능력, 생활만족, 자기이해, 영성, 주관적 안녕감, 자아정체, 자아통합, 자기조절, 행복감 등 이상의 요소들[2]은 인간이 자기통합을 이루는 필수요건이 되기도 하지만, 변화 및 변형의 징후로서 나타나기도 한다고 하였다. 이는 앞서 말한 IT 통합예술치료의 임상구조와 내용적 실행이 가지는 대목표 및 소목표들과도 많은 접점이 있다.

또한 이러한 변화 및 변형의 요소들이 뇌의 여러 측면에서의 통합과 결합되어야 할 필요에 대하여 Siegel(2022)과 Schore(2019)는 뇌(신경)의 통합을 의식의 통합, 반구 간 통합, 수직적 통합, 외-내측 통합, 기억의 통합, 내러티브 통합, 상태통합, 인간관계 통합, 시간적 통합, 정체성 통합 등 10가지의 카테고리로 나누어 설명하고 있으며, 이러한 각 목적성을 가지면서 통합적인 뇌 활동을 촉진해야 한다고 말하고 있다. 이처럼 세분화된 뇌(신경) 통합의 요소들과 긍정적 변화 및 변형의 요소를 연결해 종합하면 아래 <표 3>과 같다.

<표 3> 세분화된 뇌 통합의 요소들과 긍정적 변화 및 변형의 요소

세분화된 뇌 통합의 요소들			긍정적 변화 및 변형의 요소
뇌 (신경)의 통합	의식의 통합	오감과 신체내부 → 정신활동 → 상호연결성의 알아차림 → 무의식의 의식화	감정표현, 정서적 상호작용
	반구 간 통합	넓은 초점, 모호함, 관계적 맥락의 우뇌와 직선적 인과관계의 좌뇌 간 통합	자기지각, 자아존중
	수직적 통합	피질하 하위기능과 신피질의 상위작동 간 연결을 통해 새 운동계획과 행동명령을 관장	긍정적 역할수행, 자기통제
	외-내측 통합	각 회로들 간 기능의 협응, 감각과 지각의 협응	자기지각, 자기돌봄
	기억의 통합	압도적인 과거사건과 현재의 통합	적응유연, 자기수용
	내러티브 통합	경험과 현존에서 발생된 이야기의 의미를 통합	자기표현, 회복탄력, 공감능력
	상태 통합	현재 내 상태와 사회적 맥락 속 내 상태 균형	자기효능, 사회적 지지감, 삶의 질
	인간관계 통합	관계의 복구, 새로운 애착방식의 조화롭고 건강한 관계, 분화와 결합 간 균형	적응행동, 대인관계능력, 생활만족
	시간적 통합	확실성·영구성의 욕구를 불확실성·일시성과 분리하고 영속성·방향성의 개념과 연결	자기이해, 영성, 주관적 안녕감
	정체성 통합	다른 통합의 요소들과 '나'의 연결감 갖는 것, 통합의 통합	자아정체, 자아통합, 자기조절, 행복감

2) 채선화, 김진숙(2020). 삶의 의미 관련 변인 메타분석, 한국심리학회지 상담 및 심리치료 32(1). 에 수록된, 최근 10년간 삶의 의미와 관련한 국내 연구에서 사용된 심리척도 및 심리변화와 관련한 개념들.

3.2. 뇌 신경기관

그렇다면 위 통합에 이르는 변화 및 변형의 요소를 관장하는 주요 뇌 신경부분들에 대해 알아볼 필요가 있다. 주요 뇌 신경부분들은 기관, 통로 또는 망, 물질 및 호르몬 등 세 가지로 나누어볼 수 있다(LeDoux, 2022).

<표 4> 통합에 이르는 변화 및 변형의 요소를 관장하는 주요 뇌 신경부분들

뇌신경 기관	뇌신경 통로/망	뇌신경 물질/호르몬
감각기관과 감각피질 후뇌 - 중뇌 - 전뇌 대뇌피질(신피질(새겉질)) 뇌간과 척수 대뇌피질 4개 엽 : 후두엽, 전두엽, 측두엽, 두정엽 좌뇌와 우뇌 변연계(림빅시스템) 시상하부 전대상피질 편도와 해마 피질(겉질)하 영역과 앞이마옆영역 연합영역 : 이마엽과 마루엽 / ompfc(눈확안쪽앞이마엽겉질) 와 d lpfc(뒤가쪽앞이마엽겉질) / 전전두엽 / 안와전두엽 / 브로카영역 등	시냅스 뇌량과 축삭, 수초 뉴런 거울신경세포 (거울뉴런) 발신체와 수용체 CEN (과제양성망) 과 DMN (불이행양성망) 상호적 네트워크 신경망	아미노산 도파민 아드레날린 노르아드레날린 세로토닌 멜라토닌 아세틸콜린 엔도르핀

먼저 통합과 관련된 뇌 신경기관으로는 감각기관과 감각피질, 후뇌 - 중뇌 - 전뇌, 대뇌피질(신피질(새겉질)), 뇌간과 척수, 대뇌피질 4개 엽 : 후두엽, 전두엽, 측두엽, 두정엽, 좌뇌와 우뇌, 변연계(림빅시스템) 시상하부, 전대상피질, 편도와 해마, 피질(겉질)하 영역과 앞이마옆영역, 연합영역 - 이마엽과 마루엽, ompfc(눈확안쪽앞이마엽겉질)와 dlpfc(뒤가쪽앞이마엽겉질), 전전두엽, 안와전두엽, 브로카영역 등이 해당한다. 뇌 신경통로와 망은 시냅스, 뇌량과 축삭, 수초, 뉴런, 거울신경세포(거울뉴런), 발신체와 수용체, CEN(과제양성망)과 DMN(불이행방식망) 등이 해당하며 이들은 상호적 네트워크를 이루는 신경통로망이다.

마지막으로 뇌 신경물질 및 호르몬은 이번 연구에서 다루어지지는 않으나 대표적인 것들을 열거해보면 아미노산, 도파민, 아드레날린, 노르아드레날린, 세로토닌, 멜라토닌, 엔도르핀 등이 있다(Cozolino, 2018).

이들 뇌 신경기관 및 뇌 신경통로와 망의 연합적인 작용에 대해서는 다음 장에서 보다 구체적으로 밝힐 것이므로 먼저 개념 중심으로 구분해 그 명칭들을 살펴보면 위 <표 4>와 같다.

4. IT 통합예술치료의 변화 및 변형요소와 관련된 실행에서 신경과학적 작용

4.1. 다예술매체에 기반한 IT 통합예술치료의 핵심치료모델과 기법, 회기 내 구조 OMCA, 활용되는 심리치료적 접근들

앞서 말한 뇌 신경기관 중 대뇌피질 4개 엽 - 후두엽, 전두엽, 측두엽, 두정엽은 감각기관으로 들어간 감각정보들이 처리되는 관문이다. 각 엽들이 담당하는 감각과 관련하여 고유한 기능들이 있는데, 후두엽은 시각적 처리와 꿈 등을, 측두엽은 언어와 음성인식, 청각적 처리, 기억과 감정, 특히 초기기억과 회상활동, 공감 등을, 전두엽은 추론과 논리, 의미 및 인지로의 전환과 문제해결 등을, 두정엽은 즉각적인 감각운동, 특히 '지금-여기' 에서의 지각과 몸의 인식 및 행동을 관장한다. 심리치료에서는 내담자의 성향 및 주호소문제의 감각적 양상에 따라 이들 4개 엽 중 선택적으로 상담접근을 하기도 한다(Folensbee, 2010).

물론 이들 4개 엽이 주로 관장하는 영역들은 고유하면서도 개별적·독립적인 것은 아니며, 뇌의 복잡성과 민감성에 의해 하나의 엽은 인접한 다른 엽들로 연결될 수 있는 가능성이 열려있다(Grey, 2010:57). 하지만 많은 내담자들은 특정한 엽 중심으로 활성화 또는 비활성화된 패턴을 가지고 있으므로 의도적인 통합적 실행이 없이는 스스로 통합되기 어려운 상황에 있다. 특히 치료 초기의 내담자에게는 먼저 적체된 감정과 에너지를 풀어놓도록 하고 안전감을 느끼도록 하며 이완 및 각 감각들에 적당한 각성상태를 만들어주어야 한다(Grey, 2010:58-60). 따라서 IT 통합예술치료사는 각 엽 중심적으로 사고하면서 형성된 내담자의 소목표들에 따라 모델 및 예술매체와 기법들을 구성할 필요가 있으며, CERAT의 전체적인 방향성 이외에도 뇌가 갖는 동시성과 최근성에 입각해 매 회기 안에서 연결과 통합을 경험할 수 있도록 활동을 진행해야 한다. 또한 IT 통합예술치료에서 필수적으로 병행되는 심리치료적 접근에서도 다양한 심리치료이론들과 IT 통합예술치료의 각 단계를 매칭하여 총체적이고 융합적으로 구성함이 중요하다(이성현, 2023:298).

이처럼 IT 통합예술치료에서 4개 엽 중심으로 활동을 구성하고 진행할 때 고려할 것들은, 먼저 다예술매체로 구성된 7가지 핵심치료모델과 그에 포함된 25가지 매체 및 기법들을 배치하는 것, 회기 내 구조 OMCA의 적용, 그리고 각 심리치료 이론들의 특징을 4개 엽과 연결하여 인식하고 실행 방향성을 갖는 것이 중요하다고 하겠다. IT 통합예술치료 핵심치료모델 7가지는 카타르시스 모델, 시간여행자 모델, 역할모델, 투사 모델, 가면아이 모델, 그림자엿보기 모델, 힐링드라마 모델로, 각 모델은 기법들과 유기적 통합을 이뤄 내담자의 자발성을 촉진하고 치료효과를 증진시킨다(배상국, 2018).

카타르시스 모델은, 내담자가 내면의 진실과 직면할 때 웃음과 울음의 증상을 동반하는 감정 정화 및 분노 배설이 목적으로, 이완기법, 게임놀이기법, 감정표현기법으로 나뉜다. 시간여행자 모델은, 자기만의 우주를 창조함으로써 존재감을 확인하고 자기 삶의 주인이 되도록 함이 목적으로, 나의 우주기법과 왕의 의자기법으로 나뉜다. 역할 모델은, 즉흥역할극을 통한 가상의 공간과 상황 체험을 하도록 하는 것으로, 자아기법, 타인기법, 관찰기법, 조커기법으로 나뉜다. 투사 모델은, 내면을 매체에 투사하도록 하는 단계로 다양한 예술매체와 기법들이 보다 심도있게 활용되는데, 대표적으로 연극매체, 영화·사진매체, 미술매체, 음악매체, 무용·동작매체, 문학매체로 나뉘며 그 외 명상 등의 매체도 활용될 수 있다. 가면아이 모델은, 가면이라는 매개체를 통하여 '다른 인격체로의 안전한 체험을 유도하기 위한 목적으로, 가면제작기법과 가면착용기법으로 나뉜다. 그림자엿보기 모델은, 투사된 자기 이미지를 기반으로 내면의 이슈를 탐색하도록 하며, 깨우기기법, 마음낙서기법, 일기기법, 자화상기법, 동영상기법, 사진기법으로 나뉜다. 마지막으로 힐링드라마 모델은, 다양한 형태의 예술제작 체험을 통해 자기실현을 주체적으로 행동화하며 확인하는 과정으로, 매직무대와 트라우마무대로 나뉜다. 이 모델과 기법들은 각기 차별화된 방법으로, 내담자에게 즐거운 예술체험이 되도록 다양한 공간과 시간을 선사한다(최윤주, 2019).

또한 IT 통합예술치료 회기 내 구조를 뜻하는 OMCA는 앞서 말한 것처럼 한 회기를 4단계로 나누어 내담자에게 접근하는 것으로, 먼저 내담자를 치료하기 좋은 상태로 열어(O), 내담자와 본격적으로 만나 작업하며(M), 그 의미를 되짚으며 닫고(C), 내담자가 통찰한 바를 다음 회기까지 적용할 수 있도록 화두를 주는(A) 과정을 반드시 한 회기 안에서 경험하도록 한다. 초반에는 낮은 강도에서 시작해 회기가 거듭되며 그 경험의 질적 깊이와 수준은 점차 깊어지는 방식이다.

한편 이성현(2023:301)은 최근 IT 통합예술치료의 CERAT 단계 및 회기 내 구조 OMCA에 나타나는 6가지 심리치료 접근방식의 융합적 활용특성 고찰 연구를 통해 IT 통합예술치료 전 과정에서 6가지 심리치료 이론들이 융합적으로 활용되며, 이에 따라 각 단계마다 강조되어야 할 치료자의 핵심적 기능에 대하여 밝힌 바 있다. 이 연구에 의하면, 게슈탈트 및 인간중심 심리치료 접근방식에서는 배출자, 접촉자, 수용자, 촉진자로서의 치료자 핵심기능 및 태도가, 행동치료 및 성장모델 심리치료 접근방식에서는 생성자, 안내(지시)자, 연결자로서의 치료자 핵심기능 및 태도가, 인지정서행동치료 및 성장모델 심리치료 접근방식에서는 실천독려자, 연계자, 확인자, 지지자로서의 치료자 핵심기능 및 태도가 요구되고, IT 통합예술치료 CERAT와 OMCA 전 단계에 걸쳐 적용되는 절충적·통합적 심리치료 접근방식을 통해 중재자, 조정자, 완충자, 확장자로서의 치료자 핵심기능 및 태도가 요구된다고 하였으며, 이와 같은 각 심리치료적 접근들을 CERAT와 OMCA 단계와 연결하여 적용할 수 있도록 제시하고 있다.

이러한 핵심치료모델 및 기법들(IT 통합예술치료 진단검사기법 포함), OMCA 및 심리치료 이론들과의 연관성을 대뇌피질 4개 엽 중심으로 배치해 그림으로 나타내보면 아래 <그림 2>, <그림 3>, <그림 4>와 같다.

<그림 2> IT 통합예술치료 핵심치료모델 7개 내 25가지 예술매체 기법과 뇌의 4개 엽 간 연접도(진단검사기법 포함)

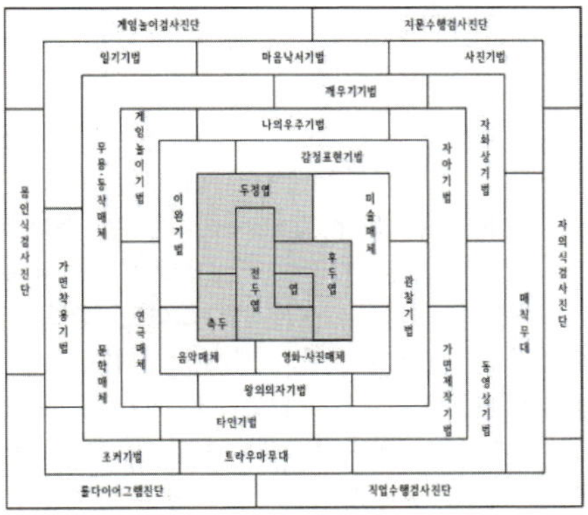

<그림 3> IT 통합예술치료 회기 내 구조 OMCA와 뇌의 4개 엽 간 연접도

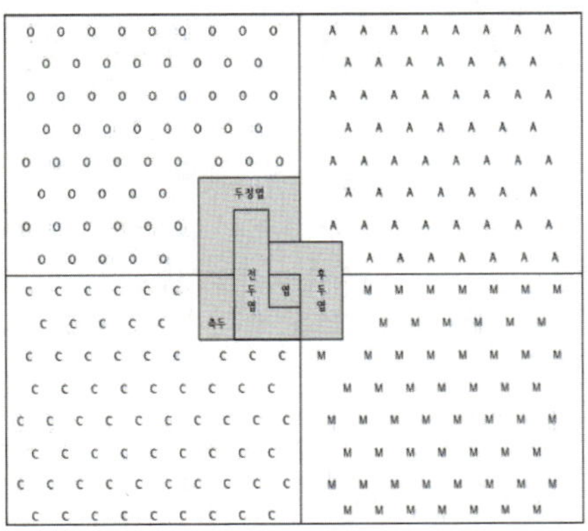

특히 이들 세 개 그림에 나타나 있는 것처럼, 하나의 활동은 4개 엽 중 한 가지에만 국한되는 것이 아니라 연합적으로 맞물리며 공존하는 것임을 포함한다. 특별히 4개 엽 중심의 관점에서 정리한 이유를 다시 한번 강조하면, 그만큼 치료의 도입에서 예술매체를 활용한 감각 중심의 열기가 이후 치료진행의 질을 좌우하고, 내담자가 치료과정에서 보이는 감각적 표현양상에 따라 모니터링할 수 있는 기준이 될 수 있으며, 이는 전체 방향성 내에서 치료계획을 융통적으로 조정하는 기반이 될 수 있기 때문이다.

<그림 4> IT 통합예술치료의 융합적 심리치료이론 활용에 나타나는 치료자의 핵심기능과 뇌의 4개 엽 간 연접도

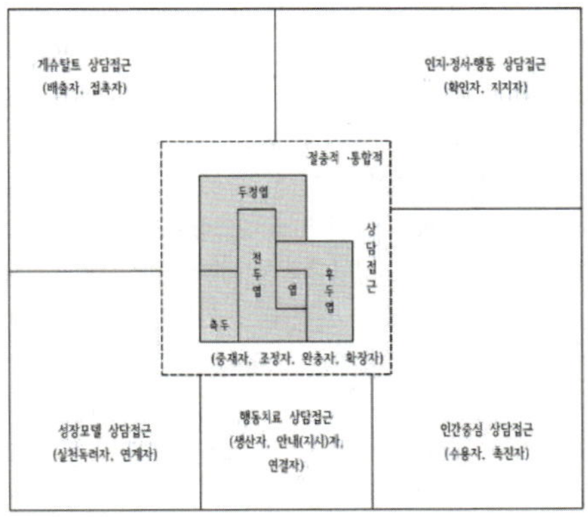

4.2. '뇌-마음-정신-관계'의 통합적 신경작용

서론에서 밝혔듯이 정신 및 심리치료의 최근 동향은 '뇌-마음-정신-관계' 모두를 포괄하면서 통합적으로 과정을 진행하고 관리하는 것에 역점을 두고 있다. 이는 각 개별 요소의 증진만으로는 자기통합이 실현되기 어려움을 의미하는 반증이라 할 수 있을 것이다(Feeney, 2007:273). IT 통합예술치료 역시 앞에서 살펴본 것처럼 총 회기에 걸쳐 '몸-마음-정신' 모두의 회복과 안녕을 구현하는 과정이며 어느 한 부분이 도외시되지 않도록 하는 밀도 높은 설계구조이다. 특히 최근 화두가 되고 있는 정서균형치료(ABT)는 인간이 초기애착대상과 형성한 정서가 학습된다는 전제와, 모든 인간은 나에게 의미 있는 대상 및 나를 둘러싼 사회적 관계들로부터 모든 행동을 관장하는 감정들이 촉발한다는 전제를 가지고 있다(Fosha, Siegel, Solomon, 2023). 이는, 관계가 정서의 산물이며 정서는 감정과 감각들이 이루어내는 뇌 신경회로의 지배를 받음을 뜻한다. IT 통합예술치료의 집단은 집단원과의 관계를 통해 자기의 발견, 공감을 주고받음, 역할연습의 장 등의 기능을 할 수 있도록 이끌며, 혹 개별치료 세팅일지라도 내담자가 치료사와의 관계 형성을 통해서 새로운 대상과의 안정적인 애착 교정경험이 축적되면, 이것이 새로운 긍정적 정서와 결합되어 고무적인 행동들의 동기로 작용하게 된다(홍유진, 2018). 따라서 IT 통합예술치료 역시 '뇌-마음-정신-관계' 의 통합을 이루어내는 과정으로 볼 수 있다.

Schore(2019)에 의하면 인간이 변화한다는 것은 궁극적으로 정서, 마음, 의미가 변화한다는 것인데, 그 시작은 감정 과정을 시작하는 신경망으로부터 출발하며 조금씩 다른 감정을 체험하게 되는 것이 통합이라고 하면서 통합된 마음은 과거, 현재, 미래에 걸쳐 내부와 관계적 자기를 조직화함으로써, 일관성과 연속성의 감각을 조성한다고 하였다. 이와 더불어 내담자의 정서적 요소를 드러내는 도구로서의 행동화에 대한 관심이 늘어나는 것은 명시적 내용이나 언어적 해석 혹은 단순한 기억 들추기만으로는 치료적 변화를 도모하는데 있어 충분치 않다는 깨달음이 늘고 있다는 사실을 반영한다. 행동화는 전이-역전이 얽힘의 강렬한 징후이자 상호주관적 과정의 강력한 표현으로서, 대인관계 과정 뿐 아니라 내적 과정을 이끌어내며 이는 결과적으로 통합과 성장을 촉진시킨다(Ginot, 2007:328).

위와 같은 과정에서 감정은 매 순간 통합상태의 변화로써 발생되고 존재하는 매우 역동적인 뇌의 과정이다. Dodge(1991)는 모든 정보처리는 사실상 감정적이며, 감정은 인지활동을 조정하는 상위개념이며 더 보편적인 개념이라고 하였다. 즉, 그에 의하면 이성은 감정의 지배를 받고 있다는 의미이다. 감정은 마음이 외적 또는 내적 사건에 가치를 부여하여 주의자원들을 이들 표상의 추후 처리에 할당하도록 지시하는 근본적인 방식을 반영한다. 정서는 감정이 외적으로 드러나는 표현상태이며, 느낌은 정서를 지각한 것이다. 마음은 총체적, 정서적 경험들과 감정적 각성이 의미화된 상태로 이는 거울 뉴런 즉, 관계와 현재 처한 사회문화적 맥락들과 연관이 깊다(Keysers, 2011). 다시 말해 새롭게 자기조직화된 마음이 통합된 결과는 전환이나 상태 교체의 순간에 일어나게 되며, 이것은 시간과 맥락에 걸쳐 나타난다. 특히 감정, 어떠한 상황에서 일차적으로 느껴지는 감정을 일차적 감정이라고 하는데 이는 에너지가 매우 커 누구라도 자신의 학습된 패턴대로 이끌리기 쉽다(Siegel, 2022). 관건은 이 일차적 감정이 감각을 통해 지각된 바가 연합영역에서 반사적으로 통과되던 신경회로의 패턴에서, 되도록 연합영역에 오래 머물도록 하면서 이때 열린 무의식을 '지금-여기' 에서의 긍정적인 경험으로 발생된 새 정서와 결합시키고 이를 다시 의식의 수준에서 인식시키고 관련된 행동화를 촉진하는 것이 정신 및 심리치료, 그리고 IT 통합예술치료의 핵심과제가 된다.

물론 개인의 증상에 따라 뇌의 가쪽성[3]은 그 편향적인 부위가 다르고 방식 또한 다르게 작동하는 것은 사실이다(Greenberg, 2008:419). 하지만 DSM-5[4] 또는 이상심리학(권석만, 2017), 발달정신병리학(Wenar & Kerig, 2011) 등 어디를 펼쳐보아도 '감정장애' 의 증상들은 경직과 혼돈의 상태를 나타내고 있다. 설령 진단의 범주에 들지 않았더라도 나름의 독특한 모습이 고착되어 있을 경우에는 뇌의 통합이 적절하게 이루어지고 있지 않은 상태라고 할 수 있다. 따라서 일반적으로 편향적인 뇌의 반응을 보이는 어떤 개인이더라도, 자극의 유입과 반응과정, 그리고 연합과 재산출, 반복된 학습과 새로운 감정축적에 이르는 뇌 신경통합 일련의 과정에 합류한다는 것은 그 자체로 회복과 창조의 치료적 경험이 된다(Corsini, 1980).

아래의 <그림 5>는 위와 같은 뇌 신경통합의 순환적 과정(Oliver, 2002; Panksepp, 2007:287; Porges, 2011) 을 연구자가 한눈에 볼 수 있도록 그림으로 재구성한 것이다. 이는 현상적인 뇌의 순환 과정을 한눈에 보기 위해 마련된 것으로 해부학적인 실제 위치와는 차이가 있음을 밝혀둔다. 먼저 Panksepp

3) 뇌의 가쪽성(laterality)이란 뇌 편향성과 같은 말로, 누구라도 완벽한 뇌의 대칭적 사용형태를 띠지 않는 것은 인간의 개별적 특질을 만들어내는 기본이나, 좌뇌와 우뇌 뿐 아니라 여러 뇌 중의 특정 부위가 오랜 동안 과도하게 활성화 또는 비활성화가 지속되는 경우에 감정과 인지 사이, 그리고 행동양상 간의 불균형을 초래함(Ropper, Brown, 2005).

4) DSM(정신장애의 진단 및 통계편람)이란 Diagnostic and Statistical Manual of Mental Disorders의 약자로, 미국 정신의학회에에서 발간되는 정신장애의 분류 및 진단기준. 현재 DSM-5까지 발간됨.

(2007: 287)은 자극의 유입에서부터 변연계까지의 이동과정을 다음과 같이 설명하고 있다. 감각기관으로 유입된 자극은 개인의 편향성 또는 활동매체나 치료자가 가지는 초점적 개입에 따라 각 4개 엽 중 일부로 일단 유입이 된다. 유입된 자극은 개인의 SEEKING SYSTEM[5)]에 따라 일차적 감정으로 인식이 되고 감정과 동기를 관장하는 변연계로 이동한다. 이때 우뇌 시상하부의 편도는 가장 개인적이고도 강력한 기억과 일차적 감정을 자동적·반사적으로 연결시킨다. 바로 이때 내담자는 다소간의 불편감을 느끼며 치료적 저항이 발생되기도 한다. 하지만 이 때에 펼쳐진 내담자의 무의식과 관련된 활동을 경험하고 충분히 머물도록 하면서 이전과는 새로운 경험을 할 수 있도록 의도적인 개입이 이루어질 때 연합영역의 각 부분들은 과거와 유사하거나 혹은 자신에게 취약한 감정경험을 새로운 인식과 감정으로 지각할 수 있게 된다. 이때 집중과 몰입, 이완과 거리조절 등의 중재적 요소들은 내담자가 불편한 상태에서도 최대한 연합영역에 오래 머물며 뇌 신경회로들이 새로 조직되는 동안의 애매함과 모호함, 익숙하지 않은 느낌들을 견딜 수 있게 한다.

다음으로 Oliver(2002)와 Porges(2011)는 변연계 이후의 자극처리과정에 대해 다음과 같이 설명한다. 이 저속 상태에서 일어난 결과가 해마를 통해 재지각되고, 이렇게 재평가된 자극이 의미로 산출된다. 편도와 해마의 관계는 인간의 경험에 매우 중요하며, 뇌의 수직적 및 수평적(좌·우측) 처리과정에 큰 역할을 한다. 바꿔 말하면, 고속으로 일하는 편도는 경험의 감정적 조직화와 신체적 조직화에 중심적인 역할을 하는 반면, 상대적으로 저속으로 일하는 해마는 의식적·논리적 및 협동적인 사회적 기능, 그리고 새로운 외현기억의 형성에 핵심적인 역할을 한다. 이때 일부는 몸과 기억에 새로운 감각으로 저장되며 새로운 내러티브를 형성하지만, 일부는 방어기제 등으로 인하여 훈습된 관성에 의해 다시 잃어지게 된다. 그래서 이 과정을 주기적으로 반복해야 하는 것이며, 일차적 감정에 지배받는 정도가 클수록 더 오랜 기간이 필요할 것이다. 때문에 그 날의 치료성과가 얼마만큼이더라도 언어화와 공감의 과정을 통하여 긍정적으로 경험했던 감정과 통찰을 의식화하는 것은 매우 중요하다.

그 다음으로 Keysers(2011)와 Siegel(2022)은 내적 감정처리와 사회적 반응과의 상호작용을 통해 '마음화' 되는 과정을 다음과 같이 설명한다. 특히 공명회로의 핵심인 거울뉴런이 하는 일은 사회적 상호작용과 관련이 있어, 연합영역이 일하는 중에 일어난 경험적 지각을 다른 사람들의 반응을 느끼면서 동시화하게 된다. 이러한 공명회로는 자각을 위해 우리가 타인과 조율하고, 더 나아가 자신의 내적 상태까지 조율하게 한다(Keysers, 2011). 따라서 무의식과 가까운 정동적인 표현들이 연합영역을 거치는 중에 특히 거울뉴런의 작용을 받아 내적 외적 인식이 함께 일어나게 되며 점차 의식과 가까운 인지적 표현으로 갱신이 될 수 있는 것이다. 이때의 인지는 보다 고차원적이며 사회적 인지를 포함한다. 또한 과제양성망이라 불리는 CEN과 불이행방식망이라 불리는 DMN은 각각 외부세계와의 상호작용 조율, 그리고 자서전적 기억과 자기감, 성찰에 관여한다(Siegel, 2022). 그에 의하면 이들은 역상관관계로 상호작용하는 특성이 있는데, 이들 균형을 위해서는 역시 각 특징을 조화롭게 오가는 활동경험 제공이 필요하며, 특히 창의적이거나 예술적인 작업을 할 때에 두 신경망이 가장 협조적으로 작동된다는 점은 IT 통합예술치료의 효용을 지지한다.

마지막으로 이 순환과정 전체의 주기와 주기 사이의 기간(치료회기와 회기 사이)에는 직전 과정에서 일어난 인지적 깨달음이 저장될 수 있도록 개인이 화두를 소유하고 생활하는 것이 중요하며, 일상적 휴식 또한 뇌 네트워크에서 일어난 변형들이 시냅스에 저장되고 장기기억으로 자리잡도록 하는 중요한 요소로 작용한다(최슬아, 2021). 이후 다시 새로운 주기에 다른 4개 엽들을 자극할 수 있는 감각자극들을 유입받게 되면서 새로운 순환과정이 시작된다. 이 과정을 이해하면서 다시 한번 <그림 5>를 살펴보자.

---

5) SEEKING SYSTEM은 Jak Panksepp(2009)이 정리한 것으로, 우리말로는 '추구 또는 탐색 시스템' 이라고도 함. 그는 생존을 위한 인간의 원시적 도구로서 일차 과정 정서체계의 성격과 그것이 관여하는 정서 및 감정적 상태에 대한 연구를 통하여 분노(Rage)-Anger System, 상실(Panic)-Distress System, 두려움(Fear)-Anxiety System, 놀이(Play)-Play System, 돌봄(Care)-Nurturance System, 욕망(Lust)-Sexual System 등 6가지 정서가 작동하고 상호작용하게 되는 데, 이는 각 인간마다 특징적인 process(회로)를 가지고 있다고 하였다. 이는 균형적이거나 불균형적일 수 있으며, 의도적인 감정훈련으로 컨트롤될 수 있다.

<그림 5> IT 통합예술치료에서 일어나는 뇌, 마음, 정신, 관계의 통합적 신경작용

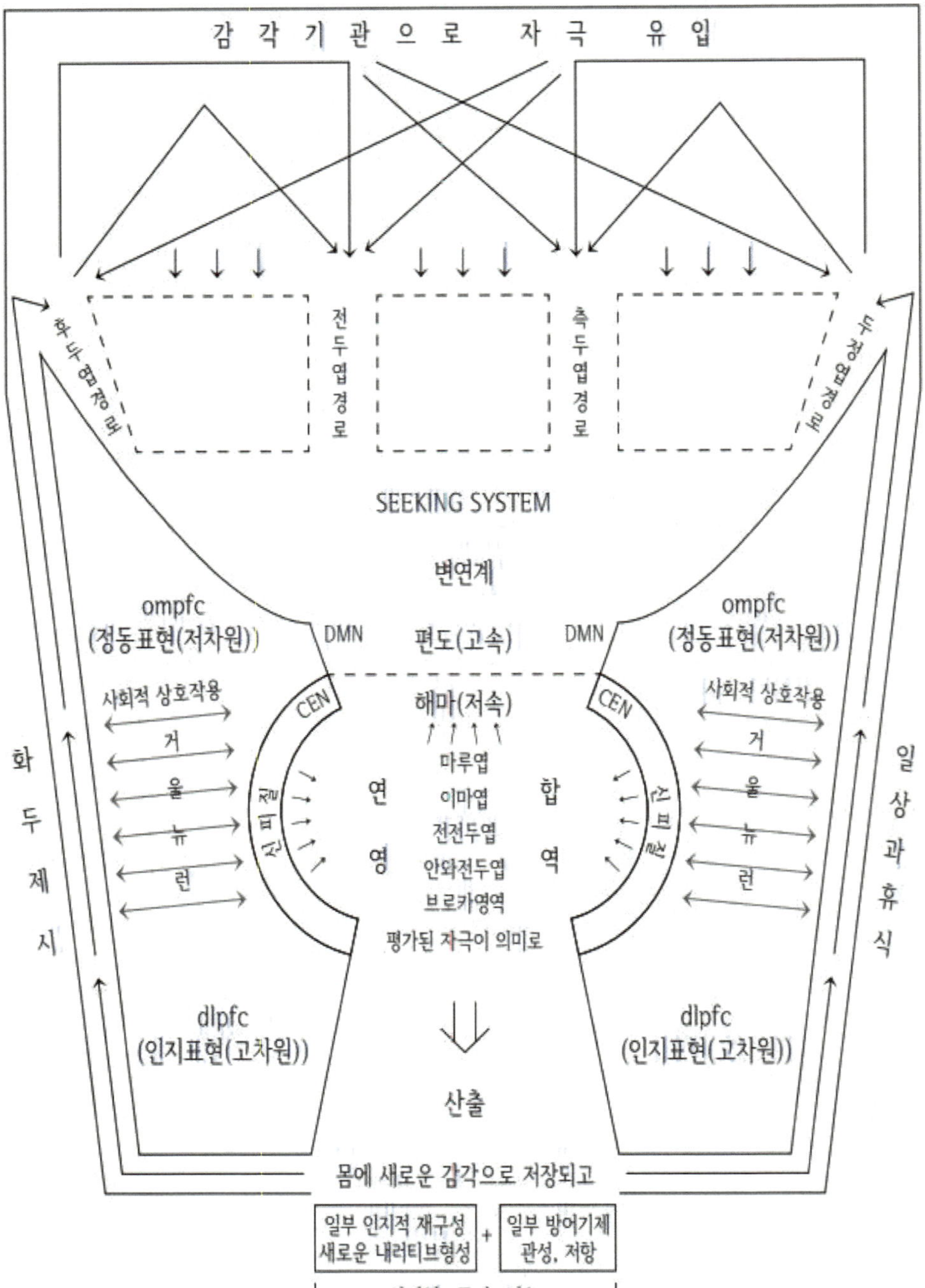

5. IT 통합예술치료의 심리변화 및 행동화 촉진과정과 신경과학적 측면 간의 연관성

5.1. IT 통합예술치료의 나선형 임상구조

<그림 5>와 여러 이론적 뒷받침들, 그리고 현상적 설명들을 통하여 '몸-마음-정신' 의 통합적인 변화가 일어나기 위해서는 뇌 신경끼리의 통합적 작용이 필요함을 확인하였다. 몸은 마음과 정신에게 신호를 보내기도 하고, 반대로 마음과 정신작용의 결과로서 나타나기도 한다. 또한 새로운 내러티브는 사회적 맥락 안에서 드러나는 것이기 때문에 결국 정신치료는 '뇌-마음-정신-관계' 의 통합적 신경작용이라고 정리할 수 있겠다.

한 번의 치료회기에서 위와 같은 통합이 일어날 때 그것은 개인 삶의 여정 중 어떤 한 부분과 연관되어있을 것이다. 그리고 다음 한 번의 치료회기에서 새롭게 일어나는 통합은 큰 범주 안에서 유사하면서도 또 다른 삶의 여정 어떤 한 부분과 연관되어있을 것이다. 이는 반드시 시간순차적인 순서로 나타나지는 않으며 개인이 가장 강력하게 소유한 기억에 의해 정해지거나 또는 매 회기 내 구조 OMCA 의 O(열기) 및 M(만나기) 단계에서의 통합예술활동을 통해 조우하게 된 일차적 감정들과 정서가 촉발되면서 그 통합의 여정이 각각 시작된다. 이를 통해 몸 안에서 그리고 관계 안에서 에너지와 정보 흐름이 일어나는 과정이 마음의 중요한 측면 중 하나이며, 그 결과로 일어나는 새로운 감정은 통합상태 변화를 확인·가늠할 수 있도록 해준다. 여기서 통합이란, 무조건적으로 결합되거나 유착되는 개념이 아니라, 분리되어야 할 때 적절히 분리되는 형태로 분리·개별화가 제대로 작동함을 포함한다(Grey, 2010:60).

이때 내담자가 경험하는 느낌은 매 회기마다 산발적으로 다른 것들이 건드려지는 것 같으면서도, 회기를 거듭하고 통찰과 직관이 늘어나면서 점차 어떤 핵심적인 자신의 구성요소(문제)에 대하여 이곳저곳에서 노크하고 그 덩어리의 밀도가 느슨하게 풀어짐을 표상적으로 느끼고 지각하는 것이다. 흡사 이것은 '나선' 모양처럼 다층적인 차원에서 여러 바퀴를 돌면서 내담자가 의식한 부분에서부터 의식하지 못한 부분에 이르기까지 촘촘하게 다루어질 수 있다. 그리고 그 경험들은 서술화 및 장기기억화를 통해 '의미' 가 된다. Freeman(2000)은 이를 '의미의 현실화' 라고 규정하면서, 의미는 개인의 다층적 수준에서 작동하는 다형적 체계에 의해 형성되고, 이러한 다형적 체계들은 질적으로 다른 형식의 의미를 만들어낼 수 있다고 하였다. 이 현상을 그림으로 나타내보면 아래 <그림 6>과 같다.

아래 <그림 6>이 나타내는 바는 정신건강의 현상적 정의 즉, 정신건강이란 궁극적으로 우리가 삶에서 반복적으로 경험하는 풍성한 긍정적 감정경험을 통해 뼛속까지 정서적인 자기구조를 통합해내는 것을 의미한다고 말한 Schore(2019)의 설명과도 잘 부합된다. 더불어 Siegel(2022)은, 감정적으로 의미 있는 사건을 통해서, 그리고 우리가 감정적으로 좋을 때 통합이 증진된다고 하였는데 감정적으로 좋은 치료적 상황은 다예술매체가 활용된 창의적인 활동의 방향성을 유지할 때라고 말하기도 하였다. 이는 IT 통합예술치료의 임상구조를 토대로 다예술매체가 활용된 매 회기의 실행과 경험이 반복적으로 쌓일 때 나타나는 긍정적 감정이, 내담자가 '자기'의 회로를 다시 만들고 이를 확장하고 구축하는 데 그 동기와 연료를 공급하도록 하여, 이러한 과정을 통해 내담자는 비로소 나선형의 주기를 완전히 통과할 수 있게 해준다. 이 주기가 나선형인 이유는, 내담자가 찾은 '나 자신'은 치료를 시작할 때의 '내'가 더 이상 아니기 때문이다. 이는 IT 통합예술치료의 다른 표현인 'i-Therapy'가 추구하는 '내 안의 나를 깨워 변형된 나'로 거듭나는 것과 일맥상통한다.

5.2. 회복과 의미 창조의 창발, 응용신경과학으로서의 IT 통합예술치료

위와 같은 과정이 IT 통합예술치료 전체 회기에서 CERAT 단계를 따라가며, 다시 그 안에서 매 회기 OMCA로 진행되면서 나선을 따라 하나의 초점으로 모아지기도 했다가 다시 그 대칭적 경로를 따라 뇌 연합영역에 의해 수렴되어 갱신·확장된 산물은 '회복', 그리고 '의미 창조'라고 할 수 있겠다. LeDoux(2022)에 의하면 '회복' 이란, 감정적 각성을 유발한 특정일

<그림 6> IT 통합예술치료의 나선형 임상구조 내 의도된 예술활동

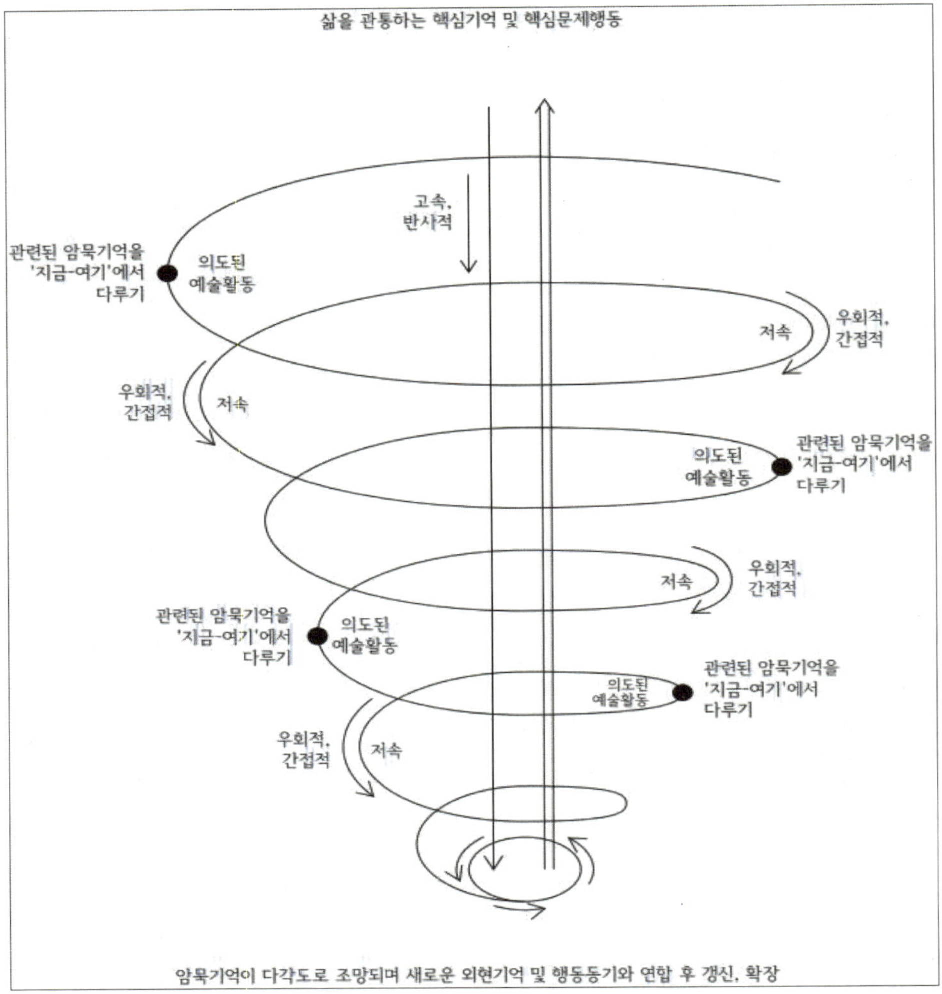

화의 해체효과를 줄이는 것을 의미한다고 하였다. 또한 Yalom(2008)에 의하면 '의미 창조'란, 오래된 감정이 변하여 새로워진 감정이 개인의 현존 - 세상에서 존재하는 방식 - 을 새롭게 조직하게 되는 것이라고 하였다. 이와 같은 마음 자체의 처리과정과 마찬가지로, 자기통합능력은 내부 신경생리학적 과정과 인간관계의 상호작용에 의해 지속적으로 형성되는 것이며, 이는 곧 새로운 내러티브 현상이다(Luke, 2022).

Fosha, Siegel, Solomon(2023)은 이러한 정신치료의 임상과 신경과학이 교차하는 그 중심에 현상이 존재한다고 하였다. 현상학적 감수성은 일련의 변형과정과 관련된 긍정적 정서 현상을 감정현상에 대한 작업 속에 담아내면서 이를 확장시킨다. 그런 의미에서 인간의 변화와 변형 현상을 신경과학적 작용과 원리로 풀어낸 것은 정신치료가 응용신경과학임을 입증하며, 정신 및 심리치료로서의 IT 통합예술치료 또한 응용신경과학의 범주 안에서 설명이 가능함을 나타낸다. 이러한 IT 통합예술치료를 통해 뇌 연합영역에서

<그림 7> IT 통합예술치료를 통해 뇌 연합영역에서 수렴된 새로운 내러티브의 형성

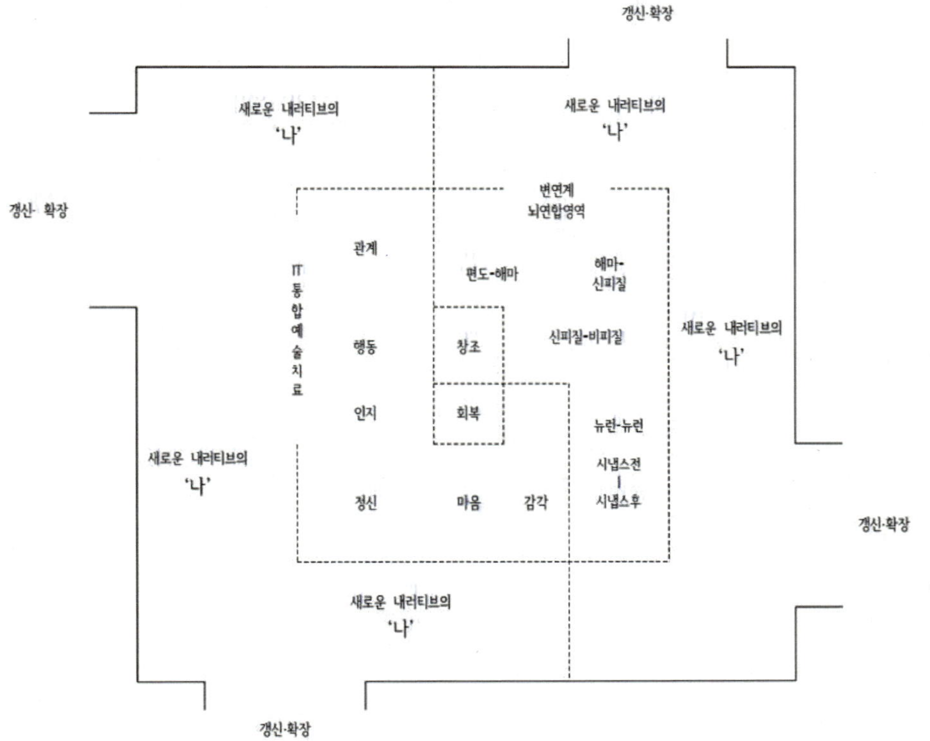

수렴된 새로운 내러티브가 형성되는 현상을 도식화하면 위 <그림 7>과 같다.

6. 결론

본 연구는 IT 통합예술치료(i-Therapy) 임상구조와 실행에 나타나는 신경과학적 관점에서의 심리변화 메커니즘을 고찰한 연구이다. 본 연구의 단계로 1) 심리치료로서의 IT 통합예술치료 특성 및 심리치료에서 발생되는 뇌 기전을 각각 정리하고 최근의 심리치료 경향이 통합의 뇌 기전과 동일한 맥락임을 확인하였다. 2) 그렇다면 통합의 뇌 기전을 통해 이루어지는 변화 및 변형의 요소가 무엇인지 알아보고, IT 통합예술치료에서 이들 요소를 실현하기 위해 설계된 임상 구조를 현상적으로 설명한 뒤, IT 통합예술치료 통합의 각 단계와 관련된 뇌 신경기관의 개념을 알아보았다. 3) 보다 구체적으로 IT 통합예술치료의 실행에 어떠한 과정과 접근방식들이 있는지 살펴보고, 이것이 신경회로에 유입되는 과정에서부터 총체적인 뇌 신경작용을 이론과 현상 간에 견주어가며 고찰하였다. 4) 총체적이고 순환적인 IT 통합예술치료의 전 과정이 뇌 신경작용 중에서도 특별히 뇌 연합영역의 작용에 부합되는 부분들을 다시 한번 살펴보았다. 이를 통해 도출한 결론은 아래에 기술된 요약내용이며, 그 세부내용은 아래 <표 5>와 같다.

첫째, 뇌 가소성과 IT 통합예술치료와의 관계이다. IT 통합예술치료의 CERAT 설계 및 전인적·우주적 존재로서의 인간변형 개념은 뇌의 신경가소성(일생성)을 전제로, IT 통합예술치료의 웃음카타르시스 및 '표출-환기-재인식' 의 실행과정은 뇌의 감정가소성을 전제로, IT 통합예술치료의 OMCA 설계 및 다예술매체로 발화하고 결합시키는 특징은 뇌의 헵가소성을 전제로,

<표 5> IT 통합예술치료의 임상구조 및 실행과 관련된 신경과학적 전제

<table>
<tr><th colspan="3">신경과학적 전제</th><th colspan="5">IT 통합예술치료의 임상구조 및 실행</th></tr>
<tr><td rowspan="4">가소성</td><td colspan="2">신경가소성(일생성)</td><td colspan="5">CERAT 설계, 전인적·우주적 존재로서의 인간변형 개념 전제</td></tr>
<tr><td colspan="2">감정가소성</td><td colspan="5">웃음카타르시스, '표출-환기-재인식'의 실행</td></tr>
<tr><td colspan="2">헵가소성(발화배선, 짝짓기강화이론)</td><td colspan="5">OMCA 설계, 다양한 예술매체로 발화-결합</td></tr>
<tr><td colspan="2">병렬가소성</td><td colspan="5">OMCA 설계, 매회기 C(닫기) 과정 시 지각, '몸-마음-정신'의 각 균형적 중재</td></tr>
<tr><td rowspan="11">뇌 통합의 조건</td><td>사후성(후생학적)</td><td>편도와 해마,
뇌간과 척수</td><td colspan="5">CERAT 설계, IT 통합예술치료 진단평가검사도구</td></tr>
<tr><td>동시성</td><td>발신체와 수용체,
CEN과 DMN,
ompfc와 dlpfc</td><td colspan="5">다양한 예술매체, OMCA 설계</td></tr>
<tr><td>복잡성(수프모델),
민감성</td><td>좌뇌와 우뇌,
대뇌피질 4개 엽,
'몸-마음-정신' 통합</td><td colspan="5">다양한 예술매체, 다면적 치료공간 설계, 매회기 A(적용하기(화두제공)) 과정</td></tr>
<tr><td>최근성, 저속성</td><td>신피질(새겉질),
전뇌</td><td colspan="5">다면적 치료공간 설계, 그림자엿보기 모델, 매회기 C(닫기) 과정</td></tr>
<tr><td>경험성, 역동성</td><td>변연계, 전대상피질</td><td colspan="5">시간여행자 모델, 역할모델, 가면아이 모델, 매회기 O(열기), M(만나기) 과정</td></tr>
<tr><td>유사성
(안전한 응급상황)</td><td>피질하영역과
앞이마엽영역</td><td colspan="5">다양한 예술매체, 투사 모델, 카타르시스 모델</td></tr>
<tr><td>거울이론</td><td>거울뉴런, 우뇌</td><td colspan="5">집단나눔, 역할모델</td></tr>
<tr><td>마음이론</td><td>상호적 네크워크
신경망, 시냅스연결</td><td colspan="5">역할모델, 힐링드라마 모델</td></tr>
<tr><td>뉴런동조화</td><td>시냅스전 -
시냅스후</td><td colspan="5">OMCA 설계, '감각-지각-행동화'의 과정, 카타르시스 모델</td></tr>
<tr><td>결합이론</td><td>연합영역</td><td colspan="5">'감정-경험-의미'의 나선형 임상구조</td></tr>
<tr><td rowspan="5">의도적 실행</td><td colspan="2">감각자극 유입</td><td>C(카타르시스) 단계</td><td rowspan="5">단계 및 치료자 핵심 기능</td><td>배출자, 접촉자</td><td rowspan="2">게슈탈트,
인간중심 접근</td><td rowspan="5">절충적·통합적 심리치료 접근</td></tr>
<tr><td colspan="2">일차정서와 결합</td><td>E(실존자각) 단계</td><td>수용자, 촉진자</td></tr>
<tr><td colspan="2">새로운 경험과 연합</td><td>R(역할) 단계</td><td>생성자, 안내(지시)자,
연결자</td><td>행동치료,
성장모델 접근</td></tr>
<tr><td colspan="2">지각된 경험을 학습</td><td>A(사회적응) 단계</td><td>실천독려자, 연계자</td><td>인지정서행동,
성장모델 접근</td></tr>
<tr><td colspan="2">새로운 감정과 인식의 결합</td><td>T(변화수용) 단계</td><td>확인자, 지지자</td><td>인지정서행동 접근</td></tr>
</table>

IT 통합예술치료의 OMCA 설계 및 매 회기 C(닫기) 과정의 작용과 몸-마음-정신의 각 균형적 중재가 강조되는 활동은 뇌의 병렬가소성을 전제로 실현된다.

둘째, 뇌 통합의 조건과 IT 통합예술치료와의 관계이다. IT 통합예술치료의 CERAT 설계 및 진단평가검사도구의 실행은 뇌의 사후성을 전제로, 다예술매체와 OMCA 설계는 뇌의 동시성을 전제로, 다예술매체, 다면적 치료공간 설계, 매 회기 A(적용하기) 과정의 작용은 뇌의 복잡성과 민감성을 전제로, 다면적 치료공간 설계, 그림자엿보기와 가면아이 모델, 매 회기 C(닫기) 과정의 작용은 뇌의 최근성과 저속성을 전제로, 시간여행자, 역할, 가면아이 모델과 O(열기)와 M(만나기) 과정의 작용은 뇌의 경험성과 역동성을 전제로, 다예술매체, 투사와 카타르시스 모델 과정의 작용은 뇌의 유사성(안전한 응급상황)을 전제로, 집단나눔과 역할모델은 뇌의 거울이론을 전제로, 역할과 힐링드라마 모델은 뇌의 마음이론을 전제로, OMCA 설계와 '감각-지각-행동화' 의 과정, 카타르시스 모델은 뇌의 뉴런동조화를 전제로, '감정-경험-의미' 의 IT 통합예술치료 나선형 임상구조는 뇌의 결합이론을 전제로 실현된다.

셋째, 뇌 통합이라는 목적과 관련한 의도적 실행과 IT 통합예술치료와의 관계이다. 뇌에 감각자극이 유입되는 C(카타르시스) 단계와 유입된 감각자극이 일차정서와 결합되는 E(실존자각) 단계에서는 치료자가 게슈탈트 및 인간중심 심리치료 접근을 통해 배출자, 접촉자, 수용자, 촉진자의 핵심기능을 수행하여야 한다. 정서가 새로운 경험과 연합되는 R(역할) 단계에서는 치료자가 행동치료 및 성장모델 심리치료 접근을 통해 생성자, 안내(지시)자, 연결자의 핵심기능을 수행하여야 한다. 지각된 경험이 학습되는 A(사회적응) 단계에서는 치료자가 인지정서행동 및 성장모델 심리치료 접근을 통해 실천독려자, 연계자의 핵심기능을 수행하여야 한다. 마지막으로 지각된 경험이 새로운 감정과 결합됨을 확인하는 T(변화수용) 단계에서는 치료자가 인지정서행동 심리치료 접근을 통해 확인자, 지지자의 핵심기능을 수행하여야 하며 이상의 IT 통합예술치료과정 전반에 걸쳐 절충적·통합적 심리치료 접근이 바탕이 되어야 한다.

이와 같이 IT 통합예술치료의 임상구조 및 실행은 통합을 이루는 뇌 신경작용의 과정 안에 있음이 확인되었는데, 이는 서론에서 제시된 연구문제에 대하여 IT 통합예술치료가 정신치료 및 심리치료로서 설명될 수 있으며, IT 통합예술치료가 추구하는 통합의 과정은 뇌 통합의 과정과 같은 맥락에 있다고 할 수 있겠다. 특히 IT 통합예술치료의 특성을 신경과학적인 전제들과 연결해 정리함으로써 IT 통합예술치료의 뇌 기전을 체계화하였는데, 이는 위 <표 5>에 전체적으로 잘 나타나 있다. 본 연구는 위와 같은 과정으로 IT 통합예술치료 임상구조와 실행에 나타나는 신경과학적 관점에서의 심리변화 메커니즘을 밝혔다. 이 연구결과를 통하여 IT 통합예술치료 전 과정의 신경과학적인 맥락을 치료자와 내담자가 이해함으로써 더욱 밀도 높은 치료가 시행되고 치료효과를 높일 수 있게 되기를 기대하며, IT 통합예술치료 전반이 갖는 통합적인 신경과학 근거기반을 토대로 각 증상 및 진단에 따른 세부적인 IT 통합예술치료 증례연구가 활발해지기를 바란다. 또한 이 연구결과가 장내(內) 예술치료 및 심리치료 등의 분야와 장외(外) 신경과학 및 통합의학 등의 분야에 알려져 학제 간 중요한 통섭과 소통의 자료로 활용될 수 있기를 기대하는 바이다.

참고문헌

권석만(2017). 현대이상심리학, 학지사.

루빈(Rubin, J.), 최소영 외 역(2007). Rubin의 통합예술치료 읽기, 시그마프레스.

루크(Luke, C.), 이수연 외 역(2022). Neuroscience for Counselors and Therapists, 상담자와 심리치료자를 위한 신경과학, 학지사.

르두(LeDoux, J.), 강봉균 역(2022). Synaptic Self, 시냅스와 자아, 동녘사이언스.

맥니프(McNiff, S.), 윤혜선 역(2014). 통합예술치료, 이담북스.

배상국(2018). 통합예술치료 IT 매뉴얼의 힐링드라마 모델을 적용한 콘텐츠 개발, 동덕여자대학교 대학원 박사학위논문.

쇼어(Schore, A. N.) 강철민 역(2019). Right Brain Psychotherapy, 감정중심의 오른뇌 정신치료, 학지사.

시겔(Siegel, D. J.), 김보연 외 역(2022). The Developing Mind, 마음의 발달, 하나의학사.

얄롬(Yalom, D.), 최해림 외 역(2008), The Theory and Practice of Group Psychotherapy, 집단정신치료의 이론과 실제(제5판), 하나의학사.

이성현(2022). 애니메이션 소울에 나타난 IT 통합예술치료의 본질, 예술에서 치료까지 10, 67-94.

이성현(2023). IT 통합예술치료의 CERAT 단계 및 회기 내 구조 OMCA에 나타나는 6가지 심리치료 접근방식의 융합적 활용특성 고찰, 문화와 융합 45(5), 289-304.

정광조, 이근매, 최애나, 원상화(2009). 예술치료, 시그마프레스.

채선화, 김진숙(2020). 삶의 의미 관련 변인 메타분석, 한국심리학회지 상담 및 심리치료 32(1), 439-468.

최슬아(2021). IT기반 통합예술치료의 적용하기 과정이 위기청소년의 긍정 역할수행에 미치는 영향 연구, 동덕여자대학교 대학원 박사학위논문.

최윤영(2020). IT기반 통합예술치료와 단일예술치료의 임상구조 비교 연구, 동덕여자대학교 대학원 박사학위논문.

최윤주(2019). 통합예술치료 IT 매뉴얼의 구조적 특성, 동덕여자대학교 대학원 박사학위논문.

코졸리노(Cozolino, L.), 강철민 외 역(2018). The Neuroscience of Psychotherapy: Healing the Social Brain, 정신치료의 신경과학: 사회적인 뇌 치유하기, 학지사.

포샤(Fosha, D.), 시겔(Siegel, D. J.), 솔로몬(Solomon, M. F.), 노경선 외 역(2023). The Healing Power of Emotion, 감정의 치유력, 눈출판그룹.

홍유진(2018). 내 안의 나를 깨우는 통합예술치료, 학지사.

Barrett, L. F.(2020). Seven and Half Lessons about the Brain, Mariner Books.

Corsini, R. J.(1980). Psychotherapy: An Eclectic Approach, John Wiley & Sons.

Dodge, K. A.(1991). Emotion and Social Information Processing, Cambridge University Press.

Feeney, B.(2007). The Dependency Paradox in Close Relationships, Journal of Personality and Social Psychology 92, 268-285.

Folensbee, R. W.(2010). The Neuroscience of Psychological Therapies, Cambridge University Press.

Freeman, W. J.(2000). Emotion is Essential to All Intentional Behaviors, Cambridge University Press.

Ginot, E.(2007). Intersubjecvtivity and Neuroscience. Understanding Enactments and Their Therapeutic Significance within Emerging Paradigms, Psychoanalytic Psychology 24, 317-332.

Giorgi, A. & Giorgi, B.(2003). Phenomenology, In Jonathan, S.(Eds.), Qualitative psychology: A practical guide to research methods, Saga Publications.

Greenberg, L.(2008). Emotion Coming of Age, Clinical Psychology 14, 414-421.

Grey, E.(2010). Use your Brain: A Neurobiologically Driven Application of REBT with Children, Journal of Creativity in Mental Health 5, 55-64.

Keysers, C.(2011). The Empathic Brain. UK.

Kirrmayer, L, J.(2004). The Culture Diversity of Healing: Meaning, Methphor and Mechanism, British Medical Bulletin 69, 33-48.

Manen, V. M.(1990). Researching Lived Experience: Human Science for an Action Sensitive Pedagogy, Sunny Press.

Oliver, T.(2002). The Brain and the Inner World, Other Press.

Panksepp, J.(1998). Affective Neuroscience, Oxford University Press.

Panksepp, J.(2007). Neurologizing the Psychology of Affects: How Appraisal-based Constructivism and Basic Emotion Theory can Coexist, Perspectives on Psychological Science 2, 281-296.

Porges, S. W.(2011). Safety as a Transformative State: Mindfulness from a Poly Vagal Perspective. Lecture Presented at the Conference of the UCLA-Lifespan Learning Institute, LA.

Turker, D. M.(1995). Social and Emotional Self-Regulation, Annals of the New York Academy Science 769, 213-239.

Wenar, C. & Kerig, P.(2011). Developmental Psychopathology, McGraw-Hill Humanities.

표현예술치료와 통합예술치료의 융합을 위한 비교 연구

- 의료현장과 교육현장에서의 적용 및 실제를 중심으로 -

Comparative Study for Convergence of Expressive Arts Therapy and Integrative Arts Therapy

- Focusing on Application and Practice in Medical and Educational Settings -

문화와융합
Culture & Convergence
p-ISSN 2950-9742
e-ISSN 2950-9750
2024-01-30
Vol.46 No.01 pp.405-420
DOI https://doi.org/10.33645/cnc.2024.01.46.01.405

목차 TOC

초록 Abstract

본 연구의 목적은 표현예술치료와 통합예술치료의 융합을 위한 것이다. 연구방법으로는 먼저 문헌고찰을 통해 두 치료방식 간의 유사점 및 차이점 등을 알아보고, 다음으로 의료현장과 교육현장의 실행에서 나타나는 두 치료방식의 융합적 적용 현상을 살펴보았다. 본 연구의 결과는 다음과 같다. 첫째, 표현예술치료와 통합예술치료는 용어 및 실행 내용, 지향점 등에서 서로를 포함한다. 둘째, 국립정신건강센터 내 의료 및 교육현장에서 시행되고 있는 '통합예술심리치료 5단계'는 심리치료와 치유적 교육의 통합이면서, 표현예술치료와 통합예술치료 간의 기법 융합, 그리고 전통적 예술 매체와 실용예술 양식 간의 통합 등을 나타내고 있다. 셋째, 표현예술치료와 통합예술치료 융합의 적용방안으로 통합예술심리치료 융합단계표를 제안하였다.

The purpose of this study is to convergence of Expressive Arts Therapy and Integrative Arts Therapy. As a research method, first looked at the similarities and differences between the two treatment methods through literature review, and then analyzed the phenomenon of convergent application of the two treatment methods in medical and educational settings. The results of this study are as follows. First, Expressive Arts Therapy and Integrative Arts Therapy treatments include each other in terminology, implementation contents and orientation. Second, the 'Five Stages of Integrative Arts Psychotherapy', which is officially implemented in medical and educational settings within the NCMH(in South Korea), is the integration of psychotherapy and therapeutic education, and the convergence of techniques between Expressive Arts Therapy and Integrative Arts Therapy, and It represents the integration between traditional arts media and practical arts forms. Third, the stages and structure of Int egrative Arts Psychotherapy were proposed.

주제어 Key Words

표현예술치료, 통합예술치료, 예술심리치료, 예술치료 비교, 예술심리치료 융합

Expressive Arts Therapy, Integrative Arts Therapy, Arts Psychotherapy, Comparison of Arts Therapy, Arts Psychotherapy Convergence

1. 서론

예술심리치료라는 거대 담론 안에서 국내의 표현예술치료와 통합예술치료는 현재까지 진지하면서도 생동감 있게 발전되어 왔다. 예술심리치료는 기존의 심리치료를 언어와 함께 감각적 요소들을 활용한 매체를 통해 시행하는 것으로, 문제의 증상에만 초점을 두는 것이 아니라 인간의 고통을 해결하는 데 다양한 예술매체를 사용하여 치료하는 것이다(김진숙, 2001:76). 이러한 예술심리치료는 예술매체들을 융합하여 활용한 것으로 볼 수 있으며, 이것은 치료적인 과정과 일상의 삶 안에 존재하는 것이다(Atkins, 2008).

예술심리치료가 국내 유학파들에 의해 해외로부터 국내로 유입된 학문 분야이고, 이들이 각자 학위 및 수련과정을 마치고 순차적으로 국내에 들어와 저마다 뿌리내리기 시작한 학교 및 학회 등에 따라 그 명칭 또한 다양하게 번역 및 응용되어왔다. 현 시대에는 여러 연구들을 통해 표현예술치료와 통합예술치료가 유사분야로 통칭되며 그 학문적 뿌리가 많은 부분을 공유하고 있음이 확인 및 인정됨에도 불구하고(Atkins, Adams, Mckinney, Rose, Wentworth & Woodworth, 2003; 원상화, 2009:17), 과거에 순차적으로 창설된 각 국내 단체들은 선행 단체와 동일한 네이밍(naming)으로 학과명 및 학회명을 등록할 수 없음이 중요한 이유였을 것이다.

예술치료에서 예술이란, 정신분석학자 Arieti(1976)가 말하는 천재적인 창조성(이재광, 기백석, 1992:432(재인용))과 구별되는 모두가 가지고 있다고 보는 보편성의 창조성을 실현하는 도구로서의 의미를 가진다. 김진숙(2010) 또한, 예술치료에서는 모든 사람들에게 예술적인 부분이 있고 그것을 개발하고자 하는 내면의 요구가 있으며 그것을 개발하는 것이 총체적 건강의 개념이라고 하였다. 표현예술치료에 활용되는 매체는 소리, 심상, 꿈, 미술, 음악, 연극, 무용·동작, 놀이, 문학, 미디어 등의 예술이다(한국표현예술심리치료학회, 2023). 통합예술치료에 활용되는 매체는 연극, 영화·사진, 음악, 미술, 무용·동작, 문학, 명상, 게임놀이 등의 예술 매체 및 기법이다(한국통합예술치료&연극치료협회, 2023). 이와 같은 예술 매체는 내담자의 에너지와 투사를 안전하게 받아주고, 예술 활동으로 에너지를 표현하고 드러낼 수 있도록 함으로써 자신과 대상을 향해 있던 감정을 비폭력적으로 해소하고 정화할 수 있게 하는데, 예술 활동은 이러한 전체 과정을 보호해준다(김미애, 2018).

따라서 일반적으로 표현예술치료 또는 통합예술치료의 용어 자체에는 '심리'라는 단어가 포함되어 있지 않아도 그 행위와 내용구성 면에서 인간의 심리변화를 도모하는 과정이므로, 예술치료는 예술심리치료와 같은 표현으로 이해되는 것이 합당하다. 2004년에 창설된 한국예술심리치료학회 역시 예술심리치료를 '예술의 치료적 힘을 매개로 신체적, 정신적, 정서적 안녕을 증진시키기 위해 실행하는 학술, 교육 및 치유활동'이라고 정의하고 있으며(한국예술심리치료학회, 2023), 이보다 앞서 2001년에 창설된 한국예술치료학회 또한 '심리'라는 단어가 들어있지 않지만 운영 목적이 예술심리상담사를 양성하고 관련 연구를 교류하기 위한 단체임을 강조하고 있다(한국예술치료학회, 2023).

그러나 이 같은 본질적 유사점에도 불구하고 예술치료 관련 메타분석, 매체 활용, 연구 동향 등을 알아본 연구인 곽현주(2013), 박혜정(2018), 조현우(2022) 등의 연구들에 나타난 자료들을 분석해보면, 국내의 표현예술치료와 통합예술치료의 연구자들은 자신들의 연구에 선행연구 및 이론적 배경 이외에 제목이나 핵심적 부분에서는 서로의 용어를 잘 사용하지 않고 있다. 이는 의도적인 배척이라기보다는 '처음 본 이를 엄마로 여기는 새'처럼, 연구자가 처음 몸담은 학과 및 학회명에 따라 자연스럽게 형성되어 온 연구자의 학자적 충심이며 신념일 것이다. 하지만 Argyris(1976:649)가 지적한 것처럼, "일반적으로 특정 분야의 전문가들은 자신들의 학문적 경계가 정해지면 그들의 신봉 이론과 현상적 실제 간 토론의 장을 굳이 활성화하지 않음"으로, 이는 서로의 학제 간에 순기능적인 성찰 및 교류가 어려워지게 되는 상황으로 이어질 수 있다.

따라서 본 연구의 목적은 예술심리치료의 영역인 표현예술치료와 통합예술치료의 융합을 위한 것으로, 문헌고찰 연구방법을 통해 두 치료방식 간의 유사점 및 차이점 등을 알아보고, 예술심리치료의 활용도가 가장 높은 분야인 의료현장과 교육현장의 실행에서 나타나는 두 치료방식의 적용 현상 등을 살펴보면서 궁극적으로 표현예술치료와 통합예술치료 간 융합을 위한 제안을 하고자 한다. 이에 따라 본 연구에서는 표현예술치료와 통합예술치료를 예술심리치료적 관점에서 대등(對等)하게 인식하며, 본문 중 두 치료의 나열순서 또한 가나다순(표현예술치료의 '표' 대(對) 통합예술치료의 '통') 및 알파벳순(Expressive Arts Therapy의 'E' 대(對) Integrative Arts Therapy의 'I')에 따라 표현예술치료, 통합예술치료 순으로 기술할 것임을 밝힌다. 본 연구의 연구문제는 다음과 같다.

연구문제 1. 표현예술치료와 통합예술치료 융합의 필요 및 당위성은 어떻게 설명될 수 있는가?

연구문제 2. 의료현장 및 교육현장에서 표현예술치료와 통합예술치료의 적용 및 실제는 어떠한가?

연구문제 3. 표현예술치료와 통합예술치료 융합의 적용방안은 어떻게 제안될 수 있는가?

2. 이론적 배경

2.1. 표현예술치료와 통합예술치료의 역사적 흐름

예술치료에 '통합적'이라는 의미가 부여된 것은 1960년대 초부터 종합예술인 '연극'과 관련하여 음악, 의상, 무대그림, 각본 등의 다른 영역의 예술이 함께 이루어지는 현상에서 시작되었는데, 이는 1970년대 초 유럽에서 '창의적 매체를 통한 치료'라는 개념의 예술치료 형태로 정착되었다(김설화, 2003). 의료현장에서도 예술의 치료적 가치와 생존 기능은 이미 일찍이 20세기 이후 유럽 정신병원 의사가 정신질환자의 예술작품을 대상으로 치료적 진단을 시도하면서부터 현대적 의미의 전문적 치료분야로서 그 토대가 마련되어 왔다(정광조 외, 2009).

1970년대 초에는 '통합예술치료의 창의적 치료'라는 개념이 새롭게 부심하였던 시기였다(Brooke, 2010). 이 무렵 Petzold(2001)는 신체와 정신과 영혼의 총체적 유기체인 인간의 총체성, 그리고 개인의 차별성과 다양성에 근거하여 미술, 음악, 춤, 동작, 드라마, 시 등의 예술을 통합적으로 치료에 사용하기 시작하였고, 그 이후부터 통합예술치료는 '표현예술치료', '창의적 매체를 사용하는 통합치료'로 혼용되어 왔다. 표현예술치료의 정의 역시 '통합적 표현치료', '창조적 예술치료' 또는 '학제 간 통합적 예술치료'라고도 불린다. 이는 심상, 스토리텔링, 무용, 연극, 음악, 동작, 시, 꿈 작업과 시각예술을 통합적으로 사용하여 인간의 성장, 발달 및 치유를 촉진하는 행위를 말한다(Atkins, 2008). McNiff, Canner, Knill과 동료들은 매사추세츠 주 캐임브리지 소재 레슬리 대학에 표현예술치료 학과를 개설하였다(이근매, 2010:3-4). 이후 유사한 움직임이 세계적으로 퍼지면서 스위스의 유럽대학원에도 표현예술치료 박사과정이 개설되었다.

그러나 McNiff(2004)에 의하면, 1980년대 초 뉴욕 미술치료학회의 전 회장이었던 Steeve Ross는 특정한 예술양식으로 학문의 범위를 제한할 수 없다고 느꼈다고 한다. 이에 따라 공인 표현예술치료자 기준을 마련하였고, Speiser와 Levin, Weller, Utigard, Rogers도 함께 국제표현예술치료학회의 설립에 기여했다. 더불어 심리학계에서는 심층심리학적 탐구가 발전하고, 정신물리학적 탐구 등도 활발하게 이루어졌다. 이러한 시류를 통해 인간 무의식의 활동이 겉보기에는 의식에 부합하지 않는 것처럼 보이지만, 실제로는 자아의식의 활동에 보완을 하고 있음이 밝혀지게 되었다(조정희, 2010:95). 이와 관련하여 Atkins(2008)은, 치료 작업이란 가장 심층적 차원에서 우리가 누구인지를 기억하고 확인하도록 하는 것이며 나아가 자신을 재통합하는 것, 즉 자아의 분리된 것처럼 보이는 부분들을 통합하는 작업이라고 하였다. 이러한 흐름 속에 국내에서도 1980년대 초 한국임상예술학회가 출범하여 그림, 조형, 음악, 공예, 무용, 인형극, 사이코드라마, 시, 독서, 기타 각종 창조 및 표현활동 등의 예술 분야를 총망라한 정의를 통해 2024년 현재에 이르기까지 '통합예술 매체 활용의 예술심리치료' 흐름을 선구적으로 보여주고 있다(한국임상예술학회, 2023).

이렇듯 예술심리치료라는 큰 틀 안에서 표현예술치료와 통합예술치료는 한 형제처럼 발전되어 왔다. 임용자(2004)는 통합예술치료 접근법은 표현예술치료법이라고도 알려져 있으며, 이는 한 사람에 대한 이해를 표현하고 심화하는 방법으로써 예술 전반에 의존한다고 하였다. 더불어 표현예술치료란 개인의 신체, 정서, 인지를 통합하기 위하여 복합 모형의 예술과정들을 사용함으로써 표현예술과 심리치료를 통합한 것이라고 하였다. 이는 홍유진(2018)이 정의한 통합예술치료인 '내담자가 자발적인 예술체험을 통하여 의식을 진화하고 우주적 존재로서의 가치를 자각하도록 다양한 예술 매체를 통합·적용하는 심리치료 기제'와도 일맥상통한다. 이정숙(2008:950) 역시 상담 및 심리치료에서 '치료적 매체'에 대해 표현을 끌어내는 유무형의 모든 매체로의 포괄적인 개념을 제시하였다. 여기서 무엇을 예술 매체로 한정할 것인지, 그리고 회기 안에서 단일예술 매체 또는 다예술 매체를 활용하는지 여부 등은 '경우에 따라' 다를 수 있다.

하지만 이 '경우에 따라'를 표현예술치료와 통합예술치료의 차이로 보기보다는, McNiff(2014)의 말처럼 모든 임상(세션) 과정에서 예술치료 매체가 항상 통합되어야만 하는 것이 아니라 그것이 '동시'이든 '전환'이든 간에 임상 과정 안에서 철저하게 자연발생적이고 유기적이어야 한다고 보는 것이 적합하다. 예술매체 또한 Malchiodi(1998)의 말처럼 자기표현을 위한 다양한 양식들을 치료방법으로 활용할 수 있으며, 다원화된 시대적 흐름에 따라 전통적 개념에서의 예술 매체뿐 아니라 실용예술 매체 및 여러 문화적 기법들이 활용될 수 있다고 하겠다.

2.2. 표현예술치료와 통합예술치료의 비교

표현예술치료와 통합예술치료, 통합적 예술치료 등 이들 모두 시작된 학파 등에 따라 미묘하게 다른 용어를 사용하고 있으나, 다양한 예술매체를 활용한다는 점, 그리고 하나의 예술매체에서 다른 예술매체로 넘어가며 공감각적 반응 및 시너지를 유도한다는 점, 예술매체를 핵심적 툴(tool)로 활용하지만 이는 본질적으로 심리치료를 위한 방식이라는 점 등에서 유사점을 갖는다(McNiff, 2014).

예술심리치료와 인접한 여러 분야들로 통합치료(Integrative Therapy), 표현치료(Expressive Therapy), 표현예술치료(Expressive Arts Therapy), 통합적 예술치료(Integrating, Integrated 등 Arts Therapy), IT 기반 통합예술치료 등이 있다(조현우, 2022). 통합치료는 전인성과 관련된 여러 학문들과 심리치료이론들을 메타적으로 결합한 치료로, 인간존재에 대한 심리치료 작업과 예술 매체 및 기법들을 적용한 통합작업 양측의 공동반응을 추구한다. 이러한 개념은 인간존재와 관련한 반응들의 횡단 및 종단의 각 요소들을 아우르므로 나선형 발달구조를 취하며, 통합치료는 그 뿌리가 게슈탈트 심리치료 이론이기 때문에 알아차림을 기반으로 치료적 의미가 시작된다고 여겨 특히 신체중심 통합치료로 발전이 되었다(이정숙, 2010:1573). 표현치료 역시 이후에 발전된 ETC(Expressive Therapies Continuum) 모델을 보면, 인간을 '동적·감각적 수준 - 지각·정서적 수준 - 인지·상징적 수준 - 창의적 수준' 순서에 따라 자기(自己)를 찾도록 한다(Hinz, 2016). 이와 관련해 융은 훨씬 더 일찍부터 적극적 상상(Active Imagination)이라는 개념을 통해 자아를 찾도록 하는 방식을 시도하였는데, 바로 예술매체가 이를 도와줄 수 있다(한국임상예술학회, 2023). 표현예술치료는 다시 세부적으로 음악 중심 표현예술치료, 미술 중심 표현예술치료, 동작 중심 표현예술치료 등으로 나뉘며, 회기를 구성할 때 매체를 혼합할 수 있다는 점에서 통합예술치료와 유사하다(한국표현예술심리치료학회, 2023).

많은 부분의 유사성에서 다소간의 차이를 언급해본다면, 표현예술치료는 '예술적 탐험을 통한 창조성'을 좀 더 독려하느냐에 초점이, 통합예술치료는 '예술매체를 활용한 전인적인 통합'을 좀 더 독려하느냐에 초점이 있는 등 내담자를 대할 때 진행과 관련한 경향성의 차이는 있지만, 일반적으로 표현예술치료와 통합예술치료는 다양한 예술매체를 치료적으로 활용한다는 점에서 큰 틀에서 동일한 범주로 인식되며 서로, 그리고 타 분야에서 그 용어를 공유하고 있음을 알 수 있다.

3. 의료현장과 교육현장에서 표현예술치료와 통합예술치료의 적용 및 실제

3.1. 의료현장에서의 표현예술치료와 통합예

술치료 적용 및 실제

의료현장이란, 의료행위가 시행되는 현장을 뜻한다. 의료행위는 '의료 서비스 제공자 또는 보건의료인이 치료대상자에게 의술을 이용하여 질환을 고치려 하는 행위를 통틀어 이르는 말(최원, 2016)'로, 근거기반의 치료기법이 적용되며 의료수가에 의해 치료비용이 발생된다. 표현예술치료와 통합예술치료가 치유적인 목적으로 다양한 영역에 범 적용될 수 있음을 감안하더라도 그 용어에 '치료'라는 단어를 사용한다면, 의료현장에서 전문의의 처방에 의한 의료행위로서 시행되고 의료수가에 의한 치료비용을 받는 통합예술심리치료를 중심으로 살펴보면서 점차 파생적인 분야로 그 의미를 확장해갈 필요가 있을 것이다. 특히 정신질환은 심리치료를 핵심적인 치료방법으로 사용하는 대상군으로, 본 연구에서는 정신치료기관에서의 예술심리치료 양태를 알아보면서 이를 통해 통합예술심리치료라는 큰 틀 안에서 의료현장에서의 표현예술치료와 통합예술치료의 적용 및 실제를 파악하고자 한다.

국립정신건강센터(NCMH)는 대한민국 보건복지부 소속 국립정신병원 서울지부로, 대한민국의 정신건강 컨트롤타워의 역할을 수행하며(권준수, 2017), 그 중 의료부에서는 외래 및 입원의 형태로 병원을 이용하는 정신장애 진단자 또는 예비진단자들을 대상으로 예술치료사에 의해 예술치료 및 예술요법 서비스를 제공하고 있다(국립정신건강센터, 2023). 예술치료 관련 지침은 유사기관인 각 지역별 보건복지부 소속 정신병원 및 시립병원 등 정신질환 관련 의료기관들과 그 기준을 공유하며 예술치료를 시행하고 있다. 치료과목의 명칭은 '예술치료'라고 되어있으나 정신 및 심리적 문제를 치료적으로 다루고 있으므로 내용적으로 예술심리치료의 성격을 갖는다.

치료기간은, 예술치료 연구 등에서 통상적으로 보고되는 유의한 회기 수인 15~16회기(이성현 외, 2020:47)를 따르고 있으나, 치료진의 평가에 의해 조기종결 또는 연장될 수 있다. 국립정신건강센터 의료부에서 2018년부터 현재까지 운영된 예술치료과목명은 개별통합예술치료 및 집단통합예술치료로, 세부 매체로는 '무의식을 의식화하고 부정적인 암묵기억을 외현기억과 재조직하도록 하며, 유입된 감각을 정서 및 새로운 행동과 통합하기 위한 과정에서 비언어적인 표현을 장려할 수 있도록 돕는 다양한 예술 매체 및 문화적 실용예술 양식'인 음악, 미술, 연극, 무용·동작, 명상, 모래놀이, 문학, 영화·사진, 푸드, 아로마 등이 통합적으로 사용되어왔다.

정신질환 진단명 별로, 그리고 증상과 관련한 개인차에 의해 치료의 각 단계 안에서 유의사항이 상이하여 치료 기간 중 다학제 치료진과의 지속적인 논의가 수반되고 있으나, 일반적으로 예술치료 과정은 '(1) 감각 단계 - (2) 감정·생각 단계 - (3) 관계·역할·행동 단계 - (4) 시도·적응 단계 - (5) 갱신·지지·확인 단계' 등 '통합예술심리치료 5단계'에 따라 진행된다(<그림 1>). <그림 1>의 형상은 국립정신건강센터 통합예술심리치료단계를 구성하는 과정에서 트로피(Trophy)의 형상으로 고안되었는데, 그 이유는 하나의 트로피 그림을 위부터 아래로 볼 때, (1) 감각 단계에서 감각이 유입되고 나서(I I) (2) 감정·생각 단계에서 내면으로 초점화되며 모아진 뒤(\ /), 좁은 통로와 같이 집중적으로 압축된 핵심작업을 통하여 (3) 관계·역할·행동 단계에서 나의 외부를 인식 및 내부와 외부를 연결짓게 되고(←I I→) (4) 시도·적응 단계에서 시도 및 적응을 위해 점차 넓어지는 관점과 변화를 수반하게 되면서(/ \) (5) 갱신·지지·확인 단계에 이르러 굳건한 자기기반을 확인하게 되는(I I) 등의 '좁아졌다 넓어졌다' 하는 내담자 심리현상을 가시적으로 이해할 수 있도록 형상화한 것이다.

각 단계는 총회기 내에서 유동적으로 구성되며, 예술 매체 또한 내담자의 선호 및 상태에 따라 결정되고 전환된다. 여기에는 표현예술치료에서 말하는 '성장과 치유를 촉진하는 지지적 환경을 만들어내기 위해 다양한 예술의 장르를 통해 깊은 내적 정서로부터 올라오는 자신을 발견해 나가는 과정(김진숙, 1996; Rogers, 1993)', '개인의 신체, 정서, 인지를 통합하기 위하여 복합 모형의 예술 과정들을 사용함으로써 표현예술과 심리치료를 통합한 것(임용자, 2004)', 그리고 통합예술치료에서 말하는 '인간의 다양성과 인간이 사용하는 여러 가지 감각, 인간은 복합적인 존재라는 개념을 근거로 한 다양성과 총체성의 요소가 바탕이 되는 치료의 핵심원리(McNiff, 2014)', '시각, 청각, 후각, 촉각, 미각 등의 감각은 상호보완적인 관계를 가지며, 인간의 모든 경험은 여러 가지 감각이 함께 적용이 되어 공감각을 활용하는 것(홍지영,

<그림 1> 통합예술심리치료(Integrative Arts Psychotherapy) IAPT 5단계 (= 트로피 5단계(Trophy shape 5 Levels))

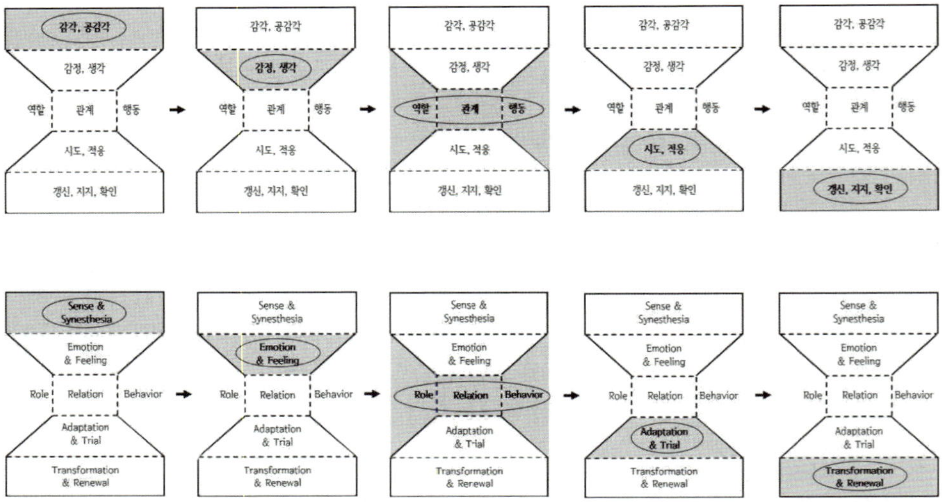

2017)'이 담겨있다.

이처럼 내담자의 표현 및 창조성을 장려하며 신경과학적 원리에 따라 뇌, 마음, 정신, 관계를 통합하도록 하는 통합적 신경작용은 표현예술치료와 통합예술치료가 공통으로 달성하고자 하는 치료목표이자 경험적 과정이라고 할 수 있다. 이와 관련하여 이성현은 '감각의 유입과 비언어 및 언어적 표현과정(이성현, 2023a:301)에 따라 새로운 내러티브 및 변형된 의식, 그리고 새로운 행동 동기를 형성하도록 하는 통합적 신경작용의 통합예술심리치료 과정(이성현, 2023b:906)'을 아래와 같이 도표로 표현한 바 있으며, 위에서 제시한 국립정신건강센터의 통합예술심리치료 과정 또한 <그림 2>의 원리로 설명될 수 있다.

이 그림에는 위 <그림 1>에서 표현한 '통합예술심리치료 5단계'인 '(1) 감각 단계 - (2) 감정·생각 단계 - (3) 관계·역할·행동 단계 - (4) 시도·적응 단계 - (5) 갱신·지지·확인 단계'의 흐름이 통합적 신경작용에 관여하는 뇌의 기관과 더불어 잘 나타나 있다.

3.2. 교육현장에서의 표현예술치료와 통합예술치료 적용 및 실제

교육현장이란, 교육행위가 시행되는 현장을 뜻한다.

<그림 2> 뇌, 마음, 정신, 관계 간 통합적 신경작용의 통합예술심리치료 과정 (이성현, 2023b(재인용))

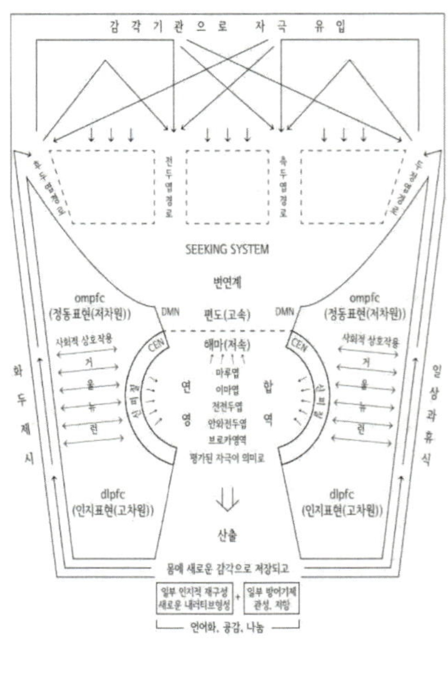

교육행위는 '교육 서비스 제공자가 교육대상자에게 사회생활에 필요한 지식이나 기술 및 바람직한 인성과 체력을 갖도록 가르치는 등의 행위를 통틀어 이르는 말(이주영, 2011)'로, 교육과정에 의한 교육서비스가 적용되며 관련 법령에 따른 교육비가 발생된다. 교육행위는 의료행위에 비해 포괄적인 개념으로, 공교육과 사교육 및 대안교육, 치유적 교육 등으로 이루어진다. 미국 초·중등 교육법(ESEA)에 따르면 2011년에 제정된 '학업적·사회적·정서적 능력 함양을 위한 법(ASELA)'을 추가해 사회정서학습의 개념과 특성, 지원방안을 규정함으로써 사회정서학습(Social and Emotional Learning, 이하 SEL)이 미국 전역에서 활발하게 시행될 수 있는 발판을 만들었다(이아롬 외, 2023:390). 미국뿐 아니라 이미 2009년부터 유네스코(UNESCO)는 사회정서학습(SEL) 실행을 위한 10가지 기본 원칙이 담긴 권장서를 140국의 교육부 장관에게 발송했으며, 2015년 경제협력개발기구 OECD는 '사회정서학습(SEL)의 중요성과 세계적 추세, 사회·정서적 역량의 개념'을 정리한 보고서를 출간했다(신현숙, 2018:327). 이러한 맥락에서 국내에서도 지속적으로 교육의 의미가 변화해왔으며, 기능이나 기술을 익히는 목적 이외에도 사회생활에 필요한 사회기술 및 정서함양, 회복탄력 등 전통적인 심리치료의 주요 주제들(채선화 외, 2020:458)이 중요한 교육의 목적으로 대두되고 있다.

국내의 '창의적 체험활동'과 같은 교과목이나 '치유예술교육사업' 등에서 이루어지는 교육행위들은 일방적인 지식전수가 아닌 쌍방향의 전인적 관점에서 이루어진다고 할 수 있다(김윤경, 2020). 특히 정신적 문제 등으로 인해 원적학교에서의 적응이 어려운 학생들을 위한 병원학교 및 통원형 낮병동, 그리고 위(wee)센터 등에서는 이와 같은 현상과 목적이 더욱 두드러진다. 본 연구에서는 정신치료기관에서의 치유예술교육 일환으로 이루어지는 사회정서학습(SEL) 중심의 통합예술심리치료 양태를 알아보면서 이를 통해 통합예술심리치료라는 큰 틀에서 교육현장에서의 표현예술치료와 통합예술치료 적용 및 실제를 파악하고자 한다.

국립정신건강센터(NCMH)는 대한민국 보건복지부 소속 국립정신병원 서울지부로, 대한민국의 정신건강 컨트롤타워의 역할을 수행하며 그 하부기구로 병원학교 및 낮병동을 두고 있다(국립정신건강센터, 2023). 병원학교 및 낮병동은 통원형 입원 및 폐쇄 입원의 두 가지 형태로, 특수교육대상자 및 정신장애 진단자, 또는 요보호학생의 기준을 충족하는 학생을 대상으로 운영한다. 병원학교 또는 낮병동을 이용하는 학생들은 병원학교 수업과 심리치료서비스를 관련 법령에 의해 무/유상으로 이용하며, 이 중 치유예술교육 수업서비스는 2019년부터 예술심리치료사 및 예술강사 자격이 있는 초·중·고등 실기교사에 의해 제공된다. 특히 병원학교 수업은 매일 이루어지며, 교과과정 및 치유예술교육 매뉴얼은 교육부 및 특수교육지원청에서 권장하는 사회정서학습(SEL) 교육과정을 따르면서 내용적으로는 정신질환적 특성을 고려한 '창의적 체험활동'과 병행되고 있다.

이용 기간은 입교에서 퇴교에 이르는 기간을 말하는 것으로 최소 3개월에서 최대 1년이며, 주치의 및 병원학교장의 판단에 따라 이용 기간이 축소 또는 연장될 수 있다. 따라서 학생들에게 제공되는 교육과정의 기간 또한 상시 변화된다는 특성이 있으나 일반적으로 평균적 이용 기간인 15~16주의 치유예술교육과정으로 계획하여 운영하고 있다. 김윤경(2017)에 의하면 치유예술수업으로 일컬어지는 치유예술교육의 내용은 감각과 정서적 처리에 있어 예술 활동 과정이 적용된 사회정서학습(SEL)으로, 재교육 및 사회적응을 위해 궁극적으로는 인지행동치료적 특징이 강조되며 일상생활 및 사회기술로 적용할 수 있기를 가장 큰 교육목표로 두고 있다.

사회정서학습(SEL)은 정서를 강조하는 교육을 넘어, 성공적인 삶의 기술을 가르치기 위한 '교육시스템, 정책, 과정과 절차, 연구를 통한 검증 등'의 요소를 아우르는 보다 복잡한 상위개념이다(김윤경, 2020). 주요 교수 학습이론 중 하나인 차별적 정서이론(Izard, 1977)에 의하면, 인간에게는 즐거움, 슬픔, 두려움 등 몇 가지 핵심적인 감정이 생물학적으로 결정되어 있으며 아동 및 청소년은 이를 해소하기 위하여 지각, 이해와 추론, 타인과의 공감, 언어적 표현, 친사회적 행위 요청, 행위를 위한 동기적 정서 활용, 친사회적 기술을 필요로 한다고 하였다. 이 과정에서 아동 및 청소년은 정서 시스템과 인지·행동 시스템을 연결하는데, 여기서 중요한 점은 정서가 인지와 행위를 이끈다는 것이다.

바로 이러한 맥락에서 사회정서학습(SEL)은 표현예술치료, 그리고 통합예술치료의 지향점과 잘 결합될 수 있다. 앞서 표현예술치료와 통합예술치료에서 설명한, '감각의 유입과 비언어 및 언어적 표현과정에 따라 새로운 내러티브 및 변형된 의식, 그리고 새로운 행동 동기를 형성하도록 하는 통합적 신경작용 중심의 예술치료 과정'은, 사회정서학습(SEL)에 꼭 필요한 3대 요소인 '정서적 지식, 내적 정서조절, 사회적 기술훈련' 의 과정, 즉 이를 일컫는 교육적 개념인 정서문해력의 개념과 그 맥을 같이 한다. 이에 따라 치유예술교육의 전체 회기 역시 '통합예술심리치료 5단계' 인 '(1) 감각 단계 - (2) 감정·생각 단계 - (3) 관계·역할·행동 단계 - (4) 시도·적응 단계 - (5) 갱신·지지·확인 단계'에 따라 진행된다. 이처럼 사회정서학습(SEL) 중심의 치유예술교육은 국립정신건강센터 내 병원학교 및 낮병동 교육현장에서 이루어지는 표현예술치료 및 통합예술치료를 활용한 치유예술교육과 동일한 맥락으로 이해될 수 있으며, 아래 <그림 3>을 통해 설명된다.

<그림 3> 사회정서학습(SEL) 중심의 통합예술심리치료 기반 치유예술교육

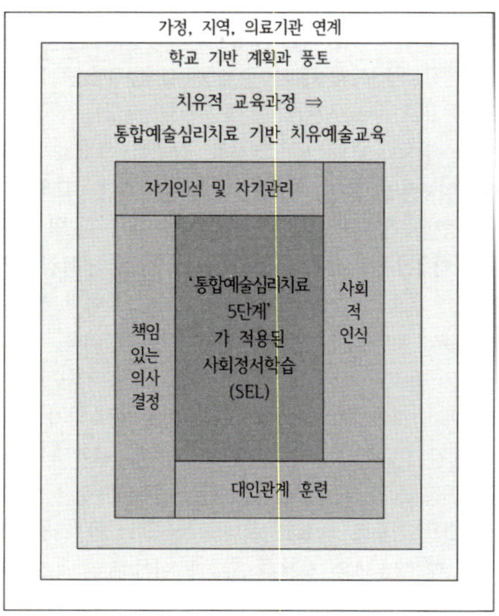

4. 표현예술치료와 통합예술치료 융합의 필요성 및 적용방안

4.1. 표현예술치료와 통합예술치료 융합의 필요성

앞서 표현예술치료와 통합예술치료의 용어 정의 및 문헌 등에 나타난 기술을 통하여 두 치료가 서로의 핵심용어인 '표현'과 '통합'을 매우 자연스럽게 혼용하고 있음을 알 수 있었다. 단지 피상적인 수준에서의 언어적 기술에서만 공통점을 찾을 수 있는 것이 아니라 이들 치료과정에 나타나거나 추구하는 지향점 또한 '표현을 통한 창조성을 장려하고 내·외적 통합을 목표로 하고 있음'을 알 수 있다. 이렇듯 표현예술치료와 통합예술치료는 큰 틀에서 이미 함께 사용되고 있으나, 각자의 영역에서 조금 더 강조하고 있는 세부적인 차이를 보자면 표현예술치료는 '창조적 표현을 위한 다양한 예술 매체의 총체적 특성에 초점'을, 통합예술치료는 '각 예술 분야를 통합하는 접근방식과 과정 전체 통합에 초점'을 두고 사용된다고 볼 수 있다(홍지영, 2017). 다시 말하면, 표현예술치료는 '예술적 탐험을 통한 창조성 독려'에 무게중심을, 통합예술치료는 '통합에 필요한 요소들 간의 통합 자체'에 무게중심을 두고 있는 것으로 이해된다.

그러나 여기서 예술심리치료의 개념을 다시 한번 살펴보면, 예술심리치료란 '기존의 심리치료를 언어와 함께 감각적 요소들을 활용한 매체를 통해 시행하는 것으로, 문제의 증상에만 초점을 두는 것이 아니라 인간의 고통을 해결하는 데 다양한 예술 매체를 사용하여 치료하는 것(김진숙, 2001:77)', '예술의 치료적 힘을 매개로 신체적, 정신적, 정서적 안녕을 증진시키기 위해 실행하는 학술, 교육 및 치유 활동(한국예술심리치료학회, 2023)'이다. 다시 말해 표현예술치료에서 무게중심을 두는 창조성 발현과 표현의 촉진은 통합예술치료에서 통합의 선행조건이자 변화된 자신을 확인하는 수단이 되며, 통합예술치료에서 무게중심을 두는 통합에 필요한 요소들 간의 통합은 표현예술치료에서 표현을 왜 촉진하는가의 핵심 전제로 작용한다. 이와 관련하여 이성현(2023b:900)은 앞선 연구에서 심리치료 및 신경과학적 관점에서 뇌 통합의 요소별로 그 의미를 정리한 바 있는데, 이들 통합의 요소가 바로 예술심리치료 과정을 통해 내담자에게 일으키려는 것들이다(<표 1>).

이를 통해 알 수 있는 '통합'의 의미는, 예술치료 과정 안에서 경험들의 통합, 인간의 전인적 발달을 위한 다층적 통합임이 확인되며, 이를 위해 예술 매체 간의 통합적 시너지를 활용하는 것이라고 하겠다. Yalom(2008)은 '의미 창조'란, 오래된 감정이 변하여 새로워진 감정이 개인의 현존 - 세상에서 존재하는 방식 - 을 새롭게 조직하게 되는 것이라고 하였으며, Luke(2022)는 이와 같은 마음 자체의 처리 과정과 마찬가지로, 자기통합능력은 내부 신경생리학적 과정과 인간관계의 상호작용에 의해 지속적으로 형성되는 것이며, 이는 곧 새로운 내러티브가 창발되는 현상이라고 하였다. 이는 예술심리치료에서 다양한 예술 매체를 활용해 궁극적으로 도달하고자 하는 상태로써 표현예술치료가 곧 통합을 위한 과정이며, 통합예술치료 역시 표현을 통해 총체성의 목표로 나아가는 과정이라고 하겠다. 따라서 표현예술치료와 통합예술치료는 용어 면에서, 그리고 실행 내용 면에서 서로 간에 포함관계가 성립되며 지향점 또한 그 자신이자 서로임을 알 수 있으므로 두 치료 간 융합의 필요 및 당위성이 설명된다.

<표 1> 표현예술치료와 통합예술치료가 공통으로 지향하는 뇌 통합의 요소와 의미 (이성현, 2023b(재인용))

표현예술치료와 통합예술치료가 공통으로 지향하는 뇌 통합의 요소		긍정적 변화 및 변형의 요소
의식의 통합	오감과 신체내부 → 정신활동 → 상호연결성의 알아차림 → 무의식의 의식화	감정표현, 정서적 상호작용
반구 간 통합	넓은 초점, 모호함, 관계적 맥락의 우뇌와 직선적 인과관계의 좌뇌 간 통합	자기지각, 자아존중
수직적 통합	피질하 하위기능과 신피질의 상위작동 간 연결을 통해 새 운동계획과 행동명령을 관장	긍정적 역할수행, 자기통제
외-내측 통합	각 회로들 간 기능의 협응, 감각과 지각의 협응	자기지각, 자기돌봄
기억의 통합	압도적인 과거사건과 현재의 통합	적응유연, 자기수용
내러티브 통합	경험과 현존에서 발생된 이야기의 의미를 통합	자기표현, 회복탄력, 공감능력
상태 통합	현재 내 상태와 사회적 맥락 속 내 상태 균형	자기효능, 사회적 지지감, 삶의 질
인간관계 통합	관계의 복구, 새로운 애착방식의 조화롭고 건강한 관계, 분화와 결합 간 균형	적응행동, 대인관계능력, 생활만족
시간적 통합	확실성·영구성의 욕구를 불확실성·일시성과 분리하고 영속성·방향성의 개념과 연결	자기이해, 영성, 주관적 안녕감
정체성 통합	다른 통합의 요소들과 '나'의 연결감 갖는 것, 통합의 통합	자아정체, 자아통합, 자기조절, 행복감

4.2. 표현예술치료와 통합예술치료의 융합적 적용방안

이처럼 표현예술치료와 통합예술치료는 자신들이 시행하는 예술심리치료 행위의 본질을 서로의 지향점을 통해 확인 및 발견할 수 있다. 그렇다면 더 나아가 서로 간의 활발한 교류, 기법공유 및 공동개발 등도 기대해볼 수 있을 것이다. 이를 위해서 표현예술치료와 통합예술치료를 포괄하는 용어의 재정립 또한 시도될 필요가 있으며, 공통으로 추구하는 치료적 맥락 안에서 예술 매체 및 기법들을 재조직해보는 시도 또한 해볼 수 있다. 앞서 소개한 '통합예술심리치료 5단계'는 이러한 요구가 반영된 것으로, 정신적, 심리적, 정서·사회적 어려움을 가지고 있는 이들에게는 치료와 교육 또한 큰 틀에서 통합될 수 있음을 보여준다.

또한 아래 <표 2>와 <표 3>은 '통합예술심리치료 5단계'에 따라 다양한 예술 매체 및 기법들이 융합적으로 배치된 제안, 즉 표현예술치료와 통합예술치료, 그리고 예술매체와 심리치료 이론이 융합된 융합단계표이다(곽현주, 2019; 권명숙, 2010; 김권수 외,

<표 2> 표현예술치료와 통합예술치료가 융합된 형태의 통합예술심리치료 단계 및 구성표 (매체 1~5)

매체 / 단계	무용 · 동작(움직임)		미술		음악		영화 · 사진		문학	
읽는 순서	a→	b↓	a→	b↓	a→	b↓	a→	b↓	a→	b↓
	d	←c	d	←c	d	←c	d	←c	d	←c
(1) 감각 단계	브레인댄스	소시오매핑	우드록퍼즐	데칼코마니	악기선택	음-부-모-아-예	사진선택하기	사진감상하기	그림 연결해 이야기 만들기	대칭문장 만들기
	발로만 / 하체로만 동작	풍선아저씨 / 바람인형	믹스커피	볼케이노	자연의 소리내기	기존 곡에 악기 덧입히기	제목 붙이기	사진토론하기	일상제목 만들기	동화 만들기
	지시문 따라 걷기 / 시계에 서기	손으로만 / 상체로만 동작	날씨이야기	연결그림 음악에 선 긋기	음악감상	상상 속의 악기 되기	9분할 형용사	내 인생의 영화	연상단어	광고카피 만들기
	주제에 자유동작	털기와 발성동작	수채화/ 파스텔화/ 목탄화	오일물감/ 핑거페인팅/ 난화/낙서화	음악심상	토닝	포토존	보고 싶지 않은 영화	시낭송	무작위 릴레이이야기
(2) 감정 · 생각 단계	풍선 or 끈 던지기	상상동작 → 연상동작	감정온도계	북컬러링	음악감상	일상의 악기	여행사진	영화 속 인물 되기 (동일시)	일기 쓰기	감정 읽기
	점 · 선 · 면 되기/ 감정연결동작	블라인드 게임	사람도안종이	자유화/ 가족화/ 학교화	음악심상	특정 글자만 / 음소거 부르기	9분할 형용사	드라마토론	시 고르기	시 쓰기
	무게감 느끼기	시간 느끼기	자화상 (그림 또는 공예)	감정책 만들기	허밍하기	교대로 즉흥연주	드라마토론	사진선택하기	문장완성하기	동화 만들기
	흐름 느끼기	공간 느끼기	손발이 하는 일	자유만다라	연결노래	가사토의	휴대폰 사진 찾기	뒷모습사진	발단-전개-위기-절정-결말	편지 쓰기
(3) 관계 · 역할 · 행동 단계	인디언게임	두루마리 색 휴지	교대로 그리기	달팽이 인간관계	악기의 성격묘사하기	배경음악연주	누가 찍어준 사진	프사이야기	베스트셀러	책에 얽힌 추억/ 다른용도책사용
	모방동작 (리더vs팔로워)	go & stop 게임	내 마음의 풍차	양초그림 그리기	색깔악보	리듬게임	드라마토론	필름매트릭스	육하원칙 알아내기	권장도서목록 만들기
	벽에서 안 떨어진 채 동작	볼케이노	만화 그리기	종이고리 만들기	숫자악보	음악감상에서 한 악기만 따라가기	엑스레이	인물 간 연결고리	책토론	읽씹의 의미
	거울대칭동작 / 동작조종 (말 or 돋보기)	그림자 따라가기	QR코드 만들기	콜라주	역할연주	음악선곡	가족사진	갈등대처토론	스테디셀러	단축키와 문서형식 삶
(4) 시도 · 적응 단계	알에서 봉황 되기	끈 맞잡기 / 해파리천동작	반쪽그리기	종이피자 만들기	비트박스	릴레이 즉흥연주	옛날사진	인물 간 연결고리	독서토론	스토리전개 바꾸기
	연합동작	열기 자세 / 뒷꿈치 열기	이모티콘 만들기	찰흙콜라주	창작음악극	음악선곡	인증샷	갈등대처토론	수필 쓰기	문장부호의 의미
	손가락 맞대기	반대속성동작	제목 붙이기	안 보고 그리기 거꾸로 그리기	목소리로 화음 쌓기	드럼서클	영화/드라마 뒷이야기	못난이사진	저널 쓰기	문장순서 바꾸기
	이름에 동작	변하는 삼각형	제한된 재료로 만들기	기찻길그래프	편곡하기	음악극	엔딩크레딧 만들기	영화 속 인물 되기 (동일시)	단어 골라내기 or 단어 바꾸기	신화 속 인물로 일기 쓰기
(5) 갱신 · 지지 · 확인 단계	계란프라이 게임	촛불동작 / 바람과 나뭇잎	단단한 나 모빌	시화 그리기	음악감상	음악의 엔딩 정하기	사진토론하기	셀카	그런데요? or 당연하지!	5문장으로 상황 만들기
	등 맞대기 / 서로 받아주기	컴퓨터키보드 동작	호수 위의 꽃접시	캘리그래피	송라이팅	랩 만들기	일상사진	사진수정	3행시 짓기	책 인테리어
	분리 카메라	공간 파고들기	석고작업	숫자 or 이름 변형화	즉흥연주	리듬패턴 만들기	사진감상하기	사진철학나눔	동화 만들기	댓글 달기 / 댓글토론
	스카프 춤	무용공연감상	인생무대 위 유토	명화/화가 이야기	음악심상	핸드벨연주	같은 풍경 다른 프레임	필름매트릭스	자유쓰기 / 소감문 쓰기	프롤로그 / 에필로그

<표 3> 표현예술치료와 통합예술치료가 융합된 형태의 통합예술심리치료 단계 및 구성표 (매체 6~10)

단계 \ 매체	연극		모래놀이		명상		푸드		아로마	
읽는 순서	a→	b↓	a→	b↓	a→	b↓	a→	b↓	a→	b↓
	d	←c	d	←c	d	←c	d	←c	d	←c
(1) 감각 단계	나비효과	씨앗에서 나무 되기	모래 속 손인사	손 / 붓으로 모래 쓸기	상상비눗방울 놀이명상	바람개비 숨쉬기	음료수 칵테일 만들기	알러지이야기	라임	오렌지 + 시나몬
	옴벨레 연극놀이	표정과 상황	오로지 물만	모래 뿌리기	먹기명상	산명상	티라미수 만들기	재료 부셔부셔	샌달우드	페퍼민트 + 스피아민트
	딕싯카드	조각상	모래 속 구슬 찾기	모래와 친해지기	마음&몸이야기 릴레이놀이	아로마명상	피클 담기	매운맛이야기	라벤더 + 오렌지	페퍼민트
	움직이는 조각	난파선	모래 마사지하기	모래 파기	바디스캔	호흡의 닻	불어나는 재료	에그스크럼블	로즈우드	사이프러스
(2) 감정 · 생각 단계	잉여현실	조각상	모래 모으기	구조화 모래놀이	호흡 알아차림 (드리와 나리)	배쿠션	잼 만들기	나만의 음식철학	라벤더	마조람
	움직이는 조각	입관체험	구조화+피규어 모래놀이	무인도	감정/생각에 이름 붙이기	호수명상	단순노동	프렌치토스트	시더우드	오렌지
	핫시팅	타블로	물모래	반구조화+피규어 모래놀이	요가명상	날씨명상	냉장고 파먹기 작전	추억의 음식	커피원두	시나몬
	역할극	거울기법	반구조화+피규어 모래놀이	구조화+피규어 모래놀이	백색소음명상	수세기명상	게살수프	떡 만들기	클로브	레몬 + 진저
(3) 관계 · 역할 · 행동 단계	빈 의자	롤 프로파일	모래 옮기기	물모래	선한 바람 불기	손가락올가미	세계의 음식문화	납작만두 만들기	유칼립투스	오렌지 + 일랑일랑
	6조각이야기	감정단어카드	비구조화+피규어 모래놀이	구조화 모래놀이	얼음 속 단추 구하기 놀이명상	기타줄명상	5대 영양소 한상	자신의 맛집소개	라벤더 + 티트리	레몬그라스
	오늘의 이모티콘	관찰기법	모래의 온도	비구조화+피규어 모래놀이	사물명상	자비명상	퓨전요리 이야기	한때 먹었던 음식	세이지	스피아민트
	역할 바꾸기	가족의자	구조화+피규어 모래놀이	반구조화+피규어 모래놀이	구름 / 별 명상	다섯 가지 "왜"	식습관토론	상상의 한상	오렌지 + 페퍼민트	시베리안퍼
(4) 시도 · 적응 단계	나는 어떤 동물?	마술가게	물모래	비구조화+피규어 모래놀이	나비 바디스캔	정좌(좌선) 명상	퀵메뉴	계란찜 만들기	로즈마리	생채소
	조커기법	상황극	구조화 모래놀이	반구조화+피규어 모래놀이	asmr 놀이명상	드림캐처 명상	묵/죽 만들기	냉장고 파먹기 작전	베르가못	패출리
	가면체험하기	행동콜라주	비구조화+피규어 모래놀이	두꺼비집	내 발에서 뿌리내리기	걷기명상	음식 심폐소생	무쌈말이	재스민 or 로즈	티트리
	영웅의 일생	일파만파	구조화 모래놀이	구조화+피규어 모래놀이	우주의 한 점	에너지볼 / 웜볼명상	우연찮게 성공한 요리	소스 이야기	라벤더 + 마조람	자몽
(5) 갱신 · 지지 · 확인 단계	움직이는 조각	타블로	모래에 손글씨 쓰기	구조화 모래놀이	레몬 상상하기	스노볼명상	나의 스테디 셀러 요리	샌드위치 만들기	페퍼민트 + 유칼립투스	네롤리
	에너지샤워	본 어게인	구조화+피규어 모래놀이	모래구역 나누기	핑샤놀이 명상	만트라명상	카나페 만들기	떡볶이토론	레몬	진저
	나를 대변하는 사물	용도변형 / 역할변형	모래성	비구조화+피규어 모래놀이	싱잉볼명상	바람 바디스캔	컵케이크 / 핫케이크 만들기	음식물쓰레기 이야기	제라늄	생허브
	빈 의자	낭독연극 (성우 되기)	반구조화+피규어 모래놀이	물모래	차명상	젠탱글명상	음식궁합	떡국 만들기	로즈마리 + 페퍼민트	일랑일랑

2021; 김민용 외, 2019; 김인숙, 2012; 김준형 외, 2016; 김현희 외, 2020; 남희경, 2022; 박미리, 2012; 서혜윤, 2022; 선원필 외 2019; 윤성희, 2017; 이임숙, 2018; 임용자, 2019; 주리애, 2010; 천시아, 2018; 홍유진, 2018; Ammann, 2007; Atkins, 2008; Darrow, 2006; Fincher, 2017; Jennings, 2016, 2020; Kaiser, 2018; Kalff, 2012; Karp, 2005; Malchiodi, 2017; Martin, 2018; McNiff, 2014; McConnell, 2022; Munakata, 2022; Nicholson, 2019; Priestley, 2006; Rappoaport, 2018; Rogers, 2010; Rubin, 2007; Turner, 2009; Wheeler, 2019; Woltz, 2006). 이는 심리치료와 치유적 교육의 통합이면서, 표현예술치료기법과 통합예술치료기법 간의 융합, 표현을 촉진하기 위한 전통적 예술 매체와 실용예술 양식 간의 통합 등을 나타내고 있다.

5. 결론

본 연구는 표현예술치료와 통합예술치료의 융합을 위한 비교 연구로, 예술심리치료 영역에 있는 표현예술치료와 통합예술치료의 문헌고찰 및 의료현장과 교육현장에서 나타나고 있는 융합적 활용 현상 등을 통하여 두 치료 간의 융합을 제안하였다. 본 연구의 연구문제에 대한 결론은 다음과 같다.

첫째, 표현예술치료와 통합예술치료 융합의 필요 및 당위성은 어떻게 설명될 수 있는가에 대하여, 표현예술치료와 통합예술치료는 예술심리치료라는 동일한 뿌리에서 발전된 치료학파로, 이미 그 유사성에 대해 양측이 인식 및 공유하고 있으나 용어의 차이 및 특정 학파 계승, 그리고 치료과정 내 강조점 등 이유에 의해 서로 간의 융합이 충분히 이루어지지 못하고 있다. 그러나 표현예술치료가 곧 통합을 위한 과정이며, 통합예술치료 역시 창조적 표현을 통해 총체성의 목표로 나아가는 과정임이 본 연구를 통해 확인됨에 따라 표현예술치료와 통합예술치료는 용어면에서, 그리고 실행 내용 면에서 서로 간에 포함관계가 성립되며 지향점 또한 그 자신이자 서로임을 알 수 있으므로 두 치료 간 융합의 필요 및 당위성이 설명된다.

둘째, 의료현장 및 교육현장에서 표현예술치료와 통합예술치료의 적용 및 실제는 어떠한가에 대하여, 국립정신건강센터 내 의료현장 및 교육현장에서 공식적으로 시행되고 있는 '통합예술심리치료(IAPT) 5단계'는 표현예술치료와 통합예술치료가 공통으로 추구하는 치료적, 치유적 맥락 안에서 예술 매체 및 기법들이 재조직된 형태로, 의료현장에서는 예술심리치료가, 교육현장에서는 치유예술교육 기반의 사회정서학습(SEL)이 운영되고 있다. '통합예술심리치료(IAPT) 5단계'는 '감각의 유입과 비언어 및 언어적 표현과정에 따라 새로운 내러티브 및 변형된 의식, 그리고 새로운 행동 동기를 형성하도록 하는 통합적 신경작용의 예술심리치료 과정'으로, '(1) 감각 단계 - (2) 감정·생각 단계 - (3) 관계·역할·행동 단계 - (4) 시도·적응 단계 - (5) 갱신·지지·확인 단계'로 이루어진다. 이는 심리치료와 치유적 교육의 통합이면서, 표현예술치료기법과 통합예술치료기법 간의 융합, 표현을 촉진하기 위한 전통적 예술 매체와 실용예술 양식 간의 통합 등을 나타내고 있다.

셋째, 표현예술치료와 통합예술치료 융합의 적용방안은 어떻게 제안될 수 있는가에 대하여, 현재까지의 국내외 표현예술치료 및 통합예술치료 관련 연구결과와 국립정신건강센터에서 적용되는 예술심리치료의 실제 등을 토대로 다예술매체 및 기법들이 융합된 통합예술심리치료(IAPT) 5단계 기반의 융합단계표를 제안하였다.

다만, 본 연구의 한계점으로는 표현예술치료와 통합예술치료 적용 및 실제를 국립정신건강센터의 통합예술심리치료 운영 현황 안에서 알아봄으로써, 비록 이것이 문헌고찰의 결과와 같은 맥락임을 밝혔음에도 조사의 폭이 다소 제한적인 점을 들 수 있겠다. 그러나 국립정신건강센터라는 기관 자체가 첫째, 국가기관이라는 점, 둘째, 의학적 관점에서 근거기반을 확보한 치료방법으로 인정받고 있다는 점, 이를 반영하여 셋째, 통합예술심리치료를 의료수가(프로그램 비용이 아닌 치료비용)에 의해 운영한다는 점, 넷째, 많은 대상군 중에서도 심리치료와 가장 관련이 깊은 정신질환자를 대상으로 하는 국립정신병원이라는 점, 다섯째, 통합예술심리치료 시행 이전에 이미 국내외 예술치료현황 조사 및 예술치료사에 대한 철저한 보수교육 등이 체계적으로 이루어지고 그 표준을 반영하는 것을 전제조건으로 한다는 점 등에서 조사의 폭이 제한적이라 할지라도 질적으로 국내 예술심리치료 현황의 대표성을 띠고 있다고 할 수 있기에 본 연구의 논지가 성립되는 측면은 있다.

본 연구결과를 통해 표현예술치료와 통합예술치료 간에 융합과 소통이 활성화되기를, 그리고 보다 폭을 넓혀 국내외 다른 기관들의 예술심리치료 현황 연구 등을 통해서도 본 연구에 부합되는 결과들이 도출되기를 바라는 바이며, 이와 관련한 후속연구가 활발히 이루어지기를 바란다.

참고문헌

곽현주(2013). 예술치료 효과에 대한 메타회귀분석, 충북대학교 대학원 박사학위논문.

곽현주(2019). 마음으로 보는 영화: 영화를 통해 들여다보는 나, 그 깊은 마음, 서울: 박영스토리.

국립정신건강센터 공식 블로그.

https://m.blog.naver.com/PostList.naver?blogId=ncmh0301&tab=1 (2023. 12. 20. 접속).

권명숙(2010). 요리치료 활용 프로그램, 경기: 교육과학사.

권준수(2017). 국내외 정신건강분야 연구개발 정책 및 사업동향, 서울대학교 의학대학 정신과학교실, 한국보건사업진흥원.

김권수 외(2021). 명상과학 입문, 서울: 담앤북스.

김미애(2018). 불교 출가자의 움직임중심 표현예술치료 체험에 관한 질적 사례연구, 서울불교대학원대학교 대학원 박사학위논문.

김민용, 김지유(2019). 푸드표현예술치료, 서울: 창지사.

김설화(2003). 통합예술치료의 매체활용과 기법에 관한 연구, 원광대학교 대학원 석사학위논문.

김윤경(2017). 사회정서학습을 적용한 학교인성교육 정책방향 연구, 서울대학교 대학원 박사학위논문.

김윤경(2020). 사회정서학습 이론과 실제, 서울: 다봄교육.

김인숙(2012). 무용·동작 심리치료의 이론과 실제, 경기: 이담북스.

김준형, 유순덕(2016). 사진치료의 기법과 실제, 서울: 도서출판 비커밍.

김진숙(1996). 예술심리치료의 이론과 실제, 서울: 중앙적성 출판사.

김진숙(2001). 진정한 동작과의 만남. 한국표현예술치료협회 학술대회자료집 3, 75-79.

김진숙(2010). 샤머니즘과 예술치료, 서울: 학지사.

김현희 외(2020). 상호작용을 위한 독서치료, 서울: 학지사.

남희경(2022). 몸이 나를 위로한다, 서울: 생각속의 집.

니콜슨(Nicholson, H.), 김현정 외 역(2019). 응용드라마: 연극의 선물, 서울: 연극과인간.

대로우(Darrow, A.), 김영신 역(2006). 음악치료 접근법, 서울: 학지사.

라포트(Rappoaport, L.), 최은영 외 역(2018). 마음챙김과 예술치료, 서울: 학지사.

로저스(Rogers, N.), 이정명 외 역(2010). 인간중심 표현예술치료, 서울: 시그마프레스.

루빈(Rubin, J. A.), 최소영 외 역(2007). 루빈의 통합적 예술치료 읽기, 서울: 시그마프레스.

루크(Luke, C.), 이수연 외 역(2022). Neuroscience for Counselors and Therapists, 상담자와 심리치료자를 위한 신경과학, 서울: 학지사.

마틴(Martin, N.), 박정은 역(2018). 조기개입 아동미술치료, 서울: 학지사.

말키오디(Malchiodi, C. A.), 김선희 역(2017). 트라우마경험 아동과 함께하는 창의적 예술치료, 서울: 시그마프레스.

맥니프(McNiff, S.), 윤혜선 역(2014). 통합예술치료, 경기: 이담북스.

맥코넬(McConnell, S.), 이진선 외 역(2022). 소매틱 IFS, 서울: 시그마프레스.

무나카타(Munakata), 모미나 외 역(2022). 플레이백 시어터의 길, 서울: 지만지드라마.

박미리(2012). 발달장애와 연극치료, 서울: 학지사.

박혜정(2018). 표현예술치료의 연구 동향 분석 - 1995년부터 2016년까지 국내 학술지 논문 중심으로, 명지대학교 대학원 석사학위논문.

볼츠(Woltz, B.), 심영섭 외 역(2006). 시네마테라피, 서울: 을유문화사.

브룩(Brooke, S. L.), 유분순 역(2010). 창의적 통합예술치료 매뉴얼, 서울: 하나의학사.

서혜윤(2022). 마음챙김, 아로마테라피, 서울: 미다스북스.

선원필, 소희정(2019). 예술치료, 서울: 박영스토리.

신현숙(2018). 사회정서학습 시행의 저해요인과 성공요건, 인문사회21 9(4), 319-334.

윤성희(2017). 푸드아트테라피와 상담기법, 서울: 학지사.

아트킨(Atkins, S.), 최애나, 이병국 역(2008). 통합적 표현예술치료 예술과 삶의 창조적 과정, 서울 : 푸른솔.

얄롬(Yalom, D.), 최해림 외 역(2008), The Theory and Practice of Group Psychotherapy, 집단정신치료의 이론과 실제(제5판), 서울: 하나의학사.

엠만(Ammann, R.), 이유경 역(2007). 융 심리학적 모래놀이치료, 서울: 분석심리학연구소.

원상화(2009). 독일예술심리치료의 발전 동향과 한국 예술심리치료 발전을 위한 제언, 예술심리치료연구 5(1), 1-21.

윌러(Wheeler, B. L.), (사)전국음악치료사협회 역 (2019). 음악치료 핸드북, 서울: 시그마프레스.

이근매(2010). 예술심리치료의 효과에 대한 긍정적 견해, 한국예술심리치료학회 학술대회지 1, 1-23.

이성현(2023a). IT 통합예술치료의 CERAT 단계 및 회기 내 구조 OMCA에 나타나는 6가지 심리치료 접근방식의 융합적 활용특성 고찰, 문화와 융합 45(5), 289-304.

이성현(2023b). IT 통합예술치료 임상구조와 실행에 나타나는 신경과학적 관점에서의 심리변화 메커니즘, 문화와 융합 45(8), 895-912.

이성현, 황은영(2020). 그룹 음악활동이 만성 조현병 환자의 대인관계 능력과 삶의 질 향상에 미치는 영향, 예술심리치료연구 16(3), 39-65.

이아름, 이숙향(2023). 협력교수 기반 사회정서학습 프로그램이 특수학교 발달장애 고등학생의 사회정서적 역량 및 공동체 의식과 특수교사의 교사효능감에 미치는 영향, 정서·행동장애연구 39(1), 385-414.

이임숙(2018). 현장에서 효과적인 독서치료, 서울: 학지사.

이재광, 기백석(1992). 정신분열증의 정신치료: Silvano Arieti의 새롭게 교정된 방법, 진단과 치료 12(4), 430-435.

이정숙(2008). 상담 및 심리치료에서 치료적 매체의 역할, 상담학연구 9(3), 943-959.

이정숙(2010). Hilarion G. Petzold의 통합치료(IT)에서 Tree of Science 모델에 기초한 통합방법의 특징, 상담학연구 11(4), 1567-1579.

이주영(2011). 초등교사의 교육 행위능력의 의미, 한국교원대학교 대학원 석사학위논문.

임용자(2004). 표현예술치료의 이론과 실제, 서울: 문음사.

임용자(2019). 칼 융의 만다라 이미지와 알아차림 춤, 서울: 학지사.

정광조, 이근매, 최애나, 원상화(2009). 예술치료, 시그마프레스.

제닝스(Jennings, S.), 이효원 역(2016). 연극치료 핸드북(울력연극치료총서 06), 서울: 울력.

제닝스(Jennings, S.), 이효원 외 역(2020). 건강한 애착과 신경극놀이(울력연극치료총서 09), 서울: 울력.

조정희(2010). 예술치료와 샤머니즘에 대한 분석심리학적 관계 연구, 예술심리치료연구 6(1), 81-102.

조현우(2022). 초보 예술치료사의 통합예술 매체 활용 경험에 관한 질적 연구: Smith의 해석 현상학적 분석(IPA)을 중심으로, 한양대학교 대학원 석사학위논문.

주리애(2010). 미술치료학, 서울: 학지사.

채선화, 김진숙(2020). 삶의 의미 관련 변인 메타분석, 한국심리학회지 상담 및 심리치료 32(1), 439-468.

천시아(2018). 싱잉볼 명상, 서울: 젠북.

최원(2016). 의료행위 분류체계에 관한 비교 연구, 고려대학교 대학원 석사학위논문.

카이저(Kaiser, S.), 이재석 역(2018). 마음챙김 놀이, 서울: 불광출판사.

카프(Karp, M.), 김광운 외 역(2005). 심리극의 세계, 서울: 학지사.

칼프(Kalff, D. M.), 이보섭 역(2012). 도라칼프의 모래놀이, 서울: 학지사.

터너(Turner, B. A.), 김태련 외 역(2009). 모래놀이 치료 핸드북, 서울: 학지사.

프레슬리(Priestley, M.), 권혜경 역(2006). 분석적 음악치료, 서울: 권혜경음악치료센터.

핀처(Fincher, S.), 김진숙 역(2017). 만다라를 통한 미술치료, 서울: 학지사.

한국예술치료학회.
https://www.artstherapy.or.kr/sub/sub0501_1.html (2023. 12. 20. 접속).

한국예술심리치료학회.
http://k-apa.com/html/sub0105.html (2023. 12.

20. 접속).

한국임상예술학회(2023). 갑질 피해의 회복을 돕는 예술치료, 한국임상예술학회 동계학술대회 자료집.

한국통합예술치료&연극치료협회. http://www.i-therapy.kr/sub02/01.php#box01 (2023. 12. 20. 접속).

한국표현예술심리치료학회. https://kseap.co.kr/sub01/sub01.php (2023. 12. 20. 접속).

홍유진(2018). 내 안의 나를 깨우는 통합예술치료, 서울: 학지사.

홍지영(2017). 불안장애의 인지행동 통합예술치료에 대한 내러티브 연구, 한양대학교 대학원 박사학위논문.

힌츠(Hinz, L. D.), 전순영 외 역(2016). ETC 표현미술치료, 경기: 하나의학사.

Argyris(1976). Theories of Action that Inhibit Individual Learning, American Psychologist, 31, 638-654.

Izard, C. E.(1977). Human Emotions. NY: Plenum Press.

Malchiodi, C. A.(1998). Handbook of Arts Therapy. NY: The Guilford Press.

McNiff, S.(2004). Art Heals: How Creativity Cures the Soul, Boston.

Petzold, H. G.(2001). Integrative Therapie: Das "biopsychosoziale" Modell kritischer Humantherapie und Kulturarbeit. Ein "lifespan developmental approach", Paderborn: Junfermann.

Rogers, N.(1993). The Creative Connection: Expressive Arts Healing, PaloAlto, CA: Science& Behavior Books.

부록 10 통합예술심리치료 5단계에 기반한 예술매체와 심리치료 이론과의 융합단계표

단계 \ 매체		무용 · 동작(움직임)		미술		음악		영화 · 사진		문학		연극		모래놀이		명상		푸드		아로마	
읽는 순서		a→	b↓	a→	b↓	a→	b↓	a→	b↓	a→	b↓	a→	b↓	a→	b↓	a→	b↓	a→	b↓	a→	b↓
		d	←c	d	←c	d	←c	d	←c	d	←c	d	←c	d	←c	d	←c	d	←c	d	←c
(1) 감각	①	브레인댄스	소시오매핑	우드록퍼즐	데칼코마니	악기선택	음-부-모-아-예	사진선택하기	사진감상하기	그림 연결해 이야기 만들기	대칭문장 만들기	나비효과	씨앗에서 나무 되기	모래 속 손인사	손 / 붓으로 모래 쓸기	상상비눗방울 놀이명상	바람개비 숨쉬기	음료수 칵테일 만들기	알러지이야기	라임	오렌지 + 시나몬
		발로만 / 하체로만 동작	풍선아저씨 / 바람인형	믹스커피	볼케이노	자연의 소리내기	기존 곡에 악기 덧입히기	제목 붙이기	사진토론하기	일상제목 만들기	동화 만들기	옴벨레 연극놀이	표정과 상황	오로지 물만	모래 뿌리기	먹기명상	산명상	티라미수 만들기	재료 뿌셔뿌셔	샌달우드	페퍼민트 + 스피아민트
	②	지시문 따라 걷기 / 시계에 서기	손으로만 / 상체로만 동작	날씨이야기	연결그림 음악에 선 긋기	음악감상	상상 속의 악기 되기	9분할 형용사	내 인생의 영화	연상단어	광고카피 만들기	딕싯카드	조각상	모래 속 구슬 찾기	모래와 친해지기	마음&몸이야기 릴레이놀이	아로마명상	피클 담기	매운맛이야기	라벤더 + 오렌지	페퍼민트
		주제에 자유동작	털기와 발성동작	수채화/ 파스텔화/ 목탄화	오일물감/ 핑거페인팅/ 난화/낙서화	음악심상	토닝	포토존	보고 싶지 않은 영화	시낭송	무작위 릴레이이야기	움직이는 조각	난파선	모래 마사지하기	모래 파기	바디스캔	호흡의 닻	불어나는 재료	에그스크럼블	로즈우드	사이프러스
(2) 감정 · 생각	③	풍선 or 끈 던지기	상상동작 → 연상동작	감정온도계	북컬러링	음악감상	일상의 악기	여행사진	영화 속 인물 되기 (동일시)	일기 쓰기	감정 읽기	잉여현실	조각상	모래 모으기	구조화 모래놀이	호흡 알아차림 (드리와 나리)	배쿠션	잼 만들기	나만의 음식철학	라벤더	마조람
		점 · 선 · 면 되기/ 감정연결동작	블라인드 게임	사람도안종이	자유화/ 가족화/ 학교화	음악심상	특정 글자만 / 음소거 부르기	9분할 형용사	드라마토론	시 고르기	시 쓰기	움직이는 조각	입관체험	구조화+피규어 모래놀이	무인도	감정/생각에 이름 붙이기	호수명상	단순노동	프렌치토스트	시더우드	오렌지
	④	무게감 느끼기	시간 느끼기	자화상 (그림 또는 공예)	감정책 만들기	허밍하기	교대로 즉흥연주	드라마토론	사진선택하기	문장완성하기	동화 만들기	핫시팅	타블로	물모래	반구조화+피규어 모래놀이	요가명상	날씨명상	냉장고 파먹기 작전	추억의 음식	커피원두	시나몬
		흐름 느끼기	공간 느끼기	손발이 하는 일	자유만다라	연결노래	가사토의	휴대폰 사진 찾기	뒷모습사진	발단-전개-위기-절정-결말	편지 쓰기	역할극	거울기법	반구조화+피규어 모래놀이	구조화+피규어 모래놀이	백색소음명상	수세기명상	게살수프	떡 만들기	클로브	레몬 + 진저
(3) 관계 · 역할 · 행동	⑤	인디언게임	두루마리 색 휴지	교대로 그리기	달팽이 인간관계	악기의 성격묘사하기	배경음악연주	누가 찍어준 사진	프사이야기	베스트셀러	책에 얽힌 추억/ 다른용도책사용	빈 의자	롤 프로파일	모래 옮기기	물모래	선한 바람 불기	손가락올가미	세계의 음식문화	납작만두 만들기	유칼립투스	오렌지 + 일랑일랑
		모방동작 (리더vs팔로워)	go & stop 게임	내 마음의 풍차	양초그림 그리기	색깔악보	리듬게임	드라마토론	필름매트릭스	육하원칙 알아내기	권장도서목록 만들기	6조각이야기	감정단어카드	비구조화+피규어 모래놀이	구조화 모래놀이	얼음 속 단추 구하기 놀이명상	기타줄명상	5대 영양소 한상	자신의 맛집소개	라벤더 + 티트리	레몬그라스
	⑥	벽에서 안 떨어진 채 동작	볼케이노	만화 그리기	종이고리 만들기	숫자악보	음악감상에서 한 악기만 따라가기	엑스레이	인물 간 연결고리	책토론	잎씹의 의미	오늘의 이모티콘	관찰기법	모래의 온도	비구조화+피규어 모래놀이	사물명상	자비명상	퓨전요리 이야기	한때 먹었던 음식	세이지	스피아민트
		거울대칭동작 / 동작조종 (말 or 돋보기)	그림자 따라가기	QR코드 만들기	콜라주	역할연주	음악선곡	가족사진	갈등대처토론	스테디셀러	단축키와 문서형식 삶	역할 바꾸기	가족의자	구조화+피규어 모래놀이	반구조화+피규어 모래놀이	구름 / 별 명상	다섯 가지 "왜"	식습관토론	상상의 한상	오렌지 + 페퍼민트	시베리안퍼
(4) 시도 · 적응	⑦	알에서 봉황 되기	끈 맞잡기 / 해파리천동작	반쪽그리기	종이피자 만들기	비트박스	릴레이 즉흥연주	옛날사진	인물 간 연결고리	독서토론	스토리전개 바꾸기	나는 어떤 동물?	마술가게	물모래	비구조화+피규어 모래놀이	나비 바디스캔	정좌(좌선) 명상	퀵메뉴	계란찜 만들기	로즈마리	생채소
		연합동작	열기 자세 / 뒷꿈치 열기	이모티콘 만들기	찰흙콜라주	창작음악극	음악선곡	인증샷	갈등대처토론	수필 쓰기	문장부호의 의미	조커기법	상황극	구조화 모래놀이	반구조화+피규어 모래놀이	asmr 놀이명상	드림캐처 명상	묵/죽 만들기	냉장고 파먹기 작전	베르가못	패출리
	⑧	손가락 맞대기	반대속성동작	제목 붙이기	안 보고 그리기 거꾸로 그리기	목소리로 화음 쌓기	느림서클	영화/드라마 뒷이야기	못난이사진	저널 쓰기	문장순서 바꾸기	가면체험하기	행동콜라주	비구조화+피규어 모래놀이	두꺼비집	내 발에서 뿌리내리기	걷기명상	음식 심폐소생	무쌈말이	재스민 or 로즈	디트리
		이름에 동작	변하는 삼각형	제한된 재료로 만들기	기찻길그래프	편곡하기	음악극	엔딩크레딧 만들기	영화 속 인물 되기 (동일시)	단어 골라내기 or 단어 바꾸기	신화 속 인물로 일기 쓰기	영웅의 일생	일파만파	구조화 모래놀이	구조화+피규어 모래놀이	우주의 한 점	에너지볼 / 윙볼명상	우연찮게 성공한 요리	소스 이야기	라벤더 + 마조람	자몽
(5) 갱신 · 지지 · 확인	⑨	계란프라이 게임	촛불동작 / 바람과 나뭇잎	단단한 나 모빌	시화 그리기	음악감상	음악의 엔딩 정하기	사진토론하기	셀카	그런데요? or 당연하지!	5문장으로 상황 만들기	움직이는 조각	타블로	모래에 손글씨 쓰기	구조화 모래놀이	레몬 상상하기	스노볼명상	나의 스테디 셀러 요리	샌드위치 만들기	페퍼민트 + 유칼립투스	네롤리
		등 맞대기 / 서로 받아주기	컴퓨터키보드 동작	호수 위의 꽃접시	캘리그래피	송라이팅	랩 만들기	일상사진	사진수정	3행시 짓기	책 인테리어	에너지샤워	본 어게인	구조화+피규어 모래놀이	모래구역 나누기	핑샤놀이 명상	만트라명상	카나페 만들기	떡볶이토론	레몬	진저
	⑩	분리 카메라	공간 파고들기	석고작업	숫자 or 이름 변형화	즉흥연주	리듬패턴 만들기	사진감상하기	사진철학나눔	동화 만들기	댓글 달기 / 댓글토론	나를 대변하는 사물	용도변형 / 역할변형	모래성	비구조화+피규어 모래놀이	싱잉볼명상	바람 바디스캔	컵케이크 / 핫케이크 만들기	음식물쓰레기 이야기	제라늄	생허브
		스카프 춤	무용공연감상	인생무대 위 유토	명화/화가 이야기	음악심상	핸드벨연주	같은 풍경 다른 프레임	필름매트릭스	자유쓰기 / 소감문 쓰기	프롤로그 / 에필로그	빈 의자	낭독연극 (성우 되기)	반구조화+피규어 모래놀이	물모래	차명상	젠탱글명상	음식궁합	떡국 만들기	로즈마리 + 페퍼민트	일랑일랑

찾아보기

『ㅇ』

『ㅈ』

『ㅊ』

저자 이성현

현 보건복지부 국립정신건강센터 의료부 소속
예술치료사 및 병원학교 치유예술교육 총괄
현 세종사이버대학교 상담심리학과/예술치료학과
통합예술심리치료 슈퍼바이저 임상교수
현 보건복지부 유관기관 예술심리치료 슈퍼바이저 및 협력자문
현 KCI 한국문화융합학회 학술위원
현 통합예술심리치료(IAPT) & 통합예술교육 임상연구세미나 운영
현 동덕여자대학교 통합예술치료 박사과정

전 한국예술종합학교 예술영재교육원 주무관
전 국립재활원 재활임상연구원
전 서울문화재단 시민문화팀
전 가천대학교, 추계예술대학교 등 강의

논문

표현예술치료와 통합예술치료의 융합을 위한 비교연구 - 의료현장과 교육현장에서의 적용 및 실제를 중심으로(이성현, 2024)
IT 통합예술치료의 임상구조와 실행에 나타나는 신경과학적 관점에서의 심리변화 메커니즘(이성현, 2023b)
IT 통합예술치료의 CERAT 단계 및 회기 내 구조 OMCA에 나타나는 6가지 심리치료 접근방식의 융합적 활용특성 고찰(이성현, 2023a)
애니메이션 〈소울〉에 나타난 IT 통합예술치료의 본질(이성현, 2022)

저술

통합예술심리치료 슈퍼비전 가이드북(이성현, 2024)

상담가, 심리치료사, 교사, 예술치료사를 위한
15주 훈련 통합예술심리치료 슈퍼비전 가이드북

2024년 2월 20일 1판 1쇄 인쇄
2024년 2월 28일 1판 1쇄 발행

저 자 : 이 성 현
발행자 : 한 정 주
발행처 : 교 육 과 학 사

경기도 파주시 광인사길 71
전화 (031)955-6956~8/팩스 (031)955-6037
Home-page: www.kyoyookbook.co.kr
E-mail: kyoyookbook@daum.net, kyoyook@chol.com
등록: 1970년 5월 18일 제2-73호

정가 17,000원
ISBN 978-89-254-1869-8